陈望道 著 宗廷虎 陈光磊 编

修辞学发凡
文法简论

复旦大学
出版社

陈望道先生（1891—1977）

陈望道先生手迹

凡 例

一、"复旦百年经典文库"旨在收录复旦大学建校以来长期任教于此、在其各自专业领域有精深学问并蜚声学界的学人所撰著的经典学术著作,以彰显作为百年名校的复旦精神,以及复旦人在一个多世纪岁月长河中的学术追求。入选的著作以具有代表性的专著为主,并酌情选录论文名篇。

二、所收著作和论文,均约请相关领域的专家整理编订并撰写导读,另附著者小传及学术年表等,系统介绍著者的学术成就及该著作的成书背景、主要内容和学术价值。

三、所收著作,均选取版本优良的足本、精本为底本,并尽可能参考著者手稿及校订本,正其讹误。

四、所收著作,一般采取简体横排;凡较多牵涉古典文献征引及考证者,则采用繁体横排。

五、考虑到文库收录著述的时间跨度较大,对于著者在一定时代背景下的用语风格、文字习惯、注释体例及写作时的通用说法,一般予以保留,不强求统一。对于确系作者笔误及原书排印讹误之处,则予以径改。对于异体字、古体字等,一般改为通行的正体字。原作中缺少标点或仅有旧式标点者,统一补改新式标点,专名号从略。

六、各书卷首,酌选著者照片、手迹,以更好展现前辈学人的风采。

总　目

修辞学发凡 …………………………………………………………… 1

文法简论 …………………………………………………………… 225

外编 ………………………………………………………………… 319

　　修辞学论文选辑 ………………………………………………… 323

　　文法学论文选辑 ………………………………………………… 375

附录 ………………………………………………………………… 451

　　融通古今中外　致力学术创新 ……………… 宗廷虎　陈光磊　453

　　陈望道先生学术小传 ……………………………… 陈光磊　470

　　陈望道先生学术年表(简编) ……………………… 陈光磊　472

编后记 …………………………………………… 宗廷虎　陈光磊　484

修辞学发凡

目 录

一九六二年重印前言 ·· 7
一九七五年重印前言 ·· 9
初版刘序 ·· 10

第一篇　引言 ·· 14
　　一　修辞二字习惯用法的探讨 ······························ 14
　　二　修辞和语辞使用的三境界 ······························ 15
　　三　修辞和语辞形成的三阶段 ······························ 17
　　四　修辞同情境和题旨 ···································· 20
　　五　修辞的技巧和修辞的方式 ······························ 22
　　六　修辞研究的需要、进展和任务 ·························· 24
　　七　修辞学的功用 ·· 26

第二篇　说语辞的梗概 ·· 28
　　一　修辞和语言 ·· 28
　　二　"态势语" ·· 29
　　三　声音语 ·· 31
　　四　文字语 ·· 32
　　五　声音 ·· 34
　　六　形体 ·· 35
　　七　意义 ·· 36
　　八　语言和文字的关系 ···································· 37
　　九　汉语文变迁发展的大势 ································ 39

第三篇　修辞的两大分野 ······································ 41
　　一　形式和内容 ·· 41

二	内容上的准备	42
三	两种表达的法式	43
四	语辞的三境界和修辞的两分野	45
五	两大分野的概观	47
六	两大分野的概观二	49

第四篇　消极修辞　52
    一　消极修辞纲领　52
    二　意义明确　53
    三　伦次通顺　58
    四　词句平匀　60
    五　安排稳密　63

第五篇　积极修辞一　66
    一　积极修辞纲领　66
    二　辞格　66
  甲类　材料上的辞格　68
    三　譬喻　68
    四　借代　73
    五　映衬　82
    六　摹状　84
    七　双关　84
    八　引用　92
    九　仿拟　96
    十　拈连　100
    十一　移就　101

第六篇　积极修辞二　102
  乙类　意境上的辞格　102
    一　比拟　102
    二　讽喻　104
    三　示现　107
    四　呼告　108
    五　夸张　110

		六	倒反	113
		七	婉转	114
		八	避讳	116
		九	设问	118
		十	感叹	120

第七篇　积极修辞三　　　　　　　　　　　　　　122
丙类　词语上的辞格　　　　　　　　　　　　　　122
　　一　析字　　　　　　　　　　　　　　　　　122
　　二　藏词　　　　　　　　　　　　　　　　　131
　　三　飞白　　　　　　　　　　　　　　　　　134
　　四　镶嵌　　　　　　　　　　　　　　　　　137
　　五　复叠　　　　　　　　　　　　　　　　　140
　　六　节缩　　　　　　　　　　　　　　　　　145
　　七　省略　　　　　　　　　　　　　　　　　150
　　八　警策　　　　　　　　　　　　　　　　　153
　　九　折绕　　　　　　　　　　　　　　　　　154
　　十　转品　　　　　　　　　　　　　　　　　156
　　十一　回文　　　　　　　　　　　　　　　　159

第八篇　积极修辞四　　　　　　　　　　　　　　163
丁类　章句上的辞格　　　　　　　　　　　　　　163
　　一　反复　　　　　　　　　　　　　　　　　163
　　二　对偶　　　　　　　　　　　　　　　　　164
　　三　排比　　　　　　　　　　　　　　　　　165
　　四　层递　　　　　　　　　　　　　　　　　167
　　五　错综　　　　　　　　　　　　　　　　　168
　　六　顶真　　　　　　　　　　　　　　　　　173
　　七　倒装　　　　　　　　　　　　　　　　　175
　　八　跳脱　　　　　　　　　　　　　　　　　177

第九篇　积极修辞五　　　　　　　　　　　　　　182
　　一　辞趣　　　　　　　　　　　　　　　　　182
　　二　辞的意味　　　　　　　　　　　　　　　182

三　辞的音调 ………………………………………… 186
　　四　辞的形貌 ………………………………………… 189
第十篇　修辞现象的变化和统一 …………………………… 191
　　一　格局无定 ………………………………………… 191
　　二　修辞现象也不是一定不易 ……………………… 192
　　三　修辞现象常有上落 ……………………………… 194
　　四　修辞现象也常有生灭 …………………………… 196
　　五　适应更是形形色色 ……………………………… 198
　　六　变化的统一 ……………………………………… 200
第十一篇　文体或辞体 ……………………………………… 201
　　一　文体或辞体和文体或辞体的分类 ……………… 201
　　二　简约繁丰 ………………………………………… 201
　　三　刚健柔婉 ………………………………………… 203
　　四　平淡绚烂 ………………………………………… 206
　　五　谨严疏放 ………………………………………… 211
　　六　语文体式的繁复情况 …………………………… 214
第十二篇　结语 ……………………………………………… 216
　　一　从修辞学术萌芽时期说起 ……………………… 216
　　二　修辞文法混淆时期 ……………………………… 216
　　三　中外修辞学说竞争时期 ………………………… 218
　　四　结语 ……………………………………………… 220

初版后记 ……………………………………………………… 222

一九六二年重印前言

本书是一九三二年写成、印行的,过去曾经重印过多次,一九五四年也曾经重印过一次,现在又将重印,我趁这机会又从头校读了一遍。对于用语,略有改动。是否妥当,还请大家指正。

本书的写作企图,曾经在一九三二年的"后记"四中指明,是"想将修辞学的经界略略画清,又将若干不切合实际的古来定见带便指破"。除了想说述当时所有的修辞现象之外,还想对于当时正在社会的保守落后方面流行的一些偏见,如复古存文、机械模仿以及以为文言文可以修辞、白话文不能修辞,等等,进行论争,运用修辞理论为当时的文艺运动尽一臂之力。书中有些地方论争的气氛很重,便是为此。大白先生的序言,也是一篇参加论争的序言,当时文化界的朋友大约都知道。一九五四年重印时,我曾经想把这论争的部分减去,把刘大白先生的一篇序言也一并略去,因为事过境迁,这一部分已经成为陈迹;但若如此,全书就要大动,所以终于未曾实行,还是仍原书之旧。这次重印,也是如此。只有希望大家注意这两个部分的分别,并且分别对待这两个部分:对于当时同保守落后的偏见论争的部分,看看是否当时发生过一些影响;对于画清经界或者画清轮廓的部分,看看是否现在还有什么可以用。

现在是我国一切方面都在跃进的时代,修辞现象方面也有显著的进展。有些过去比较难以找到适当例证的现象,现在也已经不难找到内容形式两全其美的好例了。例如回文,现在就有"人人为我,我为人人"之类的好例(见《列宁全集》第三十一卷,人民出版社一九五八年版,第一○四页)。顶真,现在就有"猪多肥多,肥多粮多,粮多猪多"之类的好例(通栏标题,见一九五九年十一月二十三日上海《解放日报》第一版)。还有双关,也有不少的好例,见于广西歌舞剧《刘三姐》;析字,也有"不费红军三分力,消灭江西两只羊(杨)"等歌谣名句,广泛流传于江西革命根据地,因"羊"和"杨"谐音,借音意指杨池生、杨如轩两个师。至于譬喻、借代之类,以及借代之中的数字的运用,如"百花齐放,百家争鸣"之类,则更是万紫千红,美不胜收。需要我们面对修辞实际,广事搜集,善为总结。特别是关于文体、文风的问题,内容较为错综复杂,而且有些方面近年来变化很大,本书对此又只作了一般的说述,尤其希望有人专心一意地从事,同时又有很多人广泛地探讨,以期我们对它能够有更为深入的理解和更为广泛的注意。

陈望道

一九六二年五月二十六日于上海复旦大学

一九七五年重印前言

本书是一九三二年写成、印行的,过去曾经重印过多次,也不断有所改动。这次重印,我又进行了校读和修改。

从本书初版到今天重印,我国社会经历了两个不同的历史时期。

一九三二年我写这本书的时候,我国还处于半殖民地半封建的社会,学术文化比现在落后得多,就是修辞学也不如现在这样的发展。当时写作本书,就是想将修辞学的境界略略画清,并想依据当时的修辞实际,把汉语文中的种种修辞方法、方式,以及运用这些方法、方式的原理、原则,加以系统地阐释;同时,也想对当时社会上保守落后方面流行的一些偏见,如复古存文、机械模仿以及以为文言文可以修辞、白话文不能修辞,等等,进行批判。当然,也不免受到一些那时文化学术的局限。

解放以来,我国社会发生了翻天覆地的变化,社会风貌和文化境界更是与旧中国根本不同。修辞现象也随着有显著的进展。内容形式两全其美的修辞新例,到处可以看到,丰富多彩,美不胜收;文体、文风也起了很大的变化。需要广事收集,深入探讨,善为总结。

本书这次修改,为精力和水平所限,又考虑到毕竟是旧书重印,也就未能论说修辞现象的新进展、新变化。所作的修改也只是添换了部分例证,改动了某些用语、辞句、节段。这个修改本大体还是仍原书之旧,原书存在的缺点和错误,难免还会存在,而就是新改动的地方,也未必都很妥当。希望广大读者和语文工作者批评指正,我愿与同志们一起为发展和繁荣祖国的修辞学科而共同努力!

陈望道

一九七五年十二月于复旦大学

初版刘序

一九三二年(民国二十一年),将要和一八九八年(民国元年前十四年,清光绪二十四年)同成为中国文学史上最可纪念的一年了。因为一八九八年是中国第一部文法书出版的一年,而一九三二年是中国第一部修辞学书出版的一年。

中国人说了几百万年的话,并且作了几千年的文,可是一竟并不曾知道有所谓有系统的文法。直到一八九八年,马建忠先生底《马氏文通》出来,才得有中国第一部有系统的古话文的文法书。这件事,是孙中山先生曾经拿它来证明他底行易知难的学说的。

中国人在说话的时候,修了几百万年的辞,并且在作文的时候,也已经修了几千年的辞,可是一竟并不曾知道有所谓有系统的修辞学。直到一九三二年,陈望道先生底《修辞学发凡》出来,才得有中国第一部有系统的兼顾古话文今话文的修辞学书。这件事,同样地可以拿它来证明孙中山先生行易知难的学说。

在《马氏文通》出来以前,诚然已经有了许多和文法有关的书。例如明代卢以纬氏底《助语辞》[附注],清代王济师氏底《虚字启蒙》,袁仁林氏底《虚字说》,刘淇氏底《助字辨略》,王引之氏底《经传释词》,张文炳氏底《虚字注释》之类;而且一八六九年(民国元年前四十三年,清同治八年)更有了美国人高第丕氏和中国人张儒珍氏共著的《文学书官话》,是一部正式的今话文文法书。但是以前的那些,固然是不成系统,不能称为文法,而且都是仅仅说明古话文底虚字助字之类的;而《文学书官话》,又仅仅短期地流行于外国人社会和基督教社会间,现在差不多已经不存在了。所以《马氏文通》实在是中国有系统的古话文文法书——虽然只是古话文的——底第一部。

在《修辞学发凡》出来以前,诚然已经有了许多和修辞有关的书。例如六朝梁代刘勰氏底《文心雕龙》,宋代陈骙氏底《文则》,元代王构氏底《修辞鉴衡》,陈绎曾氏底《文说》等,以及宋以后的各种诗话、文话、词话、曲话、论文专著和各家集中与人论文书之类;而且近来更有如唐钺氏底《修辞格》,王易氏底《修辞学》,

董鲁安氏底《修辞学讲义》,张弓氏底《中国修辞学》,薛祥绥氏底《修辞学》等,都是比较正式的修辞学书。但是以前的那些,固然是不成系统,不能称为修辞学;而《修辞格》……一类的书,又不是挂漏不全,或是专举古话文的例证,便是专门贩运外国文上所有的辞格,而不曾把中国各种修辞现象做过归纳工夫的。所以《修辞学发凡》,实在是中国有系统的兼顾古话文今话文的修辞学书底第一部。

以上拿《修辞学发凡》和《马氏文通》相比,是只就有系统的一点上说;其实,《修辞学发凡》底价值,可以说是超过于《马氏文通》的。孙中山先生对于《马氏文通》的批评说:

> 中国向无文法之学……自《马氏文通》出后,中国学者乃始知有是学。马氏自称积十余年勤求探讨之功,而后成此书。然审其为用,不过证明中国古人之文章,无不暗合于文法;而文法之学,为中国学者求速成图进步不可少者而已。虽足为通文者之参考印证而不能为初学者之津梁也。继马氏之后所出之文法书,虽为初学而作,惜作者于此多犹未窥三昧,讹误不免;且全引古人文章为证,而不及今时通用语言,仍非通晓作文者不能领略也。——《孙文学说》第三章。

可见马氏只是证明古话文无不暗合于文法,而不引今话文为证,是他底大缺点。现在陈先生底《修辞学发凡》,积十余年勤求探讨之功而后成此书,是和马氏相同的;而书中既引古人文章为证,并及今时通用语言,不但可以为通文者之参考印证,而且可以为初学者之津梁。换句话说,他不但用今话文写述,而且关于各种辞格所引的例证,也是古话文今话文兼收并蓄——这在董鲁安氏底《修辞学讲义》上,虽然也有今话文的引例,但是他对于辞格,是很简略的。在这一点上,却是有超过于《马氏文通》底价值的。

至于陈先生底著成此书,积十余年勤求探讨之功,这是我在这十余年中所目睹的。这十余年来,他底生活,是终年忙碌于教室讲台黑板粉笔间的生活。但是他一面忙碌着,一面就利用早上晚间以及星期的余暇,做这对于修辞学勤求探讨的工夫。往往为了处理一种辞格,搜求一个例证,整夜地不睡觉;有时候,从一种笔记书上发现了引用的可以做例证的一句或一段文字,因为要明白它底上下文,或者要证明著者所引的有没有错误,于是去根寻它所从出的原书。如果手头没有这种原书,他就向书肆或各处图书馆中去搜求;有可借处便借,没有可借处便只能买。要是此书是一部大部头的书,或者是在某种丛书中而不能抽买的,他也不惜重价,仅仅为了一个例证,而把全部书买了来。到了借无可借买无可买的时候,他还要向相识的友人,多方面地探询,一定要达到搜求到此书的目的为止。这样的勤求探讨的工夫,真是可以使人家钦佩的。此书在这十余年来,因为见解的进步,已经把稿子换了好几遍。最近一年来,更因为要努力完成此书的缘故,把一切教室讲台黑板粉笔间的忙碌生活,都摆脱了;专心致志地从头整理写述此书的稿子;结果是不但辞格底纲领组织和旧稿不同,就是关于修辞学的根本观念,也和旧稿不同,完全换了以语言为本位。只消看了他上册底五篇文字——尤其是第二篇,便可知道。我想有些不明白的人,看了这第二篇,或许以为这和修辞学有什么关系。因为像前面所举的各种关于修辞学的书,从来没有这样说法的,所以一般人难免少见多怪。不知道这正是此书底特点。

我是一个学殖荒落,而且对于修辞学只能一知半解的人,实在不配作此书的序;并且近来又因为害了很沉重的病,已经在床席间辗转困卧了半年有余,到现在还不曾恢复健康,不能作比较深沉的构思,比较久长的执笔。但是因为和陈先生笃厚的友谊,和十几年来眼见他对于此书勤求探讨的苦功,以及此书在中国文学史上价值底崇高,位置底重要,当它将要出版的时候,不能不说几句话。因此,在病枕上陆陆续续地口授儿子炳震胡乱地写成了这一点。

知道这中国第一部有系统的兼顾古话文今话文的修辞学书将要出版,固然使我病中欢喜;使我得于病中在这中国第一部有系统的兼顾古话文今话文的修辞学书上说几句话,尤其是我底荣幸了。

最后,还有可以附带提及的,陈先生在十年前曾经著有《作文法讲义》一书,在上海民智书局出版,这也是中国有系统的作文法书底第一部。

一九三二年元旦刘大白在杭州

〔附注〕 关于卢以纬氏的文法著作,大白先生早就提到《助语辞》,我们年来略事收集,并承朋友们帮助摄影、抄录,已经得到四种本子。其中三种都是以"助语辞"为名:(1)明代出版的《新刻助语辞》,见胡文焕编的《格致丛书》,书前有万历壬辰年(公元一五九二年)胡文焕氏《助语辞序》;(2)清代出版的《音释助语辞补义》,康熙丁卯年(公元一六八七年)版,也录胡文焕氏《助语辞序》;(3)日本出版的《重订冠解助语辞》,享保丁酉年(公元一七一七年)版,也录胡文焕氏《助语辞序》。这些名为"助语辞"的书,都是卢氏原著的改编本,书前标有"东嘉卢以纬允武著"或"原著"字样,但都不曾序说原著的经历,无从知道原著成书的年月,等等。另外一种,书名《语助》,书的本文也比《助语辞》多了一页,见于《奚囊广要》丛书。这种本子较为罕见,我们最近才看到它的摄制本和北京图书馆收藏原本。这种本子前面有元泰定元年(公元一三二四年)胡长孺氏《语助序》,这就使我们对于原著的经历有了更为充分的了解,知道原著成书的年月为元代,原著的原名为"语助"。原著的原名为"语助",就在各改编本里也还可以看到痕迹,如各改编本在《语助》原来用"语助"字眼的地方还是都用"语助"字眼,只有《音释助语辞补义》偶有一二处,如在"云"字"已"字的诠释文中改用"助语"字样。根据这些事实,我们需要考虑决定采用元代卢以纬氏著作《语助》的新说法来代替明代卢以纬氏著作《助语辞》的老说法。《语助》一书是我们现在所能见到的我国讲究汉语文虚字用法的最早的专著。——一九六二年五月十五日陈望道附注。

第一篇 引言

一 修辞二字习惯用法的探讨

修辞本来是一个极熟的熟语,自从《易经》上有了"修辞立其诚"一句话以后便常常连着用的。连用久了,自然提起了辞字,便会想起了修字,两字连结,简直分拆不开。但是解说起来,终究还是修是修、辞是辞的,被人当作两个单词看。直到现在讲修辞的还是如此。

而各人对于这两个单词的解说,又颇不一致,大体各可分为广狭两义:(甲)狭义,以为修当作修饰解,辞当作文辞解,修辞就是修饰文辞;(乙)广义,以为修当作调整或适用解,辞当作语辞解,修辞就是调整或适用语辞。两相绮互,共得四种用法如下:

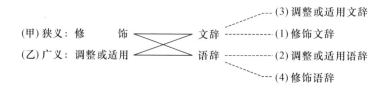

这四种用法,现在可说都是有人在那里用的,不过有意识的不意识的分别罢了。我们要讲修辞,对这意识的或不意识的习惯用法,必须约略先加探讨。

第一,是文辞还是语辞?这在过去,往往会回答你说:既然讲修辞,自然修的是文辞。如顾亭林所谓"从语录入门者多不善于修辞"(见《日知录》十九),便是隐隐含有这种意思的一个例。但若略加考察,便知这只是礼拜文言时期的一种偏见。在礼拜文言的时期,人们往往轻蔑语体,压抑语体,贬称它为"俚语"为"俗语"。又从种种方面笑话它的无价值。而以古典语为范围今后语言的范型。其实古典语在古典语出现的当时,也不过是一种口头语言,而所谓修辞又正是从这种口头语言上发展起来的。无论中外,都是如此。后来固然有过一大段语文分歧的时期,执笔者染上了一种无谓的洁癖,以谨谨守卫文言为无上的圣业。而实际从语体出身的还是往往备受非常的礼遇,如"於菟""阿堵"之类方言,竟至视同辞藻,便是其例。如所谓谐讔,逐渐发展,成为灯虎商谜,竟至视为文人雅事,也是其例。而(1)文辞上流行的修辞方式,又常常是受口头语辞上流行的修辞方式的影响的,要是承认下游的文辞的修辞方式,便没有理由可以排斥上游的语辞的修辞方式。(2)文辞和语辞的修辞方式又十九是相同的,要是承认文辞的修辞方式,也便没有理由可以排斥语辞上同等的修辞方式。(3)既是文辞语辞共有的同等现象,即不追寻源头也决没有理由可以认为文辞独得之秘。就修辞现象而论修辞现象,必当坦白承认所谓辞实际是包括所有的语辞,而非单指写在纸头上的文辞。何况文辞现在也已经回归本流,以口头语辞为达意传情的工具。而我们现在听到"演说的修辞"云云,也早已没有人以为不辞了。这就是实际上已经把语辞认作修辞的工具了。

第二,是修饰还是调整?这在过去,也往往会回答你说:既然说修辞,当然说的是修饰。如武叔卿所谓"说理之辞不可不修;若修之而理反以隐,则宁质毋华可也。达意之辞不可不修;若修之而意反以蔽,则宁拙毋巧可也"(见唐彪《读书作文谱》六),便是指修饰而说的一个例。这也只是偏重文辞,而且偏重文辞的某一局部现象的一种偏见。修辞原是达意传情的手段。主要为着意和情,修辞不过是调整语辞使达意传情能够适切的一种努力。既不一定是修饰,更一定不是离了意和情的修饰。以修饰为修辞,原因是在(1)专着眼在文辞,因为文辞较有修饰的余裕;(2)又专着眼在华巧的文辞,因为华巧的文辞较有修饰的必要。而实际,无论作文或说话,又无论华巧或质拙,总以"意与言会,言随意遣"为极致。在"言随意遣"的时候,有的就是运用语辞,使同所欲传达的情意充分切当一件事,与其说是语辞的修饰,毋宁说是语辞的调整或适用。即使偶有斟酌修改,如往昔所常称道的所谓推敲,实际也还是针对情意调整适用语辞的事,而不是仅仅文字的修饰。

二 修辞和语辞使用的三境界

至于所谓华巧不是修辞现象的全领域,我们只须从修辞的观点把使用语辞的实际一查考便可以了然。

我们从修辞的观点来观察使用语辞的实际情形,觉得无论口头或书面,尽可分作下列的三个境界:

(甲)记述的境界——以记述事物的条理为目的,在书面如一切法令的文字,科学的记载,在口头如一切实务的说明谈商,便是这一境界的典型。

(乙) 表现的境界——以表现生活的体验为目的,在书面如诗歌,在口头如歌谣,便是这一境界的典型。

(丙) 糅合的境界——这是以上两界糅合所成的一种语辞,在书面如一切的杂文,在口头如一切的闲谈,便是这一境界的常例。

内中(甲)(乙)两个境界对于语辞运用的法式,可说截然的不同。用修辞学的术语来说,便是(甲)所用的常常只是消极的手法,(乙)所用的常常兼有积极的手法。例如郑奠氏所举的《论语》的

君子疾没世而名不称焉。

和《古诗十九首》中的

回车驾言迈,悠悠涉长道。四顾何茫茫,东风摇百草。
所遇无故物,焉得不速老?盛衰各有时,立身苦不早。
人生非金石,岂能长寿考?奄忽随物化,荣名以为宝。

便是绝好比照的两个例。两例主要的意思可说完全相同,而一只"直写胸臆,家常谈话",单求概念明白地表出,一却"托物起兴,触景生情,而以嗟叹出之",除却表出概念之外,还用了些积极手法。所谓积极手法,约略含有两种要素:(1) 内容是富有体验性、具体性的;(2) 形式是在利用字义之外,还利用字音、字形的。如这首古诗的整整齐齐每句五言,便是一种利用字形所成的现象。这种形式方面的字义、字音、字形的利用,同那内容方面的体验性、具体性相结合,把语辞运用的可能性发扬张大了,往往可以造成超脱寻常文字、寻常文法以至寻常逻辑的新形式,而使语辞呈现出一种动人的魅力。在修辞上有这魅力的有两种:一种是比较同内容贴切的,其魅力比较地深厚的,叫做辞格,也称辞藻;一种是比较同内容疏远的,其魅力也比较地淡浅的,叫做辞趣。两种之中,辞藻尤为讲究修辞手法的所注重。在小说、诗歌等类叙事抒情的语言文字上用得也最多。所谓华巧,也便是指这种形式的表面特色说的。

而实际,正如王安石《上人书》所说,"诚使巧且华,不必适用。诚使适用,亦不必巧且华。要之以适用为本。"华巧并不算是修辞的唯一的标的。这用古话来

说,便是所谓"文"外还有所谓"质"。用我们的术语来说,便是积极的修辞手法之外,还有消极的修辞手法。

消极手法是以明白精确为主的,对于语辞常以意义为主,力求所表现的意义不另含其他意义,又不为其他意义所淆乱。但求适用,不计华质和巧拙。当"宁质毋华"的时候便"宁质毋华";当"宁拙毋巧"的时候便"宁拙毋巧"。(甲)一境界清真的语辞,实际都是单独用这种手法的。(丙)一境界的语辞,清真的部分也是单用这种修辞手法的结果。如上举"君子"云云,便是一个例。这是古话所谓"质"的部分。

此外古话所谓"文"的部分,如(乙)的全体及(丙)的另一部分,实际消极方面也不能不参用消极手法,而求语辞的精确明白。这又就是古话所谓"文附质""质附文"的质文相待情况。刘勰《文心雕龙·情采》篇所谓"联辞结采,将欲明理。采滥辞诡,则心理愈翳",与王若虚《滹南遗老集·新唐书辨》所谓"作史与他文不同。宁失之质,不可至于芜靡而无实;宁失之繁,不可至于疏略而不尽。宋子京不识文章正理,而惟异之求。肆意雕镌,无所顾忌。以至字语诡僻,殆不可读。其事实则往往不明,或乖本意",可说便是针对这种情况而言。

三　修辞和语辞形成的三阶段

我们若再考察涉及内容的语辞形成的三阶段,将更可以明了修辞的实际情形。

语辞的形成,凡是略成片段的,无论笔墨或唇舌,大约都须经过三个阶段:一、收集材料;二、剪裁配置;三、写说发表。这三个阶段的工作并非同受一样条件的支配。如收集材料最与生活经验及自然社会的知识有关系。剪裁配置最与见解、识力、逻辑、因明等等有关系。写说发表最与语言文字的习惯及体裁形式的遗产有关系。三个阶段的条件顺次递积,到了写说发表的时候,便已成为与生活、经验、自然社会的知识,与见解、识力、逻辑、因明,与语言文字的习惯及体裁形式的遗产等等无不有关的条件复杂的景象。而始终从中暗暗指挥的,便是也许写说者自己觉得的也许自己不觉得的一定的生活上的需要。无论是觉得的或不觉得的,必以实现这一定的需要,在收集材料;必以实现这一定的需要,在剪裁并配置所收集的材料;也必以实现这一定的需要,在写说发表所已经剪裁定妥、配置定妥的材料。这种需要,在语辞上常被具现为一篇文章或一场说话的主意或本旨。若将写说单作写说者个人的情事看,可说写说便是为了发挥这个意旨起见，运用语辞来表出上述条件复杂的景象的一种工作。

但写说本是一种社会现象，一种写说者同读听者的社会生活上情意交流的现象。从头就以传达给读听者为目的，也以影响到读听者为任务的。对于读听者的理解、感受，乃至共鸣的可能性，从头就不能不顾到。而尤以发表这一阶段为切要。因为这一阶段，是写说者将写说物同读听者相见的时候。写说者和写说物和读听者各都成为交流现象上必不可缺的要素。当这时候，写说者纵然还有"藏之名山"的志向，也不便再以"藏之名山"自豪了。对于夹在写说者和读听者中间尽着传达中介责任的语辞，自然不能不有相当的注意。看它的功能，能不能使人理解，能不能使人感受，乃至能不能使人共鸣？

古来因为中介语辞不能尽责，甚至闹成笑话的很多。试举几个例子。例如范雎说的：

> 郑人谓玉未理者璞，周人谓鼠未腊者朴。周人怀朴过郑贾曰，"欲买朴乎？"郑贾曰，"欲之。"出其朴，视之，乃鼠也。因谢不取。（见《战国策·秦策》）

这就等于放了一个谣言。缺失最大。也有缺失不到这样程度的，例如钱大昕说的：《论语》的

> 攻乎异端，斯害也已。

也就有两解：一，把"攻"作攻治解，"已"作助词"了"字解；二，"攻"作攻击解，"已"作动词"止"字解（见《养新录》三）。

根据这种事实上的缺失及其他事实上的需要，所以材料配置定妥之后，配置定妥和语辞定着之间往往还有一个对于语辞力加调整、力求适用的过程；或是随笔冲口一恍就过的，或是添注涂改穷日累月的。这个过程便是我们所谓修辞的过程；这个过程上所有的现象，便是我们所谓修辞的现象。

同这现象有关系的具体的事项自然极其复杂，即就上头说过的来说，便已有生活、经验的关系，有自然社会知识的关系，有见解识力的关系，有逻辑因明的关系，有语言文字的习惯及体裁形式的遗产的关系，又有读听者的理解力、感受力等等的关系。普通作文书上常说的有所谓"六何"说。以为最有关涉的不过六个

问题,就是"何故""何事""何人""何地""何时""何如"等六个"何"。普通常说:第一个"何故",是说写说的目的:如为劝化人的还是但想使人了解自己意见或是同人辩论的。第二个"何事",是说写说的事项:是日常的琐事还是学术的讨论等等。第三个"何人",是说认清是谁对谁说的,就是写说者和读听者的关系。如读听者为文学青年还是一般群众之类。第四个"何地",是说认清写说者当时在什么地方:在城市还是在乡村之类。第五个"何时",是说认清写说的当时是什么时候:小之年月,大之时代。第六个"何如",是说怎样的写说:如怎样剪裁、怎样配置之类。其实具体的事项何止这六个!但也不必劳谁增补为"七何""八何"。至少从修辞的见地上看来,是可以不必的。

我们从修辞的观点看来,觉得上述复杂的关系,实际不妨综合作两句话:(1)修辞所可利用的是语言文字的习惯及体裁形式的遗产,就是语言文字的一切可能性;(2)修辞所须适合的是题旨和情境。语言文字的可能性可说是修辞的资料、凭借;题旨和情境可说是修辞的标准、依据。像"六何"说所谓"何故""何人""何地""何时"等问题,就不过是情境上的分题。情境是拘束的、理知的,或题旨是抽象的、概念的,如前述(甲)一境界的语辞,便只能用消极手法。例如《史记·律书》说律数便只能说:

> 九九八十一以为宫。三分去一,五十四以为徵。三分益一,七十二以为商。三分去一,四十八以为羽。三分益一,六十四以为角。

而不能用"周余黎民,靡有孑遗"那样孟轲所谓必须"以意逆志"的夸张法。再如情境是自由的、情趣的,或题旨是具体的、体验的,如前述(乙)一境界或(丙)一境界某部分的语辞,那又未尝不可任情随题,采用积极的表现。例如《南史·到溉传》:

> 溉孙荩早聪慧。尝从武帝幸京口,登北顾楼赋诗。荩受诏便就。上以示溉曰,"荩定是才子,翻恐卿从来文章假手于荩。"因赐绢二十匹。后溉每和御诗,上辄手诏戏溉曰,"得无贻厥之力乎?"

最后一句君臣相戏的话,用了一个藏词法把"贻厥"这两个字来贴套一个"孙"字,也觉得于题旨于情境并没有什么不适合,没有理由可以像颜之推那样说它纰缪不通的(参看《颜氏家训·文章》篇)。

四 修辞同情境和题旨

但是消极修辞积极修辞虽然同是依据题旨情境调整语辞的手法,却也不是毫无什么侧重:(1)消极手法侧重在应合题旨,积极手法侧重在应合情境;(2)消极手法侧重在理解,积极手法侧重在情感;而(3)积极手法的辞面子和辞里子之间,又常常有相当的离异,不像消极手法那样的密合。我们遇到积极修辞现象的时候,往往只能从情境上去领略它,用情感去感受它,又须从本意或上下文的连贯关系上去推究它,不能单看辞头,照辞直解。如见"一日不见,如三秋兮"一句句子里的一个"秋"字,便当如本书借代章所说的作"年"字解,不能望文生义,直把"秋"字解作夏后冬前的"秋"。

然而可惜古来的见解多是单看辞头的。或因辞头略有转折,便以为破格不通。例如关于上举藏词,颜之推在《家训·文章》篇便说:

> 诗云,"孔怀兄弟"。孔,甚也,怀,思也,言甚可思也。陆机《与长沙顾母书》,述从祖弟士璜死,乃言"痛心拔脑,有如孔怀"。心既痛矣,即为甚思,何故言"有如"也?观其此意,当谓亲兄弟为"孔怀"。诗云,"父母孔迩"。而呼二亲为"孔迩",于义通乎?

这我们可以称为破格说。或因辞头略离题旨,便以为虚浮不实。例如关于譬喻,刘向《说苑》记梁王对于惠施的故事道:

> 客谓梁王曰:"惠子之言事也善譬,王使无譬,则不能言矣。"王曰:"诺。"明日见,谓惠子曰:"愿先生言事则直言耳,无譬也。"

这我们可以称为虚浮说。或因辞头略乎华巧,便以为是一种华丽的装饰。例如王安石《上人书》道:

> 所谓辞者,犹器之有刻镂绘画也。

这我们可以称为装饰说。这些单看辞头的说法,虽然同滥用辞头的形迹不同,其实便是滥用辞头的同病别发。因为一样不甚留意修辞同题旨和情境的联系,尤其是同情境的联系。一旦遭遇根据情境的反对论,便将无法解答。例如惠施对梁王说:

"今有人于此,而不知弹者,曰:弹之状何若?应曰:弹之状如弹,则谕乎?"王曰:"未谕也。""于是更应曰:弹之状如弓,而以竹为弦,则知乎?"王曰:"可知矣。"惠子曰:"夫说者固以其所知谕其所不知而使人知之。今王曰无譬,则不可矣。"王曰:"善。"

我们知道切实的自然的积极修辞多半是对应情境的:或则对应写说者和读听者的自然环境社会环境,即双方共同的经验,因此生在山东的常见泰山,便常把泰山来喻事情的重大,生在古代的常见飞矢,便常把飞矢来喻事情的快速;或则对应写说者的心境和写说者同读听者的亲和关系、立场关系、经验关系,以及其他种种关系,因此或相嘲谑,或相反诘,或故意夸张,或有意隐讳,或只以疑问表意,或单以感叹抒情。种种权变,无非随情应境随机措施。

这种随情应境的手法,有时粗看,或许觉得同题旨并无十分关系,按实正是灌输题旨的必需手段。语言学家巴利曾经说过:我们说话便是一种战斗。因为人间信念、欲望、意志等等,都还不能完全吻合,这人以为重大的未必旁人也以为重大,这人以为轻微的未必旁人也以为轻微,因此每有两人接触,便不能不开始所谓语辞的战斗,运用所谓语辞的战术。有时辛辣,有时纤婉,有时激越,有时和平,有时谦恭愁诉,简直带有伪善的气息。必须如此,才能攻倒对方壁垒的森严,传达自己的意志到对方,引起对方的行动。而所以说话的目的,方才可以如愿达到(见所著《语言活动和生活》)。他因此断定语言活动便是社会的生活的表现,语言便是椅桌间折冲的武器。我们倘若也用武器来做譬喻,便也可说修辞是放射力、爆炸力的制造,即普通所谓有力性动人性的调整,无论如何,不能说是同立言的意旨无关的。

总之,修辞以适应题旨情境为第一义,不应是仅仅语辞的修饰,更不应是离开情意的修饰。即使偶然形成华巧,也当是这样适应的结果,并非有意罗列所谓看席钉坐的钉饾,来做"虚浮"的"装饰";即使偶然超脱常律,也应是这样适应的结果,并非故意超常越格造成怪怪奇奇的"破格"。凡是切实的自然的修辞,必定是直接或间接的社会生活的表现,为达成生活需要所必要的手段。凡是成功的修辞，必定能够适合内容复杂的题旨，内容复杂的情境，极尽语言文字的可能性，使人觉得无可移易，至少写说者自己以为无可移易。略如福洛贝尔教导他的弟子莫泊桑的"一语说"所谓无论什么只有一个适切的字眼可用而写说者就用那个唯一适切的字眼来表出的一样，或更说得切实些，竟如卢那卡尔斯基所谓"内容自在努力，趋向一定的形式"的一样。

五　修辞的技巧和修辞的方式

这种修辞技巧的来源有两个：第一是题旨和情境的洞达，这要靠生活的充实和丰富；第二是语言文字可能性的通晓，这要靠平时对于现下已有的修辞方式有充分的了解。技巧是临时的，贵在随机应变，应用什么方式应付当前的题旨和情境，大抵没有定规可以遵守，也不应受什么条规的约束。只有平日在这两面做下了充分的准备工夫，这才可望临时能够应付裕如。除此便是天资的关系。

这两面的工夫，前者是关于语言文字之外的，后者是关于语言文字本身的。两面之间，临时大抵有所偏重。临时大概必要心眼中只有题旨情境才好。而平时必当两面并重。一面充实生活，同时也不当荒废语言文字的观察和研究。详察精究之后，运用时才能心中无法，手上有法，或心中无法，口上有法，可望做到应手应口的地步。或竟能够更进一步，独出心裁，别开生面。

所以平时对于修辞的方式颇要有精密的观察和系统的研究。有精密的观察可免浑沦懵懂，认识不真；有系统的研究可免混淆杂乱，界限不清。

一、精密的观察　这有两层：（甲）个性的观察。如前所说，每个具体的切实的修辞现象，都是适应具体的题旨和情境的，我们应当把每个方式就题就境看出它的个别性质，这样才见语辞是有根的是活的，是有个性的，是不能随便抄袭，用做别题别境的套语的。其次，也应当分别观察因为所用语言不同而生的个别性质。我们知道文言口语，同用一个修辞方式，往往是口语中明白得多、自然得多。这中间必然含有大同小异的所在。我们也应当把那所在随时察出。即如前说藏词，文言中用的成语大抵采自《诗经》《书经》等几部知识分子比较熟悉的古书，口语中却就更进一步，只用一般人口头上熟习的成语。这就是使这方式更为亲切，更为有趣的原因。每次观察也应当把这种语言个性连同注意。还有体式、风格不同，也颇会形成了大同中的小异。例如把诗歌和歌谣相比，大抵是歌谣质朴得多，每用一个方式往往从头直用到底。这也要分别留神才是。（乙）功能的观察。即如前头说过的藏词，主意是在将所用的词藏去。单将所用的词藏去，旁人将必无从领悟,故必取一句中间含有这个词的人人熟悉的成语来,露出成语的别一部分,来贴套本词。那一部分,单任贴套,不表意义。意义仍在所藏的词,所以我们称为藏词。这种方式,大约魏晋时代便已盛行。例如陶渊明的诗(《庚子岁从都还》)中便有这么二句:"一欣侍温颜,再喜见友于。"利用《书经》上"友于兄弟"一句成语,把"友于"来贴套"兄弟"。不过那时民间流行的情形,现在已经很难考见了。只有宋代以后,笔记流传较多,我们还可以从笔记中约略查得一些事略。如宋吴处厚《青箱杂记》一云:

> 刘烨与刘筠连骑趋朝,筠马病足行迟。烨谓曰,"君马何迟?"筠曰:
> "只为三更五——。"言"点"蹄也。烨应声曰:
> "何不与他七上八——?"意欲其"下"马徒行也。

又如清褚人获《坚瓠二集》一云:

> 吴中黄生相掀唇,人呼为"小黄窍嘴"。读书某寺中,一日,寺僧进面,因热伤手忒地,黄作歇后语谑之曰:
> "光头滑——,光头浪——,光头练——,光头勒——。"谓"面汤挄忒"也。僧亦应声戏曰:
> "七大八——,七青八——,七孔八——,七张八——。"盖隐"小黄窍嘴"四字。黄亦绝倒。

照此看来,藏词方式显然不能望文生义,照字直解。假如有人照字直解,那就可说不懂它的功能。其次也应当留神历史或社会背景所印染成的色彩。即如藏词,总看各例大抵带有俳谐情味,就是构成,也同制造灯谜不相高下。自然要算用在有打灯谜那样欢乐的情境中最为合拍。

二、系统的研究　这也有两层:(甲)每式之内的系统。即如前说藏词,有藏去后部的,古来名叫歇后,如"友于""贻厥"等各例都是。也有藏却头部的,古来名叫藏头,如曾有人称十五岁为"志学年",称三十岁为"而立年",便是藏却"十五而志于学","三十而立"等成语头部的藏头语。如"续貂"一语,便是藏却"狗尾续貂"这一成语头部的藏头语。此外藏却腰部的藏腰语,也有人用过,如龚自珍《广陵舟中为伯恬书扇》诗:

红豆生苗春水波,齐梁人老奈愁何!逢君只合千场醉,莫恨今生去日多。

以"去日多"言"苦",用的便是藏词,也就是曹操《短歌行》里"去日苦多"句中间"苦"字的藏腰语;不过,这类藏腰语的用例,比较罕见。就是藏头语,也颇不多见。只有歇后语特别发达。照民间的用例看来,且有延展到譬解语,利用譬解语来做歇后语的倾向。那种歇后语,我们可以另称为新型歇后语。例如"猪八戒的脊梁,悟能之背"(无能之辈),便是一句民间流行的譬解语,上句为譬,下句为解。现在就渐渐有截去"悟能之背"一截,单说"猪八戒的脊梁"一截来贴套"无能之辈"的倾向,成为一种新型歇后语了。像这样每式内部的系统最好能够明了。

(乙)各式之间的系统。再用藏词做例,我们不但应该明了藏词内部的各色情形,还应当明了藏词同析字、飞白以及譬喻、双关、回文等等一切方式的同异关系。明了之后,对于各种修辞方式方才不会将同作异,将异作同。一个修辞现象到前,一看便能了然。可以不再发生把我们所谓双关和某君所谓词喻,我们所谓析字和某君所谓字喻当作两种,又把我们所谓回文和某君所谓字喻混作一种的错误。应用起来,也可脱口而出,毫不踌躇。

六　修辞研究的需要、进展和任务

但是这样的观察和研究颇要耗费相当的时日,又不是人人一时所能双方并进的。因为精密的观察是注意方式中的小异,系统的研究却要留心方式中的大同。虽然研究也不是从头就可不注意小异,但当归纳时,必当用舍象法将小异舍去,抽出它的大同来,才能将它同别的有这大同的现象构成一个相当的系统。所以研究的注意必在同。而平日的观察却在异。同异双方同时注意,固然不是不可能,但必须先有相当的经验做基础。有了相当的经验做基础,再去做精密的观察,方才功能容易明白,个性容易看清,得益才更容易,才更大。

我们的先辈似乎也颇知道此中的底细。故颇有相当的与人论文书传给我们。又常在诗话、文谈、随笔、杂记中,记下一些经验来,供我们开始观察时候参阅。但可惜多不是专为修辞说的,故内容颇杂,又多不是纯粹说明的态度,所收现象也多是偏于古典的。那于研究古典或古代某一部分的修辞现象,固然也可以做参考,却颇不适于我们想要系统地知道修辞现象者之用。因此颇有人想略仿西方或东方的成规,运用归纳的、比较的、历史的种种研究法,将所常见的,或文学史上还须说到的修辞现象,分别部类,做成一种修辞学。修辞学原是"勒托列克"(rhetoric)的对译语,是从五四以后才从西方东方盛行传入的。但最初用修辞这个熟语正名本学的,却是元代的王构(肯堂)。他曾著有《修辞鉴衡》一书,虽不甚精,似乎还是可以算是修辞专书的滥觞。不过那是属于萌芽时期的著作,自然同我们所谓运用归纳的、比较的、历史的研究法的修辞学没有直接的关系。

修辞学的任务是告诉我们修辞现象的条理,修辞观念的系统。它担负实地观察、分析、综合、类别、记述,说明

(一)各体语言文字中修辞的诸现象

(二)关涉修辞的诸论著

的责任,从(一)的原料和(二)的副料中归纳出一些条理一个系统来,做我们练习观察的基础,或直接做我们自由运用的资助。它不是立法者。就是出现某一实例的语言文字也不是立法者。没有什么权力可以约束我们遵从它。故所归纳出的,决不能误解作为条规。但实例是很重要的。它是归纳的依据,它有证实或驳倒成说的实力。近人常说"拿出证据来",它便是证据。唐钺氏的《修辞格》在现在许多修辞研究中所以比较地可以认为有成绩,便是因为他极注意搜集实例的缘故。又旧著,不是为修辞写的,如王若虚的《滹南遗老集》,俞樾的《古书疑义举例》,对于修辞研究所以比较地有贡献,也便是因为他们极注重实例的缘故。实例除了助成归纳之外,本身还可显示修辞如何必须适合题旨情境的实际,故在条理归纳清楚之后还当将它保存,并且记明篇章出处,借便翻阅原文,细玩它的意味。至于各种论著,无论是中的外的古的今的,都只能做比较的研究或历史的研究的参考,备万一要解说某一现象而不能即得确当解说时的提示,或作解决方式的左证。如周钟游氏的《文学津梁》、郑奠氏的《中国修辞学研究法》便是在这一方面颇可备供参考的关于中国修辞古说的参考书。

至于修辞学本身,它应该告诉我们下列几件事:

一、修辞方式的构成　如譬喻,应该说明它由(1)思想的对象;(2)譬喻语词;(3)另外的事物三者构成。

二、修辞方式的变化　如譬喻有三种变化:

(1)明喻——譬喻语词指明相类,形式为"君子之德如风"。又有时隐去。

(2)隐喻——譬喻语词指明相合,形式为"君子之德风也"。又有时隐去。

(3)借喻——思想的对象和譬喻语词都隐去,单说"风",如"先生之风,山高

水长"。

据《容斋五笔》,范仲淹《严先生祠堂记》的这两句,原作"先生之德,山高水长",做好之后给李泰伯看,李泰伯教他把"德"字改做"风"字的。据此我们可以猜度这个"风"字是借喻"君子之德"。

三、修辞方式的分布　　如譬喻遍布在古今文中,又遍布在文言和口语中,不过口语中把譬喻语词改作"好像""如同""一样""就是"等等就是了。

四、修辞方式的功能或同题旨情境的关联　　如前引惠施所谓"以其所知谕其所不知而使人知之"之类的说明。

五、各种方式的交互关系　　如譬喻同借代相近,而同前举藏词则相距颇远之类。

以上五条,在修辞学书中,大抵把(一)(二)(三)说得较详,(四)(五)说得较略,或者只用界说或类别来提示。因为这样,比较可以免掉挂一漏万,而且条理也比较地清楚些。

七　修辞学的功用

像这样的修辞学,我们可以说是一种语言文字的可能性的过去试验成绩的一个总报告。最大的功用是在使人对于语言文字有灵活正确的了解。这同读和听的关系最大。大概可以分做三层来说:

(一)确定意义　　以前往往把修辞现象当作"可以意会,不可以言传"的境域,其实修辞现象大半是可以言传的。我们既知道它的构成,又知道它的功能,大半就可确定它的意义所在,扩大了所谓言传的境域。例如所谓"笋席"便是竹席,所谓"笋舆"便是竹舆,倘若知道借代,便可不必繁征什么方言来证明,解说。

(二)解决疑难　　偶然有修辞上的疑难,也比较容易解决。例如柳宗元《柳州山水近治可游者记》说:"又西曰仙弈之山。……其上有穴。……其鸟多秭归。石鱼之山全石,无大草木。山小而高,其形如立鱼,在多秭归西。有穴,类仙弈。"人往往以为"在多秭归西"一截不可解,也有人以为应该删去"在"字,而将"西"字连下读。其实倘若知道借代,又看过一点《山海经》的借代法,便可断定应该这样读,而且可以断定所谓"多秭归",就是指上文仙弈山。

(三)消灭歧视　　人又往往以为文言可以做美文,口语只能做应用文。而所谓美文者,又大抵是指辞采美富而说。其实文言的辞采,口语大抵都是可以做到的。例如文言中有"春秋鼎盛"一句话,人或许以为"春秋"二字美,而不知"春秋"

二字,实际是同口语中的"东西"两字同用一样的修辞法。倘若知道借代,也便可以将一切歧视文言口语的偏见立时消灭。

其次便是可以顺次做系统的练习。因为修辞学已经把同类的辞例汇集在一起了,要做系统的练习,实际很容易。其次才是写说。修辞学可以说同实地写说的缘分最浅。因为实地写说,如前所说,是必须对应题旨情境的,决不能像读和听那样不必自己讲求对应的,容易奏效,也决不能像练习那样不必十分讲求对应的,容易下手。而一度试用有效的,又并不能永久保存作为永久灵验的处方笺,所以也决不能借为獭祭的方便。但同实地写说也不是全无关系。倘从好的方面说来,大抵可以疗治两种病象:

(一) 屑屑摹仿病　从前有些人不知修辞的条理,往往只知屑屑摹仿古人,现在条理明白,回旋的地位大了,屑屑摹仿病想必可以去了一半。而且也会知道有些地方是绝对不可蹈袭的,例如现在已经不常看见飞矢,为什么还要用飞矢来喻快速,已经知道泰山也不是异乎寻常的大山,为什么还要用泰山来喻重大或高大?

(二) 美辞堆砌病　又有些人不注意语言文字和题旨情境的关系,错觉以为有些字眼一定是美的,摘出抄起,备着做文的时候用。殊不知道语言文字的美丑是由题旨情境决定的,并非语言文字的本身有什么美丑在。语言文字的美丑全在用得切当不切当:用得切当便是美,用得不切当便是丑。近来有人把那些从前以为美辞丽句的叫做烂调套语,便是因为用得不切当的缘故。

倘从好的方面说来,或许可以疗治这些病象。但也要看听的看的人态度如何,写的说的人方法如何。大概方式的选择要精,说述要明,举例要用意周到,评断要不违反现代语言文字的趋向和语言文字的本质,才能做到如此地步。一切健全的写说都是内容决定形式的,而内容又常为生活所决定。没有健全的生活(学术的或日常的)便不会有健全的内容,也就不会有健全的形式。修辞学的本身,也是如此。此刻有谁敢说能够做到如何健全呢?

第二篇　说语辞的梗概

一　修辞和语言

语辞就是普通所谓语言。语言是达意传情的标记，也就是表达思想、交流思想的工具。传情达意可以用各种的标记，可以通过各种的感觉。如用兰臭表示意气相投，兰臭便是一种嗅觉的标记，用握手表示情意相亲，握手便是一种触觉的标记。而最常用又最有用的，却是一种听觉的标记，就是口头的语言。普通所谓语言，便是指这一种口头语言而言。

其次，为了留久传远起见，又须用文字做中介，把口头语言写录做文字。文字是诉诸视觉的标记，性质自然同听觉的语言不很同，但同语言很有密切关系。语言学书上往往并这文字也称做语言。而把口头语言叫做声音语或口头语，文字叫做文字语或书面语。较广义的语言，又是指语言和文字这两种而言。

再看聋哑和婴儿，又颇有用摇头、摆手、顿脚等装态作势的动作来传情达意的事实。我们谈话、演说，也还时时利用它来做补助的标记。故有时更加扩大范围，又往往连这种态势也算做语言，把它叫作"态势语"。语言的更广义，又是含有声音语、文字语和"态势语"这三种。

前说修辞所可利用的，是语言文字的一切可能性；所谓语言文字的可能性，一半便是这些种语言的习性。另一半是体裁形式的遗产。如前头说过的藏词，便是一种利用遗产的修辞法。此外如引用，如仿拟，也是利用遗产。这种利用遗产的修辞法，以前很盛行。但都偏于引用古人的成句或故事。普通叫做"用典"。用典虽然可以构成联想内容，但很容易喧宾夺主，破了美意识的纯一境界。有时甚至使人不懂说的是什么。例如现在酒店柜屏上常写着"青州从事"四个字。这四个字，我们固然知道它是指说好的酒，但是曲折之多，却正可供瑞典语言学家高本汉引去做中国语文费解的有力的证据。他说："最有力的例证，是用'平原督邮'代替'劣等的酒'，'青州从事'代替'优等的酒'。中国人说：美酒可以及于'脐'，而劣酒只能及于'膈'。这个'脐'字，恰好同另外一个也读这音的'齐'字，形体相似,而'齐'为一个地名,属于青州治下;所以美酒叫做'青州从事'。另一方面,'膈'字也同另外一个也读这音的'鬲'字,形体相似,而'鬲'也是一个地名,属于平原县治;又因为劣酒止及于'鬲',所以叫做'平原督邮'。桓温的主簿是一个酒的鉴赏家,发出这种文学的诙谐语,正可用为代表中国语精巧的一个例子。"(参看张世禄译高本汉《中国语与中国文》第六章及《世说新语·术解》篇)这种说法,当时是精巧的,现在可就觉得很费解了。五四前后的"文学革命"所努力的,大半便是这种费解的用典风气的体无完肤的攻击。《中国语与中国文》出版于一九二三年,大约著者当时还不十分知道中国已经有了一种新文风,故还处处以用典为中国语文的特征。现在我们也已经把这种措辞法认作一种乞灵法,或没有时间镕铸新辞时的救急法,不再认它为正常的措辞法了。除了几种浅显明白的不必查考典故便可懂得的之外,都已废弃不用。所以我们研究修辞,也就无须浪费精力,从事偏僻的用典方式的研究。而语言习性的利用,却比以前更为注意。至少也不比以前忽略。虽然现在另有语言学、文字学等专科的研究,也不能不在将要进讲修辞方式的时候,把这修辞工具的性质说述一点梗概。

二 "态 势 语"

"态势语",是用装态作势的动作,就是态势,来做交流思想的工具。苏轼所谓"海外有形语之国,口不能言,而相喻以形,其以形语也捷于口"(见《怪石供》),便是指着它说的。它同所要表示的意思极直接,一般不过用它来补助口头语言的不足,在不能用普通语言交流思想,或没有共通语言交换意思的时候,也还可以用它来做交流思想的工具。如聋哑和婴儿以及其他一切人的指手画脚之类便是。

态势共有三种:就是表情的、指点的和描画的。如用微笑表示欢喜或许可,蹙额表示愤怒、厌恶或反对,便是表情的。表情的态势虽然似乎多是反射作用,未经反省的,但刺激旁人的功用却颇大。指点的态势,是直接指点对象的态势,如指人说人,指物说物之类。这种态势,自然只能用以指点前后左右视觉可及范围内的事物和方向。在视觉所不及的范围中的事物,便要应用描画的态势来表示。描画的态势又可以分做三种。如一手支头,两眼紧闭,表示睡着,是象形的;伸出大指头表示大,伸出小指头表示小,是指事的。指着前方表示将来,指着后方表示过去,是象征的。第一种是直写事物的形状,第二种是借他物重要的特征来表示这物,第三种是借适宜描画别方的行动来表示这方的事物。态势能够做出这样三种来，表意的功能已可说是不小了。

但它总是直观的，不能表示抽象的意思。如"凡人皆有死"这句话，用"态势语"来翻译便不容易翻译出来。遇有接连的时候，又只能用印象的接连法，不能有普通的文法组织。其接连法大抵如次：

　　主语，附加语——补语，谓语

故如说"黑牛吃草"便要化成"牛，黑——草，吃"的形式。而文法上的名词、形容词、动词等词品，又几乎无法分别。如指黑土可以说黑，也可以说土，指青草可以说草，也可以说青。究竟说什么，全要从情境上去臆度它。就是语气，也是如此。同是指点一件东西，一带有疑问的表情便会成为询问语，一带有发急的表情便会成为命令语，也要从情境上猜度它。种种方面凑集起来，"态势语"便成为很粗陋笨拙、暧昧不明的思想交流法，大不及声音语的简捷而明确。对于声音语来说，只可算是粗笨的漫不足道的交际工具，不能同声音语相提并论。除了某些情形特殊的人，如聋哑、婴儿之类，或遇到某些特殊的情境，如彼此言语不通之类，用它来约略示意之外，一般不过用它来做补助声音语言的工具。在修辞上也只同口说或记录口说的文辞有关系。如《论语·八佾》篇：

　　或问禘之说。子曰，"不知也。知其说者之于天下也，其如示诸斯乎？"指其掌。

指其掌是一种手势，是态势的一种。"指其掌者，弟子作《论语》时言也。当时孔子举一手伸掌，以一手指之，以示或人曰：其如示诸斯乎？弟子等恐人不知示诸斯，谓指示何等物，故著此一句，言是时夫子指其掌也。"假如孔子当时没有这指点的手势或记录时并不记录出这指点的手势，他的话中就不能用那等于现在说"这个"或"这里"的"斯"字。故在口说或记录口说的文辞中，态势实际也同修辞有相当的关系。它能指示说话时的情境，而本身也便是说话时的情境之一，修辞须得同它相应合。但它实在不是所要调整的语辞的本身。所以除了演哑剧，学演说，教聋哑，领婴儿，或者另外须有特殊的研究的之外，修辞上已不将它作为可供利用的工具了。

三 声 音 语

修辞上最要注意的是声音语。我们常简称它为语言。声音语是由声音和意义两个因素的结合构成的,自然离了声音便不能存在,缺了意义也不能成立。但声音和意义的关系,却不像"态势语"那样的直接。如说骑马拴马,在"态势语"是将手做几下摇鞭的姿势,将脚做一下跨上的姿势,来表示在骑马。又将脚做一下跨下的姿势,将手做几下结绳的姿势,来表示在拴马。都就用表意行动的本身做思想交流的手段。是直接的。而声音语,却不用行动本身做思想交流的工具,而用行动所生的结果——声音——做思想交流的工具。是间接的。这种间接的声音,在约定习成之后,自然也会觉得声音和意义之间仿佛有着一种自然的必然的关系。似乎无可改动,无可移易。例如马,你不能叫做鹿,鹿也不能叫做马。但当初全是适然的,人定的。正如荀况所谓"名无固宜,约之以命。约定俗成谓之宜,异于约者,谓之不宜"(《荀子·正名》篇),嵇康所谓"夫言非自然一定之物,五方殊俗,同事异号,举一名以为标识耳"(《嵇中散集·声无哀乐论》)。它是意思、事物的约定俗成的标记,而非意思、事物的自然、必然的表征。大约当初生活在同一地方的,生理和环境都很相似,经验也差不多,经验既经互相认识,用以表示该经验的声音也复互相承认,随后便将那声音来做表示同样经验的约定标记,这就成了这种用声音表示意思的语言。

语言是从劳动过程中产生的。劳动使人脱离了其余的动物界,劳动创造了人,使人成为社会的生物,劳动也使人有了语言和思想。语言和思想都早就产生的。语言的产生是由于人在劳动和生产的过程中,有交流思想,协调共同活动的需要,因而形成、发展起来的。马克思和恩格斯都曾经说过(见《德意志意识形态》和《劳动在从猿到人转变过程中的作用》)。产生当初,也是异常简陋,语汇是很贫乏的,文法组织也是很原始的,但因语言的声音和意义两个因素的结合全然随应社会的习惯约束,只要约定俗成,即便可以声入心通,富有因应社会而变迁改动的可能,可以因应社会的发展而发展。

语言是社会的产物,同时也是社会组织的工具。社会假如没有语言,必致混乱。我们大概都还记得《旧约》中巴别塔的传说。那在《创世纪》第十一章中记着说:

那时天下人的口音语言,都是一样。他们往东边迁移的时候,在示拿地遇见一片平原,就住在那里。他们彼此商量说……来罢,我们要建造一座城和一座塔,塔顶通天,为要传扬我们的名,免得我们分散在全地上。耶和华降临要看看世人所建造的城和塔。耶和华说,看哪,他们成为一样的人民,都是一样的语言。如今既已作起这件事来,以后他们所要做的事就没有不成就的了。我们下去,在那里混乱他们的口音,使他们的语言,彼此不通。于是耶和华使他们从那里分散在全地上,他们就停工不造那城了。因为耶和华在那里混乱天下人的语言,使众人分散在全地上,所以那城便叫做巴别(巴别就是混乱的意思)。

这传说便是显示语言不通是怎样的不便。

四 文 字 语

及至经验发达,不能单靠口头传述,直接记忆,从这一时代留传给别一时代,又社会扩大,人事增繁,不能单靠口头,维持这一地方和别一地方的关系和团结。于是单有语言,也还觉得不便。社会上便又有诉之视觉的文字语发生。我们常常简称它为文字。

现在人一说到文字,总以为文字是语言的标记,或说"言者意之声,书者言之记"(《尚书·序疏》)。这就现在而谕,也符事实。假若追溯源头,文字实同语言别出一源,决非文字本来就是语言的标记。

文字从起初到现在约略可以分为下列四个时期:

(一) 记认时期

(二) 图影时期

(三) 表意文字时期

(四) 表音文字时期

就是在今日通用的表音文字之前都曾用过表意文字,表意文字之前又曾用过别的几种图记。

在文字未同语言连合的过渡时代,大抵先用结绳、刻符、串贝等方法,补助人类的记忆。这是文字史前的记认时期。据说中国的汉族也曾有过结绳时代。《易经·系辞》说:"上古结绳而治。"又曾有过刻符时代。即所谓"后世圣人易之以书契"。而中国的苗人,也用过刻符。方亨咸《苗俗纪闻》说:"俗无文契,凡称贷交易,刻木为信,未尝有渝者。木即常木,或一刻,或数刻,以多寡远近不同,剖而为二,各执一,如约时合之,若符节也。"其次便是用种种的图形,写录种种的意思的时期。这是文字史前和文字史的过渡时期。故或划入史前,或划入史中称它为"图影文字",说法颇不一致。但凡连篇的图影同语言还不连合的,似以划入史前较便说明。如下图是奥吉倍族的女子写给一个男人的情书。左上一个熊是女子的图腾,左下一条泥鳅是男子的图腾,便是信上的发信人和收信人。旁边两条线是路径,两个三角垛是相会的帐幕,里面画有招他去的标记。三个十字架表示幕周居民都是基督教徒,对他说明四周的情况;还有三个圈,是表示那里有湖沼,用以指示位置,仿佛等于说那是什么路多少号。我们中国什么时代用过这类的图影,现在还未考究清楚。但据沈兼士氏推测,以为《虞书》上说的欲观古人之象而作日月至黼黻十二章,《左传·宣公三年》王孙满说的"昔夏之方有德也,远方图物,贡金九牧,铸鼎象物,百物而为之备,使民知神奸",大约便是这一种图影。不过古代纯粹用这一种图影记事的古迹已经很难考见了。

后乎图影的就是表示各个观念的象形文字。象形文字是表意文字的第一步。中国的汉字普通用作六书"象形"之例的⊙☽(日月),用作"指事"之例的⊥⊤(上下)等,就是这一步的表意文字。埃及的楷书,表太阳的⊙,表月亮的☽,

奥吉倍女子的情书

也是这一步的表意文字。由此再进一步,拼合了这等象形文字来表意思,便成了一种完成的表意文字。这在中国的汉字如六书中的所谓"会意",合"人""木"两字作一个"休"字,合"刀""牛""角"三字作一个"解"字等,就是适例。

表意文字以后便是表音文字了。这里有了一个显著的分歧:一面埃及楷书的象形文字发达为行书(僧侣文字)和草书(民间文字)之后,腓尼基人采取楷书及行书造了拼音字母的原形,递嬗下来,成为今日世界通行的拼音字母。而一面如我们中国的汉字,虽然也有六书中称为"形声""转注"等半表音文字及称为"假借"的纯表音法,却始终只借固有文字为表音记号,直到注音字母以及其他种种拼音字母(包括采用拉丁字母的拼音字母)出现为止,不曾定出什么以简御繁的拼音字母。现在的汉字,虽然因为经了几次字体改变,已经如钱玄同氏所谓"四方的太阳(日),长方的月亮(月),四条腿的鸟(鸟),一只角的牛(牛),象形字也不象形了",毕竟还带有几分图形的性质。

文字是诉之视觉的,从记认记号、图影记号、象形文字等等诉之视觉的方面发达起来,也是自然的趋势。但单单诉诸视觉,直接表示意思,不同语言连合,必如"态势语"似地,繁重而不便应用。既同语言连合,文字就不但表示意义,也且表示语言中诉之听觉的声音。文字就成为语言的标记。普通所谓文字,就是指这兼表音义的文字说的。陈澧《东塾读书记》(十一)说:"天下事物之象,人目见之,则心有意;意欲达之,则口有声。……声不能传于异地,留于异时,于是乎书之为文字。文字者所以为意与声之迹也。"是否"为意与声之迹",是现在我们区别文字和非文字的一种普通标准。

用这标准,我们才把表意和表音的划入文字之内。而表意文字和表音文字便都由文字形体和意义和声音三者构成,其分别不过在文字对于意义和声音的直接间接的关系:直接表声音,间接表意义的,便是表音文字;直接表意义,又直接表声音的,便是表意文字。往下将就文字、意义、声音这三者,加以约略的分析。

五 声 音

语言中的声音也是一种音。凡是略略翻过物理学的,大约都知道音是由于物体的振动而成。这振动从空气中或从别种物体中传达到我们的耳朵,刺激了我们的听神经,我们就发生了音的感觉。我们知道音有音别、音色等音质。音质是由于许多振动复合所成的色彩。又有强有弱,有高有低。强弱是由于振幅的大小,高低是由于振动的快慢。又有长有短。长短是由于振动延续的久暂。此外还有发音的时分,发音的地点,发音的方向、距离等等。凡是音,必都具有这些因素。而音到了耳朵,还将有使人觉得愉快或觉得不愉快等情调的反应。

语言的声音也是一种音,当然也具有这种种因素。但语言中的声音并不像别种物体的音,例如上课的钟声、吃饭的铃声,那样简单。钟声、铃声是反射的,语言的声音却是有意表出的。这有意表出的声音,或许当初也有一些是摹拟事物的声音,但当约定俗成之际,却都要依照社会的约束、习惯。无论所用的音素,音素的排列以及其他种种,都依现有的习惯。习惯假如不同,声音也便不能一律。世界语言所以千差万殊,便是因为习惯不一致的缘故。

又全具这些因素的乃是一种具体的声音。具体的声音例如谁说"我在读书",自然具有以上种种的因素。你的口音和他的口音不同,便是音质的不同。你也许说得轻,他也许说得重,便是强弱的不同。你也许说得尖,他也许说得粗,便是高低的不同。然而口音等等,平常说话听话多半是不计的。平常说话听话的过程是这样：

全过程是由从意思到发音,从听音到意思的两个作用联合而成。联合两作用的是声音。做各个作用的中介的是声音意象。声音意象平常多不过是抽象的声音。由于各个具体的声音中,抽去许多各别的因素,单单留下一些共同的因素构成。固然没有时分、地点、方向、距离等因素,也没有音色、轻重等因素。只是一个漠然的声音意象。我们平常说话听话时都以这种抽象的声音意象做基础。例如现在你有必要,要说"我在读书"这句话,这时这个抽象的声音意象就浮现上来。随后你的发音器官(喉舌等等)应和着动,便可发音。这时所发的声音是一个具体的声音。有个人的音彩,有一定的时分地点等等因素。这个具体的声音比之抽象的声音,内容属性多好多。但这些多的属性平常你并不留意,你只要抽象声音的属性能够被包含在这具体的声音中,便算已经达到了目的,你便觉得心满意足了。你所要发的,毕竟只是单含抽象声音因素的声音。此外的属性,例如音色等等,你并不关心。说的人如此,听的人也是如此。听的人平常也只注意对方具体声音中,关于这抽象声音的一部分。除非是特别引人注意的话,总不将那具体的声音一并记住。所以语言学上,颇有人将语言声音所含的因素,分作固有的和临时的两种。将具体声音中,各个具体声音所共通的抽象部分,叫做"固有因素";各个具体声音临时所加的因素,叫做"临时因素"。

六　形　体

文字的形体也是社会约束的习惯的东西,同信笔涂抹不同。那约束最重要的,便是前头说过的"为意与声之迹",做书面语言的标记,代表语言的两个因素：声音和意义。故同单表意义的图影,单表意义的数学记号等类标记不同,也同单表声音的音标不同。古今中外的文字所以千差万殊,也便是因为文字形体同约束习惯关系复杂各别的缘故。

形体也有具体和抽象之分。某人在某时某地所写的是具体的形体。具体的形体有特定的书体、笔势、大小。有特定的位置、方向、行式。又有特定的墨色、纸质等等。并且有特定的时间：什么时候写,可以保存到什么时候等。例如殷代的兽骨龟甲文字到现在还被保存。此外也有一种看形体时所反应的情调。如好字看了使人愉快,坏字看了使人不快之类。具体的文字形体,必都具有这等一切的属性。

但我们平常对于文字形体所存的观念,也多不过是抽象的形体。由各个具体的形体中,抽去许多各别的因素,单单留下些许共同的因素而成。所以将具体的形体分析,也可以发现中间含有"固有因素"和"临时因素"。临时因素是经几次经验之后会被抽去的成分,如我们心里的一个"大"字,便没有一定的大小,或什么人的笔迹,乃至纸质墨色等等。只是一个漠然的"大"字。这漠然的"大"字,便是"大"字形体的固有因素。

形体的固有因素大约只有下列几项:(一)笔画,如"大"字有一画,一撇,一捺。(二)个数,如"大"是一个字,"一"是一个字,"一""大"相合为"天",也是一个字。我们平常写字、认字,也不过拿这几项固有因素做基础。

七　意　义

用某声音或某形体代表某意义,也是一种社会的约束习惯。如图,或以声音

代表意义,如一切的语言;或取双重关系,以形体代表意义,又以形体代表声音,如一切的表意文字;或取单重关系,仍以声音代表意义,只以形体记出声音,如一切的表音文字,都无不可。不过声音和形体原不过是一种标记。标记的作用只要能够引起所意谓的事物的联想便算有效。有效的程度相等,标记本身便愈简便愈容易愈好。采取双重关系,无异叠架重床,照现在看来,实无必要,而且也不能完全做到。如前头说过的,中国的汉字中也已经有一部分的表音文字,便是不能完全做到的明证。又因为声音形体只是一种标记,并非事物本体的摹本,只要标记和事物的联想能够成立,就可完成任务;声音、形体、意义三者,实际也有变更的可能。

意义也有具体抽象的区别。这同心理学或逻辑学上所谓概念观念相当。平常出没在我们知觉、记忆、想象中间的,常是事物的观念。观念是具体的。如马,必是或黑或白,或大或小,或胖或瘦,或驯或野的马。而"马"这一个声音或这一个形体所代表的,却是包括一切具有黑白等毛色,大小胖瘦等形体,及驯野等性格的马,便是事物的概念。概念是由事物经过几次经验之后,抽异存同,我们的

心理构成,是抽象的。这抽象概念所含的属性自然同具体观念所含的属性不同,比之具体观念所含的属性少好多。如"马"就只含有四脚、善跑等少数共有的因素。从概念所内涵的因素说,这"马"竟可说不是那些含有特殊因素的"白马""黑马"以及其他种种的马。所以中国古时公孙龙曾有所谓"白马"非"马"说。但从所涉及的外延说,这"马"却又能够包括那些含有特殊因素的"白马""黑马"以及其他种种的马。只要是同类的个体,都可以应用。倒比单能表示各个观念的简便得多。

一切语言文字的意义,平常都是抽象的,都只表示这等概念。就是专有名词的意义也只表示概念。专有名词如西湖,初看似乎是代表西湖的观念,但西湖也有晴雨,有热闹冷静等等的特殊相,单讲西湖也已经将这等特殊相抽去了,也只是一个概念。概念所含的因素,是意义的"固有因素"。

及至实际说话或写文,将抽象的来具体化,那抽象的意义才成为具体的意义。例如《西游记》第十六回唐僧在观音院前"下马进门"。那马便是一匹鞍辔齐全、性格驯良的白马。虽然单说一个"马"字,"马"字所含便已不止"马"字概念所含的因素,另外还含有毛片性格等等许多的"临时因素"。

照此看来,语言文字的声音、形体、意义,都有固有和临时两种因素。这等因素平常都只凭着经验来分析。经验不同,分析也就不能符合。一个有特殊发音经验的,或许对于发音的运动感觉特别留心。一个特别爱好写字或特别欢喜揣摩字眼的,或许对于字眼的好歹或筋肉感觉特别清楚,甚至并入固有因素之中。可是未必人人如此。至于意义,更是这样。意义的体会常随经验而不同。常因经验不同而各人的联想感想不能互相一致。例如说白马,我此刻想起了唐僧的白马,你也许想起了白马将军的白马,另一些人或许又想起了上海跑马厅的白马。而对于白马的情趣和价值,也就各人的感想不能全同。对于含情的字眼,更是如此。

八　语言和文字的关系

以上大体就单音、单形而说。此外单音、单形的组合,如音质上单音的多少、单音的先后等等,也都同意义有关。我们总看声音、形体和意义的情状,大抵平常总只是抽象的,只有一些固有因素,及至实际应用,这才成为具体的声音,具体的形体,具体的意义。声音要到实地发音,才成为具备所有因素的具体声音,形体也要到实际写在纸上,才成为具备地位、方向、大小等一切因素的具体形体。

意义也是一样,必要到实地应用才成为具备实际一切因素的具体意义。其所加的临时意义,大抵都由情境来补充。例如我此刻对你说,"请你把书闭拢",你必定知道我说的就是你刚才在那里看的一本书,有一定的大小颜色等等一切因素,而不止是书的概念所含的因素。这除出概念因素以外的临时因素,便是情境所补充的因素。此刻的情境是实际的环境;如果不是实际的环境,必是文字的背景。如前举"马"的一例,便是由于情境补充,我们因此知道它是说鞍辔齐全、性格驯良的那一匹白马。此外意义的临时因素,大抵凭声音形体的临时因素来表示。声音和形体的关系也是如此。如意义上特别着重的,在声音上可以相应地说重,文字上也就可以相应地写大或印大。又如意义上有断续的,在声音上可以用断续表示它,在文字上也可以用虚线表示它。再如一个人传述两个人对话的时候,在声音上可以变更地点来表示,在文字上也就可以变更行列来表示。其他书体、方向、行式、墨色、纸质等等临时因素,也无不可供利用。

还有说话,可以用态势帮助,使人明了或注意。文字也可以用图画帮助,使人明了或注意。

大抵用声音代形体,或用形体代声音,都有相当的可能。不过声音是听觉的标记,形体是视觉的标记,所诉的感官既然不同,功用自然也有不能交替的所在。诉之听觉的有时不如语言。例如现在文字固然对于声音的高低强弱等等多没有表示,就使有表示,也决不能记录下具体语言的一切临时因素。语言的临时因素很多,如某一个人特有的音色、声调、抑扬、缓急等都是。要用文字精密地记录下这些具体声音因素的全部,总觉得是不可能。万不如同是诉之听觉的留声机。而诉之视觉的,却又有时不如文字。例如文字上,可以用各式的提行、空格、空行,各种的行式,各种的书体,各种的墨色,各种大小不同的铅字,各种的地位方向,来表示意义的变化,语言上却又觉得不能完全做到。又,文字可用种种的记号,如文字的标点:、(顿号),,(逗号),;(分号),:(冒号),。(句号),?(问号),!(感叹号),'' 或""(引号),( )或〔 〕(括号),——(破折号),……(虚缺号),·(着重号,加在重要语句的上下左右),——(专名号,加在专名的上下左右),〰(书名号,加在书名的上下左右)。数学的记号:+(加)、−(减)、×(乘)、÷(除)、=(等于)、<(小于)、>(大于)等。此外还有化学的物理的等等一切记号。最重要的还是各种的图表。图表可以刺激人的眼目,使人一目了然,而语言却总无法做到那样的简明。例如下列一表(《史记·十二诸侯年表》),便是一例。我们试改用语言朗述一遍,便知它是如何的简明。

		庚　申		三	四
周		共和元年 以宣王少大臣共和行政	二 厉王子居召公宫是为宣王		
鲁	真公濞	十五年,一云十四年	十六	十七	十八
齐	武公寿	十年	十一	十二	十三
晋	靖侯宜臼	十八年	厘侯司徒元年	二	三
秦	秦仲	四年	五	六	七
楚	熊勇	七年	八	九	十
宋	釐公举	十八年	十九	二十	二十一
卫	釐侯	十四年	十五	十六	十七
陈	幽公宁	十四年	十五	十六	十七
蔡	武侯	二十三年	二十四	二十五	二十六
曹	夷伯	二十四年	二十五	二十六	二十七
郑					
燕	惠侯	二十四年	二十五	二十六	二十七
吴					

九　汉语文变迁发展的大势

汉语文是世界上最发达最重要的语文之一,汉语文正在蓬勃发展,这里且让我们简单地谈谈汉语文变迁发展的大势。

汉语文变迁发展的大势,可以简括为三点来说:

第一,语文合一了。汉语文曾经有过一个语文分离的时期。一般书面都用远离口语的文言文。但接近口语的白话文还是作为通俗写生用语,作为文学哲学用语,在社会上流行。千百年来不断地逐渐地发展,终至发展成为比之文言文更便于写生活,记事物的书面语。到了五四前后,经过称为"文学革命"的运动一推动,它便取了文言文的地位而代之,成为大家公用的文体。汉语文从此消灭了语文分离或言文分歧的现象,重新确立了"语文合一"或"言文一致"的语文正常关系。这种语文合一的文体正在日益扩展它的应用范围,正在日益充实它的成分,经常从民间、从古代、从外国,吸收好的有用的成分来丰富自己。而人民大众也经常从这种文体中吸收有用的成分来使自己的语言更精炼、更普通,逐渐形成为一种新型的普通话,为广大的人民传情达意之用。这是汉语文变迁发展的总的趋势。这是第一点。再就汉语文的组织来说:

第二,词的构成多音节化了。汉语文增添新词,一般早就停止使用造字为词的老方法,改用组字为词的新方法。汉字是单音节的,而组字为词组成的词一般是多音节的。汉语文开始组字为词就是汉语文的词的构成开始多音节化。组字为词的方法用得越多,多音节化的趋向也就越加显著。组字为词的方法在白话文中本来很盛行,在最近几十年来的白话文中尤其用得普遍。现在不但增加新词,常常用这种方法来创制新词,就是引用旧词,也常常用这种方法来改换旧词。例如"道听途说"的一个"道"字,我们现在引用就会增为"道路"两字,"天下有道"的一个"道"字,我们现在引用就会增为"道理"两字。词的构成这样的多音节化,可使词的声音意义都更明白分明,也使词的构成本身更有错综变化。虽然多音节化的词用汉字写出来,看去还都是一块块的,但它多已不是各自独立的分散的块块,而是结成长短不一的条条的块块了。这是第二点。

第三,文法组织更加精密灵便了。文法组织,无论是词的组织,还是句的组织,都是比之某些词汇较难变动的,但在汉语文中也已经有了不少的变动、改进。例如《庄子·齐物论》说:

我胜若,若不我胜,我果是也,而果非也邪?

第一个"若"字和第二个"我"字同是补语,却把一个放在谓语后面,一个放在谓语前面,组织上彼此歧异不一。这种歧异不一的组织,现在就已经不用了。这在现在说起来,一定是说"我赢了你,你赢不了我",两个补语都放在谓语之后,没有什么差别了。这就是现在文法组织更加灵便的方面。此外如"他""她""它"的分化,"的""底""地"的分用,"那""哪"的分用,等等,现在文法组织比之以往更加精密的处所也不少。这是第三点。

总之,我们的语文已经日益发展成为更丰富、更灵活、更精密、更完美的语文。这种汉语文变迁发展的大势,实是年来我们语文改进和文字改革的大根基。我们讲究修辞,需要通晓汉语言文字的一切可能性,尤其需要通晓这种汉语言文字变迁发展的大势,正确地灵活地加以阐发和利用。

第三篇 修辞的两大分野

一 形式和内容

照前篇所说的看来,可见语言本身也便有形式和内容两方面,音形便是形式,意义便是内容。如把这等内容便作写说的内容,那么,鸲鹆鹦鹉也能仿效人的语言,鸲鹆鹦鹉仿效的人语,也便可以说是有内容的说话了。但是这里有一个重大的界限,便是所谓调节。人禽在语言上的分界,便在禽类不能用有调节的声音,而人类却不特用调节的声音,还将那调节的声音调节地随应意思的需要来使用。

人类,除了小孩把新学来的语言说着玩之外,大抵都是随应意思内容的需要调节地运用语言文字的形式。这内容是指第一篇所谓意旨的内容、题旨的内容,而非仅指附随形式,玩着形式也便带有内容的语言的内容。语言的内容,对于写说的内容只能算是一种形式的内容,在讨论文章说话时常常把它归在形式的范围之内。

内容形式原是不能截然分开的。我们无法做到形式变了而内容不变,或内容变了而形式不变的地步,像煞我们穿着衣裳一样,脱了这件,穿上那件,或这人穿过,又给旁人去穿。但若并不忘记它们的关联作用,却又未尝不可以把它们分开来说。

我们对于它们,当然期望形式能够和内容调和。但是事实上,只有内容形式两并充足的时代能够如此。此外大抵或者偏重内容,或者偏重形式,有些畸形的状态。不过内容偏重的畸形是一种上升的畸形,形式偏重的畸形却是一种没落的畸形。其发展的顺序大抵如下所列:

(一) 内容过重时期
(二) 内容和形式调和时期
(三) 形式过重时期

当一种新内容才始萌生或者成长的时期,总觉得没有适应的形式可以把它恰当地传达出来，原有形式的遗产纵然多，也觉得不足以供应付。而急于探求新形式的意识，或又使人失去一部分利用旧形式的兴趣。于是便有一种形式缺乏的现象发生，使人觉得生硬，觉得传达得不适当、不自然。这我们称它为内容过重时期。内容过重一般并不是故意的，只为谋求"言随意遣"，而言尚不足以供应付，意又还不足以创成新形式，这才发见了这样的现象。这现象是每一新内容要求有自己的适应的新形式的开创时期一种公有的现象。最明显的，如佛教输入、文学输入以及自然科学社会科学的输入时期，都曾有过这样的现象。

其次便是形式进步，足以应付内容，而内容也更丰富深厚，足以副称形式的时期。这就是王充所谓"外内表里自相副称"的时期。

再次，内容有些涸竭的情形，单想从形式这一面取胜，便是一个将近没落的形式过重时期。对于形式，像斗测巧板似地，竭力求其工巧，而于内容却是死守旧见，不事开展。这样的时期，名为形式过重，其实也不是真的形式过重。因为形式所有的不过是概念，没有内容去充实它，那概念也就是一个不活泼不生动的死概念。没有现实的意义，也没有真实的力量。名为偏重形式，其实正是形式的糟蹋。

这对于个人，也是同样的真实。

二　内容上的准备

个人固然少不了形式上的学习，同时更其少不了内容上的磨炼。这磨炼是使我们"有诸其中"的唯一的源头，也是使我们形式成为富有现实意义现实价值的唯一的枢纽。磨炼工夫约有下列几项：

（1）生活上的经验——生活上的经验，不但使我们多识多知，也与一个人的思想见解趣味非常地有关系；差不多暗暗之中，做着思想见解趣味等等的无形的最后裁判。无论外延的广涉的经验，和内涵的深入的经验，都属必要。而深入的经验，更能辅助我们想象未曾经验的境界。

（2）学问——实际不曾经验过的，可以借学问的力量来补充。但要探求生活直接所要求的学问。学问越是生活直接所要求的，越能给人生命，使亲近它的人得到了实际的学力。对于那种学力的浅深和广狭，也就像对于生活上经验的浅深和广狭一样，将要无可隐藏地反映在写说上。

（3）见解和趣味——经验和学问累积的结果，就会形成了个人特殊的见解和趣味。而个人特殊的见解和趣味，也能左右个人以后的经验和学问。见解如果不能与时并进而化成古怪,趣味不能循向正大滋长而流为怪僻,则经验和学问,对于那人也就等于路上的尘埃和垃圾。越积聚得多,越会污秽了他。

以上是说写说者必不可少的经常修养,就是所谓储蓄知识才能的经常方法。有如吴曾祺氏所谓"储才之法,可储之于平日,而不能取之于临时"(见《涵芬楼文谈》)。但是临时也不是没有可以经心努力的地方,约略说来,也有两项:

(1) 观察——随时细心的观察,在修养上为医治见解僵化,趣味腐倾的良药,在修辞上也是使写说鲜新活泼能够关切现实的好法。观察的规模,可大可小。大规模的观察,非有长年久月不能告一段落,简直可以算作一种修养。细小零星的观察,则在临时,也未尝不可以从事。例如所谓小品,多半就是依据临时观察所得的结果写下来的。这大小各面的观察,都是所谓不以晓得种种的法则的概念为满足的人,用着自己的血肉活身心,去应接亲近眼前正在显现正在变动的活事实的事。当然以能穿微入细,明变知因为最好。因此讲观察的,多将灵敏而深刻,或者细密而锐敏,悬作观察的理想。而要认真讲究真实正确,要免除因生理、因习惯、因心理而来的错误,也和一般研究科学没有什么两样。

(2) 检阅——临时也可检阅报章、杂志和书籍。报章、杂志、书籍上所记的情状,都已经经过剪裁删节,而且多已经经过拣选炮制。不但不如自己所观察的,直接而且具体,也且或已转到另外一个方向,换成另外一副面貌。这比之观察更须有经验学问等等做指针,从字里行间去推求事情的真际。但记载本来可以用正看、反看、侧看等等方法;对于不能正看的,我们也未尝不可以反看、侧看。例如鲁迅所谓"历来都竭力表彰五世同堂,便足见实际上同居的为难;拼命的劝孝,也足见事实上孝子的缺少",便是一种反看法。我们不应为了他们的说话有时不实便简直抛撇了不顾的。

总之,写说不纯全是椅桌间的修炼,在修辞之前少不了要有经验、学问、观察、检阅等种种内容上的准备的。写说以后的成败,虽然同写说当时的生理、心理以及社会环境等类的条件也颇有关系,然而大体总是看这种种准备是否充分为转移。

三　两种表达的法式

这样准备所得的成果,我们可以用两种很不相同的法式来表达它:第一种是记述的;第二种是表现的。记述的表达以平实地记述事物的条理为目的。力避参上自己个人的色彩。常以实事求是的态度,精细周密地记录事物的形态、性质、组织等等，使人一览便知道各个事物的概括的情状。其表达的法式是抽象的、概念的、理知的：

> 类别之事，看似容易，而实甚难。往往一大类之物，欲为别分小部，不知从何入手。常法但取其及见而便事者以为分。譬如分小舟，则取用汽用帆用桨用篙；而任重之兽，则云牛马骡驼驴象驾鹿等；又如家有藏书，则分经史子集。但用此法，自名学规则观之，往往必误。故曰难也。
>
> 盖如是为分，不独多所遗漏，其大弊在多杂厕而相掩入也。中国隆古之人，已分一切物为五行矣。五行曰金木水火土，意欲以此尽物。则试问：空气应归何类？或曰：空气动则为风，应作属木；《易》巽为木，而亦为风。则吾实不解气之与木，有何相类之处。又矿质金石相半，血肉角骨自为一部，凡此皆将何属？且使火而可为"行"，则电又何为而不可？若谓原行不收杂质，则五者之中，其三四者皆杂质也。是故如此分物，的成呓语。中国人不通物理，五行实为厉阶。（严复译述《名学浅说》三十八节至三十九节）

这类的文章或说话，同科学的关系最密切；其形式也受逻辑文法之类的约束最严紧。

表现的表达是以生动地表现生活的体验为目的。虽然也以客观的经验做根据，却不采取抽象化、概念化的法式表达，而用另外一种特殊的法式表达。其表达的法式是具体的、体验的、情感的：

> 车辚辚，马萧萧，行人弓箭各在腰。耶娘妻子走相送，尘埃不见咸阳桥。牵衣顿足拦道哭，哭声直上干云霄。道旁过者问行人，行人但云点行频。或从十五北防河，便至四十西营田。去时里正与裹头，归来头白还戍边。边庭流血成海水，武皇开边意未已。君不闻汉家山东二百州，千村万落生荆杞。纵有健妇把锄犁，禾生陇亩无东西。况复秦兵耐苦战，被驱不异犬与鸡！长者虽有问，役夫敢伸恨？且如去年冬，未休关西卒。县官急索租，租税从何出？信知生男恶，反是生女好。生女犹得嫁比邻，生男埋没随百草。君不见青海头，古来白骨无人收。新鬼烦冤旧鬼哭，天阴雨湿声啾啾！（杜甫《兵车行》）

这类的写说同社会意识的关系最密切；受社会意识的浸润也最深。

这可以算是两个极端的代表。我国以前论表达的法式,如《文心雕龙·体性》篇所谓"情动而言形,理发而文见",《湖南文征序》所谓"人心各具自然之文,约有二端:曰情,曰理。二者人人之所同有。就吾所知之理,而笔诸书而传诸世,称吾爱恶悲愉之情而缀辞以达之,若剖肺肝而陈简策,斯皆自然之文",也是以这两个极端做代表。此外处在这两个极端中间的当然也很多。我们可以将它们分成三个境界,就是

(甲)记述的境界,

(乙)表现的境界,

(丙)糅合的境界,

如引言所说。

四　语辞的三境界和修辞的两分野

因此修辞的手法,也可以分做两大分野。第一,注意在消极方面,使当时想要表达的表达得极明白,没有丝毫的模糊,也没有丝毫的歧解。这种修辞大体是抽象的、概念的。其适用的范围当然占了(甲)一境界抽象的概念的语辞的全部,但同时也做着其余两个境界的底子。其适用是广涉语辞的全部,是一种普遍使用的修辞法。假如普遍使用的,便可以称为基本的,那它便是一种基本的修辞法。

第二,注意在积极的方面,要它有力,要它动人。同一切艺术的手法相仿,不止用心在概念明白地表出。大体是具体的、体验的。这类手法颇不宜用在(甲)一境界的语辞,因为容易妨害了概念的明白表出,故(甲)一境界用这种手法可说是变例。但在(乙)一境界中,却用得异常多。如前举杜甫的《兵车行》中,开端的"辚辚""萧萧"便是。那不用抽象的概念的表出,说它车行马嘶,却用具体的体验的写法说它"车辚辚","马萧萧",便是这类手法的应用。此外,(丙)一境界的语辞,如一切的杂文,寻常的闲谈等,却又用不用都无妨。这两类手法,和三种语辞境界的关系,大体如右图。

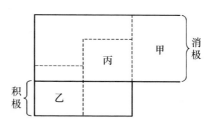

这两种手法或两大分野的判别,颇属重要。因为我们修辞遇着不能两全的时候,或须牺牲了一面。那时我们要判断是否处理得适当,必须看它的本意侧重

在何方,方才能够决定。即如明白,倘要概念明白,那就杜甫的"车辚辚""马萧萧",还不如我们此刻说的车行、马嘶,而车行、马嘶的具体性、体验性,却万不及"车辚辚""马萧萧"。故从积极方面着眼,必须肯定"车辚辚""马萧萧"是一种更好的表现法。积极修辞方面,事实上也有为了表达情感起见,故意说得不明不白的,如所谓婉转、避讳之类的修辞都是。例如司马迁《报任少卿书》:

  恐卒然不可为讳。

"不可为讳"就是说他死,但不直说死,便是因为情感上不忍直说或不便直说的缘故。但虽然这样换了一个说法,也必仍要看的人或听的人看得懂听得懂。所以我们仍说也是以消极的手法做底子。

  古来有些关于修辞的争论,其实便是这两个分野的争论。例如《春秋·穀梁传·成公元年》:

  季孙行父秃,晋郤克眇,卫孙良夫跛,曹公子手偻,同时而聘于齐。齐使秃者御秃者,使眇者御眇者,使跛者御跛者,使偻者御偻者。

后头四个排句(排句中的"御",音迓,迎也;下文改作"逆",逆亦迎也),是本来可以括举,而文中故意列举的。刘知几以为不必这样列举。在《史通·叙事》篇说:

  若《公羊》(当作《穀梁》)称:郤克眇,季孙行父秃,孙良夫跛;齐使跛者逆跛者,秃者逆秃者,眇者逆眇者。盖宜除跛者已下句,但云:各以其类逆。必事加再述,则于文殊费,此为烦句也。

魏际瑞(号伯子)又反对这一说。在《伯子论文》中说:

  古人文字有累句,涩句,不成句处,而不改者,非不能改也。改之或伤气格,故宁存其自然。名帖之存败笔,古琴之存焦尾是也。昔人论……《公羊传》,齐使跛者逆跛者,秃者逆秃者,眇者逆眇者,宜删云各以类逆。简则简矣,而非公羊……之文,又于神情特不生动。知此说者,可悟存瑕之故矣。

这一论争,便是侧重消极修辞和侧重积极修辞的论争。

五　两大分野的概观

这两大分野的详细情形,我们将在随后几篇里陈说。现在先将这两分野的内容做一个概略的观察。

大概消极修辞是抽象的、概念的。必须处处同事理符合。说事实必须合乎事情的实际,说理论又须合乎理论的联系。其活动都有一定的常轨:说事实常以自然的、社会的关系为常轨;说理论常以因明、逻辑的关系为常轨。我们从事消极方面的修辞,都是循这常轨来做伸缩的工夫。关于事实的,例如《左传·庄公八年》:

> 僖公之母弟曰夷仲年,生公孙无知,有宠于僖公,衣服礼秩如适。襄公绌之。

《管子·大匡》篇作:

> 僖公之母弟夷仲年,生公孙无知,有宠于僖公,衣服礼秩如适。僖公卒,以诸儿长,得为君,是为襄公。襄公立后,绌无知。

既少一个"曰"字,又多"僖公卒,以诸儿长,得为君,是为襄公"一句,却仍无妨为完文,便是因为未出常轨的缘故。关于理论的,如《庄子·知北游》篇说:

> 人生天地之间,若白驹之过却,忽然而已。

而《盗跖》篇却作:

> 天与地无穷,人死者有时。操有时之具,而托于无穷之间,忽然无异骐骥之驰过隙也。

化一句做二句,又把"若白驹之过却,忽然而已"伸长作"忽然无异骐骥之驰过隙也",也因仍在同一常轨之中,所以没有妨碍。但若变作"异于骐骥之驰过隙",那就破坏了常轨,不特与《知北游》的话不相符,便同上文的话也是不相合不可通了。在这分野里边,就是先后的顺序也可以依事实或理论的关系来断定。如《左传·僖公二十五年》：

> 赵衰为原大夫,狐溱为温大夫。——卫人平莒于我。十二月,盟于洮。修卫文公之好,且及莒平也。——晋侯问原守于寺人勃鞮,对曰,"昔赵衰以壶飱从径,馁而弗食。"故使处原。

王引之说这段话里有错简,"晋侯"以下二十八字应移在"卫人平莒于我"之前,因为"故使处原"正是说赵衰应当做原大夫的原由,必当紧接在"赵衰为原大夫"的纪叙文之后(见《经义述闻》十七),便是根据事理来断定文字应有顺序的一个例。这一分野的修辞,第一要义在能尽传达事理的责任。其价值如何,就要看写说的结果同事理的真际是否切合或切合的程度如何而定。因此就以明确、通顺、平匀、稳密等顾念事理的条件,作为修辞上必要的条项。

然而积极的修辞,却是具体的,体验的。价值的高下全凭意境的高下而定。只要能够体现生活的真理,反映生活的趋向,便是现实界所不曾经见的现象也可以出现,逻辑律所未能推定的意境也可以存在。其轨道是意趣的连贯。它同事实虽然不无关系,却不一定有直接的关系。即如前举《庄子》的例,一样的意思在《知北游》中说"白驹"过却,在《盗跖》中却说"骐骥"过隙,事实虽不同,意旨仍相仿,在这一分野中,便没有高下可分。又如《战国策·魏策》一,苏秦对魏襄王说的

> 人民之众,车马之多,日夜行不休,已无异于三军之众。

这一句,《史记·苏秦列传》作：

> 人民之众,车马之多,日夜行不绝,輷輷殷殷,若有三军之众。

多了"輷輷殷殷"四个摹状辞,虽然这是依据想象添上的,也并没有什么不实的嫌疑。再如李白的《秋浦歌》：

> 白发三千丈,缘愁似个长；

不知明镜里,何处得秋霜。

所谓"白发三千丈"更是事实上所不会有的事。它是情趣的文,自然没有什么可议;假如放在(甲)一境界中,便得受沈括的讥笑了。大抵这分野的修辞,多诉诸我们的体验作用,多不用三段论法或什么分析,常照我们体验的想象的真感实觉直录下来。在是真实的一点上,原可同前一分野的语辞并驾齐驱——例如说白发三千丈,也同说白发几寸几分,各自占领了真实的一面,难以分别上下。但这以具体的体验的描写为主的倾向,到底同前一以抽象的概念的说明为主的分野不同,就使不能划然分开,也必不能茫然混同。

在这一分野里的修辞条项,约有辞格和辞趣两大部门。辞格涉及语辞和意旨,辞趣大体只是语言文字本身的情趣的利用。

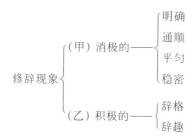

六　两大分野的概观二

以上大体就意旨一面而说。再看语辞本身及语辞所须适应的情境,也是两个分野很有一些不能混同的地方。

消极手法是抽象的、概念的,对于语辞常以意义为主。唯恐意义的理解上有隔阂,对于因时代、因地域、因团体而生的差异,常常设法使它减除。又唯恐意义的理解上有困难,对于古怪新奇,及其他一切不寻常的说法,也常常设法求它减少。有时还怕各人的理解不能一致,预先加以界说,临时加以说明。总之力求意义明白,而且容易明白。

同时也几乎就以明白为止境。对于语辞所有的情趣,和它的形体、声音,几乎全不关心。固然有时也留心声音的混同或响亮,比如说到"形式""型式"两词容易混淆,"集体""集团"两词声音的差别等等,实际仍以意义为主,是为意义的明白而讨论声音,并非对于声音本身有任何的关心。对于形体,也持同样的态度。

但积极修辞却经常崇重所谓音乐的、绘画的要素,对于语辞的声音、形体本身,也有强烈的爱好。走到极端,甚至为了声音的统一或变化,形体的整齐或调匀,破坏了文法的完整,同时带累了意义的明晰。像张炎的《词源》里说他的父亲做了一句"琐窗深",觉得不协律,遂改为"琐窗幽",还觉得不协律,后来改为"琐窗明",才协律了。为了协律起见,至于不顾窗子到底是幽暗还是明敞,随意乱改,原是不足为据。但在不改动主意的范围内,为了声音或形体的妥适而有种种的经营,却是一种常见的现象,也是一种不必讳言的事实。不必说讲求格律的诗和词,不免有这类经营;就是不讲求格律的散文,有时也不免有这类经营的痕迹。例如《孟子·滕文公上》:"夏后氏五十而贡,殷人七十而助,周人百亩而彻。""五十""七十"之下都省去了"亩"字,到了"百"字之下才说出一个"亩"字,我们固然说它是探下省略的修辞法,但何以要在这里应用探下省略的修辞法呢?恐怕力求句调匀整是一个重要的原因。不过两面比较起来自然在诗词歌谣之类的语辞上比较地讲究些。但这也只是量的问题。即如我们常言,说"几何"有时也说"几几何何",说"转弯"有时也说"转转弯弯",这在寻常文法也可说是不很通顺的,但为声音的关系,却也流行得极普遍。至于析字、双关之类,更完全是形音的利用。可见一切的积极修辞都是对于形式本身也有强烈的爱好:对于语辞的形、音、义,都随时加以注意或利用。这两大分野形式内容的不同,我们可以把它画成一个粗略的想象图如右。

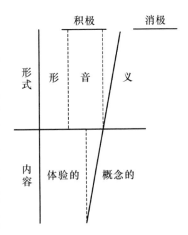

因为积极修辞是利用语辞的本身的,故颇有些方式无法译成语辞不同的别种语文。例如双关、析字之类,利用形音的,便难译成形音不同的别种文字。如回文、对偶之类,利用汉语的文言文的特性的,就是译成现代口头语也觉得为难。回文是少女的刺绣,对偶是壮夫的雕虫,它们在现在原已不一定还能发挥什么大作用,不过我们也还可以从中窥见历来如何利用文字各种因素的苦心。

总之,消极修辞是抽象的概念的;积极修辞是具体的体验的。对于语言一则利用语言的概念因素,一则利用语言的体验因素。对于情境也一常利用概念的关系,一常利用经验所及的体验关系。一只怕对方不明白,一还想对方会感动、会感染自己所怀抱的感念。这两种手法同时使用时,如(乙)一境界的写说,固然常常不分先后。并非先用消极手法,随后用积极手法。或先用积极手法,随后用消极手法。常常一面要说得使人明白,一面又想说得使人感动,把两面修辞的工作同时进行。但当用某一手法觉得妨碍了别一种手法时,或当观察纯用某一种手法,或某一种手法的特殊一部分时,如观察偏于消极的科学文字,或玩用声音文字或玩用特一方式的歌谣时,必会显明地浮出这两大分野的区别。而知这两分野的区别,乃是一种切要的区分,并不是什么无关紧要的观念的游戏。

第四篇　消极修辞

一　消极修辞纲领

记述的境界,如科学文字、法令文字及其他的诠释文等,都以使人理会事物的条理、事物的概况为目的。而要使人理会事物的条理、概况,就须把对象分明地分析,明白地记述。所以这一方面的修辞总是消极的,总拿明白做它的总目标。而要明白,大抵应当：(1) 使它没有闲杂物来乱意；(2) 没有奇言怪语来分心。所以所用的语言,就要求是概念的、抽象的、普通的,而非感性的、具体的、特殊的。因为概念的、抽象的、普通的语言,才能使它的意义限于所说,而不含蓄或者混杂有别的意思；若用感性的、具体的、特殊的语言,那就无论如何简单,也总有多方面可以下观察、下解释,而且免不了有各自经验所得的感想附杂在内,要它纯粹传达一个意思,实际非常为难。又所用的语言,也须是质实的、平凡的,不是华丽的、奇特的。因为假如用了华丽奇特的语言,又将使读者分心于语言的外表,而于内里反不留心了。所以消极修辞的总纲是明白,而分条可以有精确和平妥两条。而要将这总纲分条应用于实际,却不妨按照普通说法,将记述的话语文章先分析为内容和形式两方面；而将实际应讲的隶属在它的下面。

话语文章通例可以分为内容和形式两方面。内容方面是写说者所要表出的意思,形式方面是表出这意思的语言文字。所以消极的修辞,照例也可以分为两个部分。一个部分是偏重内容一方面,应该讨论如何才得把自己的意思明通地表出来,这个部分所注重的是意思之明通的表出法。另外一个部分是偏重形式一方面,我们将要讨论如何才得把自己的思想平稳地传达给别人；这个部分所着眼的是语言文字之平稳的使用法。要把意思明通地表出来,在话语文章上就需要具备明确和通顺两条件；要把意思平稳地传给别人,在话语文章上就需要具备平匀和稳密两条件。所以本章细分起来,共有四端。这四端是消极修辞最低的限度,也是消极修辞所当遵守的最高的标准。所谓四端如下：

内容方面 { 明确 / 通顺

形式方面 { 平匀 / 稳密

二　意　义　明　确

文章内容方面,共有明确通顺两个条件,上文已经说过了。现在就从明确这一个条件先加细说。

要明确就是要写说者把意思分明地显现在语言文字上,毫不含混,绝无歧解。这件事说来虽然容易,做到也颇烦难。但不做到这般地步,所谓表达思想的表达,也便成了不很可靠的话。所以虽然不大容易,也宜首先努力。

努力的途径不外两途:第一力求内容本身上的明确;第二力求表出方式上的明确。内容本身如不十分明确,语言自然含混,不敢断言。即使断言也是似是而非,别人无从理会。故要说话明确,写说者必当在未曾拿笔或者开口的时候,先把自己意思的头绪理得极清楚;面面都想到,又复节节都认真,凡是力所能及一毫不肯放松,才是正当态度。

内容本身既经理得清楚了,第二应当努力的就是表出方式上的明确。这事头绪,约有下列三端:

(一)应用意义分明的词;

(二)应使词和词的关系分明;

(三)应分清宾主。

(一)应用意义分明的词　文章根本的原素是词,所用的词如其意义模糊,或者意义繁杂,所说必然随着意义不明。故凡意义不很明白分明的词,都该避去不用。无法避去,便当立加解释。例如"以上"两字,便有两种数法:1. 作连身数,从本数数起,如说"二以上",便是说从二数起直至无穷;2. 作离身数,从本数的下一数数起,如说"二以上"便是说从三数起直至无穷,"二"的本身却不在内。诸如此类尽当审慎斟酌,可避则避。

话中有同义异词或同词异义的现象时,每易有不明确的弊病。如:

我今特来借三宝,暂且携归陷空岛。南侠若到卢家庄,管叫御猫跑不了。(《三侠五义》第五十回)

便须细辨才能明白卢家庄就是陷空岛,御猫就是南侠。又如:

> 世有伯乐,然后有千里马。千里马常有,而伯乐不常有。故虽有名马,祗辱于奴隶人之手,骈死于槽枥之间,不以千里称也。(韩愈《杂说》)

用了两个"千里马",两个"千里马"又不是代表一样的意思——如是代表一样的意思,这两句句子便互相矛盾了,便不能既说要有伯乐才有千里马的话,又说什么伯乐不常有而千里马却常有的话——这也需要细心分辨方才知道第一个"千里马"是说千里马的名,第二个"千里马"是说千里马的实,同前面"以上"两字同类。诸如此类的掉文换意,除非别有特殊的需要或趣味,总是不掉不换的好;不掉不换,少有费解误解的危机。王若虚在《滹南遗老集》(三十五)中说:

> 退之《盘谷序》云,"友人李愿居之。"称友人则便知为己之友,其后但当云,予闻而壮之,何必用"昌黎韩愈"字。柳子厚《凌准墓志》既称"孤某以其先人善予,以志为请"。而终云,"河东柳宗元……哭以为志"。山谷《刘明仲墨竹赋》既称"故以归我"而断以"黄庭坚曰",其病亦同。盖予我者自述,而姓名则从旁言之耳。刘伶《酒德颂》始称"大人先生",而后称"吾"。东坡《黠鼠赋》始称"苏子"而后称"予"……皆是类也。前辈多不计此,以理观之,其实害事,谨于为文者,当试思焉。

话虽然似乎说得太认真一点,其实也是有益的忠告。——总括一句话,要求明确先得从所用的词的本身求其个个明确起。

(二) 应使词和词的关系分明 把许多词聚合起来,便是一句、一段、一章、一篇。句段章篇之中,都有词和词的关系。既求词的本身明确,其次还当力求词和词的关系分明。关系倘不分明,则各个词义就使极其分明,所表出的思想还是会模糊的。例如几年前我国报纸上曾就"某国的民主主义的发展"这个标题展开了讨论。当时有人指出这个标题的意义不明,含有歧解。1. 可作"某国底民主主义的发展"解;2. 可作"某国底民主主义底发展"解。于是便有许多人发表了许多改进的意见。结果,多说单用一个"的"字,关系不易分明,主张于"的"字之处,再用一个"底"字。有些时候,另外还当添用一个"地"字,作"民主地协商"之类之用。现在所以有人有"的""底""地"分用的习惯,就是从那个时候起的。分用的理由,其实很简单,不外是本节所说的为要使词和词的关系分明罢了。为求词和词的关系分明起见,像那样分用词的新习惯也要不怕麻烦从新养成,假使无须如此麻烦,只须把文字上下一倒或只须把文字略略修改便可确定关系的,写说者自然更该努力了。

又为词和词的关系分明起见,用代词也须注意。用代词代替名词,决不可用到叫人猜不透代的是什么名词。《滹南遗老集》(三十五)说:

> 退之《行难》篇云,"先生矜语其客曰,某,胥也;某,商也。其生某任之,其死,某诔之。"予谓上二某字,胥商之名也。下二某字先生自称也。一而用之,何以别乎?

便是此意。大抵用代词过多或用名词过少,都容易犯这毛病。如《左传桓公十八年》:

> 春,公会齐侯于泺,遂及文姜如齐。齐侯通焉。公谪之。以告。夏四月丙子,享公,使公子彭生乘公,公薨于车。

我们可以有"齐侯通焉",通谁?"公谪之",谪谁?"以告",谁以告?告于谁?等怀疑,而《管子大匡》篇作:

> 鲁桓公……遂以文姜会齐侯于泺。文姜通于齐侯。桓公闻,责文姜。文姜告齐侯。齐侯怒,飨公。使公子彭生乘鲁侯,胁之。公薨于车。

复用了几个名词便觉异常明白,无可置疑。但这同代词有没有分别,有没有分化有关系;代词分化之后有些地方就不必复用名词也可以使它的关系分明。例如裴多菲《勇敢的约翰》:

> 这殷勤的女人说后,就依了约翰,
> 立即领了他走到她的坟地,
> 那里,让他独自与苦痛同在,

>   他跌倒在爱人的坟边，流着眼泪。
>
>   他想念着过去的、美丽的时光，
>   她的纯洁的真心燃烧着情焰，
>   她的甜蜜的心，她的娇媚的脸——
>   凋谢了，此刻在冰冷的地下长眠。

虽然重用了几个他称代词，也觉仍无疑问；假使仍像从前那样"他""她"不分，便非复用名词，不能使它这样明确了。

还有，为使词和词的关系分明起见，使用句读符号也不可忽略。近来都用新式标点，理由也就为了旧式句读符号不能充分表明词和词的各种关系的缘故。

（三）应分清宾主　以上各项都无可议了，要求说话文章明确，最后还当分清宾主，使说话文章的着重处，一目便可了然。例如：

> 王冕又在《楚辞图》上看见画的屈原衣冠，他便自造一顶极高的帽子，一件极阔的衣服。遇着花明柳媚的时节，把一乘牛车载了母亲，他便戴了高帽，穿了阔衣，执着鞭子，口里唱着歌曲，在乡村镇上以及湖边，到处顽耍。惹得乡下孩子们三五成群跟着他笑，他也不放在意下。（《儒林外史》第一回）

这段文中第二句里的"他便"两字，照文法论，原也可以放在"把"字之前。但若这样，那第二句便归重在"把一乘牛车载了母亲"一截；结果就同前一句里的高帽阔衣不相连贯，和第二句里的"跟着他笑"也不连贯。我们看了很容易设想那些乡下的孩子们笑的竟是他用牛车载母亲的一件事，真意就隐晦了。所以此句布置，必须如此才好。又如：

> 赶紧到脊梁上来罢。你一面歇歇力，我就送你到岸边去。（鲁迅译《春夜的梦》）

这里的第二句，也非这样侧重"送你到岸边去"，便同上文不贯。凡是此等地方，都该细心斟酌，分错了宾主固然误事；即不把宾主分明地显现出来，也不能使说

话文章的关系分明,意思了然。

在我国的论文书中曾经有过好多则关于黄犬奔马句法的工拙论。第一个在书上谈起的似乎是沈括(存中)。沈括的《梦溪笔谈》(十四)说:

> 往岁文人多尚对偶为文,穆修、张景辈始为平文,当时谓之古文。穆、张尝同造朝,待旦于东华门外。方论文次,适见有奔马践死一犬,二人各记其事以较工拙。穆修曰,"马逸,有黄犬遇蹄而毙。"张景曰,"有犬死奔马之下。"时文体新变,二人之语皆拙涩,当时已谓之工,传之至今。

看了这条,可知黄犬奔马句法是当时流传的名句;沈括是因为听了不服才记下来的。而陈善却就以为沈括的句法好过他们。在他所著的《扪虱新话》(五)中说:

> 文字意同而立语自有工拙。沈存中记穆修、张景二人同造朝。方论文次,适有奔马践死一犬,遂相与各记其事,以较工拙。穆修曰,"马逸,有黄犬遇蹄而毙。"张景曰,"有犬死奔马之下。"今较此二语,张当为优。然存中但云"适有奔马践死一犬",则又浑成矣。

其实张语并不见得优,沈语也不见得怎样浑成。只因张着眼在犬,沈着眼在马,各为一句,穆着眼在犬马两物,就此记以两句罢了。而《唐宋八家丛话》记载同样的黄犬故事,又说:

> 欧阳公在翰林日,与同院出游,有奔马毙犬于道,公曰,"试书其事。"同院曰,"有犬卧通衢,逸马蹄而死之。"公曰,"使子修史,万卷未已也。"曰,"内翰以为何如?"曰,"逸马杀犬于道。"

于是一个死犬故事,就有六种句法:

1. 有奔马践死一犬;
2. 马逸,有黄犬遇蹄而毙;
3. 有犬死奔马之下;
4. 有奔马毙犬于道;

5. 有犬卧通衢,逸马蹄而死之;

6. 逸马杀犬于道。

依我看来,这都由于意思有轻重,文辞有宾主之分,所以各人的意见不能齐一;而前人却都沿了存中的观点,以为是什么工拙之别,纷纷在抽象地发挥所谓工拙论,所以终于不得要领。——总而言之,有宾主可分时,宾主是须分清的,但分清宾主必须按照具体的情况,由写说者随着意思的轻重,而使言辞有宾主之分,并非像死犬句法论者模样,凭空抽象地讨论所能判定工拙优劣的。

关于明确,大约如此,往下请论通顺。

三 伦 次 通 顺

通顺是关于语言伦次上的事。语无伦次,固然不成其为语,便有伦次,而不免紊乱、脱节、龃龉,也终不是语言的常态。所以寻常修辞,都不可不依顺序,不可不相衔接,并且不可没有照应。能够依顺序,相衔接,有照应的,就称为通顺。

顺序有关于语言习惯的,有关于上下文的情形的。如汉语以"喝茶"为顺,"茶喝"为倒,日语以"茶喝"为顺,"喝茶"为倒,便是前者的例;如某氏的《文章学纲要》开头一段说:

诗曰,"他山之石,可以攻玉。"中国从来独创文化,第知则古称先,以往古为他山之石。今也不然,五洲棣通,不独可横而沟通中外,并可纵而贯穿古今焉。英语之流佗列克,源于希腊之流阿,本流水之义,以人类谈话,亦从思想流出,遂联想而转成此语。

其中"不独可横而沟通中外,并可纵而贯穿古今"一语,被《觉悟》指为颠倒着的,便是后者的例。照理,上文说古今,下文说中外,中间一句当然该作"不独可纵而贯穿古今,并可横而沟通中外";且必如此才同本句前半截"今也不然,五洲棣通"八字顺连。原文疏忽,未曾顾及上下文,所以便不通顺了。

所谓顾及上下文,便是上文所谓相衔接,普通也称相贯串。清代唐彪《读书作文谱》(五)曾经说:

文章不贯串之弊有二:如一篇中有数句先后倒置,或数句辞意少碍,理即不贯矣。承接处字句或虚实失宜,或反正不合,气即不贯矣。二者之弊,虽名文亦多有之。读文者不当以名人之文,恕于审察;必细心研究,辨析其毫厘之差。

上举"不独"一语便是"先后倒置"的一个例。

其次又要有照应。照应的事,无论在材料的取舍上,语言的表出间,都颇重要。单就语言一面而论,如:

> 沽酒市脯不食。(《论语·乡党》)
> 大夫不得造车马。(《礼记·玉藻》)
> 润之以风雨。(《易·系辞》)
> 猩猩能言,不离禽兽。(《礼记·曲礼》)

等例中,造字对于马,润字对于风等便都欠照应。谁曾见马可造,风会润的呢?所以宋代陈骙称它为"病辞"(见《文则》上),俞樾也称它为"疏略"(见《古书疑义举例》二)。再如:

> 伯乐一过冀北之野而马群遂空。夫冀北马多天下,伯乐虽善知马,安能空其群耶?解之者曰,吾所谓空,非无马也,无良马也。(韩愈《送温处士赴河阳军序》)

以及:

> 这里雨村且翻弄诗籍解闷。忽听得窗外有女子嗽声,雨村遂起身往外一看,原来是一个丫鬟在那里掐花儿。……雨村不觉看得呆了。那甄家丫鬟掐了花儿,方欲走时,猛抬头见窗内有人,敝巾旧服,虽是贫窭,然生得腰圆背厚,面阔口方,更兼剑眉星眼,直鼻方腮。这丫鬟忙转身回避。(《红楼梦》第一回)

也是同样的可议。韩文一例,正如金王若虚在《滹南遗老集》(三十五)所说"此一吾字害事;夫言群空及解之者自是两人,而云吾所谓,却是言之者自解也。……"

所用的"解之者"三字和"吾"字自然未免同上文欠照应。至如《红楼梦》一例，甄家丫鬟不但"忙转身"便能看清雨村的又是敝巾旧服，又是面阔口方，又是剑眉星眼，又是直鼻方腮，并且在看呆了的雨村的对面也能看见雨村的"背厚"，这就更加离奇了。虽然人有活泼自由不拘小节的人，话也可以有超然脱略，富于"入不言，出不辞"的风趣的话。但这大抵在联络照应之外，行其活泼不拘，且也不宜过于突兀。至于照应、关联、统一却就是整个制作所以为整个制作的基本，阙欠了它，是要陷于支离险怪的。《三侠五义》第二十一回开头，有"忽听得寒光一缕"一语。寒光可听，或许可以插加新解，然而总之已涉险怪，不是侧重理解的文字所宜用。

四 词 句 平 匀

在内容方面能如上述具备明确和通顺两个条件，对于记述大体已算称职了，但还难保便是一篇平稳无议的达意语辞。要求平稳无议，大约还须在明确通顺以外或以上，另从语言方面注意以下几件事。

第一选词造句，究竟用古的今的，中的外的，文的白的，官的土的，粗的细的，生的熟的，难的易的，繁的简的，须有一个平正的标准。关于标准，普通说的有纯正、雅洁等条项，现在可采取的是平匀。因为平易而没有怪词僻句，匀称而没有夹杂或驳杂的弊病，读听者便不致多分心于形式，可以把整个心意聚注在内容上面。消极的达意的选造词句，最好拿它做标准。

宋惠洪《冷斋夜话》(一)载"白乐天每作诗，令一老妪解之。问曰解否？妪曰，解，则录之；不解则易之"，不知白氏究竟如何；倘真常行此事，可说崇尚平易极了。同偏爱僻涩，被欧阳修嘲为用"宵寐匪祯，札闼洪庥"等僻字撰史的宋子京，简直是南北极。但要一一依着老妪的声口来校改自己的词句，也不是人人耐烦做的事。寻常实行的，大抵不是校对任何具体的语言，而是凭据下列公用的三条件：

第一，以地境论，是本境的；
第二，以时代论，是现代的；
第三，以性质论，是普通的。

超出本境的是非读者听者的民族语言及方言。将来世界语言或有统一的一日，那时所谓本境便是全球，球语之外或许更无所谓民族语言；抑或限于乡土，像骆宾王或者我，对于自己的父母弟妹说的，自然都是些"大""小"有语尾变化的义乌话,方言之外也竟更无亲切惯熟的语言。像这情形,球语方言便是本境的了,当然人人都欢喜用。但是现在,阔还不及世界一统,狭也不能专对故乡人说故乡话,所谓本境也者,暂时自然应以同文的区域为界。把这区域以外以内的外国语作外国语用,方言作方言用,固然有时也是必需而且有趣;但因为它不能使多数人声入心通,决不宜用作经常的工具。例如《儿女英雄传》里安老爷在上房见程师爷时:

  安老爷合他彼此作过揖,便说道,"骥儿承老夫子的春风化雨,遂令小子成名,不惟身受者顶感终身,即愚夫妇也铭佩无既。"只听他打着一口的常州乡谈道,"底样卧;底样卧!"(第三十七回)

程师爷的这"底样卧,底样卧",当时除了安老爷以外,满屋里就没有第二人能够懂得就是等于"什么话,什么话"的一句谦逊话。日本仁斋汉文写的《语孟字义》里的

  俭而好施者,为诚大德之人。(第三十三章)

这句里头的"为诚"虽然可懂,又要能够像徂徕那样知道所谓"为诚"就是"诚为"才能通晓,这都是不用读者听者本境语言所生的障碍,要求平易,先当留意。
  单单注意地境还嫌不够,其次还当采用现代的。语言也如其他的一切,不无新陈代谢,虽然有的依旧留存在现在的语言之中,有的实已淘汰成为古语、死语、废语,或者貌似神异,早已改变了古有的意思或情趣。例如"共和"一词,虽然大众共知,但周代"共和"的意趣已不全含在如今的"共和"之中;而"则个""恁地"等等,便连语言也已经死了废了。死废的东西,在别一方面也许另有一种价值,例如几千年前的骸骨,倘若至今尚存也就异常可贵。但若迷恋这考古学上的骸骨,以为今人不如古骨,必欲拥骸骨以凌活物,却就不免是特种的怯者。刘知几的《史通·言语》篇中说:

  夫天地长久,风俗无恒,后之视今,亦犹今之视昔。而作者皆怯书今语,勇效昔言,不其惑乎?

顾亭林在《日知录》(十九)论"文人求古之病"也说：

> 《后周书·柳虬传》：时人论文体有今古之异，虬以为"时有今古，非文有今古"，此至当之论。夫今之不能为"二汉"，犹"二汉"之不能为《尚书》《左氏》。乃剿取《史》《汉》中文法以为古，甚者猎其一二字句，用之于文，殊为不称。

所谓"时有今古，非文有今古"，就是说古代的语言变成现代的语言，语言的不同，乃由于时代的不同，故若骇怪文变了，倒不如骇怪时变了。《镜花缘》(二十三回)中那著名的淑士国酒保和儒者拟古的可笑，并不是偶然的。以后我们采用古语废语，自当充分地审慎。采用新语、生语，也应如此。废语已经不是现代的了，生语还未成为现代的，两者都不是现代的语言。

除了现代的和那本境的之外，还有一条应当留意的便是性质的普通。普通与否大抵同职业或团体有关系。社会上一种职业或一个团体之中往往有一些特殊的语言，如商贩的市语，江湖的切口之类，为一般社会或别一职业别一团体的成员所不明了。倘若任意使用此种局中语，也便将同局外人有了语言的隔膜。所以普通的一条也当留意。明陶奭龄著《小柴桑谂谂录》(上)中有这一节：

> 元末闽人林钺为文好用奇字，然非素习，但临文检书换易，使人不能晓。稍久，人或问之，并钺亦自不识也。昔有以意作草书，写毕付佺誊录，佺不能读，指字请问，仡视良久，患曰，何不早问？所谓热写冷不识，皆可笑。

这所谓以意作草书者，在宋惠洪的《冷斋夜话》(九)中指明说是张丞相。又前曾经提及的《涵芬楼文谈》(五)载：

> 宋人宋子京……与欧阳文忠并修唐史，往往以僻字更易旧文。文忠病之，而不敢言，乃书"宵寐匪祯，札闼洪庥"八字以戏之。宋不知其戏己，因问此二语出何书，当作何解。欧言此即公撰《唐书》法也：宵寐匪祯者，谓夜梦不祥也；札闼洪庥者，谓书门大吉也。宋不觉大笑。

这连成一片的自笑和他笑，也不是可以看作偶然而忽略过去的事（"书门大吉"，

《涵芬楼文谈》原作"阖宅安吉",今依赵翼《陔余丛考》卷二十二《文章忌假借条》校改)。

但文章的传达情思究竟以密切实际为第一要义。譬如走路,上文说的不过是平时平稳地走法;遇到非常,自然跳越飞跃也是事所可有。尤其在文学变动的时候,倾向已经变了,应得从新估定的一切之中的语言,因为倾向限制,自然也不能"取之无尽,用之不竭",如果再凭着本境的、现代的、普通的三个条件去选,或许更难有适切的语言可以表达情思。遇着这等情形的时候,自当以自己达意为急,使人了解从缓,或另外设法:应该毅然决然地使方言超升,古语重生,外国语内附,且把生语充分地增制。先力求被选的词汇丰富,暂将选的标准换作自由。这时的选词造句,大抵只求态度和文格的条贯,就是标题上所谓"匀"。平是经常的,匀是最后的。我们应该最后不忘经常,处处都以平易为主。

五 安 排 稳 密

除了上述词句的平匀,第二就应注意词句的安排,是否契合内容的需要。词句对于内容的需要,至少要有切境切机的稳和不盈不缩的密。

稳不是说同世间相妥协,只是同内容相贴切。而写说者的目的何在,内容的情状如何,便是决定所用词句是否贴切的最重要的关键。譬如目的,作者初执笔时,便该自审,在乎教诲,还是在乎诱导。想要辩正是非,还是想要叙述事实。此等目的不同,所有词句上的安排,也便应得随着而有变动。倘然随笔所至,意在诱导的却用了些嘲刺语,意在叙述的却用了些教诲语,或者此外有了种种同内容需要不相符合的表达,这就使人不能理解作者的态度究竟怎样,同时也不能理解写说者的本意到底何在。如此的写说,纵在别一意义上还可算是好说话好文章,然而总已埋没了写说者当时的意思,因而在当时的思想上总之是已经失败了。

其次内容的情状更同词句的贴切有关系。往往同一的词句,在这里价值少,在那里价值多,在别一处不但全无价值而且要有牵累。《文则》曾引"麋子在颊则好,在颡则丑"的古话,来说词句各有所宜,不便任意摘抄,所见极是。例如"抚恤"两字何尝不是平易可用;但用在《红楼梦》四十五回开头"话说凤姐正在抚恤平儿,忽见众人进来"一句里面,便觉得有些不稳,不如有正版本,刊作"安慰"。而在别处,"安慰"或又不如"抚恤",自然各随情状而定。

文要切合情状,颇须辨别意义仿佛的语言。那些意义仿佛可以称为类语的语言,瞥眼虽然相类,细辨也许仍有应辨的差异。或有广狭的不同,就如"溪"和

"河"；或有强弱的不同，就如"失望"和"绝望"；或有公私上下的不同，就如"告示"和"告白"；或者含有主客施受的不同，例如"望"和"见"，"听"和"闻"等。甚或一切都相同，单因地域有别，时代有别，却也不能混用。如东京有巡查，杭州南京有警察，这是地的关系；四十余年前只有华众会，如今只有青莲阁，这是时的关系。

文要切合情状，也须能够应合当时的急需。就像《红楼梦》第十九回的这一段：

> 袭人一面说，一面将自己的坐褥拿了来，铺在一个杌子上，扶着宝玉坐下，又用自己的脚炉垫了脚。向荷包内取出两个梅花香饼儿来，又将自己的手炉掀开烘上，仍盖好，放在宝玉怀中。然后将自己的茶杯斟了茶，送与宝玉。

文中连用了四个"自己的"，看去似乎烦赘，其实正该如此，才可写出作者在本段里所要竭力描写的宝袭两人的亲昵光景来。所以虽然重复，倒是极应急需，同所述的内容贴切。

但若无如此急需而有烦赘或疏缺的词句时，这可便是稳的反面，同时又是密的反面，却当竭力戒避。例如：

> 从人看此光景，必是闹出来了，一壁也就随着跟来。（《三侠五义》第十回）

"随着跟来"就像烦赘。又如：

> 王使屈平为令……每一令出，平伐其功曰，以为非我莫能为也。王怒而疏屈平。（《史记·屈原传》）

王若虚《滹南遗老集》（三十七）便说"曰字与以为意重复"。又如：

> 台，吾望以拂云之亭；池，吾俯以澄虚之阁；水，吾泛以画舫之舟。（欧阳修《真州东园记》）

邵博《闻见后录》(十六)便说"曾南丰读欧阳公《昼锦堂记》来治于相,《真州东园记》泛以画舫之舟二语,皆以为病"。又如:

虽无丝竹管弦之盛,一觞一咏亦足以畅叙幽情。(王羲之《兰亭集序》)

周煇《清波杂志》(五)说"《兰亭序》丝竹管弦或病其说,而欧阳公《真州东园记》泛以画舫之舟,南丰曾子固亦以为疑"。再如《汉书·张苍传》:

苍免相后,年老口中无齿,食乳。

刘知几《史通·叙事》篇也说"盖于此句之内去年及口中可矣。夫此六字成文而三字妄加,此为烦字也",就是说它太烦赘了。

反之,如《史记·樗里子传》"……母,韩女也。樗里子滑稽多智……"。苏辙《古史》删了"樗里子"三字,作"母,韩女也,滑稽多智"。黄震《黄氏日钞》(五十一)就说:"似以母为滑稽矣,然则樗里子之文其可省乎?"又如《史记·甘茂传》"甘茂者,下蔡人也,事下蔡史举,学百家之说"。苏辙《古史》去了一个"事"字,作"下蔡史举学百家之说"。于是黄震《黄氏日钞》(同卷)又说:"似史举自学百家矣,然则事之一字其可省乎?"再如柳宗元《段太尉逸事状》:"晞一营大噪尽甲。……太尉……解佩刀,选老躄者一人持马,至晞门下。甲者出,太尉笑且入。曰,'杀一老卒,何甲也?吾戴吾头来矣。'"宋子京(祁)在《新唐书》中只作"吾戴头来矣"。邵博《闻见后录》卷十四评云,"去一吾字,便不成语;吾戴头来者,果何人之头耶?"这又就是说它太疏缺了。

词句的是否契合内容需要,原是一件必须审察却又难以详细分析列举的事。不过我们知道,不密大抵由于用语数量的太多或太少,不稳大抵由于语言性质的不切境对机,追寻病源,并不烦难罢了。

第五篇 积极修辞一

一 积极修辞纲领

　　积极的修辞和消极的修辞不同。消极的修辞只在使人"理会"。使人理会只须将意思的轮廓,平实装成语言的定形,便可了事。积极的修辞,却要使人"感受"。使人感受,却不是这样便可了事,必须使看读者经过了语言文字而有种种的感触。语言文字的固有意义,原是概念的、抽象的,倘若只要传达概念的抽象意义,此外全任情境来补衬,那大抵只要平实地运用它就是,偶然有概念上不大明白分明的,也只要消极地加以限定或说明,便可以奏效。故那努力,完全是消极的。只是零度对于零度以下的努力。而要使人感受,却必须积极地利用中介上一切所有的感性因素,如语言的声音,语言的形体等等,同时又使语言的意义,带有体验性、具体性。每个说及的事物,都像写说者经历过似地,带有写说者的体验性,而能在看读者的心里唤起了一定的具体的影像。

　　这种积极的手法,也如消极的手法一样,可以分做内容和形式两方面。内容方面大体都是基于经验的融合。对于题旨、情境、遗产等等为综合的运用。就中尤以情境的适应为主要条项。所以颇有人以所谓联想做这方面的各样手法分类的根据。形式方面,大体是我们对于语言文字的一切感性的因素的利用,简单说,就是语感的利用。前面已经说过积极修辞可以分为辞格和辞趣两类。辞格便是两方面综合的利用,辞趣便是形式一方面单独的利用。

二 辞　　格

　　如今先说辞格。辞格以前颇有种种的分类。或分为思想上的辞格、语言上的辞格等两种,把设问、感叹、呼告等归入前种,层递、省略、对偶等归入后种。或分为文法上的辞格,修辞上的辞格等两种,把飞白、复叠、节缩等归入前种,譬喻、借代、设问等归入后种。或分为类似、关连、反对等三种,而以所属不明的列入"杂"类。又或分为譬喻、化成、布置、表出等四种。分类之多,简直难以列举。

本书的分类,大体依据构造,间或依据作用。同先前所有的分类,都不尽同。因为我相信这样分时,说明比较便利。这种分类,或许也有不大自然的地方,但实际,经过十几次的修改。对于名称,也很慎重,大抵都曾经过仔细的考量,又曾经过精密的调查,凡是中国原来有名称可用的都用原来的名称,不另立新名。今请列举本书所要分讲的辞格于下:

(甲类) 材料上的辞格:

一、譬喻　　　　二、借代　　　　三、映衬
四、摹状　　　　五、双关　　　　六、引用
七、仿拟　　　　八、拈连　　　　九、移就

(乙类) 意境上的辞格:

一、比拟　　　　二、讽喻　　　　三、示现
四、呼告　　　　五、夸张　　　　六、倒反
七、婉转　　　　八、避讳　　　　九、设问
一〇、感叹

(丙类) 词语上的辞格:

一、析字　　　　二、藏词　　　　三、飞白
四、镶嵌　　　　五、复叠　　　　六、节缩
七、省略　　　　八、警策　　　　九、折绕
一〇、转品　　　一一、回文

(丁类) 章句上的辞格:

一、反复　　　　二、对偶　　　　三、排比
四、层递　　　　五、错综　　　　六、顶真
七、倒装　　　　八、跳脱

总计三十八格。各格之中又有若干式。别人说的一格,往往只当本书的一式。若把各式尽作一格算,总计当有六七十格。我们应当知道的辞格已经包括无余了。以下请就各格顺序细细地分说。

甲类　材料上的辞格

三　譬　喻

思想的对象同另外的事物有了类似点,文章上就用那另外的事物来比拟这思想的对象的,名叫譬喻。这格的成立,实际上共有思想的对象、另外的事物和类似点等三个要素,因此文章上也就有正文、譬喻和譬喻语词等三个成分。凭着这三个成分的异同及隐现,譬喻辞格可以分为明喻、隐喻、借喻三类如下表:

辞格 句式 成分	明　喻		隐　喻		借　喻
	详　式	略　式	详　式	略　式	
正　文	现	现	现	现	(隐)
譬喻语词	"好像""似""如"之类	(隐)用平行句法代替	"是""也"之类	(隐)	(隐)
譬　喻	现	现	现	现	现

一、明喻——是分明用另外事物来比拟文中事物的譬喻。正文和譬喻两个成分不但分明并揭,而且分明有别;在这两个成分之间,常有"好像""如同""仿佛""一样"或"犹""若""如""似"之类的譬喻语词绾合它们。例如:

（一）我的佳偶在女子中,好像百合花在荆棘内。(《旧约·雅歌》)

（二）这……是黄昏时候,高寒明净的月光,漫盖山野,田野尽头冒着薄霭,如在梦里;树林含烟,仿佛浮着一般,低的河柳的叶尖的积露,珠子一样的发光。(《现代日本小说集·少年的悲哀》)

（三）君子之交淡若水,小人之交甘若醴。(《庄子·山木》篇)

（四）侨闻学而后入政,未闻以政学者也。……譬如田猎,射御贯则能获禽;若未尝登车射御,则败绩厌覆是惧,何暇思获?(《左传·襄公三十一年》)

（五）人之有学也,犹木之有枝叶也。木有枝叶犹庇荫人,而况君子之

学乎?(《晋语》九)

这类的譬喻,往往用较熟悉较具体的事物作比,使人对于正文格外看得真切。如:

(六)王小玉……唱了几句书儿,声音初不甚大……唱了十数句之后,渐渐地越唱越高;忽然拔了一个尖儿,像一线钢丝抛入空际,不禁暗暗叫绝。哪知他于那极高的地方,尚能回环转折;几啭之后,又高一层;接连有三四叠,节节高起。恍如由傲来峰西面攀登泰山的景象:初看傲来峰削壁千仞,以为上与天齐;及至翻到傲来峰,才见扇子崖更在傲来峰上;及至翻到扇子崖,又见南天门更在扇子崖上,愈翻愈险,愈险愈奇。那王小玉唱到极高的三四叠后,陡然一落,又极力骋其千回百折的精神,如一条飞蛇在黄山三十六峰半中腰里盘旋穿插,顷刻之间周匝数遍。(《老残游记》第二回)

(七)有人的性情,例如我自己的,如以气候作喻,不但是阴晴相间,而且常有狂风暴雨,也有最艳丽蓬勃的春光。(《曼殊斐儿》)

又往往就用眼前的事物作比,使眼前的两件事物格外密切。如:

(八)微风早经停息了;枯草支支直立,有如铜丝。一丝发抖的声音,在空气中愈颤愈细,细到没有,周围便都是死一般静。(鲁迅《药》)

(九)糠和米本是相依倚,却遭簸扬作两处飞,一贱与一贵,好似奴家与夫婿,终无见期。丈夫便是米呵,米在他乡没处寻。奴家便是糠呵,怎地把糠来救得人饥馁?好似儿夫出去,怎地教奴供养得公婆甘旨!

思量我生无益,死又值甚的,倒不如忍饥死了为怨鬼!只是公婆老年纪,靠奴家共依倚,只得苟活片时!片时苟活虽容易,到底日久也难相聚!漫把糠来比,这糠尚有人吃,奴的骨头知他埋在何处!(《琵琶记·吃糠》)

要用譬喻,约有两个重要点必须留神:第一,譬喻和被譬喻的两个事物必须有一点极其相类似;第二,譬喻和被譬喻的两个事物又必须在其整体上极其不相同。倘缺第一个要点,譬喻当然不能成立;若缺第二个要点,修辞学上也不能称为譬喻。例如:

（十）上排牙齿如同下排牙齿。
　　（十一）火车的汽笛如同轮船汽笛一般发响了。

这样单单举了相同的事物同正文排叠的,虽然也有类似点,也有"如同"一类的绾合词,决不能算是明喻。又如:

　　（十二）他很鄙薄城里人,譬如用三尺长三寸宽的木板做成的凳子,未庄叫"长凳",他也叫"长凳",城里人却叫"条凳";他想:这是错的,可笑!油煎大头鱼,未庄都加上半寸长的葱叶,城里却加上切细的葱丝;他想:这也是错的,可笑!（鲁迅《阿Q正传》）

这样单单举出正文中特殊事物来做例证的,虽然也和正文有类似点,有"譬如"之类的绾合词,也只是例证,不是明喻。

明喻通常都如上文所举各例,在白话里常有"如同""好像"等词,在文言里常有"犹""若""如""似"等词标明。这是详式。至于略式,大抵省去这等语词,把正文和譬喻配成对偶、排比等平行句法。如:

　　（十三）富润屋,德润身。（《大学》）
　　（十四）流丸止于瓯臾,流言止于智者。（《荀子·大略》）
　　（十五）狡兔死,走狗烹;高鸟尽,良弓藏;敌国破,谋臣亡。（《史记·淮阴侯传》）
　　（十六）离娄之明,公输子之巧,不以规矩不能成方圆;师旷之聪,不以六律不能正五音;尧舜之道,不以仁政,不能平治天下。（《孟子·离娄》上——以上譬喻在前）
　　（十七）人道敏政,地道敏树。（《中庸》）
　　（十八）养儿防老,积谷防饥。（谚语——以上譬喻在后）

备览——"明喻"这名,系沿用清人唐彪所定的旧名（见《读书作文谱》八）。唐彪以前,曾有宋人陈骙称它为"直喻"。《文则》卷上丙节条举十种"取喻之法"说:

　　一曰直喻。或言"犹",或言"若",或言"如",或言"似",灼然可见。《孟子·梁惠王》曰,"犹缘木而求鱼也,"《书·五子之歌》曰,"若朽索之驭六马,"《论语·

为政》曰,"譬如北辰",《庄子·大宗师》曰,"凄然似秋"。此类是也。

日本人所著的修辞书中,历来都是根据这一条,把我们所谓明喻叫做直喻,近来中国也有人用这个名称,但我以为还不如明喻这一个名称显明。

二、隐喻——隐喻是比明喻更进一层的譬喻。正文和譬喻的关系,比之明喻更为紧切;如用风喻君子之德,用草喻小人之德,在明喻应用"君子之德如风,小人之德如草"一类形式的,在隐喻却用下列两项形式:

(十九)君子之德,风也;小人之德,草也;草上之风,必偃。(详式——《孟子·滕文公》上)

(二十)君子之德,风;小人之德,草;草上之风,必偃。(略式——《论语·颜渊》)

我们就此可以知道上列两类譬喻,表明正文和譬喻关系的形式,显然有点不同:明喻的形式是"甲如同乙",隐喻的形式是"甲就是乙";明喻在形式上只是相类的关系,隐喻在形式上却是相合的关系。这种形式关系的不同,再看下举几例,更可了然:

(二十一)处在资产阶级国家汪洋大海包围中的我国,像一座巨大的石山一样屹立着。波浪一个接着一个地向它冲击,声势汹汹地要把它淹没,把它冲毁,但是这座石山仍然屹立不动。(斯大林《悼列宁》)

(二十二)嗟怨之水,特结愤泉。感哀之云,偏含愁气。(庾信《拟连珠》)

(二十三)怕听阳关第四声,回首家山千万程,博着个甚功名,教俺做浮萍浪梗。(乔孟符《扬州梦》杂剧)

(二十四)旧恨春江流不尽,新恨云山千叠。(辛弃疾《念奴娇》词)

(二十五)赵衰,冬日之日也,赵盾,夏日之日也。(《左传·文公七年》)

(二十六)杨布问曰:"有人于此:年,兄弟也;言,兄弟也;才,兄弟也;貌,兄弟也;而寿夭,父子也;贵贱,父子也;名誉,父子也;爱憎,父子也;吾惑之。"(《列子·力命》篇)

备览——陈骙在《文则》卷上丙节里也曾说到隐喻。但他所谓隐喻,适当我们下文说的借喻,同此刻说的隐喻不同。

三、借喻——比隐喻更进一层的,便是借喻。借喻之中,正文和譬喻的关系更其密切;这就全然不写正文,便把譬喻来作正文的代表了。如:

（二十七）我觉得立在大荒野的边界,到处都是飞沙。(《点滴·沙漠间的三个梦》;大荒野喻浊世,飞沙喻恶俗。)

（二十八）缲成白雪桑重绿,割尽黄云稻正青。(王安石《木末诗》;白雪喻丝,黄云喻麦。)

（二十九）这些雕,从古以来,几千年几万年地接连了燃烧着一种的希望。(鲁迅译《爱罗先珂童话集·雕的心》)

（三十）博陵崔师立种学绩文,以蓄其有。(韩愈《蓝田县丞厅壁记》)

（三十一）岁寒,然后知松柏之后凋也。(《论语·子罕》篇;借喻人在浊世才见得君子守正。)

借喻如上所引,有只用一两个词的,有用全句全段的;那用全句全段的,就是世俗所谓"借题发挥"。

用这类借喻有两件事应该独特留神：第一件事,应该避免混用几个借喻在一起。如说：

社会革命的潮流,已在呼唤我们了。

这样混用"潮流"和"呼唤"两借喻在一起,就会使人觉得两种形象混杂不清,不大妥当。这同连用明喻或隐喻(就是《文则》十种"取喻之法"中所谓"博喻")的情况不大相同。例如：

狡兔死,走狗烹;高鸟尽,良弓藏;敌国破,谋臣亡。

连用两个譬喻并不觉得有什么可议,有时还比单用一个较为有力。第二件事,应该避免采用容易引起误解的借喻。据《新约》,耶稣曾经用过这样一种借喻,现在就引了他的一段故事,来显示用这种借喻的无益有损：

门徒渡到那边去,忘了带饼。耶稣对他们说,你们要谨慎,防备法利赛人和撒都该人的酵。门徒彼此议论说,这是因为我们没有带饼罢。耶稣看出来,就说,你们这小信的人,为什么因为没有饼彼此议论呢?你们还不明白么?……我对你们说的话,不是指着饼说的,你们怎么不明白呢?你们却要防备法利赛人和撒都该人的酵。门徒这才明白他说的,不是叫他们防备饼的酵,乃是防备法利赛人和撒都该人的教训。(《马太传》第十六章)

备览——"借喻"这名,系沿用元人范德机的定名(见《木天禁语》"借喻"条),此外所有的名称,如"隐语"(见元人陈绎曾所著《文说》论"造语法"条),如"譬况"(见明人杨慎所著《丹铅总录》卷十三"订讹"类"譬况"条,又卷十八"诗话"类"双鲤"条),如"暗比"(见清人唐彪所著《读书作文谱》卷八"暗比"条)等,或太浮泛,或同别的譬喻名称不很连贯,都觉得不大适用。

以上三级的譬喻,从譬喻所以成立的根本上看来,原本没有什么区别,都是由于思想对象同取譬事物之间有类似点构成,可是:(一)譬喻越进了一级,形式就越简短起来;(二)譬喻越进了一级,用做譬喻的客体就越升到了主位。从形式上和内容上看来,都有不同的地方,因此它们实际的用处也就不免有些差别。大概感情激昂时,譬喻总是采用形式简短的譬喻;譬喻这一面的观念高强时,譬喻总是采用譬喻越占主位的隐喻或借喻。

四 借 代

所说事物纵然同其他事物没有类似点,假使中间还有不可分离的关系时,作者也可借那关系事物的名称,来代替所说的事物。如此借代的,名叫借代辞。一切的借代辞,得随所借事物和所说事物的关系,大别为两类。一为旁借;二是对代。

第一,旁借——的关系,是随伴事物和主干事物的关系。在原则上是,用随伴事物代替主干事物,用主干事物代替随伴事物,都没有什么不可以。不过事实上是多用随伴事物代替主干事物;用主干事物代替随伴事物的,虽不是完全没有,却是不大有的,名为旁借,便是为此。旁借的方式,约有四组:
(1) 事物和事物的特征或标记相代

(一)我拿了新闻看。长腿装着无聊的脸,坐在安乐椅子上。(《现代日本小说集·沉默之塔》；长腿指有长腿特征的人，借特征代人。）

（二）马氏五常，白眉最良。（《三国志·蜀书·马良传》说："马良字季常……兄弟五人，并有才名。乡里为之谚曰：'马氏五常，白眉最良。'良眉中有白毛，故以称之。"也借特征代人。）

（三）归来且看一宿觉，未暇远寻三朵花。（苏轼《三朵花》诗。序说："房州……有异人，常戴三朵花，莫知其姓名，郡人因以三朵花名之。"也借特征代人。）

（四）纨袴不饿死，儒冠多误身。（杜甫《赠韦左丞诗》。纨袴是富贵子弟的标记，儒冠是文人学者的标记，诗中各借标记代人。）

（五）梧桐更兼细雨，到黄昏点点滴滴。这次第，怎一个愁字了得！（李清照《声声慢》词，愁字代愁字所标记的情感，并非即指愁字这字，也借标记相代。）

（六）我虽贫呵，乐有余；便贱呵，非无悻：可难道脱不的二字饥寒。（郑光祖《王粲登楼》杂剧第一折。"二字饥寒"也是借代饥寒二字所标记的生活状况。）

(2) 事物和事物的所在或所属相代

（七）严致和又道，"却是不可多心；将来要备祭桌，破费钱财，都是我这里备齐。"（《儒林外史》第五回。祭桌是祭品的所在，代祭品。）

（八）焦遂五斗方卓然，高谈雄辩惊四筵。（杜甫《饮中八仙歌》。筵代筵上的人们。）

（九）严家家人拨了一个食盒来，又提了一瓶酒，桌上放下。揭开盒盖，九个碟子，都是鸡鱼火腿之类。严贡生请二位先生上席，斟酒奉过来，说道，"本该请二位老先生降临寒舍。一来，蜗居恐怕亵尊；二来，就要进衙门去，恐怕关防有碍：故此备个粗碟，就在此处谈谈，休嫌轻慢。"（《儒林外史》第四回。粗碟代碟里的鸡鱼火腿之类。）

（十）余殷道，"彭老四点了主考了，听见前日辞朝的时候，他一句话回的不好，朝廷把他身子拍了一下。"余大先生笑道，"他也没有什么说的不好；就使说的不好，皇上离着他也远，怎能自己拍他一下？"（《儒林外史》第四十五回。朝廷即代下文所谓皇上。）

(十一)四海之内,皆举首而望之。(《孟子·滕文公》下。四海之内代四海之内的人。)

(十二)万钟则不辨礼义而受之;万钟于我何加焉?(《孟子·告子》上。钟代钟里所盛的粟。)

(十三)大江东去,浪淘尽千古风流人物。(苏轼《念奴娇·赤壁怀古》词。大江说大江里的流水。)

(十四)张氏与卫公李靖将归太原,行次灵石旅舍;既设床,炉中烹肉,且熟。张氏以发长委地,立梳床前。公方刷马。忽有一人,中形,赤髯如虬,乘蹇驴而来。投革囊于炉前,取枕敧卧,看张梳头。公怒甚,未决,犹亲刷马。张熟视其面,一手映身摇示公,令勿怒。急急梳头毕,敛衽前,问其姓。卧客答曰,"姓张。"……问第几,曰,"第三。"……张氏遥呼"李郎",且来见三兄。公骤拜之,遂环坐。曰,"煮者何肉?"曰,"羊肉,计已熟矣。"……曰,"有酒乎?"曰,"主人西则酒肆也。"(张说《虬髯客传》。主人为灵石旅舍所属,这里就用"主人"代灵石旅舍。)

(3) 事物和事物的作家或产地相代

(十五)我们这里时时有人说,我是受了尼采的影响的。这在我很诧异,极简单的理由,便是我没有读过尼采。(鲁迅《译了〈工人绥惠略夫〉之后》所引。尼采代尼采所著的文哲学书。)

(十六)熟读王叔和,不如临症多。(《儒林外史》第三十一回。王叔和曾采集众论,著《脉经》《脉诀》《脉赋》,又编次张仲景《伤寒论》为三十六卷;例中的王叔和是代王叔和编著的这些医书。)

(十七)慨当以慷,忧思难忘。何以解忧?惟有杜康。(曹操《短歌行》。杜康,人名,代酒。伊士珍《琅嬛记》中卷说:"杜康造酒,因称酒为杜康。")

(十八)常恐夜寒花索寞,锦茵银烛按凉州。(陆游《花时遍游诸家园》十首之八。洪迈《容斋随笔》十四说:"今乐府所传大曲,皆出于唐,而以州名者五;《伊》《凉》《熙》《石》《渭》是也。《凉州》今转为《梁州》,唐人已多误用,其实从西凉府来也。凡此诸曲,唯《伊》《凉》最著。")

(十九)红儿谩唱伊州遍,认取轻敲玉韵长。(罗虬《比红儿》诗。说明见上。)

（二十）南山在其结匈东南,自此山来,虫为蛇,蛇号为鱼。……比翼鸟在其东,其为鸟青赤,两鸟比翼。……羽民国在其东南,其为人长头,身生羽。(《山海经·海外南经》。用比翼鸟这产物代比翼鸟的产地。张华《博物志》卷三"异鸟"条下有云"比翼鸟一青一赤,在参嵎山",这里用"比翼鸟"三个字差不多等于用"参嵎山"三个字。)

（二十一）又西曰仙弈之山。……其上有穴。……其山多桱,多楮,多筼筜之竹,多橐吾。其鸟多秭归。石鱼之山全石,无大草木。山小而高,其形如立鱼。在多秭归西。有穴,类仙弈。(柳宗元《柳州山水近治可游者记》。后面一个"多秭归"系代仙弈山。)

以上诸例中用产物代产地的只有二十、二十一两个例,用作物代作家的也极少见,这里不举例。

(4) 事物和事物的资料或工具相代

（二十二）我最佩服北京双十节的情形。早晨,警察到门,吩咐道:"挂旗!""是!挂旗!"各家大半懒洋洋地踱出一个国民来,撅起一块斑驳陆离的洋布。这样一直到夜——收了旗关门,几家偶然忘却的,便挂到第二天的上午。(鲁迅《呐喊·头发的故事》;洋布是国旗的资料,借代国旗。)

（二十三）严致和道:"老舅怕不说的是。只是我家嫂也是个糊涂人,几个舍侄,就像生狼一般,一总不听教训;他们怎肯把这猪和借约拿出来?"王德道:"妹丈,这话也说不得了。假如令嫂令侄拗着,你认晦气,再拿出几两银子,折个猪价,给了王姓的;黄家的借约,我们中间人立个纸笔与他,说寻出作废纸无用:这事才得个耳根清净。"(《儒林外史》第五回。纸笔代退据;纸是资料,笔是工具。)

（二十四）说来说去,说的老太转了口,许给他二十两银子,自己去住。(《儒林外史》第二十七回。口代说话。)

（二十五）平生闻若人,笔墨极奇峭。相望二千里,安得接谈笑?(陆游《谢徐志父帐干惠诗编》诗。笔墨代诗文。)

（二十六）无丝竹之乱耳,无案牍之劳形。(刘禹锡《陋室铭》。丝竹代音乐。)

（二十七）田园寥落干戈后,骨肉流离道路中。(白居易《望月有感》。干戈代战争。）

（二十八）民有持刀剑者,使卖剑买牛,卖刀买犊;曰"何为带牛佩犊?"（《前汉书·循吏龚遂传》。牛代可以卖了买牛的剑,犊代可以卖了买犊的刀,都用资料名代本名。）

（二十九）陆生昼卧腹便便,叹息何时食万钱。(陆游《蔬园杂咏》五首之五,《咏芋》。万钱代用万钱为资料所换得的食品。）

第二,对代——这类借来代替本名的,尽是同文中所说事物相对待的事物的名称,也可以分作四组如下：
(1) 部分和全体相代

（三十）你历年卖诗卖画,我也积聚下三五十两银子,柴米不愁没有。（《儒林外史》第一回。柴米代日用的全体。）

（三十一）李纨道,"嗳呀,这硬的是什么?"平儿道,"是钥匙。"李纨道,"有什么要紧的东西怕人偷了去,却带在身上?我成日家和人说笑：有个唐僧取经,就有个白马来驮着他;刘智远打天下,就有个瓜精来送盔甲;有个凤丫头,就有个你。你就是你奶奶的一把总钥匙,还要这钥匙做什么?"（《红楼梦》第三十九回。梁章鉅《浪迹续谈》卷七说,"通行之语,……谓物为东西。物产四方而约举东西,犹史记四时而约言春秋耳"。也以部分代全体。）

（三十二）夫魏,一万乘之国也,然所以西面而事秦,称东藩,受冠带,祠春秋者,以秦之强足以为与也。（《史记·魏世家》。说明见上。）

（三十三）过尽千帆皆不是,斜晖脉脉水悠悠。(温庭筠《望江南》词。帆代船的全体。）

（三十四）十目所视,十手所指。（《大学》。十目十手都说十人,也以部分的目手代全体的人。）

以上借部分代全体。

（三十五）汽笛曼声的叫了。汽船画着圆周,缓缓的靠近埠头去。埠头上满是人。为要寻出有否知己的谁,一意的注视着人们的脸。然而没有,并无一个人。(鲁迅译《现代日本小说集·省会》。落末一个"人"字并非指埠头上全部的人,单指人中一部分的知己。)

(三十六)子无谓秦无人,吾谋适不用也。(《左传》文公十三年,绕朝语;这人专指人中一部分的识者。)

以上借全体代部分。

备览——俞樾在《古书疑义举例》里,曾经批评过从前注释家对这一组对代的误解。他说:"古人之文有举大名以代小名者,后人读之而不能解,每每失其义矣。《仪礼·既夕》篇'乃行祷于五祀'。郑注曰'尽孝子之情。五祀,博言之;士二祀:曰门,曰行'。推郑君之意,盖以所祷止门、行二祀,而曰五祀者,博言之耳。五祀,其大名也。曰门曰行,其小名也。祀门、行而曰五祀,是以大名代小名也。贾疏曰,'今祷五祀,是广博言之,望助之者众',则误以为真祷五祀矣。"他又说:"又有举小名以代大名者。《诗·采葛》篇'一日不见,如三秋兮',三秋即三岁也。岁有四时而独言秋,是举小名以代大名也。《汉书·东方朔传》'年十二学书,三冬文史足用',三冬,亦即三岁也。学书三岁而足用,故下云'十五学击剑'也。注者不知其举小名以代大名,乃泥冬为说,云'贫子冬日乃得学书',失其旨矣。"他的所谓"以大名代小名",就是我们所谓用全体代部分;他的所谓"以小名代大名",就是我们所谓用部分代全体。

(2) 特定和普通相代

(三十七)三人请问房钱;僧官说,"这个何必计较。三位老爷来住,请也请不到。随便见惠些须香资,僧人哪里好争论?"(《儒林外史》第二十八回。不说银钱而说香资,是以特定代普通。)

(三十八)孔子曰:"吾闻之,古也墓而不坟;今丘也东西南北之人也,不可以弗识也。"(《礼记·檀弓》上。不说四方而说东西南北,也是以特定代普通。)

(三十九)在于王所者,长幼卑尊皆薛居州也,王谁与为不善?在王所者,长幼卑尊皆非薛居州也,王谁与为善?(《孟子·滕文公》下。两个薛居州都是代善士。)

(四十)因威公之问,举天下之贤者以自代,则仲虽死,而齐国未为无仲也,夫何患三子者?(苏洵《管仲论》。第二个"仲"字代贤者。)

附记——以定数代不定数,也是以特定代普通的一格。清人汪中曾考明中国古书中,常用定数"三"代多于一二的不定数,又常用定数"九"代"三"还不能充分表明的极大的不定数。他著的《述学》一书中,有《释三九上》一篇,专论这一格;他说的话还算精密,时常有人引用它,现在节录于下,以便阅览:"生人之措辞,凡一二之所不能尽者,则约之三以见其多;三之所不能尽者,则约之九以见其极多。此言语之虚数也。实数可稽也,虚数不可执也。何以知其然也?《易·说卦》'近利市三倍',《诗·大雅·瞻卬》篇'如贾三倍',《论语·微子》'焉往而不三黜',《春秋传·定公十三年》'三折肱为良医',《楚辞》作九折肱,此不必限以三也。《论语·公冶长》'季文子三思而后行',《乡党》'雌雉……三嗅而作',《孟子·滕文公》下'陈仲子食李三咽,此不可知其为三也'。《论语·公冶长》'子文三仕三已',《史记》'管仲三仕三见逐于君,三战三走'(《管晏传》),田忌三战三胜(《田完世家》),范蠡三致千金(《货殖传》),此不必其果为三也。故知三者虚数也。《楚辞·离骚》'虽九死其犹未悔',此不能有九也。《诗·豳风·东山》篇'九十其仪',《汉书·司马迁传》'若九牛亡一毛',又'肠一日而九回',此不必限以九也。《孙子·形》篇'善守者,藏于九地之下,善攻者,动于九天之上',此不可以言九也。故知九者虚数也。推之十百千万,固亦如是。"汪氏原文,《汉书》误作《史记》,"九牛"下又多了一个"之"字。

(四十一)人叫他(胡七喇子)新娘,他就要骂,要人称他"太太"。……后复嫁了王三胖,王三胖是一个候选州同,他真是太太了。他做太太又做的过:把大呆的儿子媳妇,一天要骂三场;家人婆娘,两天要打八顿。(《儒林外史》二十六回。一天三场,两天八顿,都只是多的意思。)

(四十二)十目所视,十手所指。(《大学》)

(四十三)百世以俟圣人而不惑。(《中庸》)

(四十四)来往烟波,此生自号西湖长;轻风小桨,荡出芦花港。得意高歌,夜静声偏朗。无人赏,自家拍掌,唱得千山响。(正嵒《点绛唇》词)

(四十五)游子悲故乡,吾虽都关中,万岁之后,吾魂魄犹乐思沛。(《汉书·高帝纪》)

(四十六)有情潮落西陵浦,无情人向西陵去;去也不教知,怕人留恋伊。忆了千千万,恨了千千万,毕竟忆时多,恨时无奈何。(萧淑兰《菩萨蛮》词。这五例中,十、百、千、万、千千万,也只是极多的意思。)

以上用特定代普通。

(四十七)到了除夕,严监生拜过了天地祖宗,收拾一席家宴,同赵氏对坐。吃了几杯酒,严监生掉下泪来,指着一张橱里,向赵氏说道,"昨日典铺内送来三百两利银,是你王家姐姐的私房。每年腊月二十七八日送来,我就交与他,我也不管他在哪里用。今年又送银子来,可怜就没人接了。"(《儒林外史》第五回。这"人"专指王氏。)

(四十八)彼此说着闲话,掌上灯烛,管家捧上酒、饭、鸡、鱼、鸭、肉,堆满春台。王举人也不让周进,自己坐着吃了,收下碗去。(《儒林外史》第二回。这"肉"单指猪肉。)

以上用普通代特定。

(3)具体和抽象相代——具体和抽象两词,歧义很多,这里说的具体概指事物的形体,抽象概指事物的性质、状态、关系、作用等类而言:

(四十九)饮食男女,人之大欲存焉;死亡贫苦,人之大恶存焉。(《礼记·礼运》篇。男女代男女的关系。)

(五十)渡头余落日,墟里上孤烟。(王维《辋川闲居赠裴迪》。落日指落日的残光。)

(五十一)无穷江水与天接,不断海风吹月来。(陆游《泊公安县》诗。月代江中的月色流光。)

(五十二)平生最喜听长笛,裂石穿云何处吹。(陆游《黄鹤楼》诗。笛代笛声。)

这都是用具体代抽象。

(五十三)正义完全胜利。却跋多烧成灰烬,住民不分男女老少,都砍杀了。(《点滴·酋长》。正义代仗正义的日耳曼人。)

(五十四)天下有道,小德役大德,小贤役大贤。天下无道,小役大,弱役强。(《孟子·离娄》上。小德大德,小贤大贤,尽代人;小大弱强,尽代国。)

(五十五)被坚执锐,义不如公。(《史记·项羽纪》,宋义语;坚说铠甲,锐说兵器。)

(五十六)死伤未收而弃之,不惠也;不待期而薄人于险,无勇也。(《左传》文公十二年。死伤说死伤的人。)

(五十七)白鸥没浩荡,万里谁能驯?(杜甫《赠韦左丞》诗;胡仔《渔隐丛话》前集卷三说:"浩荡,谓烟波也。")

(五十八)忆欢不能食,徘徊三路间,因风觅消息。(无名氏《读曲歌》八十九首之二十二;欢代恋爱关系的对方。)

(五十九)昨夜雨疏风骤,浓睡不消残酒。试问卷帘人,却道海棠依旧。知否,知否?应是绿肥红瘦。(李清照《如梦令》词;绿代海棠叶,红代海棠花。)

(六十)伫立多时,徘徊半晌,猛听得塞雁南翔,呀呀的声嘹喨,却原来满目牛羊,是兀那载离恨的毡车,半坡里响。(马致远《汉宫秋》杂剧第三折。离恨代怀抱离恨的王昭君。)

这都是用抽象代具体。

(4) 原因和结果相代

(六十一)故乡吴江多好山,笋舆篾舫相穷年。(范成大《题金牛洞》诗;笋舆就是竹舆,用原因的"笋"代结果的"竹"。)

(六十二)汉皇重色思倾国,御宇多年求不得。(白居易《长恨歌》;"倾国"代"佳人"。汉李延年歌说:"北方有佳人,绝世而独立。一顾倾人城,再顾倾人国。宁不知倾城与倾国,佳人难再得。"因此就算佳人是原因,倾国是结果。这里用结果代原因。)

(六十三)文公曰,"……矢石之难,汗马之劳,此复受次赏。"(《史记·晋世家》。汗马代力战,也是用结果代原因。)

关于这借代格,曾经有人揭举过运用时种种必须注意处:如用特征或标记代主体时,必须该特征或标记真真足以代表该主体,所以用代旧女子的"脂粉"等字来代现在的女性就不可通;用资料或工具代主体时,也须那资料或工具是该主体的主要的资料或工具,所以从前用以代替音乐的"丝竹"等字,如果用在现在的西乐上也就不大合用,必须另行创造。诸如此类的繁琐规例,我们倘能洞明上述此格构成的条理,就可触类旁通,不必备举。

五 映 衬

这是揭出互相反对的事物来相映相衬的辞格。约分两类:一是一件事物上两种辞格两个观点的映衬,我们称为反映;二是一种辞格一个观点上两件事物的映衬,我们称为对衬。作用都在将相反的两件事物彼此相形,使所说的一面分外鲜明,或所说的两面交相映发。

(甲)反映

(一)宝玉说:"关了门罢。"袭人笑道:"怪不得人说你无事忙!这会子关了门,人倒疑惑起来,索性再等一等。"(《红楼梦》第六十三回。"无事忙"原是宝钗讥诮宝玉的话,见同书第三十七回。)

(二)好聪明的糊涂法子!你们两个之间还用得着这种过节么?(《费德利克小姐》第一幕)

以上两例,都是关于一件事物的两种辞格的映衬。它的前半截,都是本书中的别一种辞格。如"无事忙"的"无事"便是借代辞,"事"字的原意是"紧要的事";"好聪明的糊涂法子"的"好聪明"便是倒反辞,正意是"好糊涂"。

(三)萧金铉道:"今日对名花,聚良朋,不可无诗,我们分韵何如?"杜慎卿道:"先生,这是而今诗社里的故套;小弟看来,觉得雅的这样俗,还是清谈为妙。"(《儒林外史》第二十九回)

(四)我们到那里出兵,只消几天没有水吃,便活活的要渴死了。(《儒林外史》第三十九回)

(五)嘉会难再遇,三载为千秋。临河濯长缨,念子怅悠悠。(李陵《与苏武诗》三首之二)

(六)举秀才,不知书;举孝廉,父别居;寒素清白浊如泥;高第良将怯如毚。(《后汉书》逸文;此据《古诗源》及《古谣谚》两书录引。同《抱朴子·外篇》卷十五《审举》篇所引略有不同。《审举》篇说:"灵献之世,阉宦用事,群奸秉权,危害忠良。台阁失选用于上,州郡轻贡举于下。夫选用失于上,则牧守非其人矣;贡举轻于下,则秀孝不得贤矣。故时人语曰:'举秀才,不知书;……'盖疾之甚也。")

以上四例,都是两个观点的映衬。也如上文两例前半截是本文以外的辞格一样,它的前半截是本文以外一个观点上所得的结果。如"雅的这样俗"一句中所谓"雅"便是"觉得俗"这个人以外人们的意见,"活活的要渴死"一句中所谓"活活的"便是"要渴死"以前的观点所有的景象。

(乙) 对衬

(七) 吃素菜彼此相爱,强如吃肥牛彼此相恨。(《旧约·箴言》十五章十七节)

(八) 本位应在幼者,却反在长者;置重应在将来,却反在过去。(鲁迅《我们现在怎样做父亲》)

(九) 先天下之忧而忧,后天下之乐而乐。(范仲淹《岳阳楼记》)

(十) 一将功成万骨枯。(曹松《己亥岁二首》)

(十一) 与其有誉于前,孰若无毁于其后;与其有乐于身,孰若无忧于其心。(韩愈《送李愿归盘谷序》)

(十二) 直如弦,死道边,曲如钩,反封侯。(顺帝末童谣,见《后汉书·五行志》)

(十三) 只许州官放火,不许百姓点灯。(谚语;《老学庵笔记》卷五载"田登作郡,自讳其名,触者必怒。……于是举州皆谓灯为火。上元放灯,许人入州治游观;吏人遂书榜揭于市曰,'本州依例放火三日。'"所引谚语盖本于此。)

以上各例,凡用同种记号标出的都是同一观点上所得的事物本身的映衬。

对衬和对偶,颇有交错的地方。如例九,便同时可以用做对偶的例。所以也有一些修辞学书将这两种并成一种。但是两者的要点,实不相同:对衬如前所说,在乎将相反的两件事物互相对照,句法是否对偶在所不问;对偶在乎将相类的两个句子互相对照,事物的相类相反在所不问。因此,对偶可说比较偏于形式一面,对衬比较着眼在内容一面,还是分作两种,较便说明。

六　摹　状

摹状是摹写对于事物情状的感觉的辞格。有摹写视觉的,如"适有大星,光煜煜自东西流"(程敏政《夜渡两关记》),也有摹写听觉的,如"伐木丁丁,鸟鸣嘤嘤"(《诗经·伐木》)。而摹写听觉的尤为常见。所以普通就称它为摹声格。摹声格所用的摹声辞,概只取其声音,不问意义。如:

（一）过了水仙祠,仍旧下了船,荡到历下亭的后面。两边荷叶荷花,将船夹住;那荷叶初枯,擦的船嗤嗤价响。那水鸟被人惊起,格格价飞。(《老残游记》第二回)

（二）猛听得角门儿呀的一声,风过处,衣香细生。(《西厢记·酬韵》)

（三）车辚辚,马萧萧,行人弓箭各在腰。耶娘妻子走相送,尘埃不见咸阳桥。牵衣顿足拦道哭,哭声直上干云霄。(杜甫《兵车行》)

（四）黯黯江云瓜步雨,萧萧木叶石城秋。(陆游《登赏心亭》诗)

（五）天王营门外,大小天兵,接住了太子,气哈哈的喘息未定。(《西游记》第六回)

（六）我头岑岑也,药中得无有毒?(《前汉书·外戚传》)

摹声格是吸收了声音的要素在语辞中的一种辞格,约略可以分作两类:(一)是直写事物的声音的;(二)是借了对于声音所得的感觉,表现当时的气氛的。如前面所举数例,从(一)到(四)可以算是前者;(五)和(六)可以算是后者。

用这两类的摹声辞各有一点应该预防:用前一类时应防流于轻佻;用后一类时应防没有使人同感的力量。我国文中用后一类的,素来不多,指摘尚可不必;而用第一类的每每有人把"啕啕啕""叮啕、叮啕、叮啕"之类毫无节制地用,所有失败的事例早就可观,必须留意。

七　双　关

双关是用了一个语词同时关顾着两种不同事物的修辞方式。例如刘禹锡的《竹枝词》:

> 杨柳青青江水平,闻郎江上唱歌声。
> 东边日出西边雨,道是无晴还有晴。

这首《竹枝词》中的"晴"就是一种双关辞。一面关顾着上句"东边日出西边雨",说晴雨的晴,意思是照言陈(就是语面的意思)说"道是无晴还有晴",一面却又关顾着再上一句"闻郎江上唱歌声",说情感的情,意思是照意许(就是语底的意思)说"道是无情还有情"。照以前评注的通例画起表来,便是这样:

> 杨柳青青江水平,闻郎江上唱歌声,─┐
> 东边日出西边雨,─────────┴─道是无晴还有晴。

就这个例来说,晴字双关所及的两个不同的对象,内容上是有轻重主从的分别的:如眼前的事物"晴"实际是辅,心中所说的意思"情"实际是主。但在语言文字上却是并无轻重主从的分别地双方都关顾到。就形式说,却是平行地双关的。

双关这种辞格,形式颇与析字格中借音的析字相类,而内容不同,因为借音是借这音去表那意的,不是双关两意的;内容又颇与起兴相似,而形式不同,因为起兴总是起兴辞摆在前头,而这却是放在后头的。

谢榛的《四溟诗话》说:

> 古辞曰:"黄蘗向春生,苦心随日长。"又曰:"雾露隐芙蓉,见莲不分明。"又曰:"石阙生口中,衔碑不得语。"又曰:"桑蚕不作茧,昼夜长悬丝。"又曰:"理丝入残机,何悟不成匹。"又曰:"桐枝不结花,何由得梧子。"又曰:"杀荷不断藕,莲心已复生。"此皆吴格,指物借意。

"指物借意"四字,实是这类辞法的正确说明。但就说是"吴格",却又未免太被几个吴声歌曲的成例所拘束了。

指物借意的双关辞,并不是吴地所独有(甚至并不是中国所独有),这在以前也不是完全没有人知道。如李调元的《雨村诗话》(十三)就曾经说:

> 诗有借字寓意之法。广东谣云:"雨里蜘蛛还结网,想晴惟有暗中丝",以晴寓情,以丝寓思。

所引的广东歌谣正是这一类辞法；又如梁绍壬《两般秋雨盦随笔》(六)中也曾经说：

　　粤俗好歌……语多双关。

所引的广东歌谣中间也正有这一类辞法。不过事实上是《乐府诗集》的吴声歌曲中用这类辞法最多,也是因为吴声歌曲用这类辞法最多,这才引起文人的注意和模仿的。所以像李调元那样已经知道这种辞格并不是什么"吴格"的人,也还是要说它是"乐府闺怨体也"(引同上)。

　　这类辞格的成立,是以语音能够关涉眼前和心里的两种事物为必要条件。重心在乎语音。在乎用作双关的语音,和那表明主意的语音的等同或类似。所以这类的辞例,经常见于歌谣戏剧之类注重语音的文辞中。

　　至于字形字义是否类同,原本可以不论。假如为了便于分析起见,把形义也同时放在眼里来考察,则我们可以把双关语词对于表明主意的语辞的关系,分为下列三种：

　　(1) 音类同；

　　(2) 音、形类同；

　　(3) 音、形、义类同。

其中(1)(2)两种多见于歌谣；(3)这一种多见于平话小说。我们可以把它们归总做两群,把(1)(2)两种,言陈之外暗藏意许之义的,称作表里双关；(3)这一种将一义明明兼指彼此两事的,称作彼此双关。

　　一、表里双关——(甲) 单单谐音的：

　　　　(一) 将懊恼——石阙昼夜题,碑泪常不燥。(《华山畿》)
　　　　(二) 别后常相思——顿书千丈阙,题碑无罢时。(《华山畿》)
　　　　(三) 打坏木栖床,谁能坐相思？三更书石阙,忆子夜题碑。(《读曲歌》)
　　　　(四) 奈何许——石阙生口中,衔碑不得语。(《读曲歌》)
　　　　(五) 闻乖事难怀,况复临别离；伏龟语石板,方作千岁碑。(《读曲歌》)

"题"暗作"啼","碑"暗作"悲"。都以"题""碑"关本句,同时又以"啼""悲"关上句。

（六）奈何不可言——朝看莫牛迹,知是宿蹄痕。(《读曲歌》)

"蹄""啼"表里双关。

（七）縠衫两袖裂,花钗鬓边低;何处分别归,西上古余啼。(《读曲歌》)

"啼""隄"表里双关。这以正面的"啼"关上句,同前面几个例稍为不同。

（八）垂帘倦烦热,卷幌乘清阴;风吹合欢帐,直动相思琴。(王金珠《子夜夏歌》)

"琴""情"双关。

（九）今夕已欢别,会合在何时？明灯照空局,悠然未有期。(《子夜歌》)
（十）坐倚无精魂,使我生百虑;方局十七道,期会在何处。(《读曲歌》)

"期""棋"双关。

（十一）执手与欢别,欲去情不忍;余光照己藩,坐见离日尽。(《读曲歌》)
（十二）闻欢远行去,相送方山亭;风吹黄蘗藩,恶闻苦离声。(《石城乐》)

"离""篱"双关。

（十三）怜欢好情怀,移居作乡里;桐树生门前,出入见梧子。(《子夜歌》)
（十四）仰头看桐树,桐花特可怜;愿天无霜雪,梧子解千年。(《子夜秋歌》)
（十五）我有一所欢,安在深阁里;桐树不结花,何由得梧子。(《懊侬曲》)

"梧""吾"表里双关。

（十六）欢相怜,题心共泣血。梳头入黄泉,分为两死计。(《读曲歌》)

"计""髻"双关。

（十七）非欢独慊慊，侬意亦驱驱；双灯俱时尽，奈许两无由。(《读曲歌》)

（十八）十期九不果，常抱怀恨生；然灯不下炷，有油那得明。(《读曲歌》)

"由""油"双关。

（十九）阔面行负情，诈我言端的；画背作天图，子将负星历。(《读曲歌》)

"星""心"双关。——"负"是下一项的双关。

最流行的是用芙蓉莲藕和蚕丝布匹做双关。但匹也应归入下一项。

（二十）高山种芙蓉，复经黄蘗坞；果得一莲时，流离婴辛苦。(《子夜歌》)

（二十一）我念欢的的，子行由豫情；雾露隐芙蓉，见莲不分明。(《子夜歌》)

（二十二）朝登凉台上，夕宿兰池里；乘月采芙蓉，夜夜得莲子。(《子夜夏歌》)

（二十三）郁蒸仲暑月，长啸出湖边；芙蓉始结叶，花艳未成莲。(《子夜夏歌》)

（二十四）盛暑非游节，百虑相缠绵；泛舟芙蓉湖，散思莲子间。(《子夜夏歌》)

（二十五）掘作九州池，尽是大宅里；处处种芙蓉，婉转得莲子。(《子夜秋歌》)

（二十六）江南莲花开，红光覆碧水；色同心复同，藕异心无异。(梁武帝《子夜夏歌》)

（二十七）千叶红芙蓉，照灼绿水边；余花任郎摘，慎莫罢侬莲。(《读曲歌》)

（二十八）思欢久，不爱独枝莲，只惜同心藕。(《读曲歌》)

（二十九）娇笑来向侬，一抱不得已；湖燥芙蓉萎，莲汝藕欲死。(《读曲歌》)

(三十) 欢心不相怜,慊苦竟何已;芙蓉腹里萎,莲汝从心起。(《读曲歌》)

(三十一) 种莲长江边,藕生黄蘖浦;必得莲子时,流离经辛苦。(《读曲歌》)

(三十二) 罢去四五年,相见论故情;杀荷不断藕,莲心已复生。(《读曲歌》)

(三十三) 青荷盖绿水,芙蓉披红鲜;下有并根藕,上生并目莲。(《青阳度》)

(三十四) 欢欲见莲时,移湖安屋里;芙蓉绕床生,眠卧抱莲子。(《杨叛儿》)

"芙蓉"和"夫容","莲"和"怜","藕"和"偶"各双关。

(三十五) 前丝断缠绵,意欲结交情;春蚕易感化,丝子已复生。(《子夜歌》)

(三十六) 婉娈不终夕,一别周年期;桑蚕不作茧,昼夜长悬丝。(《七日夜女歌》)

(三十七) 伪蚕化作茧,烂熳不成丝;徒劳无所获,养蚕持底为。(《采桑度》)

(三十八) 隐机倚不织,寻得烂熳丝;成匹郎莫断,忆侬经绞时。(《青阳度》)

"丝""思"双关。

(乙) 音形都可通用,而字义不同,就义做双关的:

(三十九) 见娘喜容媚,愿得结金兰;空织无经纬,求匹理自难。(《子夜歌》)

(四十) 始欲识郎时,两心望如一;理丝入残机,何悟不成匹。(《子夜歌》)

(四十一) 春倾桑叶尽,夏开蚕务毕;昼夜理机缚,知欲早成匹。(《子夜夏歌》)

"匹"双关布匹和匹偶。以布匹的"匹"关本句,匹偶的"匹"关上句。同上项所引的例同。

(四十二)郎为旁人取,负侬非一事;摛门不安横,无复相关意。(《子夜歌》)

"关"双关关门和关心。

(四十三)一夕就郎宿,通夜语不息;黄蘖万里路,道苦真无极。(《读曲歌》)

"道"双关道路和道说。

(四十四)夜半冒霜来,见我辄怨唱;怀冰暗中倚,已寒不蒙亮。(《子夜冬歌》)

"亮"双关明亮和原亮。

(四十五)自从别欢后,叹声不绝响;黄蘖向春生,苦心随日长。(《子夜春歌》)

"苦"双关苦味和苦情。

(四十六)音信阔弦朔,方悟千里遥;朝霜语白日,知我为欢消。(《读曲歌》)

"消"双关霜的消融和我的消瘦。

(四十七)自从别郎后,卧宿头不举;飞龙落药店,骨出只为汝。(《读曲歌》)

"骨"双关飞龙的骨和思妇的骨。

以上所举都是郭茂倩《乐府诗集》清商曲辞中间吴声歌曲和西曲歌里面的例。就这些例看来,我们可以看出:(1)借来做双关的都是歌者当地所见得到的事物,如藩篱、梧桐、芙蓉、莲藕、蚕丝、布匹之类;(2)借来做双关的也是歌者当时所见得到的事物,如"春歌"里说的"黄蘖向春生","夏歌"里说的"藕异心无异"之类。大概最初用这辞法,都是即物抒情的;谢榛说是"指物借意",实在是非常确切的解说。

下列两例更加显然:

(四十八)宣和中,童贯用兵燕蓟,败而窜。一日内宴,教坊进伎为三四婢,首饰皆不同。其一,当额为髻,曰,"蔡太师家人也。"其二,髻偏坠,曰,"郑太宰家人也。"又一人满头为髻如小儿,曰,"童大王家人也。"问其故。蔡氏者曰,"太师觐清光,此名朝天髻。"郑氏者曰,"吾太宰奉祠就第,此懒梳髻。"至童氏者曰,"大王方用兵,此三十六髻也。"(周密《齐东野语》卷十三)

"三十六髻"双关"三十六计";"三十六计"是谚语"三十六计,走为上计"的歇后藏词语,用以讽刺童贯的"败而窜"。

(四十九)章宗元妃李氏势位熏赫,与皇后侔矣。一日宴宫中,优人玳瑁头者戏于上前。或问上国有何符瑞。优曰,"汝不闻凤凰见乎?"曰,"知之而未闻其详。"优曰,"其飞有四,所应亦异:若向上飞则风雨顺时;向下飞则五谷丰登;向外飞则四国来朝;向里飞则加官进禄。"上笑而罢。(《金史·后妃传》)

"向里飞"双关"向李妃"。

这一类的措辞法,在现在的歌谣中也很多,而且实际运用时也还有指物表意的情形。

二、彼此双关——这也显然是借眼前的事物来讲述所说意思的一种措辞法,就是旧小说上所谓指桑说槐。这种双关所用的是音形义三方面都能关涉两种事物的双关辞。双关辞不必只是一个词,而常是几个句。如:

（五十）这里宝玉又说："不必烫暖了，我只爱喝冷的。"薛姨妈道："这可使不得，吃了冷酒，写字手打颤儿。"宝钗笑道："宝兄弟，亏你每日家杂学旁搜的，难道就不知道酒性最热？要热吃下去，发散的就快；要冷吃下去，便凝结在内——拿五脏去暖他，岂不受害？从此还不改了呢？快别吃那冷的了。"宝玉听这话有理，便放下冷的，令人烫来方饮。黛玉磕着瓜子儿，只管抿着嘴儿笑。可巧黛玉的丫鬟雪雁走来，给黛玉送小手炉儿。黛玉因含笑问他说："谁叫你送来的？难为他费心，哪里就冷死了我？"雪雁道："紫鹃姐姐怕姑娘冷，叫我送来的。"黛玉接了抱在怀中，笑道："也亏你倒听他的话！我平日和你说的，全当耳旁风；怎么他说了，你就依的比圣旨还快呢！"（《红楼梦》第八回）

点出的几句都是双关吃冷酒和送手炉两件事，所以"宝玉听这话便知是黛玉借此奚落他"。

八 引 用

文中夹插先前的成语或故事的部分，名叫引用辞。引用故事成语，约有两个方式：第一，说出它是何处成语故事的，是明引法；第二，并不说明，单将成语故事编入自己文中的，是暗用法。两者的关系很像譬喻格中的明喻和借喻：一方明示哪一部分是引用语；一方就用引用语代本文。

一、明引法

（一）我们相信科学是知识上的事情；爱情是感情上的事情。想教人知识发达需用知识；想使人感情丰富必需用感情。并且感情的引起是同质的：嫉妒引起嫉妒；怨怒引起怨怒；悲哀引起悲哀；必需爱情才能引起爱情。换一句话说，就是如果你想教我爱你，多言哓哓是没有用的，必须你诚诚恳恳的爱我，那才能慢慢的引起我对你的爱情；如果你想教我爱他，多言哓哓也是没有用的，必须你诚诚恳恳的爱他，那才能慢慢的感发我对他的爱情。其次，你对我对他的爱情总须要是诚诚恳恳的，并不是因为你想引起我爱你或爱他才这样做的。如果你想引起我爱你或爱他才这样去做，那爱情便成了虚伪的，没有感发人的势力了。王船山先生说："督子以孝不如其安子；督弟以友不如其裕弟；督妇以顺不如其绥妇。魄定魂通而神顺于性，则莫之或言而若或言之：君子所为以天道养人也，"就是上边所说的第一层的道理；孟子所说"不诚未有能动者也"和"至诚未有不动者也"，就是上边所说的第二层道理。(《你往何处去》译序)

文中用引号标示起讫的部分都是明引法。

(二) 晋侯复假道于虞以伐虢。宫之奇谏曰："虢，虞之表也。虢亡，虞必从之。……谚所谓'辅车相依，唇亡齿寒'者，其虞虢之谓乎？"(《左传·僖公五年》)

文中标单引号的部分也是明引法。

(三) "峨眉山月半轮秋，影入平羌江水流。"
谪仙此语谁解道，诸君见月时登楼。(苏轼《送人守嘉州》诗)

这诗上两句系引用李太白《峨眉山月歌》的头两句，也是明引法。

二、暗用法

(四) 稼轩何必长贫？放泉檐外琼珠泻。乐天知命，古来谁会行藏用舍？人不堪忧，一瓢自乐，贤哉回也！料当年曾问：饭蔬饮水，何为是栖栖者？(辛弃疾《水龙吟·题瓢泉》词)

文中点出的所谓"乐天知命"是引用"乐天知命，故不忧"(《易经·系辞》上)，所谓"行藏用舍"是引用"子谓颜渊曰：'用之则行，舍之则藏，惟我与尔有是夫'。"(《论语·述而》)，所谓"人不堪忧，一瓢自乐，贤哉回也"是引用"子曰：'贤哉回也！一箪食，一瓢饮，在陋巷，人不堪其忧，回也不改其乐。贤哉回也！'"(《论语·雍也》)，所谓"饭蔬饮水"是引用"子曰：'饭疏食饮水，曲肱而枕之，乐亦在其中矣！'"(《论语·述而》)，所谓"何为是栖栖者"是引用"微生亩谓孔子曰：'丘何为是栖栖者与？无乃为佞乎？'"(《论语·宪问》)，都是暗用成语或故事。

(五) 春风过柳绿如缲，晴日蒸红出小桃。(王安石《春风》诗)

文中"蒸红",有人说是暗用韩愈《桃源图》诗中"种桃处处唯开花,川原远近蒸红霞"成语。

以上两类的引用法,各可分为略语取意和语意并取两组。在暗用法中,如"一瓢自乐"就是前者,其余都是后者。明用法中,后者的例上文早已列举过了,现在再举两个前者的例:

(六) 众之不可已也。……《太誓》所谓商兆民离,周十人同者,众也。(《左传》成公二年)

(七) 阳子将为禄仕乎?古之人有云,仕不为贫,而有时乎为贫,谓禄仕者也。宜乎辞尊而居卑,辞富而居贫,若抱关击柝者可也。……若阳子之秩禄,不为卑且贫章章明矣;而如此,其可乎哉?(韩愈《争臣论》)

所引两例都曾添减原文;原文是"受有亿兆夷人,离心离德;予有乱臣十人,同心同德"(《尚书·泰誓》中)及"仕非为贫也,而有时乎为贫。……为贫者辞尊居卑,辞富居贫。辞尊居卑,辞富居贫,恶乎宜乎?抱关击柝"(《孟子·万章》下)。

引用辞除了上述这四组正经的之外,还有一类滑稽的用法,割截成文,以资谈笑;如周密《齐东野语》(十三)所载:

当史丞相弥远用事,选人改官,多出其门。制闾大宴,有优为衣冠者数辈,皆称孔门弟子,相与言"吾侪皆选人"。遂各言其姓,曰:"吾为常从事","吾为于从政","吾为吾将仕","吾为路文学"。

别有二人出,曰:

"吾宰予也;夫子曰,'于予与改',可谓侥幸"。其一曰:"吾颜回也;夫子曰,'回也不改'。吾为四科之首而不改,汝何为独改?"曰:

"吾钻故改;汝何为不钻?"曰:

"吾非不钻,而钻弥坚耳。"曰:

"汝之不改宜也,何不钻弥远乎?"

其诙谐奇巧,真像周密所谓"巧发微中,有足称言者"。但所援引全是"离析文义",就是所谓割截成文:

常从事——曾子曰:"以能问于不能,以多问于寡,有若无,实若虚,昔者吾友尝从事于斯矣。"(《泰伯》)

于从政——子曰:"苟正其身矣,于从政乎何有?不能正其身,如正人何?"(《子路》)

吾将仕——孔子曰:"诺,吾将仕矣。"(《阳货》)

路文学——德行,颜渊、闵子骞、冉伯牛、仲弓;言语,宰我、子贡;政事,冉有、季路;文学,子游、子夏。(《先进》。颜渊就是颜回,回字子渊,所以也称颜渊。)

于予与改——宰予昼寝……子曰:"始吾于人也,听其言而信其行,今吾于人也,听其言而观其行,于予与改是。"(《公冶长》)

回也不改——子曰:"贤哉回也!一箪食,一瓢饮,人不堪其忧,回也不改其乐,贤哉回也!"(《雍也》)

钻弥坚——颜渊喟然叹曰:"仰之弥高,钻之弥坚,瞻之在前,忽焉在后……"(《子罕》)

共引七条,尽出《论语》一书。

这两类的引用法之中,第二类暗用法最与所谓用典问题有关系,最容易发生流弊,十年前新文艺方才萌芽时文学革命所竭力攻击的就是它。所谓流弊,约有五项:(一)用典隐僻,使人不解;(二)用典拉杂,令人生厌;(三)用典浮泛,难知真意;(四)刻削成语,不合自然;至于(五)用典失照管,如《高斋诗话》所指摘的荆公《桃源行》"望夷宫中鹿为马,秦人半死长城下",指鹿事既不在望夷宫,又不是筑长城的始皇的事,而诗中却竟那样说,那就更应该严加批判了。

第一类明引法在中国文学中发现的奇现象,就是那全篇尽集古人成语而成的所谓"集句"或"集锦"。集句大抵是诗;文不多见。诗的集句,《王直方诗话》说是始于王荆公;《西清诗话》又说宋初已有,不过未盛,并非始于荆公(见《渔隐丛话》前集三十五所引)。而清人赵吉士辑的《寄园寄所寄》卷四《拈须寄诗原篇》引《稗史》,却说"晋傅咸作集经诗……乃集句诗之始"。三说之中,自以最后一说为最可信。今检《汉魏六朝百三名家集》就可发现傅氏有集《论语》、集《毛诗》、集《周易》、集《左传》之类的诗若干首。后来愈演愈盛,到了清朝,竟出现了黄唐堂的全集各体诗九百余首,尽是集句而成的《香屑集》,集首一文也系集句而成,居然做得也还有人称它工巧。明引法臃肿的发展,从此便没有余地了。

九 仿 拟

为了滑稽嘲弄而故意仿拟特种既成形式的,名叫仿拟格。仿拟有两种:第一是拟句,全拟既成的句法;第二是仿调,只拟既成的腔调。这两类的仿拟,都是故意开玩笑,同寻常所谓模仿不同。

拟句的例:

（一）贡父（刘攽）晚苦风疾,鬓眉皆落,鼻梁且断。一日与子瞻数人小酌,各引古人语相戏。子瞻戏贡父云:"大风起兮眉飞飏,安得壮士兮守鼻梁。"座中大嚎,贡父恨怅不已。（套拟刘邦《大风歌》"大风起兮云飞扬,威加海内兮归故乡,安得猛士兮守四方"首尾两句）（王辟之《渑水燕谈录》十）

（二）春辉道:"我因今日飞鞋这件韵事,久已想要替他描写描写,难得有这'巨屦'二字,意欲借此摹仿几部书,把他表白一番,姊姊可有此雅兴？"题花道:"如此极妙,就请姊姊先说一个。"春辉道:"我仿宋玉《九辩》:独不见巨屦之高翔兮,乃堕卜氏之圃。"（这是仿调,当入下类。）题花道:"我仿《反离骚》:巨屦翔于蓬渚兮,岂凡屦之能捷？"（扬雄《反离骚》:凤凰翔于蓬渚兮,岂驾鹅之能捷？）玉芝道:"我仿贾谊赋:巨屦翔于千仞兮,历青霄而下之。"（贾谊《吊屈原赋》:凤凰翔于千仞兮,览德辉而下之。）小春道:"我仿宋玉《对楚王问》:巨屦上击九千里,绝云霓,入青霄,飞腾乎杳冥之上;夫凡庸之屦,岂能与之料天地之高哉！"（原文:凤凰上击九千里,绝云霓,负苍天,翱翔乎杳冥之上;夫藩篱之鷃,岂能与之料天地之高哉！）春辉道:"这几句仿的雄壮。"紫芝道:"若要雄壮,这有何难！我仿《庄子》:其名为屦,屦之大不知其几千里也,怒而飞,其翼若垂天之云。是屦也,海运则将徙于南冥。南冥者,天池也。《谐》之言曰:'屦之徙于南冥也,水击三千里,抟扶摇而上者九万里,去以六月堕者也。'"（《逍遥游》:北冥有鱼,其名为鲲,鲲之大不知其几千里也。化而为鸟,其名为鹏,鹏之背不知其几千里也。怒而飞,其翼若垂天之云。是鸟也,海运则将徙于南冥。南冥者,天池也。《齐谐》者,志怪者也。《谐》之言曰:"鹏之徙于南冥也,水击三千里,抟扶摇而上者九万里,去以六月息者也。"）春辉道:"这个不但雄壮,并且极言其大,很得题神。"紫芝道:"我仿《毛诗》:巨屦飏矣,于彼高冈;大足光矣,于彼馨香。"（《大雅·卷阿》篇:凤凰鸣矣,于彼高冈;梧桐生矣,于彼朝阳。）春辉道："馨香二字是褒中带贬,反面文章,含蓄无穷,颇有风人之旨。我仿《月令》:是月也,牡丹芳,芍药艳,游卞圃,抛气球,鞋乃飞腾。"玉芝道:"还有一句呢?"紫芝道:"足赤。"(也是仿调)说的众人好笑。青钿道:"你们变着样儿骂我,只好随你们嚼蛆。但有侮圣言,将来难免都有报应。"众人道:"有何报应?"青钿把舌一伸,又把五个手指朝下一弯道:"只怕都要'适蔡'哩。"众人听了,一齐发笑。(《镜花缘》第八十七回)

仿调的例:

(三)有一秀才日喜看盲词。适届岁考,场中命题系"子曰,赤之适齐也",至"与之粟九百,辞"。遂援笔立就。其文曰:

圣人当下开言说,你今在此听分明。公西此日山东去,裘马翩翩好送行。自古道:雪中送炭为君子,锦上添花是小人。豪华公子休提起,再表为官受禄身。为官非是别一个,堂堂县令姓原人。得了俸米九百石,坚辞不要半毫分。案出,以不遵功令置劣等。(文系仿《论语·雍也》篇"子华使于齐,冉子为其母请粟;子曰,'赤之适齐也,乘肥马,衣轻裘。吾闻之也,君子周急不继富。'原思为之宰,与之粟九百,辞。子曰,'毋!以与尔邻里乡党乎?'"一节中题文摘取的一段。)(梁章钜《制义丛话》二十四)

(四)燕紫琼道:"紫芝妹妹替我说个笑话,我格外多饮两杯,何如?"紫芝道:"妹子自然代劳。"绿云道:"紫芝妹妹向来说的大书最好,并且还有宝儿教的小曲儿;紫琼姊姊既饮两杯,何不点他这个?"紫芝道:"如果普席肯饮双杯,我就说段大书。"众人道:"如此极妙。我们就饮两杯。"丫鬟把酒斟了。紫芝取出一块醒木道:"妹子大书甚多,如今先将'子路从而后'至'见其二子焉'这段书说给大家听听。"于是把醒木朝桌上一拍道:

"列位压静听,在下且把此书的两句题纲念来:遇穷时师生错路,情殷处父子留宾。"又把醒木一拍道:"只为从师济世,谁知反宿田家?半生碌碌走天涯,到此一齐放下。鸡黍殷勤款洽,主宾情意堪嘉。山中此夕莫嗟讶,师弟暌违永夜。"又把醒木一拍道:"话说那子路在楚蔡地方被长沮桀溺抢白了一番,心中闷闷不乐。迤逦行来,见那道旁也有耕田的,锄草的,老的老,少的少,触动他一片济世的心肠,脚步儿便走得迟了。抬起头来,不见了夫子的车辆。正在慌张之际,只见那道旁来了一位老者,头戴范阳毡帽,身穿蓝布道袍,手中拿着拄杖,杖上挂着锄草的家伙。子路便问道:'老丈,你可见我的夫子么?'那老者定睛把子路上下一看道:'客官,我看你肩不能挑,手不能提,识不得芝麻,辨不得绿豆;谁是你的夫子?'老者说了几句,把杖来插在一边,取了家伙,自去耘田去了。"又把醒木一拍道:

"列位,大凡遇见年高有德之人,须当钦敬;所以信陵君为侯生执辔,张子房为圯上老人纳履,后来兴王定霸,做出许多事业。那子路毕竟是圣门高弟,有些识见的人,听了老丈言语,他就叉手躬身,站在一旁。那老者耘田起来,对着子路说:'客官,你看天色晚下来了,舍间离此不远,何不草榻一宵?'子路说:'怎好打搅?'于是老者在前,子路在后,径至门首,逊至中堂。宰起鸡来,煮起饭来。唤出他两个儿子,兄先弟后,彬彬有礼,见了子路。唉,可怜子路半世在江湖上行走,受了人家许多怠慢,今日肴馔虽然不丰,却也殷勤款待,十分尽礼,不免饱餐一顿,蒙被而卧。正是:山林惟识天伦乐,廊庙空怀济世忧。毕竟那老者姓甚名谁,夫子见与不见,下文交代。"众人听了一齐赞好,把酒饮了。(大书原文为"子路从而后,遇丈人,以杖荷蓧。子路问曰:'子见夫子乎?'丈人曰:'四体不勤,五谷不分,孰为夫子?'植其杖而芸。子路拱而立。止子路宿,杀鸡为黍而食之,见其二子焉。"见《论语·微子》篇)(《镜花缘》第八十三回)

(五)制义中有所谓墨派者,庸恶陋劣无出其右。有即以墨卷为题,仿其调作两股以嘲之者,曰:

天地乃宇宙之乾坤,吾心实中怀之在抱。久矣夫千百年来已非一日矣。溯往事以追维,曷勿考记载而诵诗书之典籍。元后即帝王之天子,苍生乃百姓之黎元,庶矣哉亿兆民中已非一人矣。思入时而用世,曷弗瞻黼座而登廊庙之朝廷。

叠床架屋,今之所谓音调铿锵者何以胜此。(梁绍壬《秋雨盦随笔》三,梁章鉅《制义丛话》二十四)

此外还有参用上列两式的,如鲁迅的《我的失恋》(见《野草》),便是仿拟张衡的《四愁诗》:

　　我的所爱在山腰;
　　想去寻她山太高,

低头无法泪沾袍。
爱人赠我百蝶巾；
回她什么：猫头鹰。
从此翻脸不理我，
不知何故兮使我心惊。

我的所爱在闹市；
想去寻她人拥挤，
仰头无法泪沾耳。
爱人赠我双燕图；
回她什么：冰糖壶卢。
从此翻脸不理我，
不知何故兮使我糊涂。

我的所爱在河滨；
想去寻她河水深，
歪头无法泪沾襟。
爱人赠我金表索，
回她什么：发汗药。
从此翻脸不理我，
不知何故兮使我神经衰弱。

我的所爱在豪家；
想去寻她兮没有汽车，
摇头无法泪如麻。
爱人赠我玫瑰花；
回她什么：赤练蛇。
从此翻脸不理我，
不知何故兮——由她去罢。

张衡《四愁诗》的原文为：

我所思兮在太山,欲往从之梁父艰,侧身东望涕沾翰。美人赠我金错刀,何以报之,英琼瑶。路远莫致倚逍遥,何为怀忧,心烦劳。

我所思兮在桂林,欲往从之湘水深,侧身南望涕沾襟。美人赠我金琅玕,何以报之,双玉盘。路远莫致倚惆怅,何为怀忧,心烦伤。

我所思兮在汉阳,欲往从之陇阪长,侧身西望涕沾裳。美人赠我貂襜褕,何以报之,明月珠。路远莫致倚踟蹰,何为怀忧,心烦纡。

我所思兮在雁门,欲往从之雪雰雰,侧身北望涕沾巾。美人赠我锦绣段,何以报之,青玉案。路远莫致倚增叹,何为怀忧,心烦惋。

十 拈 连

甲乙两项说话连说时,趁便就用甲项说话所可适用的词来表现乙项观念的,名叫拈连辞。这种拈连的修辞方法,无论甲项说话在前或在后,都可应用。

(一)这人不论做什么事总抱着孩子正在游戏一般的心情。……衙门的公事,并不是笑谈。那是政府的大机关的一个小齿轮,自己也在回旋的事,是分明自觉着的。自觉着,而办着这些事的心情,却像游戏一般。(鲁迅译《现代日本小说集·游戏》)

(二)重门不锁相思梦,随意绕天涯。(赵令畤《锦堂春》词)

(三)一夜东风,枕边吹散愁多少?数声啼鸟,梦转纱窗晓。(曾允元《点绛唇》词)

(四)水调数声持酒听,午睡醒来愁未醒。送春,春去几时回?临晚镜,伤流景;往事悠悠空记省。(张先《天仙子》词)

(五)出门万里客,中道逢嘉友,未言心先醉,不在接杯酒。(陶潜《拟古》九首之一)

(六)敲碎离愁,纱窗外风摇翠竹。人去后吹箫声断,倚楼人独。满眼不堪三月暮,举头已觉千山绿。但试把一纸寄来书,从头读。(辛弃疾《满江红》词)

以上从例(一)到例(四),别项说话在前,拈连辞在后;例(五)和例(六),反此。

十一 移 就

遇有甲乙两个印象连在一起时,作者就把原属甲印象的性状形容词移属于乙印象的,名叫移就辞。移就格中各个成分的关系如左图:

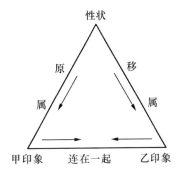

我们常见的,大概是把人类的性状移属于非人的或无知的事物:

(一)这是深夜三点钟的时候,我醒着躺在床上,远远地听到什么地方的军队的悲戚的喇叭声。在这个时候为什么吹的呢?……我想,这必然是野外演习,或者什么罢。我对于这些兵卒,昼间的疲劳还未恢复,又从渴睡的床上被叫起来拉到野外去的兵卒,十分同情。(《深夜的喇叭》;渴睡原属于兵,今移属于床)

(二)明日重寻石头路,醉鞍谁与共联翩。(陆游《过采石有感》;醉的本是放翁,今属于鞍。)

(三)风便欲悬帆,忽忽离襟生冻。休送休送,今夜月寒珍重。(王修微《如梦令》词)

(四)相如视秦王无意偿赵城……持璧却立倚柱,怒发上冲冠。(《史记·蔺相如传》)

此外如常说的"情书""病院"之类,也是属于这一格的修辞。

第六篇　积极修辞二

乙类　意境上的辞格

一　比　　拟

将人拟物(就是以物比人)和将物拟人(就是以人比物)都是比拟。《诗人玉屑》卷九载杨万里论比拟说：

> 白乐天《女道士》诗云，"姑山半峰雪，瑶水一枝莲，"此以花比美妇人也；东坡《海棠》诗云，"朱唇得酒晕生脸，翠袖卷纱红映肉"，此以美妇人比花也。

一切比拟就像这样，可以分作两类：一如此处前例，将人拟作物的，称为拟物；一如后例，将物拟作人的，称为拟人。

(甲) 拟人

拟人是一种常用的辞法。在描写、抒情的语文中，几乎时常可以见到，而尤以童话为多。童话多是全篇纯用拟人辞法，因为太长，不便引用。今举比较简短的例于下：

(一) 那春天实在很愉快。从早晨起，黄莺和杜鹃这些音乐高强的先生们便独唱，蜜蜂小姐们和胡蜂姑娘们是合唱，蝴蝶的姐儿们是舞蹈，到晚上，青蛙堂兄的诗人们便开诗社，开演说会，一直热闹到深夜。这些集会里，鲫鱼也到场，用了可爱的口吻，去谈那个国土的事。(鲁迅译《爱罗先珂童话集·鱼的悲哀》)

（二）每当日光隐灭的时候，黄昏便从地下起来。这黄昏——一个大的夜的军队，有几千不可见的部队和几百万的战士。这强大的军队，自从不可记忆的年代以来，与世界相反抗：每朝退走，每晚得胜。从日入以至日出，是他为王；在白日里，被打破了，躲在窠里等候着。(《现代小说译丛·影》)

（三）当菜花披着黄袍，

称霸于绿野时，

豆花不曾屈服，

依然黑白分明！(刘大白《旧梦·泪痕》三十六)

（四）阳春召我以烟景，大块假我以文章。(李白《春夜宴从弟桃花园序》)

（五）饥来驱我去，不知竟何之。(陶潜《乞食》诗)

（六）春蚕到死丝方尽，蜡炬成灰泪始干。(李商隐《无题》诗)

（七）羌笛何须怨杨柳，春风不度玉门关。(王之涣《出塞》诗)

(乙) 拟物

拟物也多见于描写抒情的语文中，但不像拟人那样的常用，用也多是部分的。现举数例于下：

（一）鸿鹄高飞，一举千里。羽翼已就，横绝四海。横绝四海，又可奈何！虽有矰缴，尚安所施？(《鸿鹄歌》，本事见《汉书·张良传》；高帝欲废太子，立戚夫人子赵王如意。后不果。戚夫人泣涕。帝曰："为我楚舞，吾为若楚歌。"歌的便是这一首歌辞。歌辞是把太子拟作鸿鹄，说他得了四皓为辅，羽翼已成，不能动了。)

（二）雄兔脚扑朔，雌兔眼迷离。两兔傍地走，安能辨我是雄雌？(《木兰诗》结句，木兰自拟)

（三）浓妆呵，娇滴滴擎露山茶；淡妆呵，颤巍巍带雨梨花。(乔孟符《扬州梦》第三折)

（四）桃脸儿通红，樱唇儿青紫，玉笋纤纤不住搓。(《董西厢》)

以上两种辞法，都是发生在情感饱满，物我交融的时候。虽然用有多少，并非质有上下。中外许多论文说话的书中，多只收录拟人，不说拟物，除出个人的癖好之外并没有什么坚强理由。又两者拟比的分量也尽可以有种种的差别，并没有一定的规限，如拟物，从"怎当他临去秋波那一转"那样，单将眼光一部分来拟物起，直到《鸿鹄歌》那样全部拟物止，都可以存在。这中间可以分成无数的等级。拟人也是如此。

二　讽　喻

讽喻是假造一个故事来寄托讽刺教导意思的一种措辞法。大都用在本意不便明说或者不容易说得明白亲切的时候。但说了故事，往往仍旧把本意说了出来，而使故事只成了对象事件的形容。又故事也往往造得极其粗略，不曾具体化到可以独立存在的地步，有时简直连形容也不充分，非加说明不容易知道寄托的本意在哪里。这大半由于情急境迫，没有充分时间来构思设想的缘故。

依据情境急迫的程度和故事独立的程度，我们可以把讽喻分做两类：一类是情境急迫，故事只是忽促之间捏造出来，并没有充分的独立性的，这在我们日常语言之间，大概叫做"比方"。以下所举便是几个出名的比方。如所谓"画蛇添足"，所谓"鹬蚌相争"，所谓"狐假虎威"，都已成为口头常说的成语。这类比方因为故事造得太没有独立性，往往非连同描写背景和说明本意的文辞一起看，不能明晓它到底是在那里说什么。像下面的"土偶与桃梗"的一例，便仿佛是这样的。所以我们举例的时候，不能不将那描写和说明的文辞一起录下来。我们计拟把它跟讽喻的本身分行写，让大家比较容易看清楚运用比方的实际：

（一）昭阳为楚伐魏，覆军杀将，得八城，移兵而攻齐。陈轸为齐王使，见昭阳，再拜贺战胜，起而问楚之法："覆军杀将，其官爵何也？"昭阳曰："官为上柱国，爵为上执珪。"陈轸曰："异贵于此者何也？"曰："唯令尹耳。"陈轸曰："令尹贵矣，王非置两令尹也，臣窃为公譬可也：（以下讽喻）

楚有祠者，赐其舍人卮酒。舍人相谓曰：'数人饮之不足，一人饮之有余。请画地为蛇，先成者饮酒。'一人蛇先成，引酒且饮之。乃左手持卮，右手画蛇曰：'吾能为之足。'未成，一人之蛇成，夺其卮曰：'蛇固无足，子安能为之足？'遂饮其酒。为蛇足者，终亡其酒。（以上讽喻）

今君相楚而攻魏，破军杀将得八城，不弱兵，欲攻齐。齐畏公甚。公以是为名，足矣；官之上，非可重也。战无不胜，而不知止者，身且死，爵且后归，犹为蛇足也。"昭阳以为然，解军而去。（《战国策·齐策》二）

（二）赵且伐燕。苏代为燕谓（赵）惠王曰："今者臣来，过易水，（以下

讽喻）

蚌方出曝，而鹬啄其肉。蚌合而拑其喙。鹬曰，'今日不雨，明日不雨，即有死蚌！'蚌亦谓曰，'今日不出，明日不出，即有死鹬！'两者不肯相舍，渔者得而并禽之。（以上讽喻）

今赵且伐燕。燕赵久相支以弊大众，臣恐强秦之为渔父也，故愿王熟计之也。"惠王曰，"善。"乃止。《战国策·燕策》二）

（三）荆宣王问群臣曰，"吾闻北方之畏昭奚恤也，果诚何如？"群臣莫对。江一对曰：（以下讽喻）

"虎求百兽而食之，得狐。狐曰，'子无敢食我也！天帝使我长百兽；今子食我，是逆天帝也。子以我为不信，吾为子先行，子随我后，观百兽之见我而敢不走乎？'虎以为然，故遂与之行。兽见之皆走。虎不知兽畏己而走也，以为畏狐也。（以上讽喻）

今王之地方五千里，带甲百万，而专属之昭奚恤。故北方之畏奚恤也，其实畏王之甲兵也，犹百兽之畏虎也。"（《战国策·楚策》一）

（四）孟尝君将入秦，止者千数而弗听。苏秦欲止之。孟尝君曰，"人事者，吾已尽知之矣；吾所未闻者，独鬼事耳。"苏秦曰，"臣之来也，固不敢言人事也，固且以鬼事见君。"孟尝君见之。谓孟尝君曰，"今者臣来，过于淄上，（以下讽喻）

有土偶人与桃梗相与语。桃梗谓土偶人曰，'子，西岸之土也，挺子以为人，至岁八月，降雨下，淄水至，则汝残矣。'土偶曰，'不然。吾，西岸之土也；吾残，则复西岸耳。今子，东国之桃梗也，刻削子以为人。降雨下，淄水至，流子而去，则子漂漂者将何如耳！'（以上讽喻）

今秦四塞之国，譬若虎口，而君入之，则臣不知君所出矣。"孟尝君乃止。（《战国策·齐策》三）

还有一类是情境比较的不急切，故事构造得比较完整，比较有独立性的，这在我们言谈之间大概叫做"寓言"。寓言有写得很长的，如班酿的《天路历程》等，现在只举几个简短的例：

（五）太形、王屋二山，方七百里，高万仞，本在冀州之南，河阳之北。北山愚公者，年且九十，面山而居，惩山北之塞，出入之迂也，聚室而谋曰，"吾与汝毕力平险,指通豫南,达于汉阴,可乎?"杂然相许。其妻献疑曰,"以君之力,曾不能损魁父之丘,如太形王屋何?且焉置土石?"杂曰,"投诸渤海之尾,隐土之北。"遂率子孙荷担者三夫,叩石垦壤,箕畚运于渤海之尾。邻人京城氏之孀妻,有遗男,始龀,跳往助之。寒暑易节,始一返焉。河曲智叟笑而止之曰,"甚矣,汝之不惠! 以残年余力,曾不能毁山之一毛,其如土石何?"北山愚公长息曰,"汝心之固,固不可彻,曾不若孀妻弱子! 虽我之死,有子存焉。子又生孙,孙又生子,子又有子,子又有孙。子子孙孙无穷匮也,而山不加增,何苦而不平?"河曲智叟亡以应。操蛇之神闻之,惧其不已也,告之于帝。帝感其诚,命夸娥氏二子负二山,一厝朔东,一厝雍南。自此,冀之南,汉之阴,无陇断焉。(《列子•汤问》篇)

(六) 往昔之世,有富愚人,痴无所知,到余富家,见三重楼,高广严丽,轩敞疏朗,心生渴仰,即作是念:"我有财钱,不减于彼,云何顷来而不造作如是之楼?"即唤木匠而问言曰:"解作彼家端正舍不?"木匠答言:"是我所作。"即便语言:"今可为我造楼如彼。"是时木匠,即便经地垒墼作楼。愚人见其垒墼作舍,犹怀疑惑,不能了知,而问之言:"欲作何等?"木匠答言:"作三重屋。"愚人复言:"我不欲下二重之屋,先可为我作最上屋。"木匠答言:"无有是事。何有不作最下重屋,而得造彼第二之屋? 不造第二,云何得造第三重屋?"愚人固言:"我今不用下二重屋,必可为我作最上者。"时人闻已,便生怪笑,咸作此言:"何有不造下第一屋而得上者?"(《百喻经•三重楼喻》)

以上两个例,一个寄寓智而怕难,不如愚而努力的意思,一个寄寓努力应当依照程序,应当从下层基础做起的意思,都是故事本身便已显示得明白周到,无须再加说明。

讽喻的故事,固然多是随机捏造的,故事里的人物也多是应境捏凑。如曾经过易水,便说是鹬蚌怎样怎样,只好讲鬼事时便说是土偶和桃梗怎样怎样。捏凑的时候也多对于部类不加鉴别。有时假托人类(如富愚人),有时假托人类以外的生物(如狐虎)或无生物(如土偶)。若是假托人类以外的生物或无生物,那故事里面一定同时含有两种比拟的成分,就是一定是用拟人的手段来寄托拟物的意思,如"狐假虎威"一例,便是外表是使狐虎做人的言动,是拟人,而内里却把狐虎来比拟人类,是拟物。其余一切同类的例,也都如此。

三 示 现

示现是把实际上不见不闻的事物,说得如见如闻的辞格。所谓不见不闻,或者原本早已过去,或者还在未来,或者不过是说者想象里的景象,而说者因为当时的意象极强,并不计较这等实际间隔,也许虽然计及仍然不愿受它拘束,于是实际上并非身经亲历的,也就说得好像身经亲历的一般,而说话里,便有我们称为示现这一种超绝时地超绝实在的非常辞格。

示现可以大别为追述的、预言的、悬想的三类。追述的示现是把过去的事迹说得仿佛还在眼前一样:

(一)六王毕,四海一,蜀山兀,阿房出。……长桥卧波,未云何龙?复道行空,不霁何虹?高低冥迷,不知西东。歌台响暖,春光融融。……明星荧荧,开妆镜也。绿云扰扰,梳晓鬟也。渭流涨腻,弃脂水也。烟斜雾横,焚椒兰也。……楚人一炬,可怜焦土。(杜牧《阿房宫赋》)

预言的示现同追述的示现相反,是把未来的事情说得好像已经摆在眼前一样:

(二)他敢不放我过去,你宽心!远的破开步将铁棒飚。近的顺着手把戒刀钐。有小的,提起来将脚步撞;有大的,扳下来把髑髅砍。瞅一瞅,骨都都翻了海波;滉一滉,厮琅琅振动山崖。脚踏得赤力力地轴摇,手攀得忽刺刺天关撼。(《西厢记·寺警》)

至于悬想的示现,则是把想象的事情说得真在眼前一般,同时间的过去未来全然没有关系:

(三)他此夕把云路凤车乘,银汉鹊桥平。不甫能今夜成欢庆,枕边忽听晓鸡鸣。却早离愁情脉脉,别泪雨泠泠。五更长叹息,则是一夜短恩情。(白朴《梧桐雨》杂剧第一折)

(四)今夜鄜州月,闺中只独看,遥怜小儿女,未解忆长安。香雾云鬟湿,清辉玉臂寒。何时倚虚幌,双照泪痕干?(杜甫《月夜》诗。时杜甫身在长安,家在鄜州;所谓闺中只独看等等只是想象的话。)

(五)……驷玉虬以乘鹥兮,溘埃风余上征。朝发轫于苍梧兮,夕余至乎县圃。欲少留此灵琐兮,日忽忽其将暮。吾令羲和弭节兮,望崦嵫而勿迫。路漫漫其修远兮,吾将上下而求索。饮余马于咸池兮,总余辔乎扶桑。折若木以拂日兮,聊逍遥以相羊。前望舒使先驱兮,后飞廉使奔属。鸾凤为余先戒兮,雷师告余以未具。吾令凤鸟飞腾兮,继之以日夜。飘风屯其相离兮,率云霓而来御。(屈原《离骚》)

此外像下面的几个例也属于这一类:

(六)李天王……出师来斗,大圣也公然不惧。……就于洞门外列成阵势。你看,这场混战,好惊人也。寒风飒飒,鬼雾阴阴。那壁厢旌旗飞彩;这壁厢戈戟生辉。滚滚盔明,层层甲亮。滚滚盔明映太阳,如撞天的银磬;层层甲亮砌岩崖,似压地的冰山。(《西游记》第五回)

(七)……顺涧爬山,直至源流之处,乃是一股瀑布飞泉。众猴拍手称扬道,"好水,好水!哪一个有本事的,钻进去寻个源头出来,不伤身体者,我等即拜他为王。"连呼了三声,忽见丛杂中跳出一个石猴,应声高叫道,"我进去!我进去!"好猴!你看他瞑目蹲身,将身一纵,径跳入瀑布泉中。(《西游记》第一回)

还有用断定式来表示推定的,也属于这一类:

(八)今大王……弃忠信之言,以顺敌人之欲,臣必见越之破吴,豸鹿游于姑胥之台,荆榛蔓于宫阙。(《吴越春秋》九,子胥语)

(九)暗想那织女兮,牛郎命,虽不老,是长生。他阻隔银河信杳冥,经年度岁成孤另。你试向天宫打听,他决害了些相思病。(白朴《梧桐雨》杂剧第一折)

四 呼 告

话中撇了对话的听者或读者,突然直呼话中的人或物来说话的,名叫呼告辞。呼告也同比拟和示现一样发生在情感急剧处,而且常常带有比拟或示现的性质。如有必要,不妨随它带有的性质分为比拟呼告和示现呼告两类。

甲　比拟呼告

（一）宝玉抡着钓竿等了半天,那钓丝儿动也不动。刚有一个鱼儿在水边吐沫,宝玉把竿子一幌,又吓走了。急得宝玉道,"我最是个性儿急的人,他偏性儿慢,这可怎么样呢? 好鱼儿! 快来罢! 你也成全成全我呢!"说得探春、岫烟、李纹、李绮四人都笑了。(《红楼梦》第八十一回)

（二）宝玉忙忙来至怡红院中,向袭人、麝月、晴雯笑道,"你们还不快着看去! 谁知宝姐姐的亲哥哥是那个样子,他这叔伯兄弟形容举止,另是个样子,倒像是宝姐姐的同胞兄弟似的! 更奇在你们成日家只说宝姐姐是绝色的人物,你们如今瞧见他这妹子〔宝琴〕,还有大嫂子的两个妹子〔李纹、李绮〕,我竟形容不出来了。老天! 老天! 你有多少精华灵秀,生出这些人上之人来。……"(《红楼梦》第四十九回)

（三）硕鼠,硕鼠,无食我黍! 三岁贯女,莫我肯顾。逝将去汝,适彼乐土! 乐土乐土,爰得我所!（《诗·卫风·硕鼠》篇）

（四）东方半明大星没,独有太白配残月。嗟尔残月勿相疑,同光共影须臾期! 残月晖晖,太白睒睒,鸡三号,更五点。(韩愈古诗《东方半明》)

乙　示现呼告

（五）知客引了智深,直到方丈,解开包裹,取出书来,拿在手里。……清长老读罢来书……唤集两班许多职事僧人,尽到方丈,乃云:"汝等众僧在此,你看我师兄智真禅师好没分晓! 这个来的僧人,原来是经略府军官。原为打死了人,落发为僧。二次在彼闹了僧堂,因此难安他。你那里安他不得,却来推与我! 待要不收留他,师兄如此千万嘱咐,不可推故;待要着他在这里,倘或乱了清规,如何使得?"("你"指不在眼前的智真)(《水浒》第五回)

（六）梁中书……问"杨提辖何在?"众人告道,"不可说! 这人是个大胆忘恩的贼!……和七个贼人通同……押生辰纲财宝并行李尽装载车上将去了。……"梁中书听了大惊,骂道,"这贼配军! 你是犯罪的囚徒,我一力抬举你成人,怎敢做这等不仁忘恩的事! 我若拿住他时,碎尸万段!"("你"指不在眼前的杨志)(《水浒》第十六回)

五 夸 张

说话上张皇夸大过于客观的事实处,名叫夸张辞。说话上所以有这种夸张辞,大抵由于说者当时,重在主观情意的畅发,不重在客观事实的记录。我们主观的情意,每当感动深切时,往往以一当十,不能适合客观的事实。所以见一美人,可以有

> 增之一分则太长,减之一分则太短。着粉则太白,施朱则太赤。(宋玉《登徒子好色赋》)

之感;说一武士也可以有

> 力拔山兮气盖世(项羽《垓下歌》)

的话。所谓夸张,便是由于这等深切的感动而生。

知道夸张辞的作用,在乎抒描深切的感动,我们赏鉴抒描感动的小说诗歌等类文辞时,遇有此种辞格,就当原情逆意,还它本来面目。好像孟轲说的,"说诗者,不以文害辞,不以辞害志,以意逆志,是为得之。如以辞而已矣,《云汉》之诗曰'周余黎民,靡有孑遗。'信斯言也,是周无遗民也"(《万章》篇上),这才可算真能领略夸张辞的真意。倘如对于杜甫的这两句诗:

> 霜皮溜雨四十围,黛色参天二千尺。(《古柏行》)

沈括(存中)一定要说它"四十围乃是径七尺,无乃太细长乎?"(《梦溪笔谈》二十三《讥谑门》);黄朝英又一定要为杜甫辩护,说"存中性机警,善九章算术,独于此为误何也?古制以围三径一,四十围即百二十尺。围有百二十尺,即径四十尺矣;安得云七尺也?若以人两手大指相合为一围,则是一小尺,即径一丈三尺三寸,又安得云七尺也?武侯庙古柏,当从古制为定。则径四十尺,其长二千尺宜矣;岂得以细长讥之乎?"(《渔隐丛话》前集卷八引《缃素杂记》,今本《缃素杂记》无此条)那便犯了照字直解的错误,我们即使可以原谅他们的算法上的错误,也不能不埋怨他们的两盘算盘声,把我们夸张辞的真声音掩盖了。

夸张辞可以分作两类：（一）是普通的，可以称为普通夸张辞；（二）是单单关于事象先后的，可以称为超前夸张辞。普通夸张辞的用处并不限于一面，古来注意它、论述它的也比较多，如所谓"增语"及"增文"（见王充《论衡》卷七八《语增》《儒增》《艺增》等篇），所谓"夸饰"（刘勰《文心雕龙》卷八《夸饰》篇），所谓"激昂之言"（《渔隐丛话》前集卷八引《诗眼》），都是专论这一类夸张辞。它在实际上是比较的普通的，所以我们就称为普通夸张辞。至于超前夸张辞，则是常有将实际上后起的现象说成在先呈象之前出现（至少说成同先呈的现象同时并现）的倾向的，就是常有落后者反而超越在前的特点的，因此我们便称它为超前夸张辞。

一　普通夸张辞

（一）明日一早定要回家去了。虽然住了两三天，日子却不多，把古往今来，没见过的，没吃过的，没听过的，都经验了。（《红楼梦》第四十二回）

（二）严监生正在大厅陪着客吃酒，奶妈慌忙走了出来说道，"奶奶断了气了！"严监生哭着走了进去，只见赵氏扶着床沿，一头撞去，已经哭死了。众人且扶着赵氏灌开水，撬开牙齿，灌了下去。灌醒了时，披头散发，满地打滚，哭得天昏地暗，连严监生也无可奈何。（《儒林外史》第五回）

（三）锦江春色来天地，玉垒浮云变古今。（杜甫《登楼》诗）

（四）吴楚东南坼，乾坤日夜浮。（杜甫《登岳阳楼》诗；坼，读如策，裂也。）

（五）白发三千丈，缘愁似个长。（李白《秋浦歌》）

（六）一风三日吹倒山，白浪高于瓦官阁。（李白《横江》词六首之一；瓦官阁在瓦官寺，古碑云：昔有僧……以瓦棺葬于此……寺中有阁，高三十五丈。）

（七）谁谓河广？曾不容舠。（《诗·卫风·河广》篇；舠音刀，小船形似刀者。）

（八）千禄百福，子孙千亿。（《诗·大雅·假乐》篇）

（九）汤汤洪水方割，荡荡怀山襄陵，浩浩滔天。（《书·尧典》篇；汤音伤，汤汤流貌；怀，包也；襄，上也。）

（十）前徒倒戈攻于后以北，血流漂杵。（《书·武城》篇）

就上举几个例看来，如例一、例五、例七、例八、例九之类，我们或者可以说它是数量上的夸张，如例二、例三、例四之类，我们或者可以说它是性状上的夸张——总之用处并不限于什么一面。

二　超前夸张辞

（十一）雨村、士隐二人归坐，先是款酌慢饮，渐次谈至兴浓，不觉飞觥献斝起来。当时街坊上家家箫管，户户笙歌，当头一轮明月，飞彩凝晖，二人愈添豪兴，酒到杯干。(《红楼梦》第一回)

（十二）吃过了茶，摆两张桌子杯箸……随即每桌摆上八九碗……叫一声"请"，一齐举箸，却如风卷残云一般，早去了一半。(《儒林外史》第二回)

（十三）宝玉道："这条路是往哪里去的？"焙茗道："这是出北门的大道。出去了，冷清清没有可顽的。"宝玉听说，点头道："正要冷清清的地方好。"说着，越发加上两鞭，那马早已转了两个弯子，出了城门。(《红楼梦》第四十三回)

（十四）愁肠已断无由醉；酒未到，先成泪。(范仲淹《御街行》词)

（十五）请字儿未曾出声，去字儿连忙答应，早飞去莺莺跟前，姐姐呼之，诺诺连声。(《西厢记·请宴》)

（十六）武王克殷反商，未及下车而封黄帝之后于蓟，封帝尧之后于祝，封帝舜之后于陈。(《礼记·乐记》篇；"反"当为"及"之误。)

就上举几个例看来，凡是后起的现象，在这类夸张辞里都有一个超前的倾向，轻则如例十一，将后起的现象"杯干"说成同先呈的现象"酒到"同时，重则如例十二以下诸例，将后起的现象说成在先呈的现象之前，所以我们把它叫做超前夸张。超前夸张，专用在记载连起的两件事情，我们要刻意形容它"说时迟，那时快"的时候。

古来论夸张辞最周到的，据我所知，要算汪中为第一。他说：

《礼记·杂记》："晏平仲祀其先人，豚肩不掩豆。"豚实于俎，不实于豆。豆径尺，并豚两肩，无容不掩。此言乎其俭也。《乐记》：武王克商，未及下车，而封黄帝、尧、舜之后。大封必于庙，因祭策命，不可于车上行之。此言乎以是为先务也。《诗》："嵩高维岳，峻极于天。"此言乎其高也。此辞之形容者也。……辞不过其意则不凒，是以有形容焉。(《述学·释三九》中；他的所谓形容就是我们所谓夸张。)

短短的一段文字，居然把两种的夸张辞都论到了。

附记——

历来讲夸张辞的常列有许多限制，其中最可取的有两条：(一)主观方面须出于情意之自然的流露;如《古文苑》里名为宋玉作的《大言赋》《小言赋》,完全出于造作,可说毫无意义。(二)客观方面须不致误为事实,如"白发三千丈",决不致误认为事实,倘不说"三千丈"而说"三尺",那便容易使人误认为事实。如果被误认为事实,那便不是修辞上的夸张,只是事实上的浮夸。

六 倒 反

说者口头的意思和心里的意思完全相反的,名叫倒反辞。倒反辞可以分作两类:或因情深难言,或因嫌忌怕说,便将正意用了倒头的语言来表现,但又别无嘲弄讽刺等等意思包含在内的,是第一类,我们可以称为倒辞。例如:

(一)你借与我半间儿客舍僧房,与我那可憎才居止处门儿相向。("可憎"是爱极的倒辞)(《西厢记·借厢》)

(二)一席话说的倪继祖一言不发,惟有低头哭泣。李氏心下为难,猛然想起一计来,须如此如此,这冤家方能回去。想罢说道:"孩儿不要啼哭。我有三件,你要依从,诸事办妥,为娘的必随你去如何?"倪继祖连忙问道:"哪三件?请母亲说明。"(这"冤家"就是指孩儿)(《三侠五义》第七十二回)

第二类是不止语意相反,而且含有嘲弄讥刺等意思的,我们称为反语。例如:

(三)日前掐死了一个丫鬟,尚未结案,今日又杀了一个家人。所有这些喜庆事情,全出在尊府。(《三侠五义》第三十七回)

(四)孙定为人最鲠直……只要周全人……转转宛宛,在府上说知就里,禀道:"此事果是屈了林冲,只可周全他。"府尹道:"他做下这般罪,高太尉批仰定罪,定要问他'手执利刃,故入节堂,杀害本官',怎周全得他?"孙定道:"这南衙开封府不是朝廷的,是高太尉家的!"(《水浒》第七回)

(五)楚庄王之时,有所爱马,衣以文绣,置之华屋之下,席以露床,啖以枣脯。马病肥死。使群臣丧之,欲以棺椁大夫礼葬之。左右争之,以为不可。王下令曰:"有敢以马谏者,罪至死!"优孟闻之,入殿门,仰天大哭。王惊而问其故。优孟曰:"马者,王之所爱也。以楚国堂堂之大,何求不得?而以大夫礼葬之? 薄!请以人君礼葬之!"(《史记·滑稽列传》)

(六)庄宗好畋猎,猎于中牟,践民田。中牟县令,当马切谏为民请。庄宗怒,叱县令去,将杀之。伶人敬新磨知其不可。乃率诸伶走追县令,擒至马前,责之曰:"汝为县令,独不知我天子好猎耶?奈何纵民稼穑以供税赋,何不饥汝县民而空此地,以备吾天子之驰骋?汝罪当死!"因前请亟行刑。诸伶共唱和之。庄宗大笑。县令乃得免去。(《五代史·伶官传》)

(七)萧俛段文昌议销兵之法,每岁百人之中,限八人逃死。——笠翁曰:古来销兵之法,未有善于萧俛段文昌之议者也。古人纵马华山,放牛桃林,卖剑买牛,卖刀买犊,法虽善矣,而于销兵二字终无实际。何也?以有纵之放之卖之之人,即有收之获之买之之人,一旦有事,则取之如寄。是但有销兵之名,而未有销兵之实也。不若萧段所立之法,限以逃死。逃则去而不返,死则绝而弗生;是以破釜焚舟之计,而倒用之者也。以此销兵,始为刈草除根之法。但须再立二法以佐之。一曰,兵士有病不许服药。二曰,盗贼有警不得捕剿。如是,则兵有所归而逃者众,病无所救而死者繁矣。不然,死生有数,焉能限以必死;归栖无地,焉能责其必逃乎?(李渔《论唐之再失河朔不能复取》)

反语是倒反辞的根干,在文章和说话中都比较地用得多而且容易用得有味。

反语有时利用成语来反用,如袁褧《枫窗小牍》(卷上)载"宣和中有反语云:寇莱公——知人则哲;王子明——将顺其美;包孝肃——饮人以和;王介甫——不言所利",便是例。

七 婉 转

说话时遇有伤感惹厌的地方,就不直白本意,只用委曲含蓄的话来烘托暗示的,名叫婉转辞。构成这个辞格,约有两种主要方法。第一是不说本事,单将余事来烘托本事。例如:

(一)新来瘦,非关病酒,不是悲秋。(李清照《凤凰台上忆吹箫》词)

要说的明是相思的苦,却不直说。又如:

(二)江上荒城猿鸟悲,隔江便是屈原祠。一千五百年间事,只有滩声似旧时。(陆游《楚城》诗)

要说的也明明是那些不似旧时的景物,却也不明说,便是两个适例。司马光《迂叟诗话》说,"古人为诗,贵于意在言外,使人思而得之。近世诗人,惟杜子美最得诗人之体。如《春望》:'国破山河在,城春草木深。感时花溅泪,恨别鸟惊心。''山河在',明无余物矣。'草木深',明无人矣。花鸟,平时可娱之物;见之而泣,闻之而恐,则时可知矣。他皆类此,不可遍举。"那便是论这一类的婉转辞。

第二类是说到本事的时候,只用隐约闪烁的话来示意。例如:

(三)三月,宋华耦来盟。公与之宴。辞曰:"君之先臣督,得罪于宋殇公,名在诸侯之策。臣承其祀,其敢辱君?请承命于亚旅。"鲁人以为敏。(《左传·文公十五年》)

宋华督弒殇公,在桓公二年,这里只说"得罪"。又华耦"无故扬其先祖之罪",是不敏,而文中只说"鲁(钝的)人以为敏"。都是只用隐约闪烁的话透露本意的婉转辞。又如:

(四)孟武伯问:"子路仁乎?"子曰:"不知也。"

也只用闪烁的话表示子路未见得仁。又如:

(五)其后人有上书告勃欲反,下廷尉,逮捕勃治之。勃恐,不知置辞,吏稍侵辱之。勃以千金与狱吏,狱吏乃书牍背示之曰:以公主为证。……勃既出,曰:"吾尝将百万军,然安知狱吏之贵乎?"(《史记·绛侯周勃世家》)

也只用隐约的话显示狱吏的作威作福。汪中《述学释三九》中篇说《春秋传·闵公二年》'卫懿公好鹤,鹤有乘轩者'。鹤无乐乎轩,好鹤者不求其行远;谓以卿之秩宠之,以卿之禄食之也,故曰'鹤实有禄位'。然不云视卿,而云乘轩,此辞之曲也。……周人尚文,君子之于言不径而致也,是以有曲焉。"那便是说这类婉转辞的用法。

此外还有一类上下其辞、游移其辞来示意的方法,如要说"坏的",只说"不是顶好的",要说"该去的"只说"最好还是去"之类也是这一类的措辞法。但这类措辞法现在文字上还是不常见,现在姑且不举例。

八　避　讳

说话时遇有犯忌触讳的事物,便不直说该事该物,却用旁的话来回避掩盖或者装饰美化的,叫做避讳辞格。

避讳辞有公用的,有独用的。明陆容《菽园杂记》(一)说:"民间俗讳,各处有之,而吴中为甚。如舟行讳住讳翻,以箸为快儿,幡布为抹布;讳离散,以梨为圆果,伞为竖笠;讳狼藉,以榔槌为兴哥;讳恼躁,以谢灶为谢欢喜。"所谓俗讳,便是公用的避讳辞。公用的避讳也不免随时随地有些不同。如俞樾《茶香室续钞》(七)说:"快儿抹布之称,至今犹然,余则无闻矣",便是随时不同的例。如北京人讳言鸡卵,把鸡卵化成了松花、流黄等等各式不同的名目,而福建人却讳言茄,把茄说成了紫菜(见林纾《畏庐琐记》),便又是随地不同的例。

独用的避讳,大概没有一定,尽随主旨情境而变。如《春秋·僖公二十八年》:

天王狩于河阳。

《左传》云:"仲尼曰:以臣召君,不可以训。故书曰:狩。"这是为维持所谓大义而讳的。如《晋书·王衍传》:

衍口未尝言钱。妇令婢以钱绕床下。衍晨起,不得出。呼婢曰:"举却阿堵物!"

"阿堵"犹言"这个",这里用做避讳语。这是为贯彻主张而讳的。如《战国策·赵策》四:

赵太后新用事,秦急攻之,赵氏求救于齐。齐曰,"必以长安君为质,兵乃出。"太后不肯。大臣强谏。太后明谓左右:"有复言令长安君为质者,老妇必唾其面!"左师触詟愿见太后。太后盛气而揖之。入而徐趋,至而自谢……太后之色少解。左师公曰,"老臣贱息舒祺,最少,不肖,而臣衰,窃爱怜之;愿令得补黑衣之数,以卫王宫。没死以闻。"太后曰,"敬诺。年几何矣?"对曰,"十五岁矣。虽少,愿及未填沟壑而托之。"太后曰,"丈夫亦爱怜其少子乎?"对曰,"甚于妇人。"太后笑曰,"妇人异甚?"对曰,"老臣窃以为媪之爱燕后,贤于长安君。"曰,"君过矣,不若长安君之甚。"左师公曰,"父母之爱子,则为之计深远。媪之送燕后也,持其踵,为之泣,含悲其远也。亦哀之矣。已行,非弗思也。祭祀必祝之。祝曰:必勿使反。岂非计久长有子孙相继为王也哉?"太后曰,"然。"左师公曰,"今三世以前,至于赵之为赵,赵主之子孙侯者,其继有在者乎?"曰,"无有。"曰,"微独赵,诸侯有在者乎?"曰,"老妇不闻也。""此其近者祸及身,远者及其子孙。岂人主之子孙,则必不善哉?位尊而无功,奉厚而无劳,而挟重器多也。今媪尊长安君之位,而封之以膏腴之地,多予之重器,而不及今令有功于国;一旦山陵崩,长安君何以自托于赵?老臣以媪为长安君计短也,故以为其爱不若燕后。"太后曰,"诺,恣君之所使之。"

一样的讳言死,却把自己的死说做"填沟壑",太后的死说做"山陵崩",便又是为应付情境,顾念对方的情感而讳的。避讳的作用大都就在顾念对话者乃至关涉者的情感,竭力避免犯忌触讳的话头,省得别人听了不快。贾谊《论时政疏》有云:"古者,大臣有坐不廉而废者,不谓不廉,曰簠簋不饰;坐汙秽淫乱,男女无别者,不曰汙秽,曰帷薄不修;坐罢软不胜任者,不曰罢软,曰下官不职。故贵大臣定有其罪矣,犹未斥然正以呼之也,尚迁就而为之讳也。"所谓迁就便是这一种辞法的纲要。

口头语上的避讳多半是用浑漠的词语代替原有的词语,同前面所引"阿堵"的用法相仿。现在举几个例于下:

(一)凤姐儿低了半日头,说道:"这个就没有法儿了。你也该将一应的后事给他料理料理,冲一冲也好。"尤氏道:"我也暗暗地叫人预备了。——就是那件东西,不得好木头,且慢慢地办着罢。"(《红楼梦》第十一回)

所谓"那件东西"便是棺材,却不明说棺材。

(二)王胡子私向鲍廷玺道:"你的话,也该发动了。我在这里算着,那话已有个完的意思;若再遇个人来求些去,你就没账了。你今晚开口。"(《儒林外史》第三十二回)

所谓"那话"便是钱,却不明说钱。

（三）王仁笑道:"你令兄平日常说同汤公相与的,怎的这一点事就吓走了。"严致和道:"这话也说不尽了。只是家兄而今两脚站开,差人却在我这里吵闹要人,我怎能丢了家里的事,出去寻他？——也不肯回来。"（《儒林外史》第五回）

"两脚站开"便是说逃走,却不明说逃走,这些都是特用浑漠的话来暗示本意。

附记——

避讳也有人称为"曲语"。章士钊译师辟伯《情为语变之原论》有一段论曲语,颇有几句可供参考,今节录于下:"曲语者,语之刻划本事,不甚明亮,而闻之亦辄了了,两情共喻者也。如受胎,人谓与性欲有连,未便揭言。而举国不讲生子,在势胡可？遂乃回环其辞,曰那件事,曰不能动矣。夫婉言比于直言,究胜几许,殆不能无疑。以人之引以为嫌者,非字也,而字中之义蕴也。今曰不能动矣,措辞不同,指事犹是,他方闻而不怪,将一与径说受胎无异。虽然,人终采暗语而避明言。……世尽有人,闻受胎而怒,谓是狎媟；闻那件事而喜,以为雅驯。考其心境,则见人抵面敷辞,不敢斥言某物,而必委婉曲折以赴,乐其尊己,遂不可支也。同时言者利以自解,谓吾言诚指若个,而势迫于此,大非得已,唐突之咎,所不敢辞。……则曲语之设,正为彼此互谅容头过身之地者矣。间尝闻人陈说,一至艰于发口之字,辄生小阻,或以极低之音,囫囵而过。此亦借以自表,谓若而字者,于礼未当,吾非不晓。用心与曲语正同。"（五十三至五十五页）

九 设 问

胸中早有定见,话中故意设问的,名叫设问。这种设问,共分两类:（一）是为提醒下文而问的,我们称为提问,这种设问必定有答案在它的下文；（二）是为激发本意而问的,我们称为激问,这种设问必定有答案在它的反面。

一 提问:

（一）我且问你:这七人端的是谁？不是别人,原来正是晁盖、吴用、公孙胜、刘唐、三阮（阮小二、阮小五、阮小七）这七个。（《水浒》第十五回）

（二）生命的路是进步的，总是沿着无限的精神三角形的斜面向上走，什么都阻止他不得。

自然赋予人们的不调和还很多，人们自己萎缩堕落退步的也还很多，然而生命决不因此回头。无论什么黑暗来防范思潮，什么悲惨来袭击社会，什么罪恶来亵渎人道，人类渴仰完全的潜力，总是踏着这些铁蒺藜向前进。

生命不怕死，在死的面前，笑着跳着，从死里向前进。

许多人们灭亡了，生命仍然跳着笑着，跨过了灭亡的人们向前进。

什么是路？就是从没路的地方践踏出来的，从只有荆棘的地方开辟出来的。（鲁迅《生命的路》）

（三）元年者何？君之始年也。春者何？岁之始也。王者孰谓？谓文王也。曷为先言王而后言正月？王正月也。何言乎王正月？大一统也。公何以不言即位？成公意也。何成乎公之意？公将平国而反之桓。曷为反之桓？桓幼而贵，隐长而卑，其为尊卑也微，国人莫知；隐长又贤，诸大夫扳隐而立之。隐于是焉而辞立，则未知桓之将必得立也。且如桓立，则恐诸大夫之不能相幼君也。故凡隐之立，为桓立也。隐长又贤，何以不宜立？立适以长不以贤，立子以贵不以长。桓何以贵？母贵也。母贵则子何以贵？子以母贵，母以子贵。（《春秋》隐公元年春王正月《公羊传》）

（四）恶乎危？于忿懥。恶乎失道？于嗜欲。恶乎相忘？于富贵。（《杖铭》见《大戴礼记》卷六《武王践阼》篇）

（五）客从远方来，遗我双鲤鱼。呼童烹鲤鱼，中有尺素书。长跪读素书，书中竟何如？上有加餐食，下有长相忆。（无名氏《饮马长城窟行》）

（六）步出齐城门，遥望荡阴里。里中有三坟，累累正相似。问是谁家墓？田疆古冶子。力能排南山，文能绝地纪。一朝被谗言，二桃杀三士。谁能为此谋？国相齐晏子。（诸葛亮《梁甫吟》）

二　激问：

（七）现在你们这些理想家，又在那里嚷什么女子剪发了，又要造出许多毫无所得而痛苦的人！

现在不是已经有剪掉头发的女人，因此考不进学校去，或者被学校除了名么？（鲁迅《呐喊·头发的故事》）

（八）百川东到海，何时复西归？少壮不努力，老大徒伤悲。（古乐府《长歌行》）

（九）登彼西山兮，采其薇矣！以暴易暴兮，不知其非矣！神农虞夏忽焉没兮，我安适归矣？吁嗟徂兮，命之衰矣！（伯夷叔齐《采薇歌》；《史记·伯夷传》注：西山即首阳山。）

（十）谁能思不歌？谁能饥不食？日冥当户倚，惆怅底不忆！（《子夜歌》四十二首之二十三）

修辞学上通常只承认这第二类激问为正式的设问。这类的设问，常以否定的形式表示肯定的意思，肯定的形式表示否定的意思。在所有的辞格中也是一种奇特的辞法，除了知切情急的特殊情形之外，总是不用它。

十　感　叹

深沉的思想或猛烈的感情，用一种呼声或类乎呼声的词句表出的，便是感叹辞。感叹辞约有三类形式：（一）添加"呵""呀""呜呼""噫嘻""哉""夫"等感叹词于直陈句的前后；（二）寓感叹的意思于设问的句式；（三）寓感叹的意思于倒装的句法。内中（二）（三）两类，各与设问倒装等格有关系，最纯粹的，只有（一）这一类。我们因此可说（一）这一类是感叹辞中最主要的形式。

（一）噫吁戏，危乎高哉！
蜀道之难，难于上青天！（李白《蜀道难》）
（二）陟彼北芒兮，噫！
顾瞻帝京兮，噫！
宫阙崔巍兮，噫！
民之劬劳兮，噫！
辽辽未央兮，噫！（梁鸿《五噫歌》）

以上是第一类的例。

（三）砖儿何厚，瓦儿何薄！（《水浒》第六十一回）
（四）一夜春雨，

绿了多少田畴；

一夜秋霜，

黄了多少林壑；

如此神奇！

怎不叫画师们惭愧！（刘大白《旧梦旧梦》七十六）

以上是第二类的例。

（五）郑成公疾，子驷请息肩于晋，公曰，"楚君以郑故，亲集矢于其目。非异人任，寡人也。若背之，是弃力与言，其谁昵我？免寡人，唯二三子！"（《左传·襄公二年》）

（六）不做周方，埋怨煞你个法聪和尚！（《西厢记·借厢》）

以上是第三类的例。就上头所举的三类例看来，就可知道第一类是最纯粹最普通的感叹辞。此类感叹辞，在文学未被革命以前，往往被人利用作为文字技窍的救济方法，使阅读者感到无病呻吟的不快。所以那时马建忠在论文法的书上也不禁发起长吁短叹的议论来说道："今之为文者遇有结束、提开、过脉处，无可转者，辄用叹字，别开议论，故一篇之中往往不一用者，而气亦因以少弱焉。噫！"（见《马氏文通》卷九）我们曾见宋人李耆卿在所著的《文章精义》中说"欧阳永叔《五代史》，赞首必有呜呼二字，固是世变可叹，亦是此老文字遇感叹处便精神！"大约马建忠氏也和我们一样地想不通，为什么叹词可以任意用作起承转结之用，为什么起首必有呜呼二字便算是文字有精神！

第七篇　积极修辞三

丙类　词语上的辞格

一　析　字

字有形、音、义三方面；把所用的字析为形、音、义三方面，看别的字有一面同它相合相连，随即借来代替或即推衍上去的，名叫析字辞。顾炎武《日知录》卷二十七说：

> 太白诗有《古朗月行》，又云"今人不见古时月"（《把酒问月》）。王伯厚引《抱朴子》曰，"俗士多云，今日不及古日之热，今月不及古月之朗"（《困学纪闻》卷十八；《抱朴子·外篇》卷三《尚博》篇），是则然矣。而又云"狂风吹古月，窃弄章华台"（《司马将军歌》），又曰"海动山倾古月摧"（《永王东巡歌》）。所谓"古月"则明是"胡"字，不得曲为之解也。……或曰：析字之体，只当著之谶文，岂可以入诗乎？"槀砧今何在？山上复有山……"古诗固有之矣。

按：炎武引来证明诗中也用析字辞的这首古诗"槀砧今何在？山上复有山。何当大刀头？破镜飞上天。"粗看颇不易解，须有解释。宋王观国在《学林新编》卷八解释说："槀砧者，铁也；槀砧今何在者，问夫何在也。山上复有山者，出也；言夫已出也。大刀头者，镮也；何当大刀头者，何日当还也。破镜者，月半也；破镜飞上天者，言月半当还也。"据此，则"槀砧"两字共有两重曲折：（一）先衍义为"铁"；（二）再依"铁"谐音作"夫"。"山上复有山"是"出"字的化形。"大刀头"也有两重曲折：（一）先衍义作"镮"；（二）又从"镮"谐音作"还"。"破镜"是月半的衍义。又所引太白诗的后二例，如依炎武解释，"古月"两字也是"胡"字的化形。

总数所有析字修辞的基本方法,共有三类:(一)化形;(二)谐音;(三)衍义。其余都是这三类基本方法(或参用他种辞格)复合所成的现象。今分别说明于下:

1. 化形析字

变化字形的析字约可分作三式:(甲)是离合字形的,可以称为离合;(乙)是增损字形的,可以称为增损;(丙)是单单假借字形的,可以称为借形。三式之中,以离合一式为最常见。

(甲)离合

(一)冯玉祥常说,"我去画我的丘八画,去作我的丘八诗。"(薛笃弼来信)

(二)张俊民道,"胡子老官,这事凭你作法便了。做成了,少不得言身寸。"王胡子道,"我那个要你谢……"(《儒林外史》三十二回)

这种离合字形的措辞,都是把一个字的字形拆开来用,如"兵"字拆开是"丘""八"两个字,所以就借"丘""八"两个字来代一个"兵"字,"谢"字拆开是"言身寸"三个字,所以就借"言身寸"三个字来代一个"谢"字。

旧体诗中的离合体诗,有的也用这一式。如出名古怪的孔融《郡姓名字诗》,依宋叶梦得的解说,便是"鲁国孔融文举"这六个字的离合:

(三) 渔父屈节,水潜匿方。——离鱼字 ⎫
　　　与时进止,出寺弛张。——离日字 ⎬ 合为"鲁"字。
　　　吕公矶钓,阖口渭旁。——离口字 ⎫
　　　九域有圣,无土不王。——离或字 ⎬ 合为"國"字。
　　　好是正直,女固子臧。——离子字 ⎫
　　　海外有截,隼逝鹰扬。——离乚字 ⎬ 合为"孔"字。
　　　六翮将奋,羽仪未彰。——离禺字 ⎫
　　　龙蛇之蛰,俾它可忘。——离虫字 ⎬ 合为"融"字。
　　　玫璇隐曜,美玉韬光。——离"文"字。
　　　无名无誉,放言深藏。——离舆字 ⎫
　　　按辔安行,谁谓路长。——离才字 ⎬ 合为"擧"字。

(参用《石林诗话》卷中,及《陔余丛考》卷二十二所引)

还有酒令、童谣之类,有时也用这一式。酒令如:

(四)〔令〕钼麂触槐,死作木边之鬼。
〔答〕豫让吞炭,终为山下之灰。

(唐人酒令之一;见《渔隐丛话》前集卷二十一所引)

童谣如:

(五)千里草,何青青;十日卜,不得生。

(《后汉书·五行志》;范晔按,"千里草为董,十日卜为卓。")

此外,如史书所载,称刘为卯金刀(见《后汉书·光武纪》注),称许为言午(见《三国志·魏文帝纪》注)称王为一士,称张为弓长(见《宋书·王景文传》),称裴为非衣(见《唐书·裴度传》)等,也是用这一式。

(乙) 增损

(六)徐之才聪辩强识,有兼人之敏。尤好剧谈谑语,公私言聚,多相嘲戏。嘲王昕姓云,"有言则证,近犬便狂。加颈足而为马,施角尾而为羊。"卢元明因戏之才云,"卿姓是未入人,名是字之误。"即答云,"卿姓在亡为虐,在丘为虚。生男则为虏,养马则为驴。"(《北齐书·徐之才传》)

(七)紫芝道,"都已饮了,说笑话罢。设或是个老的,罚你一杯。"玉儿道,"就从我的姓上说罢。有一家姓王,兄弟八个,求人替起名字,并求替起绰号。所起名字,还要形象不离本姓。一日,有人替他起道:第一个,名唤王主,绰号叫做硬出头的王大。第二个,名唤王玉,绰号叫做偷酒壶的王二。第三个,就叫王三,绰号叫做没良心的王三。第四个,名叫王丰,绰号叫做扛铁枪的王四。第五个,就叫王五,绰号叫做硬拐弯的王五。第六个,名唤王壬,绰号叫做歪脑袋的王六。第七个,名唤王毛,绰号叫做弯尾巴的王七。第八个,名唤王全,这个全字本归入部,并非人字,所以绰号叫做不成人的王八。"(《镜花缘》八十六回)

以上所举都是把一个字的字形略加增损来用,如王"主"、王"玉"、王"全",是增形,王"三"是损形。"在亡为虐,在丘为虚",是增损并用。

(丙) 借形

（八）苏城有南园、北园二处,菜花黄时,苦无酒家小饮;携盒而往,对花冷饮,殊无意味。或议就近觅饮者,或议看花归饮者,终不如对花热饮为快。众议未定。芸笑曰,"明日但各出杖头钱,我自担炉火来。"众笑曰,"诺。"众去,余问曰,"卿果自往乎?"芸曰,"非也。妾见市中卖馄饨者,其担锅灶无不备,盍雇之而往。妾先烹调端整,到彼处再一下锅,茶酒两便。"余曰,"酒菜固便矣,茶乏烹具。"芸曰,"携一砂罐去,以铁叉串罐柄,去其锅,悬于行灶中,加柴火煎茶,不亦便乎?"……明日看花者至,余告以故,众咸叹服。饭后同往,并带席垫,至南园,择柳阴下团坐。先烹茗,饮毕,然后暖酒烹肴。是日风和日丽,遍地黄金,青衫红袖,越阡度陌,蝶蜂乱飞,令人不饮自醉。既而酒肴俱熟,坐地大嚼。担者颇不俗,拉与同饮,游人见之莫不羡为奇想。杯盘狼藉,各已陶然,或坐或卧,或歌或啸。红日将颓,余思粥,担者即为买米煮之,果腹而归。芸问曰,"今日之游乐乎?"众曰,"非夫人之力不及此。"大笑而散。(《浮生六记·闲情记趣》)

以上所举例中,"今日之游乐乎"和"非夫人之力不及此"两句,都系引用成句,前者出苏轼《后赤壁赋》,后者出《左传》僖公三十年晋文公语。但晋文公所谓"夫人"系指秦穆公,"夫"音"扶","夫人"犹言"此人",此处却借作夫人太太的夫人,藉以应答芸夫人的引用问语。而其所以借用,全在此人夫人的"夫"字与太太夫人的"夫"字字形相同,所以它是一种借形应境法。以下两例,虽然略为不同,也属同类。

（九）陆通明世居洞庭。有吴某客于山,往来颇狎。一日,陆内人临蓐,吴讯曰,"曾弄璋未?"陆曰,"昨暮生一女,已溺之矣。"吴嘲其讳曰,"先生极明,此事欠通了。"陆讶之。吴曰,"岂不闻溺爱者不明耶?"(褚人获《坚瓠四集》三)

（十）有人将虞永兴手写《尚书》典钱。李尚书逊曰,"经书那可典?"其人曰,"前已是尧典舜典。"(朱揆《谐噱录》)

2. 谐音析字

谐合字音的析字,也可分作三式:(甲)是单纯谐音的,叫做借音;(乙)是利用反切上用做反切的两音的,叫做切脚;(丙)是利用反切上顺倒双重反切的,叫做双反。三式之中,也以借音一式为最普通。

(甲) 借音

(十一)季苇萧笑说道:"你们在这里讲盐呆子的故事?我近日听见说,扬州是六精。"辛东之道:"是五精罢了,哪里六精?"季苇萧道:"是六精的很!我说与你听:他轿里是坐的债精;抬轿的是牛精;跟轿的是屁精;看门的是谎精;家里藏着的是妖精:这是五精了。而今时派,这些盐商头上戴的是方巾,中间定是一个水晶结子;合起来是六精。"说罢,一齐笑了。(《儒林外史》第二十八回)

这就因为"精"和"晶"声音谐合,便把"晶"也算作"精",合着原有"五精",称作"六精"。

(十二)高祖从东垣还,过赵。贯高等乃壁人柏人(欲杀之)。上过欲宿,心动。问曰:县名为何?曰:柏人。——柏人者迫于人也。——不宿而去。

(十三)南京的风俗:但凡新媳妇进门,三天就要到厨下收拾一样菜,发个利市。这菜一定是鱼,取"富贵有余"的意思。(《儒林外史》第二十七回)

这是谐音析字之术数的应用的例子,与化形析字之术数的应用(即所谓"测字")一样,都是来源很古,现今社会上也还有些思想落后的人迷信它。

那旧诗中一种对偶的方式,诗话里称它为"借对"(严羽《沧浪诗话》)或"假对"(胡仔《渔隐丛话》所引)的,也是这一式。如下文所举的两个例便是:

(十四)厨人具鸡黍,稚子摘杨梅。(孟浩然《裴司士见访》;借杨作羊,同鸡对。)

(十五)谈笑有鸿儒,往来无白丁。(刘禹锡《陋室铭》;借鸿作红,同白对。)

下列一例是利用借音,又利用成语来说笑话的,关于借音部分也可归入这一式:

(十六)隋侯白,州举秀才,至京畿,辩捷时莫与之比。尝与仆射越国公杨素并马言话。路旁有槐树憔悴死,素乃曰,"侯秀才理道过人,能令此树活否?"曰,"能。"素云,"何计得活?"曰,"取槐树子于树枝上悬着,即当自活。"素云,"因何得活?"答曰,"可不闻《论语》云:子在,回何敢死?"素大笑。(《太平广记》二百四十八引《启颜录》)

(乙)切脚

用这方式的语言以前称为"切脚语"(见洪迈《容斋三笔》)或"切脚字"(见俞文豹《唾玉集》),过去曾经流行,现今也还有些遗存,如叫孔叫做窟窿便是。《容斋三笔》说:

世人语音,有以切脚而称者,亦间见之于书史中。如以蓬为勃笼,槃为勃阑,铎为突落,叵为不可,团为突栾,钲为丁宁,顶为滴顶,角为矻落,蒲为勃卢,精为即零,螳为突郎,诸为之乎,旁为步廊,茨为蒺藜,圈为屈挛,锢为骨露,窠为窟驼是也。

像下列两例便是运用这一种辞法:

(十七)伯棼射王,汰辀及鼓跗,着于丁宁。(《左传·宣公四年》。杜注:丁宁,钲也。)

(十八)正忧坐客寒无席,遗我新蒲入突栾。(王廷珪《宁公端惠蒲团》诗)

又下列一例也是这一类:

(十九)多九公道,"才女才说学士大夫论及反切尚且瞪目无语,何况我们不过略知皮毛,岂敢乱谈,贻笑大方。"紫衣女子听了,望着红衣女子轻轻笑道,"若以本题而论,岂非吴郡大老倚闾满盈吗?"红衣女子点头笑了一笑。唐敖听了,甚觉不解。(《镜花缘》第十七回)

所谓"吴郡大老倚闾满盈",便是"问道于盲"的切脚语。解见同书第十九回。

(丙) 双反

"以二字而切两音"的双反,以前也曾流行,据说现今广西省的郁林北流两县也还没有一个人不会说,没有一个人不能懂。双反就是顺倒双重反切的简称。如:

(二十)先是文惠太子立楼馆于钟山下,号曰东田。东田,反语为颠童也。武帝又于青溪立宫,号曰旧宫。反之穷厩也。至是郁林果以轻狷而至于穷。(《南史·郁林王纪》)

(二十一)或言后主名叔宝,反语为少福,亦败亡之征云。(《南史·陈后主纪》)

就因为"东田"顺反,东田为颠,倒反,田东为童,又"旧宫"顺反,旧宫为穷,倒反,宫旧为厩,又"叔宝"顺反,叔宝为少,倒反,宝叔为福,所以有这等话。(详见顾炎武《音学五书·音论》下)

3. 衍义析字

衍绎字义的析字也可分作三式:(甲)是换话达意的,叫做代换;(乙)是随语牵涉的,叫做牵附;(丙)是弯弯曲曲,演述得似乎有关连又似乎没有关连,必须细细推究才能明白的,叫做演化。

(甲) 代换

这常发现在引用的文中,是利用同义异词现象的一种措辞法。如《史记》引用《书经》,就常常用这一式。现在节引一段来做例:

(二十二)曰若稽古帝尧,……克明俊德,以亲九族,九族既睦,平章百姓,百姓昭明,协和万邦。……允厘百工,庶绩咸熙。帝曰:畴咨若时登庸?放齐曰:胤子朱启明。帝曰:吁,嚚讼,可乎?(《书经·尧典》)

帝尧者……能明驯德,以亲九族,九族既睦,便章百姓,百姓昭明,合和万国。……信饬百官,众功皆兴。尧曰:谁可顺此事?放齐曰:嗣子丹朱开明。尧曰:吁,顽凶,不用。(《史记·五帝本纪》)

这是用平易的词代换不平易的词。但有些学做涩体的文章家却用不平易的词来代换平易的词。那是一种怪现象。像下列两例，便是讥笑那种怪现象的：

（二十三）宋人宋子京……与欧阳文忠并修唐史，往往以僻字更易旧文，文忠病之，而不敢言，乃书"宵寐匪祯，札闼洪庥"八字以戏之。宋不知其戏己，因问此二语出何书，当作何解。欧言："此即公撰《唐书》法也。宵寐匪祯者，谓夜梦不祥也；札闼洪庥者，谓书门大吉也。"宋不觉大笑。（《涵芬楼文谈》五）

（二十四）虞子匡一日递一诗示余曰，"请商之，何如？"余三诵而不知何题。虞曰，"吾效时人换字之法，戏改岳武穆送张紫崖北伐诗也。"其诗曰："誓律飙雷速，神威震坎隅。遐征逾赵地，力战越秦墟。骥蹂匈奴顶，戈歼靺鞨躯。旋师谢彤阙，再造故皇都。"岳云："号令风霆迅，天声动北陬。长驱渡河洛，直捣向燕幽。马蹀阏氏血，旗枭克汗头。归来报明主，恢复旧神州。"不过逐字换之。遂抚掌相笑。（郎瑛《七修类藁》四十九）

（乙）牵附

（二十五）宝玉道，"等我回去，问了是谁，教训教训他就好了。"黛玉道，"你的那些姑娘们，也该教训教训，——只是论理，我不该说。今儿得罪了我的事小，倘或明儿宝姑娘来，什么贝姑娘来，也得罪了，事情岂不大了？"（《红楼梦》第二十八回）

宝姑娘是宝钗，贝姑娘并无此人，只因"宝""贝"两字意义相连，即便推衍上去，以嘲笑宝玉平日宝贵宝钗，把宝钗当做"宝贝"。

（二十六）只这句话，又把伊尊翁的史学招出来了，便向两个媳妇道："你两个须听我说：凡是决大计，议大事，不可不师古，不可过泥古。你两个切不可拘定了《左传》上的'禀命则不威，专命则不孝'的话。那晋太子申生，原是处在一个家庭多故的时候，所以他那班臣子才有这番议论，如今我家是个天理人情，何须顾虑及此？禀命是你们的礼，便专命也省我们的心。我合你们说句要言不烦的话，'阃以外将军制之'，你们还有什么为难的不成？"他姊妹两个，才笑着答应下来。舅太太听了半日，问着他姊妹道："这个话，你

们姊儿俩竟会明白了？难道这个《左传》《右传》的，也会转转清楚了么？"（《儿女英雄传》第三十三回）

这"右传"也不是世上真有的书，也不过因为"左""右"意义相连，上文曾说《左传》，就此推演出来罢了。

（丙）演化

（二十七）开皇中，有人姓出名六斤欲参（杨）素，赍名纸至省门，遇（侯）白，请为题其姓，乃书曰"六斤半。"名既入，素召其人，问曰，"卿姓六斤半？"答曰，"是出六斤。"曰，"何为六斤半？"曰，"向请侯秀才题之，当是错矣。"即召白至，谓曰，"卿何为错题人姓名？"对云，"不错。"素曰，"若不错，何因姓出名六斤，请卿题之，乃言六斤半。"对曰，"白在省门，仓卒无处觅称，既闻道是出六斤，斟酌只应是六斤半。"素大笑之。（《太平广记》二百四十八引《启颜录》）

这种辞法以前称为"缪语"（见下文所引《左传》杜注）。缪语就是《文心雕龙·谐讔》篇说的"遁辞以隐意，谲譬以指事"的一种讔语。当初原是一种暗中通情的方法，必须说得对方懂，旁人不懂，才算完全达到了目的。如下列两例，便是如此的：

（二十八）楚子伐萧……申公巫臣曰，"师人多寒。"王巡三军，拊而勉之。三军之士，皆如挟纩。遂傅于萧。还无社与司马卯言，号申叔展。叔展曰，"有麦麴乎？"曰，"无。""有山鞠穷乎？"曰，"无。""河鱼腹疾，奈何？"曰，"目于眢井而拯之。"（《左传·宣公十二年》）

（二十九）吴申叔仪乞粮于公孙有山氏，曰，"佩玉繠兮，余无所系之。旨酒一盛兮，余与褐之父睨之。"对曰，"梁则无矣，粗则有之。若登首山以呼曰，'庚癸乎！'则诺。"（《左传·哀公十三年》）

还有《列女传》的《仁智传》与《辩通传》中也有例和这喻眢井以麦麴，隐谷水于庚癸的用法相像。

以上所举都是单纯的例。此外复杂的例：如俗称"假"为"西贝"，便是把

"假"字先依谐音例看作"贾"字,再依化形例分为"西贝"两字而成;又如俗称"岂有此理"为"岂有此外",便是先把"理"字依谐音例看作"里"字,随后又依倒反例(见前)把"里"字化成"外"字而成:这些都是析字格复合体的活例。《世说新语·捷悟》篇载:

> 魏武尝过曹娥碑下。杨修从背上见题作"黄绢幼妇外孙齑臼"八字。魏武谓修曰,"解不?"答曰,"解。"魏武曰,"卿未可言,待我思之。"行三十里,魏武乃曰,"吾已得。"令修别记所知。修曰,"黄绢,色丝也,于字为绝;幼妇,少女也,于字为妙;外孙,女子也,于字为好;齑臼,受辛也,于字为辞;所谓'绝妙好辞'也。"魏武亦记之,与修同。乃叹曰,"我才不及卿,乃觉三十里。"

本例并见《三国演义》第七十一回,知道的人很多,可以说是析字格复合体的活例。其构成方法,都是重用化形衍义两类基本方法:如"绝"先化形作"色丝",再衍义作"黄绢";"妙"先化形作"少女",再衍义作"幼妇"。余仿此。

附记——

析字是构成所谓廋辞的重要方法。廋辞一名,始见于《国语》;《晋语》(五)记范文子有一次退朝很晚,他的父亲范武子问他"何暮也?"他说,"有秦客廋辞于朝;大夫莫之能对也,吾知三焉。"他的父亲听了大怒,说,"大夫非不能也,让父兄也。尔童子而三掩人于朝,吾不在晋国,亡无日矣",竟把他大打了一顿。即此便是关于廋辞的最初记载。韦解:"廋,隐也;谓以隐伏谲诡之言问于朝也。"这条解释就是说:廋辞便是隐语,便是隐伏谲诡的话。但秦客当时的话,已不可考,我们无从确知它的内容。只从后世修辞情形倒推起来,我们大致可以推定它不外乎析字。这种廋辞,有时也称隐语。如《汉书·东方朔传》郭舍人说,"臣愿复问朔隐语,不知亦当榜。"又称廋语。如宋孙觌诗:"廋语尚传黄绢妇,多情好在紫髯翁。"现今许多人都把廋语隐语与所谓谜语混同。但是"谜也者,回互其辞,使昏迷也"(见《文心雕龙·谐讔》篇),重在斗知,而廋语隐语却重在斗趣或暗示,中间略有分别;我们或许可以说谜语是从廋语"化"出来的,但不能把廋语谜语混看作为一件东西。关于谜语,另有专书,这里不能涉及。

二 藏 词

要用的词已见于习熟的成语,便把本词藏了,单将成语的别一部分用在话中

来替代本词的,名叫藏词。例如成语中有:

(一) 兄弟见于　　　　友于兄弟。(《书经·君陈》篇)
(二) 孙字见于　　　　贻厥孙谋。(《诗经·文王有声》篇)
(三) 黎民见于　　　　周余黎民。(《诗经·云汉》篇)
(四) 日月见于　　　　日居月诸,胡迭而微。(《诗经·柏舟》篇)
(五) 祸福见于　　　　祸兮福所倚,福兮祸所伏。(《老子》第五十章)
(六) 三十见于　　　　三十而立。(《论语·为政》篇)

修辞的现象中就有:

(一)"友于"代"兄弟"——(例)一欣侍温颜,再喜见友于。(陶渊明《庚子岁从都还》诗)

(二)"贻厥"代"孙"——(例)溉孙蒉早聪慧。溉每和御诗,上辄手诏戏溉曰,"得无贻厥之力乎?"(《南史·到溉传》)

(三)"周余"代"黎民"——(例)惵惵周余,竟沉沦于涂炭。(《晋书》六十四论赞)

(四)"居诸"代"日月"——(例)岂不念旦夕,为尔惜居诸。(韩愈《符读书城南》诗)

(五)"倚伏"代"祸福"——(例)鬼神只瞰高明室,倚伏不干栖隐家。(徐夤《招隐诗》)

(六)"而立"代"三十"——(例)阿Q本来也是正人,我们虽然不知道他曾蒙什么明师指授过,但他对于"男女之大防"却历来非常严;也很有排斥异端——如小尼姑及假洋鬼子之类——的正气。……谁知道他将到而立之年,竟被小尼姑害得飘飘然了。(鲁迅《阿Q正传》)

这里"友于""贻厥""周余""居诸""倚伏""而立"便都可以称为藏词语。中间却也略有分别:如"友于""贻厥""周余"之类,本词都在后半截,话中藏了这个后半截的,可以称为"歇后藏词语",就是前人说的"歇后语";如"居诸""倚伏""而立"之类,本词在前半截,话中藏了这个前半截的,依照前例可以称为"抛前藏词语",以前有人称为"藏头语"。

以上两种藏词语虽然都曾有人用过,但一向是歇后占了极大的多数,到了最近,在口头的习惯上,更是歇后占了藏词的全部。现今习俗所用的藏词,无论是

单纯的如

  下马威——风
  牛头马——面

之类,或兼带谐音的如

  猪头三——牲(生)
  胡里胡——涂(赌)

之类,几乎没有不是属于歇后的。原因大概由于歇后把要用的词藏在后面,比较地容易想得出,又不必倒推,也比较地来得顺,所以经过多年的试用之后,便把那说出成语的后部来教人猜想前部的藏头语淘汰下去,没有人再在口头上运用了。

  现在中国各地都很有人爱用歇后语。通常都是把四五个字构成的成语来做歇后的凭借。如上海现在流行的"猪头三"一语便是利用四字的成语构成的。《沪苏方言记要》说:"此为称初至沪者之名词。'牲''生'谐音,言初来之人,到处不熟也。"这就是说"猪头三"这一语是"猪头三牲"的歇后语,不过因为"牲""生"谐音,利用析字的谐音法来转一个弯儿。但是有时也利用譬解语来做歇后语。譬解语也有单纯的,如

  围棋盘里下象棋——不对路数

之类,也有兼带谐音的,如

  猪八戒的脊梁——悟能之背(无能之辈)

之类,都是由譬和解两截构成,上截是譬,下截是解,我们读旧小说时常常可以看到。但在旧小说中看到的差不多都是譬解并列的,而在现在一般人口头上的譬解语却常有说譬省解,用譬代解的倾向。如只说"围棋盘里下象棋"来表达"不对路数",或只说"猪八戒的脊梁"来表达"无能之辈"之类。这却是一种新兴的歇后

语。这种新兴的歇后语和上头所说的那种原有的歇后语约有两点不同：（一）是这种歇后语用来歇后的成语，原来是两截的，歇却一截，形式上也还可以成句；（二）是这种歇后语藏掉的部分往往不止是一个词而是几个词。这就见得这种歇后语内容比较的繁复，形式也比较的自然。实际是前头一种歇后的发展现象。我们为便于跟前头一种分别起见，可以另称为新型歇后语。

新型歇后语所用的成语都是口头语，到现在还多只留在口头，未经搬上纸面，而原有的歇后语却早已在文言中出现。原有的歇后语起初用的成语，都是采自《诗经》《书经》等几部知识分子比较熟悉的古书，到后来方才见到利用一般人口头上的成语。又原有的歇后语的运用起初也有几乎看不出它的用意来的，也到后来才见得可以用得同情境极合拍。现在举一个例于下：

> 吴中黄生相掀唇，人呼为"小黄窍嘴"。读书某寺中，一日，寺僧进面，因热伤手忒地，黄作歇后语谑之曰：
> "光头滑一，
> 光头浪一，
> 光头练一，
> 光头勒一。"谓"面汤揆忒"也。僧亦应声戏曰：
> "七大八一，
> 七青八一，
> 七孔八一，
> 七张八一。"盖隐"小黄窍嘴"四字。黄亦绝倒。（清褚人获《坚瓠二集》一）

在口头语中用藏词，多是这样带有诙谐风味的。

三　飞　白

明知其错故意仿效的，名叫飞白。所谓白就是白字的"白"。白字本应如《后汉书·尹敏传》那样写做"别字"，但我们平常却都叫做白字。故意运用白字，便是飞白。

在文章或话言中飞白的用处大约有两类：一是记录的，二是援用的。

（一）记录的——这是人有吃涩、滑别的语言，就将吃涩、滑别的语言记录出来。如《尚书·顾命》篇：

> 奠丽陈教则肄肄不违,用克达殷集大命。

江声《尚书集注音疏》说,"肄,习也;重言之者,病甚气喘而语吃也。"《史记·高帝本纪》:

> 五年,诸侯及将相相与共尊汉王为皇帝。汉王三让,不得已,曰,"诸君必以为便便国家……"甲午,乃即皇帝位氾水之阳。

"便便"和"肄肄",都是直录吃涩语言的实例。再如王安石《户部郎中赠谏议大夫曾公墓志铭》中写"可畏"为"克畏":

> 始谏议大夫知苏州魏庠,侍御史知越州王柄,不善于政而喜怒纵入。庠介旧恩以进,柄喜持上。公到,劾之,以闻。上惊曰,"曾某乃敢治魏庠,克畏也!"克畏,可畏也,语转而然。

鲁迅《鸭的喜剧》中写"爱罗先珂"为"爱罗希珂":

> 蝌蚪成群的在水里面游泳,爱罗先珂君也常常踱来访他们。有时候,在旁的孩子告诉他说,"爱罗希珂先生,他们生了脚了。"他便高兴的微笑道,"哦!"

"克畏"和"爱罗希珂",也都是直录滑别语言的实例。至于《史记·张苍传》:

> (高)帝欲废太子,而立戚姬子如意为太子。周昌廷争之强。上问其说。昌为人吃,又盛怒,曰,"臣口不能言,然臣期期知其不可,陛下欲废太子,臣期期不奉诏!"

更是吃涩而兼滑别的一个著名的例。"期"就是"綦"的转音。意思等于现在我们说"极觉得不对"或"极不赞成"的"极"字。本来不必重复。但因周昌本来吃舌,当时又气极了,一时说滑了便说成了"期期"。而《史记》就把那说滑了的"期期"直录下来。于是"期期"便成为一个极著名的词头,到现在做文言文的人还常常有人引用它。像这一类的飞白,大抵只是记录当时说话的实际情形,此外不含别的作用。要不要直录,当然尽随作者自便。所以像"期期"一例,《汉书》虽然仍旧写作"期期",但像"诸君必以为便便国家……"一例,《汉书》便改作"诸侯王幸以为便于天下之民则可矣",不再沿用飞白的措辞法了。

(二) 援用的——这是人有吃涩、滑别的语言,就援用吃涩滑别的语言去取笑。如《聊斋志异》(三)《嘉平公子》篇记嘉平某公子不通文义:

一日,公子有谕仆帖,置案上,中多错谬。"椒"讹"菽","姜"讹"江","可恨"讹"可浪"。女见之,书其后云:
何事可浪,花菽生江;有婿如此,不如为娼。

又如《坚瓠集》(三)载:

有人送枇杷于沈石田,误写琵琶。石田答书曰:
承惠琵琶,开奁视之,听之无声,食之有味。乃知司马挥泪于江干,明妃写怨于塞上,皆为一啖之需耳。嗣后觅之,当于杨柳晓风、梧桐夜雨之际也。

又如《坚瓠七集》(四)载:

景泰中,有一荫生,作苏州监郡,不甚晓文义,一日呼翁仲为仲翁,或作倒字诗诮之曰:
翁仲将来作仲翁,也缘书读少夫工。马金堂玉如何入,只好苏州作判通。

都是此类。就是年来时常援用的"汗牛之充栋""意表之外"等辞也是这一类。

把大家熟悉的例来说,像《红楼梦》第二十回的这一段中:

宝玉黛玉二人正说着,只见湘云走来笑道:"爱哥哥,林姐姐,你们天天一处玩,我好容易来了也不理我一理儿!"黛玉笑道:"偏你咬舌子爱说话,连个二哥哥也叫不上来,只是爱哥哥,爱哥哥的。回来赶围棋儿,又该你闹么爱三了。"宝玉笑道:"你学惯了,明儿连你还咬起来呢。"……湘云笑道:"我只保佑着,明儿得一个咬舌儿林姐夫,时时刻刻,你可听爱呀厄的去!"

所有点出的"爱"字,除出最后一个爱字另有含义外,都就是"二"字的转音,不过中间也略为有分别:"爱哥哥"的"爱"是第一类的用法,"么爱三"的"爱"是第二类的用法。

四　镶　嵌

有时为要话说得舒缓些或者郑重些,故意用几个无关紧要的字来拖长紧要的字的,我们可以称为镶字。镶字以镶加虚字和数字为最常见。如《左传·昭公二十五年》,有鸜鹆来巢,师己引童谣说:

鸜之鹆之,公出辱之。

鸜鹆上镶上两个之字。《汉书·叙传》:

荣如辱如,有机有枢。

荣辱上镶上两个如字。又如《何典》卷四:

这个其容且易。

把容易两字镶上其且两字。《何典》卷九:

他们不过奉官差遣,打杀他也觉冤哉枉也。

把冤枉两字镶上哉也两字。郭沫若译的《战争与和平》一之二十七:

他相信波拿伯只是一位平者常也的法国人。

把平常两字镶上者也两字,都是镶加虚字的例。这样镶上的虚字虽然并无独特的意义,却有延音加力的作用,使被镶的各字声音延长,藉以引起读者听者充分的注意。所以它的效果,颇同重叠反复相像,有时可同重叠反复代换。像前面所引的童谣,结句便作"鹡鸰鹡鸰,往歌来哭",同前面所引的首句,遥遥相对。镶加数字的情形,也同镶加虚字约略相同。如把干净两字镶上一二两字,作一干二净:

  林之洋胡须早已烧得一干二净。(《镜花缘》第二十六回)

把不做不休四字镶上一二两字,作一不做二不休:

  索性给他一不做二不休罢。(《镜花缘》第三十五回)

也无非是延音加力的作用,而且有时可同重叠反复代换,像所谓一干二净便不妨改作干干净净。不过镶加的数字,数目在一二以上的,意义略乎有点不同。如:

瞎话	镶	三四	作	瞎三话四
对面	镶	三六	作	三对六面
平稳	镶	四八	作	四平八稳
接连	镶	二三	作	接二连三
乱糟	镶	七八	作	乱七八糟
低下	镶	三四	作	低三下四
零落	镶	七八	作	七零八落

等等,就都于"瞎话""对面"等等正义之外,还略乎含有"多"的副义,但这等副义实际含得不多,故如"瞎三话四"等话,就使瞎说的只是一二句话,也还是可以用,而所谓"接二连三",接连的即使有七八种事物,也还是可以用的。此外如镶"天地",把"欢喜"说成了"欢天喜地",镶"头脑",把"油滑"说成了"油头滑脑"等等,用法也大略相同。例证极多,我们可以不必列举。

  至于嵌字,是故意用几个特定的字来嵌入话中,比较不容易用得自然,所以用处也就异常地少。只在诗词歌曲小说中,偶然一见。如:

  江南可采莲,莲叶何田田!鱼戏莲叶间。
  鱼戏莲叶东,

>   鱼戏莲叶西,
>   鱼戏莲叶南,
>   鱼戏莲叶北。

见《乐府诗集》,嵌"东西南北"四字。又如:

>   芦花滩上有扁舟,
>   俊杰黄昏独自游;
>   义到尽头原是命,
>   反躬逃难必无忧。

见《水浒》六十回,嵌"卢俊义反"四字。

将两个并列或对待的双词,间错开来用的拼字法,看来可以算是介在镶嵌之间的一体,这却在各式的语文中用得极多。如说"详细情节",不说"详细情节",却说"详情细节",便是这一种方法的运用。实例如下:

> 两个丫头,川流不息地在家前屋后走,叫的太太一片声响。(《儒林外史》第二十七回)

> 此时与子空归来,男呻女吟四壁静。(杜甫《乾元中寓居同谷县作歌》七首之一)

> 山重水复疑无路,柳暗花明又一村。(陆游《游山西村》诗)

林纾著的《畏庐论文》中有"拼字法"一篇专论这一法。他说,"古文之拼字与填词之拼字,法同而字异。……词中之拼字法,盖用寻常经眼之字,一经拼集,便生异观。如花柳者常用字也,昏瞑二字亦然;一拼为柳昏花瞑则异矣。玉香者常用字也,娇怨二字亦然;一拼为玉娇香怨则异矣。烟雨者常用字也,颦恨二字亦然;一拼为恨烟颦雨则异矣。绮罗者常用字也,愁恨二字亦然;一拼为愁罗恨绮则异矣……"后来他又论到古文中拼字法说,"如《汉书·扬雄传》之勒崇垂鸿:崇,高也,鸿,大也,师古注为'勒崇名而垂鸿业也',勒垂崇鸿皆拼集也。又骋者奔欲:耆即嗜字,嗜欲人所常用,一拼以奔骋二字,立成异观……"最后他又辩解说,"诸如此类,不过就众人所习见者指出,见古人用心之处。不知者以仆为咬字嚼句,令人走入魔道,此等罪孽,仆所不任。盖古文原有此种拼字之法,即韩柳亦然。盖局势气脉者,文之大段也;缔章绘句原属小技,然亦不可不知:大处既已用心,此等末节亦不能不垂意及之。"(林纾《畏庐论文》五十九至六十页)

五 复 叠

复叠是把同一的字接二连三地用在一起的辞格。共有两种:一是隔离的,或紧相连接而意义不相等的,名叫复辞;一是紧相连接而意义也相等的,名叫叠字。

1. 复辞

(一)知之为知之,不知为不知,是知也。(《论语·为政》篇)

(二)老吾老以及人之老,幼吾幼以及人之幼。(《孟子·梁惠王》上)

(三)君君,臣臣,父父,子子。(《论语·颜渊》篇)

(四)故有生者,有生生者;有形者,有形形者;有声者,有声声者;有色者,有色色者;有味者,有味味者。(《列子·天瑞》篇)

这就是陈骙所谓"交错之体"。《文则》卷上丁节第二条说:

文有交错之体,若纠缠然,主在析理,理尽后已。《书》(《大禹谟》)曰,"念兹在兹,释兹在兹,名言兹在兹,允出兹在兹。"《庄子》(《齐物论》)曰,"有始也者,有未始有始也者,有未始有夫未始有始也者。"又曰,"以指喻指之非指,不若以非指喻指之非指也。"《荀子》(《富国》)曰,"不利而利之,不如利而后利之之利也;利而后利之,不如利而不利者之利也。"《国语》(《晋语》六)曰,"成人在始与善。始与善,善进善,不善蔑由至矣;始与不善,不善进不善,善亦蔑由至矣。"《穀梁》(《僖公二十二》)曰,"人之所以为人者言也;人而不能言,何以为人?言之所以为言者信也;言而不信,何以为言?信之所以为信者道也;信而不道,何以为信?"此类多矣,不可悉举。

所引各例,都颇精当,可同上面所举四例参看。

2. 叠字

(五)寻寻觅觅,冷冷清清,凄凄惨惨戚戚。乍暖还寒时候,最难将息。

(李清照《声声慢》词)

（六）侧着耳朵儿听,蹑着脚步儿行,悄悄冥冥潜潜等等,等我那齐齐整整,袅袅婷婷,姐姐莺莺。(《西厢记·酬韵》)

（七）晚霞飞,西窗外;

窗外家家种青菜。

天上红,地下绿;

夕阳落在黄茆屋。

屋顶的炊烟——

丝丝,袅袅,团团,片片——

直接上青天。(佚名氏《西窗晚望》)

（八）我则见黯黯惨惨天涯云布,万万点点潇湘夜雨。正值着窄窄狭狭沟沟堑堑路崎岖,黑黑黯黯彤云布,赤留赤律潇潇洒洒断断续续,出出律律忽忽鲁鲁阴云开处,霍霍闪闪电光星注。正值着飕飕摔摔风,淋淋渌渌雨。高高下下凹凹答答一水模糊,扑扑簌簌湿湿渌渌疏林人物,却便似一幅惨惨昏昏潇湘水墨图。(佚名氏《货郎旦》杂剧第三折)

这种叠字比那种复辞的长处约有三点：（一）音节比较自然和谐,不像复辞那样佶屈聱牙；（二）组织比较单纯清楚,不像复辞那样忽而有文法上的变化,如"老吾老"的两个"老"字,文法功能不同,忽而有意思上的变化,如"君君"的两个"君"字意义不等；（三）理解也比较容易,不像复辞那样"若纠缠然",纠缠不清。因而它的用处更加广,注意它的也更加多。但是古来的注意似乎多只偏于诗一方面。如顾炎武说：

诗用叠字最难。卫诗"河水洋洋,北流活活,施罛濊濊,鳣鲔发发,葭菼揭揭,庶姜孽孽",连用六叠字,可谓复而不厌,赜而不乱矣。古诗"青青河畔草,郁郁园中柳。盈盈楼上女,皎皎当窗牖。娥娥红粉妆,纤纤出素手",连用六叠字,亦极自然。下此即无人能继。屈原《九章·悲回风》"纷容容之无经兮,罔芒芒之无纪。轧洋洋之无从兮,驰逶移之焉止。漂翻翻其上下兮,翼遥遥其左右。氾滴滴其前后兮,伴张弛之信期",连用六叠字。宋玉《九辩》"乘精气之搏搏兮,鹜诸神之湛湛。骖白霓之习习兮,历群灵之丰丰。左朱雀之茇茇兮,右苍龙之躣躣。属雷师之阗阗兮,通飞廉之衙衙。前轻辌之

锵锵兮,后辎乘之从从。载云旗之委蛇兮,扈屯骑之容容",连用十一叠字。后人辞赋,亦罕及之者。(《日知录》二十一)

极口称赞古诗的连用叠字,甚至以为"下此即无人能继"。又如王筠把《诗经》叠字类集起来著了《毛诗重言》一书。原因无非因为诗中用叠字的现象比较集中,即所谓连用叠字的比较地多,所以比较受人注意。但修辞现象的较为集中是诗歌的一般情形。因为诗歌格外注意技术,每注意到一种技术,便把那种技术尽量地用,所以技术每每有集中的现象,并非单是叠字一种辞法如此。现在我们可以略举别种文辞的几个例于下。例如:

  这日,三人正在船后闲谈,多九公忽然嘱咐众水手道,"那边有块乌云渐渐上来,少刻即有风暴,必须将篷落下一半,绳索结束牢固,惟恐不能收口,只好顺着风头飘了。"唐敖听罢,朝外一看,只见日朗风清,毫无起风形象,惟见有块乌云微微上升,其长不及一丈。看罢,不觉笑道:"若说这样晴明好天,却有暴风,小弟倒不信了。难道这块小小乌云能藏许多风暴?那有此事!"林之洋道,"那明明是块风云,妹夫那里晓得!"言还未了,只听得四面呼呼乱响,顷刻间狂风大作,波浪滔天,那船顺风吹去,就是乌骓快马也赶他不上。越刮越大,真是翻江搅海,十分厉害。唐敖躲在船舱中,这才佩服多九公眼力不错。
  这个风暴再也不息,沿途虽有收口处,无奈风势甚狂,哪里由你做主。不但不能收口,并且船篷被风鼓住,随你用力,也难落下。一连刮了三日,这才略略小些,费尽气力,才泊到一个山脚下。……唐敖因风头略小,立在舵楼四处观望。只见船旁这座大岭,较之东口麟凤等山,甚觉宽阔。远远看去,清光满目,黛色参天。望了多时,早已垂涎,要去游玩。林之洋因受了风寒,不能同去,即同多九公上岸。喜得那风被山遮住,并不甚大,随即上了山坡。多九公道,"此处乃海外极南之地,我们若非风暴,何能至此!老夫幼年虽由此地路过,山中却未到过。惟闻人说,此地有个海岛,名叫小蓬莱,不知可是。我们且到前面,如有人烟,就好访问。"又走多时,迎面有一石碑,上镌"小蓬莱"三个大字。唐敖道,"果然九公所说不错。"绕过峭壁,穿过崇林,再四处一看,水秀山清,无穷美景。越朝前进,山景越佳,宛如登了仙界一般。
  二人游玩多时,唐敖道,"我们前在东口游玩,小弟以为天下之山无出其右,那知此山处处都是仙境。即如这些仙鹤麋鹿之类,任人抚摩,并不惊走,若非有些仙气,安能如此?到处松实柏子,啖之满口清香,都是仙人所服之物。如此美地,岂无真仙?原来这个风暴却为小弟而设。"多九公道:"此山景致虽佳,我们只顾前进,少刻天晚,山路崎岖,如何行走?今且回去,明日如风大,不能开船,仍好上来。林兄现在有病,我们更该早回才是。"唐敖正游的高兴,虽然转身,仍是恋恋不舍,四处观望。多九公道,"唐兄,要像这样,走到何时才能上船?设或黄昏,如何下得山去?"唐敖道,"不瞒九公说,小弟自从登了此山,不但名利之心都尽,只觉万事皆空。此时所以迟迟吾行者,竟有懒入红尘之意了。"多九公笑道,"老夫素日常听人说,读书人每每读到后来,入了魔境,要变成书呆子。尊驾读书虽未变成书呆子,今游来游去,竟要变成游呆子了。唐兄,快些走罢,不要斗趣了。"(《镜花缘》三十九回到四十回)

我们在这一小段描写蓬莱岛的文字里就可见到"渐渐""微微""小小""明明""呼呼""略略""远远""处处""恋恋""迟迟""每每"等许多叠字。又如:

我望这几家沿河的楼窗,都是紧紧地关着,窗上的明瓦零落了,有的糊着新闻纸,已是破碎,经了风只管望里吹,更看不见别的。但是我的想象力可以看见他们的屋内。那发出胡琴声音的一所屋里,有一个女孩子执着生疏而可怕的胡琴在那里练习。伊或者因为没有好好儿睡眠,困乏极了,或者因为手指寒冻,不能灵动自如,或者因为对于教者的威权恐惧而希望避免,使伊的琴声更为恶劣,几乎不成音调。咿咿埃埃的声音连续送到我的耳官里,我如听疲者的呵欠,冻者的抖颤,和弱者的心跳。而我心底的眼睛里更见伊朦朦欲睡的倦态,索瑟不堪的蜷缩,和惊惶无奈的神情——一幅难以描绘的图画。(叶圣陶《隔膜·寒晓的琴歌》)

我们在这一小段描绘歌女的图画里也可以见到"紧紧""好好""咿咿""埃埃""朦朦"等叠字。至于口头上用得更多,而且更奇。例如

随便——随随便便
许多——许许多多

几何——几几何何
　　不少——不不少少（杭州话）
　　写意——写写意意（上海话）
　　吃力——吃吃力力
　　客气——客客气气
　　高兴——高高兴兴
　　大方——大大方方
　　转弯——转转弯弯

简直举不了许多。而采用此类叠字的用意却同笔头上一色无二，大致不外：（一）借声音的繁复增进语感的繁复；或（二）借声音的和谐张大语调的和谐。

　　叠字未必就是副词、形容词，却是用做副词形容词的居多。所以《文心雕龙·物色篇》说：

　　诗人感物，联类不穷。流连万象之际，沉吟视听之区，写气图貌，既随物以宛转，属采附声，亦与心而徘徊。故"灼灼"状桃花之鲜，"依依"尽杨柳之貌，"杲杲"为出日之容，"瀌瀌"拟雨雪之状，"喈喈"逐黄鸟之声，"喓喓"学草虫之韵。……并以少总多，情貌无遗矣。虽复思经千载，将何易夺？

这在文言中只有独用，在口语中却还可以镶用。在口语中每每把一个叠字镶在一个单字副词或形容词之后，来构成一个繁复的副词或形容词。如"乱纷纷""冷清清""寒森森""羞答答"等是。这种叠字，一小部分是抽出本来相连的一个字来做重言，看去似乎还有意义，如"乱纷纷"的"纷纷"，"冷清清"的"清清"之类；一大部分是，单借对于声音的感觉来表现当时的气氛，乃是一种摹感的摹声辞，实际只取声音，不取意义。故"黑"有时说"黑蜮蜮"，有时说"黑魆魆"，也有时说"黑突突""黑漆漆"，而"喜"有时说"喜孜孜"，"苦"也有时说"苦孜孜"，"白"有时说"白澄澄"，"黄"也有时说"黄澄澄"。多是随感而用，并无一定（参看本书第五篇论摹状辞）。

　　再叠字有时这样做镶用，复辞也有时做嵌用。如：

居止次城邑,逍遥自闲止。坐止高荫下,步止荜门里。
好味止园葵,大欢止稚子。平生不止酒,止酒情无喜。
暮止不安寝,晨止不能起。日日欲止之,营卫止不理。
徒知止不乐,未信止利己。始觉止为善,今朝真止矣。
从此一止去,将止扶桑涘。清颜止宿容,奚止千万祀。

——陶潜《止酒》诗

就每句嵌有一个"止"字。但这种嵌复的运用也大不及镶叠的自然。虽然有人赏识它,说"渊明会心在止字,如人利有所嗜,言之津津不置口也",其实不过是渊明"暮止不安寝,晨止不能起"时候的一种小玩意而已。下列一个是镶叠与嵌复连用的例:

齐臻臻珠围翠绕,冷清清绿暗红疏。但合眼梦里寻春去:春光堪画,春景堪图;春心狂荡,春梦何如?消春愁不曾两叶眉舒,殢春娇一点心酥。感春情来来往往蜂媒,动春意哀哀怨怨杜宇,乱春心娇娇怯怯莺雏。春光怎如!绿窗犹唱留春住。怎肯把春负,长要春风醉后扶,春梦似华胥。(马致远《惜春曲》)

六 节 缩

节短语言文字,叫做节;缩合语言文字,叫做缩。节缩都是音形上的方便手段,于意义并没有什么增减。如将五月四日节短为五四,三十缩合为卅,五月三十日节缩为五卅,意义仍然是五月四日、三十、五月三十日,并没有什么增减。不过字音字形比较地短少,说起来写起来比较地简便些,听起来看起来也比较地简洁些罢了。虽然意义并无增减,却可避免繁冗拖沓,可把常说共喻的词语来省言简举,达到我们得省便处且省便的目的。但在古文中,却有利用它来凑就对偶音节或者形成错综的。今将比较常用的略举于后:

甲 缩合

(一) 不可有时缩合为叵。如《后汉书·吕布传》:

布目备曰,"大耳儿最叵信。"

《说文》说:叵,不可也。

(二) 何不有时缩合为盍。如《论语·公冶长》：

子曰，"盍各言尔志。"

《朱注》说：盍，何不也。
(三) 奈何有时缩合为那。如《左传·宣公二年》：

牛则有皮，犀兕尚多，弃甲则那？

顾炎武《日知录》(三十二)说：直言之曰那，长言之曰奈何，一也。
(四) 之于或之乎有时缩合为诸。如《论语·卫灵公》：

子张书诸绅。

马建忠《文通》说：之合于字，疾读之曰诸。《孟子·梁惠王》下：

汤放桀，武王伐纣，有诸？

王引之《经传释词》说：诸，之乎也；急言之曰诸，徐言之曰之乎。
(五) 不要有时缩合为别。如《红楼梦》第四十回：

黛玉道："我最不喜欢李义山的诗，只喜他这一句：留得残荷听雨声。偏你们又不留着残荷了。"宝玉道："果然好句！以后咱们别叫拔去了。"
(六) 勿曾有时缩合为朆。如《吴歌甲集》：

吃爷饭，着娘衣。朆吃哥哥箪里米，朆着嫂嫂嫁时衣！

此外，如不用缩成"甭"，勿要缩成"覅"，二十缩成"廿"，四十缩成"卌"，也颇常用。这类缩成字的声音，通常就是被缩字的合声。如"朆"音"粉"，"卅"音撒，"卌"音锡。除非声音转变了，才会读成不是被缩字的合声，如"廿"今读若"念"。俞樾《茶香室丛钞》(九)说："廿音聂，转音为念，亦犹捻之有聂音也。"所有合声都由急说急读被缩的字而成。

乙　节短

节短普通也是急说急读的结果。俞樾《古书疑义举例·语急例》说:"《论语·先进》篇:由也喭。郑注曰:子路之行,失于畔喭。然则喭即畔喭也。《雍也》篇:君子博学于文,约之以礼,亦可以弗畔矣夫！畔,亦即畔喭也。畔喭本叠韵字,急言之,则或曰喭,由也喭是也,或曰畔,亦可以弗畔矣夫是也。"这就是说:喭和畔都是畔喭的节短,而节短的缘故,则由于语急。但古来节短的例很多,其中也有不为语急而节的。我们常见的,有书名的节短。如

（一）挚虞《文章流别论》,李充《翰林论》,有人节为《流别》《翰林》。《文心雕龙·序志》篇:

　　仲洽《流别》,宏范《翰林》,各照隅隙,鲜观衢路。

有书名带篇名的节短,如

（二）《吕氏春秋》内含六《论》、八《览》、十二《纪》,有时节为《吕览》。《太史公·自序》及《报任少卿书》:

　　不韦迁蜀,世传《吕览》。

篇名的节称如《学而》《述而》之类更是常见,可以不必举例。又有地名的节短,如

（三）勃海碣石有人节为勃碣。《史记·货殖传》:

　　夫燕亦勃碣之间一都会也。

注云:勃海碣石。

（四）巴郡宕渠县有人节为巴宕。《汉书·王莽传》:

　　成命于巴宕。

注云:巴郡宕渠县。这同现在节江苏浙江为江浙,浙江义乌县为浙义,完全一

样。又有官名的节短。如

(五) 黄门侍郎、散骑常侍常节作黄散。《晋书·陈寿传》：

> 杜预复荐之于帝，宜补黄散。

(六) 中书、秘书常节作中秘。《魏书·礼志》：

> 所论事大，垂之万叶。宜并集中秘群儒，人人别议。

这在现在也有相仿的例。此外还有年号的节短。如节称宋神宗的年号熙宁、元丰为熙丰，宋徽宗的年号政和、宣和为政宣之类。这颇有人排斥，而排斥的理由，却是因为"不敬"（看《日知录》二十）。至于人名则节短的更多，排斥者也更多，可说是节短方式上意见最纷歧的一项。我们且把它们分做节姓、节名两项，来举例子。节姓的，有

(七) 韩愈《读东方朔杂事》诗节东方朔为方朔：

> 方朔乃竖子，骄不加禁诃。

本诗中方朔出现了三次。有

(八) 刘知几《史通·六家》篇节司马迁为马迁：

> 马迁撰《史记》，终于今上。

本篇中马迁也出现了好几次。有

(九)《晋书·诸葛恢传》节诸葛为葛。该传载荀闿、蔡谟与诸葛恢，俱字道明，人为之语曰：

> 京都三明各有名，蔡氏儒雅荀葛清。

本书中诸葛的节称也出现了好几次。如《王濬传》中便有节诸葛亮为葛亮的例。至于节名的例更多。单举比较熟悉的来说，便有

(十) 王勃《滕王阁序》节杨得意为杨意,钟子期为钟期:

>杨意不逢,抚《凌云》而自惜;钟期既遇,奏流水以何惭。

(十一) 嵇康《琴赋》节荣启期为荣期,王昭君为王昭:

>于是遁世之士,荣期绮季之畴,乃相与登飞梁,越幽壑,援琼枝,陟峻崿,以游乎其下。……下逮谣俗,《蔡氏五曲》《王昭楚妃》《千里别鹤》,犹有一切承间簉乏,亦有可观者焉。

等等。这大约因为《左传·定公四年》曾节称晋侯重耳为晋重,昭公元年又曾节称莒展舆为莒展,节名早就有了先例,所以循例节称的特别多。

节名节姓通常也是为了简便起见,用在种种不必繁说详举的时候。如例(九),是当时大家知道的;如例(七),是题目上已经标明的;如例(八),也是从那篇文章的上下文便可推知的。但也有时好像只是字面上音节上的经营。或是为要形成错综而节的,如《史记·陈杞世家》:

>灵公与其大夫孔宁仪行父皆通于夏姬。……灵公与二子饮于夏氏。公戏二子曰,"征舒似汝。"二子曰,"亦似公。"征舒怒,灵公罢酒出,征舒伏弩厩门,射杀灵公。孔宁仪行父皆奔楚。灵公太子午奔晋。征舒自立为陈侯。征舒,故陈大夫也。夏姬,御叔之妻,舒之母也。成公元年冬,楚庄王为夏征舒杀灵公,率诸侯伐陈。谓陈曰,"无惊,吾诛征舒而已!"

文中将夏征舒、征舒、舒错杂着用,除有几处可以有别种解说外,像"舒之母也"只用一舒字,而直前的一句"征舒,故陈大夫也",却用征舒两字,那就只能说它是为形成错综而节的。至于为凑就对偶音节而节的,例子更多。如陆机《辨亡论》有两句,《晋书·陆机传》作:

>施绩范慎以威重显,丁奉钟离斐以武毅称。

而《文选》却作:

> 施绩范慎以威重显,丁奉离斐以武毅称。

使丁奉离斐与施绩范慎相对,便是节名凑音就对的一个极显明的例。钱大昕《养新录》(十二)说:"汉魏以降,文尚骈俪,诗严声病,所引用古人姓名,任意割省,当时不以为非。如皇甫谧《释劝》:荣期以三乐感尼父。庾信诗:惟有丘明耻,无复荣期乐。白乐天诗:天教荣启乐,人怨接舆狂。谓荣启期也。《费凤别碑》:司马慕蔺相,南容复白圭。谓蔺相如也。……"单是《养新录》已经举出的,便有几十个例。这种割名凑对就音的倾向,容易使文字离开了内容上的需要,专去玩那形式上的花样。不顾内容上是否可以节,而只计较形式上需要不需要节。于是内容往往会晦到非注不明,甚至晦到了只有作者自己能够注。这便犯了以先文人最容易犯的所谓削趾适履的拙病,自然是应该批评的。过去批评得最厉害的似乎要算顾炎武。他简直骂剪截名字为"不通"(看《日知录》二十三)。但他没有将是非说清楚,也没有将成败辨清楚。别的批评的人也差不多是如此。所以难以折服人心,要引起拥护节短的人反骂他们为浅陋无知(看俞正燮《癸巳存稿》十二)。而这个问题就一直在这样叫通骂陋的叫骂声中搁了下来,一向不曾有过什么切合实际的解决。

我们认为批评节短形式的玩弄是正确的,不过批评也不应只注意形式,不注意实际的情况。因为该批评的不是节短本身,而是节短的滥用。这一定要看情境看内容是否可以节短。说得明确点,就是要看内容是否可以节短,以及节短了是否仍旧看得懂,或者更加简洁有力。要是只要看见节短的形式便批评,那就同专把节短的形式来玩弄的一样要陷于形式主义的泥坑,对于节短不会有同情境联系和内容联系的认识,也就不会有同情境联系和内容联系的运用。

七 省　略

话中把可以省略的语句省略了的,名叫省略辞。有积极的省略和消极的省略两种。凡属可以省略的简直不写,如绘画上的略写法,或虽写只以一二语了之,如唐彪所谓"省笔",这是积极的省略。积极省略中的前者,我们可以举《左传》《穀梁传》《国语》《礼记》《史记》《说苑》等书所载骊姬向晋献公谮害太子申生一件事为例,互相参证。

(《左传》)姬谓太子曰,"君梦齐姜,必速祭之。"太子祭于曲沃,归胙于公。公田,姬寘诸宫,六日,公至,毒而献之。公祭之地,地坟;与犬,犬毙;与小臣,小臣亦毙。姬泣曰,"贼由太子。"太子奔新城(曲沃),公杀其傅杜原款。或谓太子,"子辞,君必辩焉。"太子曰,"君非姬氏居不安,食不饱;我辞,姬必有罪:君老矣,吾又不乐。"曰,"子其行乎?"太子曰,"君实不察其罪,被此名也以出,人谁纳我?"(僖公四年)

(《榖梁》)骊姬又〔谓君〕曰,"吾夜者梦夫人趋而来,曰'吾苦饥';世子之宫已成,则何为不使祠也?"故献公谓世子曰,"其祠!"世子祠。已祠,致福于君,君田而不在。骊姬以鸩为酒,药脯以毒。献公田来,骊姬曰,"世子已祠,故致福于君。"君将食,骊姬跪曰,"食自外来者,不可不试也。"覆酒于地而地贲;以脯与犬,犬死。骊姬下堂而呼啼曰,"天乎天乎!国,子之国也;子何迟于为君!"君喟然叹曰,"吾与汝未有过切,是何与我之深也!"使人谓世子曰,"尔其图之!"世子之傅里克谓世子曰,"入自明! 入自明则可以生;不入自明则不可以生。"世子曰,"吾君已老矣,已昏矣。吾若此而入自明,则骊姬必死,骊姬死则吾君不安。所以使吾君不安者,吾不若自死;吾宁自杀以安吾君。"(僖公十年)

(《国语》)骊姬以君命命申生曰,"今夕君梦齐姜,必速祠而归福。"申生许诺。乃祭于曲沃,归福于绛。公田,骊姬受福,乃寘鸩于酒,寘堇于肉。公至,召申生献。公祭之地,地坟。申生恐而出。骊姬与犬肉,犬毙;饮小臣酒,亦毙。公命杀杜原款。申生奔新城。……人谓申生曰,"非子之罪,何不去乎?"申生曰,"不可。去而罪释,必归于君,是怨君也;章父之恶,取笑诸侯,吾谁乡而入? 内困于父母,外困于诸侯,是重困也;弃君去罪,是逃死也。吾闻之:仁不怨君,智不重困,勇不逃死。若罪不释,去而必重;去而罪重,不智;逃死而怨君,不仁;有罪不死,无勇;去而厚怨。恶不可重,死不可避,吾将伏以俟命。"(《晋语》二)

(《礼记》)晋献公将杀其世子申生。公子重耳〔申生异母弟〕谓之曰,"子盖〔当为盍〕言子之志于公乎?"世子曰,"不可。君安骊姬——是我伤公之心也。"曰,"然则盖行乎?"世子曰,"不可。君谓我欲弑君也。天下岂有无父之国哉;吾何行如之?"(《檀弓》上)

(《史记》)骊姬谓太子曰,"君梦见齐姜,太子速祭曲沃,归釐于君。"太子于是祭其母齐姜于曲沃,上其荐胙于献公;献公时出猎,置胙于宫中。骊姬使人置毒药胙中。居二日,献公从猎来还,宰人上胙献公,献公欲飨之。骊姬从旁止之曰，"胙所从来远，宜试之。"祭地，地坟；与犬，犬死；与小臣，小臣死。骊姬泣曰，"太子何忍也！其父而欲弑代之，况他人乎？且君老矣；旦暮之人，曾不能待，而欲弑之！"……太子闻之奔新城。献公怒，乃诛其傅杜原款。或谓太子曰，"为此药者乃骊姬也，太子何不自辞明之？"太子曰，"吾君老矣，非骊姬，寝不安，食不甘；即辞之，君且怒之。不可。"或谓太子曰，"可奔他国。"太子曰，"被此恶名以出，人谁内我？我自杀耳！"（《晋世家》）

（《说苑》）晋骊姬谮太子申生于献公，献公将杀之。公子重耳谓申生曰，"为此者非子之罪也，子胡不进辞？辞之必免于罪。"申生曰，"不可。我辞之，骊姬必有罪矣。吾君老矣；微骊姬寝不安席，食不甘味，如何使吾君以恨终哉？"重耳曰，"不辞，则不若速去矣。"申生曰，"不可，去而免于死，是恶吾君也。夫彰父之过而取笑诸侯，孰肯内之？入困于宗，出困于逃，是重吾恶也。吾闻之，忠不暴君，智不重恶，勇不逃死。如是者吾以身当之。"（《立节》）

例中如骊姬请献公试胙一节，《左传》完全不写，便是这组的省略法；其余这里写那里不写的也还有，也同样是这组的省略法。至于后者的积极省略法，则常用在不能如上述这样略了不写，而上文却又已经详写过了不必再加详写的地方，就是吴曾祺所谓"于上文所有者，以一二语结之"的省略法（《涵芬楼文谈·省文》）。这"有省文省句之不同：如'其他仿此'，'余可类推'，乃省文法也；'舜亦以命禹''河东凶亦然'之类，省句法也"（唐彪《读书作文谱》卷七）。

以上所说的积极省略法，都是省句的省略法：省句到极，简直不写，便是前者；省句不到这样程度，不是不写，只是略写，便是后者。消极的省略，却不是省句而是省词。省词的消极省略法，也可分作两组。

甲　蒙上省略——上文有过的词，下文便省略了。

（一）多闻择其善者而从之，多见〔择其善者〕而识之。（《论语·述而》）
（二）楚人为食，吴人及之。〔楚人〕奔，〔吴人〕食而从之。（《左传·定公四年》）
（三）若是死时，我与你们同死；活时，同活。（《水浒》第二回）
（四）我走我底路；你，你底。（《冬夜·风底话》）

这样凡是上文点出处，下文都已略去。

乙　探下省略——这同前类相反,上下同有的词不留上文却把上文先省略了。如:

（五）七月〔蟋蟀〕在野,八月〔蟋蟀〕在宇,九月〔蟋蟀〕在户,十月蟋蟀入我床下。(《诗经·豳风·七月》)

（六）夏后氏五十〔亩〕而贡,殷人七十〔亩〕而助,周人百亩而彻。(《孟子·滕文公》上)

这两组的省略法比较起来当然是前一组比较的普通,后一组比较的少见,因此就有人以为后一组的省略,非深于文章者不能为。如张文潜说,"《诗》三百篇……要之非深于文章者不能作。如'七月在野'至'入我床下',于'七月'以下皆不道破,直至'十月'方言'蟋蟀',非深于文章者能为之邪？"(胡仔《渔隐丛话·前集》卷一所引)

八　警　策

语简言奇而含意精切动人的,名为警策辞,也称警句,以能像蜜蜂,形体短小而有刺有蜜,为最美妙。文中有了它,往往气势就此一振。

警策辞约可分为三种:第一种是将自明的事理极简练地表现出来,使人感到一种格言味的,如:

（一）事实是事实。(鲁迅译《日本现代小说集·与幼小者》)

（二）虽鞭之长,不及马腹。(《左传·宣公十五年》)

第二种是将表面上两两无关的事物,捏成一句,初看似不可解,其实含有真理的,例如:

（三）墙有耳,伏寇在侧。(《管子·君臣》)

（四）尺有所短,寸有所长。(《史记·白起王翦传赞》)

第三种是话面矛盾反常而意思还是连贯通顺,可以称为"奇说""妙语"(paradox)的一种警策辞。这是警策辞中最为奇特,却又最为精彩的一种形式。

例如：

（五）善游者溺，善骑者堕。(《文子符言》)

（六）不塞不流，不止不行。(韩愈《原道》)

（七）打是疼，骂是爱。(《儿女英雄传》第三十七回)

九　折　绕

有话不直直截截的说，却故意说得曲折，缴绕的，名叫折绕辞。用这类辞的目的约有下列四种：

一、求语言婉转

（一）"小栓的爹；你就去么？"是一个老女人的声音。……"唔，"老栓一面听，一面应，一面扣上衣服；伸手过去说，"你给我罢。"(《呐喊·药》)

所谓"小栓的爹"就是华大妈叫的丈夫老栓。

（二）(吴王夫差赐伍子胥死。子胥)将死，曰，"树吾墓槚，槚可材也，吴其亡乎？"(《左传·哀公十一年》)

所谓"槚可材也，吴其亡乎"就是说吴不久将亡。

二、为讽刺戏谑

（三）子入太庙；每事问。或曰，"孰谓鄹人之子知礼乎？入太庙，每事问。"(《论语·八佾》)

注里说："孔子自少以知礼闻，故或人因此讥之。"所谓"鄹人之子"就等于现在说什么老什么老一类的话。

（四）扛丧鬼看见，吓得面如土色，忙问道，"这是什么鬼？为着何事？被谁打死的？"有认得的说道，"这是前村催命鬼的酒肉兄弟，叫做破面鬼。正诈酒三分醉的在戏场上耀武扬威，横冲直撞的骂海骂山，不知撞了荒山里的黑漆大头鬼,恰正钉头碰着铁头,两个牛头高,马头高,长洲弗让吴县的就打起来了。可笑这破面鬼柱自长则金刚大则佛,又出名的大力气,好拳棒,谁知撞了黑漆大头鬼,也就经不起三拳两脚,一样跌倒地下,想拳经不起来了。"(《何典》二)

所谓"跌倒地下,想拳经不起来了",就是说死了。

三、为增强语意

（五）心理的东西、意识等等是物质的最高产物,是叫作人的头脑的一块特别复杂的物质的机能。(列宁《唯物主义与经验批判主义》第四章)

所谓"叫作人的头脑的一块特别复杂的物质"的机能,就是说"人脑"的机能。

（六）杞子自郑使报于秦,曰,"郑人使我掌其北门之管。若潜师以来,国可得也。"穆公访诸蹇叔。蹇叔曰,"劳师以袭远,非所闻也。……"公辞焉。召孟明、西乞、白乙,使出师于东门之外,蹇叔哭之曰,"孟子,吾见师之出,而不见其入也！"公使谓之曰,"尔何知？中寿,尔墓之木拱矣！"(《左传·僖公三十二年》)

所谓"尔何知？中寿,尔墓之木拱矣",就是说他老昏。

四、为文饰辞面——这在曹靖华译班珂作的《白茶》一剧里面一个穷开心的大学生巴利克的说白里便有很多例子。现在举几个比较自然的在下面：

（七）"画饼"就是我们的午餐。

就是说午餐无着。

（八）让你睡下去梦见古来一切的饿死鬼罢。

就是说让你睡下去饿死罢。

（九）这是化学上的玩意：是 H_2O 烧到列氏表八十度就得了。别名又叫做——白茶。

就是说：这是白开水。

十　转　品

说话上把某一类品词移转作别一类的品词来用的，名叫转品。汉语从《马氏文通》以来普通分词为九类，就是：(1) 名词；(2) 代词；(3) 动词；(4) 形容词；(5) 副词；(6) 介词；(7) 连词；(8) 助词；(9) 叹词。这是现在一般的分法，将来研究更加深入，可能有另外的分法；分类的标准也可能用另外的标准。我们以为可以依据词的组织功能分，这里且不详说；但可断言：词可以分类，词也必须分类，某词属于某类或某某类，也都可以一一论定。修辞上有意从这一属类转成别一属类来用的，便是转品辞。转品有可以从情境上判别的，也有可以从习惯上判别的。例如《庄子·秋水》篇：

惠子相梁，庄子往见之。或谓惠子曰，"庄子来，欲代子相。"于是惠子恐，搜于国中，三日三夜。庄子往见之，曰："南方有鸟，其名为鹓鶵，子知之乎？夫鹓鶵发于南海，而飞于北海，非梧桐不止，非练实不食，非醴泉不饮；于是鸱得腐鼠，鹓鶵过之，仰而视之，曰，'吓！'今子欲以子之梁国而吓我邪？"

这里第一个"吓"字是叹词，第二个"吓"字是动词，而第二个"吓"字却是从第一个"吓"字带出来的，这第二个"吓"字便是一个转品辞。又如《论语·公冶长》篇"斯焉取斯"句朱熹注：

上斯斯此人，下斯斯此德。

这里第一第三两个"斯"字是代词，第二第四两个"斯"字是动词，而第二第四两个"斯"字也是从第一第三两个"斯"字带出来的，也是转品辞。再如《孟子·告子》篇：

彼白而我白之。

这里第二个"白"字也是从第一个"白"字带出来的,而第一个"白"字为形容词,第二个白字为动词,这用为动词的"白"字也是一个转品辞。像这些拈连带用的转品,是可以从用词的情境上判定的。此外不能从情境上判定,但从用词的习惯上仍可判定它是转品的也很多,现在略举几个例在下面。例如《左传·定公十年》:

> 公若曰,"尔欲吴王我乎?"

"吴王我"意思是说教我做吴王,是把名词转作动词用。如《孟子·万章》下:

> 缪公之于子思也,亟问,亟馈鼎肉。子思不悦,曰,"今而后知君之犬马畜伋。"

"犬马畜伋"是说喂狗喂马一样地喂子思,是把名词转作副词用。再如韩愈《原道》:

> 人其人,火其书,庐其居。

点出的"人"字、"火"字、"庐"字也是习惯上作名词用,而在这里却是作动词用的。这些都是转品辞。

这类转品辞如果运用得当,颇可使语辞简洁生动(自然用得不得当,也会使语辞生涩费解),使人对它发生一种特殊的兴趣。如《太平广记》二百四十五引《启颜录》:

> 晋王戎妻语戎为卿。戎谓曰,"妇那得卿婿?"答曰,"我亲卿爱卿,是以卿卿;我不卿卿,谁当卿卿?"

这里的三个"卿卿"中间,下面一个"卿"字都是代词,上面一个"卿"字都是转品的动词。用法也极寻常,但因用得合拍,便觉异样生动,终至历代流传作为亲昵的称谓。所以转品辞法向来受人注意,甚或将它硬用。如明张岱著的《陶庵梦忆》一书里面便不知有多少处是硬用这种辞法的。

这类转品用法,一向叫做实字虚用,虚字实用。有时也简称虚实。如《覆李眉生书》中说:

> 虚实者,实字而虚用,虚字而实用也。何以谓之实字虚用?如"春风风人,夏雨雨人"(《说苑·贵德》)。上风雨,实字也。下风雨,则当作养字解,是虚用矣。"解衣衣我,推食食我"(《史记·淮阴侯传》)。上衣食,实字也。下衣食,则当作惠字解,是虚用矣。"春朝朝日,秋夕夕月"(贾谊《论时政疏》;"秋夕夕月"原为"秋暮夕月")。上朝夕,实字也。下朝夕,则当作祭字解,是虚用矣。"入其门,无人门焉者;入其闺,无人闺焉者"(《公羊传·宣六》)。上门闺,实字也。下门闺,则当作守字解,是虚用矣。后人或以实者作本音读,虚者破作他音读,古人曾无是也。何以谓之虚字实用?如步,行也,虚字也。然《管子》之"六尺为步",韩文之"步有新船",舆地之瓜步、邀笛步,《诗经》之国步(《桑柔》)、天步(《白华》),则实用矣。薄,迫也,虚字也。然因其丛密而林曰林薄(张衡《西京赋》),因其不厚而帘曰帷薄(《礼记·曲礼》),以及《尔雅》之"屋上薄"(《释宫》),《庄子》之"高门悬薄"(《达生》),则实用矣。覆,败也,虚字也。然《左传》设伏以败人之兵,其伏兵即名曰覆;如郑突"为三覆以待之"〔隐九〕,"韩穿帅七覆于敖前"〔宣十二〕,是虚字而实用矣。从,顺也。虚字也。然《左传》于位次有定者,其次序即名曰从。如"荀伯不复从"〔成十六〕,"竖牛乱大从"〔昭五〕,是虚字而实用矣。

这里所谓虚实,都就是动词和名词;所谓实字虚用,虚字实用,就是名词用作动词,动词用作名词,就是名词和动词的转品。实际转品并不限于名词和动词之间。又转品,也不止是文言中可以用,语体文及口头语上也是可以用的。如:

> 胡国光只"哼"了一声。(茅盾《蚀·动摇》)
> 那汉子光着眼只管打量胡国光。(同上)

这两句中的"哼""光"等字便也是转品词。语体文及口头语上的转品,有时不能单纯地转用,需要另外添上转成词经常连用的配合成分。如"看""想"等动词要转成名词,便要加上名词经常连用的"头""子"等字,作"看头""想头"等等。又如"车""袋"等名词要转成动词也要加上动词经常连用的"起""开""着""了"等字,作"车起""车开""袋着""袋了"等等。像这里所引的两个例,便是一个加上"了"字,一个加上"着"字的例。

十一 回 文

回文也常写作迴文,是讲究词序有回环往复之趣的一种措辞法。《诗苑·类格》载唐上官仪曾说"诗有八对"。其"七曰回文对;情新因意得,意得逐情新,是也"。这样的回文,无异于近年所谓"国语的文学,文学的国语"及"从文学革命到革命文学"。除了词序随从内容的特点略作适当的往复回环之外,更无什么做作。在散文中,也常可以见到。而且出现得颇早。单单《老子》一部书里,便有不少的例。如:

> 善人者不善人之师,不善人者善人之资。(二十七章)
> 知者不言,言者不知。(五十六章)
> 信言不美,美言不信。(八十一章)
> 善者不辩,辩者不善。(同上)
> 知者不博,博者不知。(同上)

后来有人好奇,定要做到词序完全可以不拘,无论顺读、倒读,都可成文,这便成了一种稀奇的文体。这种稀奇的文体,总名叫做回文体。诗、词、曲都曾经有过。诗就叫做回文诗;词就叫做回文词;曲就叫做回文曲。如《王临川集》中,便有《碧芜》《梦长》等回文诗好几首。

《文心雕龙·明诗》篇说:"回文所兴,道原为始",但道原姓什么,什么时代人,都无从查考,大概刘勰说的也不一定对(参看赵翼《陔余丛考》二十三),看来还不及清朱存孝说的确实而简括。存孝说:

> 诗体不一,而回文尤异。自苏伯玉妻《盘中诗》为肇端,窦滔妻作《璇玑图》而大备。(见《回文类聚序》)

原来是几个太太创造出来的文体。创造的原因,大体相同,都是因为同男人分离得太久了,思念男人,造这玩意儿寄给男人看的。苏伯玉的太太,我们不知道她姓甚名谁,也不知道她是汉代人不是。只知《盘中诗》的本事是"伯玉被使在蜀,久而不归;其妻居长安,思念之,因作此诗"。《盘中诗》云:

山树高,鸟鸣悲。
泉水深,鲤鱼肥。
空仓雀,常苦饥。
吏人妇,会夫稀。
出门望,见白衣。
谓当是,而更非。
还入门,中心悲。
北上堂,西入阶。
急机绞,杼声催。
长叹息,当语谁?
君有行,妾念之。
出有日,还无期。
结巾带,长相思。
君忘妾,未(一作天)知之。
妾忘君,罪当治。
妾有行,宜知之。
黄者金,白者玉。
高者山,下者谷。
姓者(一作为)苏,字伯玉。
(一有作字)人才多,智谋足。
家居长安身在蜀。
何惜马蹄归不数?
羊肉千斤酒百斛,
令君马肥麦与粟。
今时人,知四(一作不)足。
与其书,不能读。
当从中央周四角。

《盘中诗》"从中央周四角"的排列如下图:

相传是伯玉出使在蜀,久不回家,太太把这诗写在盘中寄给他的,所以叫做"盘中诗"。诗的写法,如图,屈曲成文,从中央以周四角,含宛转回环的意思。据说伯玉看了以后,就感悟而回来了。

但《盘中诗》实际还不是正式的回文,因为它还不能回读。不过词序上的经营,也同后来的回文有些相似,故也不妨说是回文的先导,即"肇端"。回文是以窦滔太太的《璇玑图》为最著名。太太姓苏,名蕙,字若兰。所作回文诗,系以八百四十一字,排成纵横各为二十九字的方图,回环反复读起来,可得诗三千七百五十二首。它的本事,同《盘中诗》很相似。据《晋书·列女传》说是"滔被徙流沙,苏氏思之,织锦为《回文旋图诗》以赠滔,宛转循环以读之,词甚凄惋"。据唐武则天序中说,是由于家庭纠纷的关系,窦滔同苏氏断绝音信,苏氏悔恨自伤,因织锦为回文,五彩相宣,莹心耀目,纵横反复,皆成文章,名叫《璇玑图》,叫人送到襄阳。这时窦滔正留镇襄阳,看了之后,非常感动,就把苏氏接到任上去。这两说说的事实不完全相同,我们也不知道到底哪一说是,不过普通大概相信后一说。现在举图中的一个例如下:

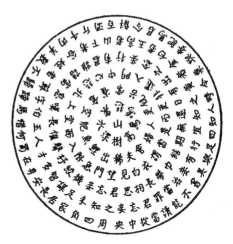

(从宋桑世昌编《回文类聚》卷二)

仁智怀德圣虞唐,贞志笃终誓穹苍,钦所感想妄淫荒,心忧增慕怀惨伤。
伤惨怀慕增忧心,荒淫妄想感所钦,苍穹誓终笃志贞,唐虞圣德怀智仁。

苏蕙的《璇玑图》在回文中几乎可说是空前绝后的巨制(《镜花缘》四十一回曾经标题为"奇图",加以高度的赞扬),但其内容被形式牵制,即所谓"窘缚刺促"的形景,也还是了然可指。出奇的造作的回文,实在是难能而并不怎么可贵的东西。不过它也是汉语文的可能性——词序方面一种有意的尝试,其成就如何,也像意大利未来派的自由语运动似地,颇可供我们借鉴。

回文除了种种词序上的经营之外,也曾发展到墨色的运用和字形的离合的运用。但大都不脱词序的运用。其脱离词序的运用的便是另外一种文体。从前有人把所谓"以意写图,使人自悟"的"神智体"也混同作为回文体(见《回文类聚》卷三)。其实神智体是字形大小,笔画多少,位置正反,排列疏密等等的利用,不是词序的利用,同回文其实不同。宋苏轼(东坡)有过神智体《晚眺》一首。诗是:

长亭短景无人画,老大横拖瘦竹筇。回首断云斜日暮,曲江倒蘸侧山峰。

却写作

亭景画　老大节　首云暮　江蘸峰

(据《东坡问答录》)

据说是他写了去为难人的:

神宗熙宁间,北朝使至,每以能诗自矜,以诘翰林诸儒。上命东坡馆伴之,北使乃以诗诘东坡。东坡曰,"赋诗,亦易事也;观诗稍难耳。"遂作《晚眺》诗以示之。北使惶愧莫知所云,自后不复言诗矣。(据《回文类聚》卷三)

这种神智体诗,现今民间也还有流传,而且也还带有为难人的性质。

第八篇　积极修辞四

丁类　章句上的辞格

一　反　复

　　用同一的语句,一再表现强烈的情思的,名叫反复辞。人们对于事物有热烈深切的感触时,往往不免一而再、再而三地反复申说;而所有一而再、再而三显现的形式,如街上的列树,庆节的提灯,也往往能够给予观者以一种简纯的快感,修辞上的反复就是基于人类这种心理作用而成。

　　反复辞的用法有连接的和隔离的两种。

　　(一)我当此刻,正将你的戏曲摊在我的膝上,坐在那曾经和你常常一同散步的公冢地的草场上,仰望着广阔的初秋的天空,不瞬的不瞬的看着,便觉得自己的现在的心情,和出现于你的童话里的年青的人物的心情相会解,契合而为一了。(《读了童话剧〈桃色的云〉》)

　　(二)一切的事,都是时节呀,时节呀！你看见刚才那桥上的雉鸡么？(《雉鸡的烧烤》)

　　(三)子曰:"视其所以,观其所由,察其所安,人焉廋哉,人焉廋哉！"(《论语·为政》)

　　(四)昔者有馈生鱼于郑子产,子产使校人畜之池。校人烹之,反命曰:"始舍之,圉圉焉,少则洋洋焉,攸然而逝。"子产曰:"得其所哉,得其所哉！"(《孟子·万章》上)

　　这是连接的反复。

（五）从浦口山上发脉，一个墩，一个炮；一个墩，一个炮，一个墩，一个炮，弯弯曲曲，骨里骨碌，一路接着滚了来。滚到县里周家冈，龙身跌落过峡，又是一个墩，一个炮；骨骨碌碌几十个炮赶了来，结成一个穴情，这穴情叫做"荷花出水"。（《儒林外史》第四十五回）

（六）子曰："予欲无言。"子贡曰："子如不言，则小子何述焉。"子曰："天何言哉，四时行焉，万物生焉，天何言哉。"（《论语·阳货》篇）

（七）黄鹄参天飞，半道郁徘徊。腹中车轮转，君知思忆谁？黄鹄参天飞，半道还哀鸣。三年失群侣，生离伤人情。黄鹄参天飞，凝翮争风回。高翔入玄阙，时复乘云颓。黄鹄参天飞，半道还后渚。欲飞复不飞，悲鸣觅群侣。（《黄鹄曲》）

这是隔离的反复。

二　对　偶

说话中凡是用字数相等，句法相似的两句，成双作对排列成功的，都叫做对偶辞。对偶这一格，从它的形式方面看来，原来也可说是一种句调上的反复；故也有人将它并入反复格；而从它的内容看来，又贵用相反的两件事物互相映衬，如刘勰所谓"反对为优，正对为劣"（《文心雕龙·丽辞》篇），故又有人将它并入映衬格。但对偶所以成立，在形式方面实是普通美学上的所谓对称，而内容方面也非全然由于映衬的句法构成，无论把它并入反复或并入映衬都觉得不很合适，因此现在仍旧让它独立了。

这格的成例如下：

（一）有情皮肉，无情杖子。（《水浒》第六十一回）

（二）白发无情侵老境，青灯有味似儿时。（陆游《秋夜读书诗》）

（三）满招损，谦受益。（《书经·大禹谟》）

（四）君子周而不比，小人比而不周。（《论语·为政》篇）

（五）生则天下歌，死则天下哭。（《荀子·解蔽》篇）

（六）出自幽谷，迁于乔木。（《诗经·小雅·伐木》篇）

（七）诲尔谆谆，听我藐藐。（《诗经·大雅·抑》篇）

（八）不在其位，不谋其政。（《论语·泰伯》篇）

（九）决九川，距四海。(《书经·益稷》篇)

（十）圣人不死，大盗不止。(《庄子·胠箧》篇)

照例看来，可见对偶并不限于映衬，此处(六)例以下的几个例便都是连贯的，不是映衬的。

这种辞格曾经有过畸形的发达的时期，如刘知几所谓"其为文也，大抵编字不只，捶句皆双，修短取均，奇偶相配。故应以一言蔽之者辄足为二言，应以三句成文者必分为四句"(《史通·叙事》篇)。就是最近也还有人硬用对偶辞来下判决，打电报，使人觉得极其不自然。因此五四前后文化学术界在《新青年》上鼓吹文学革命的时候，曾经对于这种现象进行过严正的批判。当时有些人反对对偶，主张文章应当"不讲对仗"，也有人认为对偶不对偶应当任其自然，当时是"不讲对仗"的主张比较得到多数人的赞同(参看《新青年》第二、第三卷)。

三 排 比

同范围同性质的事象用了结构相似的句法逐一表出的，名叫排比。排比和对偶，颇有类似处，但也有分别：(一)对偶必须字数相等，排比不拘；(二)对偶必须两两相对，排比也不拘；(三)对偶力避字同意同，排比却以字同意同为经常状况。实例如下：

（一）王闻书之言，惕若恐惧，退而为戒书：于席之四端为铭焉，于机为铭焉，于鉴为铭焉，于盥盘为铭焉，于楹为铭焉，于杖为铭焉，于带为铭焉，于履屦为铭焉，于觞豆为铭焉，于户为铭焉，于牖为铭焉，于剑为铭焉，于弓为铭焉，于矛为铭焉。(《大戴礼记·武王践阼》篇；王为武王，书指卜文丹书)

（二）无恻隐之心，非人也；无羞恶之心，非人也；无辞让之心，非人也；无是非之心，非人也。(《孟子·公孙丑》上)

（三）不为不可成，不求不可得，不处不可久，不行不可复。(《管子·牧民》篇)

（四）富贵不能淫，贫贱不能移，威武不能屈。(《孟子·滕文公》下)

（五）天有情，天亦老，春有意，春须瘦。云无心，云也生愁。(乔孟符《扬州梦》杂剧第一折)

这种排比,约可别为两类:一为本来可以括举而今故意列举的,如例(一)例(二);二为本来只可以列叙的,如(三)(四)(五)等例。第一类如例(一)本可写作"于席、机、鉴……为铭焉",于今却写作"于席之四端为铭焉,于机为铭焉"云云,目的盖在使列举的各端各各受人充分地注意。又颇便于用在事忙情急,不及概括统总的话中。但前人或者不曾顾及此等目的或情况,对于此类排比颇加排斥,如:

(六)季孙行父秃,晋郤克眇,卫孙良夫跛,曹公子手偻,同时而聘于齐。齐使秃者御秃者,使眇者御眇者,使跛者御跛者,使偻者御偻者。(《穀梁·成公元年》)

刘知几便说太烦赘了,应除"秃者"以下诸字,作"各以类逆"(《史通·叙事》篇)。其实此等简炼主义,断然难以使人心服;所以知几这话,魏际瑞就批评说:这样简是简了,可是"神情特不生动"了(《伯子论文》)。第二类,以前似乎不曾出过问题,现在可不必详论。只有关于排比全体,有前人已经论及的一端,或者可以略加注意:就是此类排比往往每句参有几个相同的字。因此,陈骙以下常有专于着眼在这一点的议论,说什么"文有数句用一类字,所以壮文势、广文义也"(《文则》卷下庚条)。实际上所谓"用一类字",如:

(七)有弗学;学之弗能,弗措也。有弗问;问之弗知,弗措也。有弗思;思之弗得,弗措也。有弗辨;辨之弗明,弗措也。有弗行;行之弗笃,弗措也。(《中庸》)

每句同有"之""弗""也"等字,虽然是排比格中所常见的,却也只是排比中一面的现象。关乎这面现象的实例,《文则》中举的很多,这里可以不再罗列了。

排比格中也有只用两句互相排比的,这与对偶最相类似,可以同对偶参看:

(八)我有所念人,隔在远远乡;我有所感事,结在深深肠。(白居易《夜雨》诗)

(九)挽弓当挽强,用箭当用长。射人先射马,擒贼先擒王。(杜甫《前出塞》九首之六)

四 层　　递

层递是将语言排成从浅到深,从低到高,从小到大,从轻到重,层层递进的顺序的一种辞格。其成立必须有(一)要说的有两个以上的事物;(二)这些事物又有轻重大小等比例;而且(三)比例又有一定的程序。例如:

(一) 天时不如地利,地利不如人和。(《孟子·公孙丑》下)

(二) 古之欲明明德于天下者,先治其国;欲治其国者,先齐其家;欲齐其家者,先修其身;欲修其身者,先正其心;欲正其心者,先诚其意;欲诚其意者,先致其知;致知在格物。(《大学》)

(三) 太上不辱先;其次不辱身;其次不辱理色;其次不辱辞令;其次诎体受辱;其次易服受辱;其次关木索被箠楚受辱;其次剔毛发婴金铁受辱;其次毁肌肤断肢体受辱;最下腐刑极矣。(司马迁《报任少卿书》)

以上三例,(一)是三层,(二)是八层,(三)是十层,都是一而二,二而三,从轻小而到重大,如陈骙所谓"上下相接,若继踵然"(《文则》卷上丁);最后的第三例,因为要说腐刑的极辱,且从不辱一面说起,进了四层,再从受辱一面逐层递进:目的都在使读听者的感触逐渐达到顶点。

有人说层递辞中也有从大到小,从重到轻等等的用法,如:

(四) 凡花,一年只开得一度,四时中只占得一时,一时中只占得数日。他熬过了三时的冷淡,才得这数日的风光。(《今古奇观》卷八)

但这例其实是从轻到重的层递,因为想要极言这数日的可贵,才从那一年四时说起。倘真有意排成从大到小、从重到轻的层次,那便是倒层递,是倒用层递的一种非常辞法,除有特别作用教人怀疑发笑的以外大抵不用。如下列一例,赵威后的岁、民、王的倒层递便是为了教人怀疑发问,造成发议论的机会而用的:

(五) 齐王使使者问赵威后。书未发,威后问使者曰:"岁亦无恙耶?民亦无恙耶?王亦无恙耶?"使者不悦曰:"臣奉使使威后,今不问王,而先问岁与民,岂先贱而后尊贵者乎?"威后曰:"不然。苟无岁,何有民?苟无民,何有君？故有问舍本而问末者耶？"乃进而问之曰："齐有处士曰钟离子无恙耶？是其为人也，有粮者亦食，无粮者亦食，有衣者亦衣，无衣者亦衣；是助王养其民也，何以至今不业也？叶阳子无恙乎？是其为人，哀鳏寡，卹孤独，振困穷，补不足；是助王息其民者也，何以至今不业也？北宫之女婴儿子无恙耶？彻其环瑱，至老不嫁，以养父母；是皆率民而出于孝情者也，胡为至今不朝也？此二士弗业，一女不朝，何以王齐国、子万民乎？"(《战国策·齐策》四)

五 错　综

凡把反复、对偶、排比或其他可有整齐形式，共同词面的语言，说成形式参差，词面别异的，我们称为错综。构成错综，大约有四类重要方法：

第一，抽换词面；

第二，交蹉语次；

第三，伸缩文身；

第四，变化句式。

第一，抽换词面是将词面略为抽动使得说话前后不同。如抽换反复的有：

（一）那周谨跃马挺枪，直取杨志；这杨志也拍战马，捻手中枪，来战周谨。两个在阵前，来来往往，翻翻复复；搅做一团，扭做一块；鞍上人斗人，坐下马斗马。(《水浒》第十三回)

（二）彼其道幽远而无人……吾无粮，我无食，安得而至焉？(《庄子·山木》篇)

抽换排比的有：

（三）地也，你不知好歹何为地！天也，你错勘贤愚枉做天！(关汉卿《窦娥冤》杂剧第三折)

（四）王后蚕于北郊，以供纯服……夫人蚕于北郊，以供冕服。(《礼记·祭统》篇；郑注"纯服亦冕服也，互言之尔"。)

（五）仁有数，义有长短小大。(《礼记·表记》篇；郑注"数与长短小大，互言之耳"。)

圆点点出处都是原来可用同一词面的,而今都被错综了。

第二,交蹉语次是将语词的顺序安排得前后参差,使得说话前后不同。如在反复有:

(六)他的上面,罩着一片装饰着辉煌的月和闪烁的星的深远无限的太空;他的下面,在幽静透明的池塘里,也展开着一片深远无限的太空,装饰着闪烁的星和辉煌的月。(鲁迅译《爱罗先珂童话集·春夜的梦》)

(七)王何必曰利,亦有仁义而已矣。……王亦曰仁义而已矣,何必曰利?(《孟子·梁惠王》上)

在对偶有:

(八)裙拖六幅湘江水,鬓耸巫山一段云。(李群玉《赠郑相井歌姬》诗)

在排比有:

(九)猿猱猴错木据水,则不若鱼鳖;历险乘危,则骐骥不如狐狸。(《战国策·齐策》三;"骐骥"两字,不在"历险"两字上头。)

(十)疾风而波兴,木茂而鸟集。(《淮南子·主术》篇;是"疾风""木茂",不是"风疾""木茂"。)

(十一)问国君之富,数地以对;……问士之富,以车数对;问庶人之富,数畜以对。(《礼记·曲礼》下;中间一句不是"数车以对"。)

(十二)那谈话里说,"名叫人类的哥儿们,是最强最贤慧的东西。"……也说,"自然,山上的政治家的狐狸,艺术家的猿猵母,鹦哥的语学家,鸟的社会学家,天文学家的枭博士,高强固然也高强,但比起人类的哥儿们来,到底赶不上。"(鲁迅译《爱罗先珂童话集·鱼的悲哀》)

(十三)他(黄昏)等候着;在山的深处,在村市的地窖里,在树林的浓密处,在湖的暗处。他等候着,躲在永久的土窟里,在空穴里,在人家的屋角。他被赶散,又似乎不见了,但其实充满着一切隐藏的处所。他在树皮各个的裂缝里,在人的衣服的折叠里。他躲在最小的沙粒底下黏在最细的蛛网的丝上,等候着。(《现代小说译丛·影》)

这些点出处也是可以有相同相似的形式的,而今也被错综了。

第三,伸缩文身是用长句短语交相错杂,使语文发生变化的方法。如反复的例:

(十四)约瑟是多结果子的树枝,是泉旁多结果子的树枝,他的枝条探出墙外。(《旧约·创世记》四十九之二十二)

(十五)惊骇恐惧临到他们。……他们如石头寂然不动,等候你的百姓渡过去,等候你所救赎的百姓渡过去。(《旧约·出埃及记》十五之十六)

(十六)今有一人,入人园圃,窃其桃李,众闻则非之,上为政者得则罚之。此何也?以亏人自利也。至攘人犬豕鸡豚者,其不义又甚入人园圃窃桃李。是何故也?以亏人愈多,其不仁兹甚,罪益厚。至入人栏厩,取人马牛者,其不仁义又甚攘人犬豕鸡豚。此何故也?以其亏人愈多,其不仁兹甚,罪益厚。至杀不辜人也,拖其衣裳,取戈剑者,其不义又甚入人栏厩取人马牛。此何故也?以其亏人愈多;苟亏人愈多,其不仁兹甚矣,罪益厚。当此,天下之君子皆知而非之,谓之不义。今至大为不义攻国,则弗知非,从而誉之谓之义。此可谓知义与不义之别乎?(《墨子·非攻》上)

排比的例:

(十七)我憎恨他的白屋,他的车夫,他的卫兵,以至于他的马。我憎恨他的金边眼镜,他的尖锐的双眼,他的深陷的两颊,他的身材,他的懒惰的生活,以至于他的清洁而吃得好着得好的儿女们。我憎恨他的自私的保护,及他的对于我们的憎恶。我憎恨他。(郑振铎译《灰色马》中卷)

(十八)大凡物不得其平则鸣。草木之无声,风挠之鸣;水之无声,风荡之鸣,其跃也或激之,其趋也或梗之,其沸也或炙之;金石之无声,或击之鸣。(韩愈《送孟东野序》)

这样,或于简短句子之后,承以较长句子,或于较长句子之后,顿以简短句子的,都是这一种错综法。

第四,变化句式是杂用各种句式,例如肯定句和否定句,直陈句和询问句、感叹句之类,来形成错综的一种方法。如:

（十九）孟子见梁惠王。王立于沼上，顾鸿雁麋鹿。曰："贤者亦乐此乎？"孟子对曰："贤者而后乐此，不贤者虽有此不乐也。"（《孟子·梁惠王》上）

便是用肯定句和否定句相错综。如：

（二十）那些老婆子们都老天拔地，伏侍了一天，也该叫他们歇歇；小丫头们也伏侍了一天，这会子还不叫他们顽顽去么？（《红楼梦》第二十回）

（二十一）我没有翅子的时候，也活着，你没有鳞，岂非也并不死掉么？（鲁迅译《爱罗先珂童话集·春夜的梦》）

便是用直陈句和询问句相错综。

以上四类方法，当然不一定要单独使用；先后换用这类或那类，使错综的方式本身也有一些错综变化，当然也是可以的。如下文所列便是并用第一、第三、第四三类方法的一例：

（二十二）圣人以治天下为事者也，不可不察乱之所自起。当察乱何自起，起不自爱。臣子之不孝君父，所谓乱也。子自爱，不爱父，故亏父而自利；弟自爱，不爱兄，故亏兄而自利；臣自爱，不爱君，故亏君而自利：此所谓乱也。虽父之不慈子，兄之不慈弟，君之不慈臣：此亦天下之所谓乱也。父自爱也，不爱子，故亏子而自利；兄自爱也，不爱弟，故亏弟而自利；君自爱也，不爱臣，故亏臣而自利。是何也？皆起不相爱。虽至天下之为盗贼者亦然。盗爱其室，不爱其异室，故窃异室以利其室；贼爱其身，不爱人，故贼人以利其身。此何也？皆起不相爱。虽至大夫之相乱家，诸侯之相攻国者亦然。大夫各爱其家，不爱异家，故乱异家以利其家；诸侯各爱其国，不爱异国，故攻异国以利其国。天下之乱物，具此而已矣。察此何自起，皆起不相爱。（《墨子·兼爱》上）

文中如"是何也"和"此何也"的变化就是抽换词面，"子自爱"等等和"父自爱也"等等的变化就是伸缩文身，"此何也？皆起不相爱"和"察此何自起，皆起不相爱"的变化就是参用询问句和直陈句。此外也还有运用此等错综方法的处所，读者细看自知。又如下面所列又是参用第一、第二、第三、第四四类方法的一例：

（二十三）邹忌修八尺有余，而形貌（同貌）昳丽。朝服衣冠窥镜，谓其妻曰，"我孰与城北徐公美？"其妻曰，"君美甚，徐公何能及君也！"城北徐公，齐国之美丽者也。忌不自信，而复问其妾曰，"吾孰与徐公美？"妾曰，"徐公何能及君也！"旦日，客从外来，与坐谈，问之："吾与徐公孰美？"客曰，"徐公不若君之美也。"明日，徐公来，熟视之，自以为不如。窥镜而自视，又弗如远甚。暮寝而思之，曰，"吾妻之美我者，私我也；妾之美我者，畏我也；客之美我者，欲有求于我也。"于是入朝，见威王曰，"臣诚知不如徐公美；臣之妻私臣，臣之妾畏臣，臣之客欲有求于臣，皆以美于徐公。今齐地方千里，百二十城。宫妇左右莫不私王，朝廷之臣莫不畏王，四境之内莫不有求于王：由此观之，王之蔽甚矣。"王曰，"善！"乃下令："群臣吏民能面刺寡人之过者，受上赏；上书谏寡人者受中赏；能谤讥于市朝，闻寡人之耳者，受下赏。"令初下，群臣进谏，门庭若市；数月之后，时时而闲进；期年之后，虽欲言无可进者。燕赵韩魏闻之，皆朝于齐。此所谓战胜于朝廷。（《战国策·齐策》一）

文中如"我孰与城北徐公美"和"吾孰与徐公美"的变化就是抽换词面，伸缩文身，"吾孰与徐公美"和"吾与徐公孰美"的变化就是交蹉语次，"徐公何能及君也"和"徐公不若君之美也"就是变化句式，此外也还有运用此等错综的地方，也只要细看便可看出。

文中运用此等错综，目的盖在避免说话的单调和平板。说话有时原也需要反复等等类似辞，但若类似处太多，却也容易使人生厌；此时可以调剂使用的，便是错综辞法。用了错综辞法，则同中有异，单调平板等毛病便自消灭了。这种辞法的重要，我以为至少不在对偶下。

附记——

本格第一类错综，以前称为"互文"或"互辞"。如刘知几著《史通》，在《杂说》下篇录了隋人姚士会（最）《梁后略》述高祖语"得既在我，失亦在予"，说"变我称予，互文成句，求诸人语，理必不然"，所以有此句法，由于当时"俪词盛行，语须对偶"。又如顾炎武《日知录》卷二十四《互辞》条下说《易》（《蛊》）'干父之蛊，有子考无咎'，言'父'又言'考'。《书》（《仲虺之诰》）'予恐来世，以台为口实'，言'予'又言'台'……皆互辞也"。

第二类的错综，名称和议论更多，其议论大都为卫护错综辞格而发。如沈括（存中）所谓"相错成文"：

韩退之集中《罗池神碑铭》有"春与猿吟兮秋与鹤飞"。今验石刻,乃"春与猿吟兮秋鹤与飞"。古人多用此格,如《楚辞》"吉日兮辰良"。又"蕙肴蒸兮兰藉,奠桂酒兮椒浆"(俱见《九歌》)。盖欲相错成文,则语势矫健耳。(《梦溪笔谈》卷十四)

陈善所谓"错综其语":

《楚辞》以吉日对辰良,以蕙肴蒸对奠桂酒;沈存中云,此是古人欲错综其语,以为矫健故耳。余谓此法本自《春秋》。《春秋》(僖公十六)书"陨石于宋五,是月六鹢退飞过宋都",说者皆以石、鹢、五、六、先后为义,殊不知圣人文字之法,正当如此。且如既曰陨石于宋五,又曰退飞鹢于宋六,岂成文理?故不得不错综其语,因以为健也。《楚辞》正用此法。其后韩退之作《罗池碑》曰,"春与猿吟兮秋鹤与飞",以"与"字上下言之,盖亦欲语反而辞健耳。今《罗池碑》石刻古本如此。而欧阳公以所得李生《昌黎集》较之,只作"秋与鹤飞",遂疑石本为误,惟沈存中为始得古人之意,然不知其法自《春秋》出。(《扪蝨新话》卷五)

严有翼所谓"蹉对":

僧惠洪《冷斋夜话》载:介甫诗云"春残叶密花枝少,睡起茶多酒盏疏","多"字当作"亲",世俗转写之误。洪之意盖欲以"少"对"密",以"疏"对"亲"。余作荆南教官,与江朝宗汇者同僚,偶论及此,江云,"蕙洪多妄诞,殊不晓古人诗格。此一联以'密'字对'疏'字,以'多'字对'少'字,正交股用之,所谓蹉对法也。"(《艺苑·雌黄》;据《渔隐丛话》后集二十五所引)

此外,如陈绎曾《文说》所谓"拗语"之类,内容也是大同小异,无非议论侧重错综,例证偏乎对偶,我们可以不必多引了。第三、第四类的错综,在我国书中我还不曾发见谁曾谈到过它们。

六 顶 真

顶真是用前一句的结尾来做后一句的起头,使邻接的句子头尾蝉联而有上

递下接趣味的一种措辞法。多见于歌曲。如"翟义门人作"的《平陵东》:

> 平陵东,松柏桐,不知何人劫义公。劫义公,在高堂下,交钱百万两走马。两走马,亦诚难,顾见追吏心中恻。心中恻,血出漉,归告我家卖黄犊。(见《宋书·乐志》三;《乐府古题要解》说:"此汉翟义门人所作也。义为丞相方进之少子,字文中,为东郡太守。以王莽篡汉,起兵诛之,不克而见害,门人作歌以悲之。")

又如李白送刘十六归山的白云歌:

> 楚山秦山皆白云。白云处处长随君。长随君;君入楚山里,云亦随君渡湘水。湘水上,女罗衣,白云堪卧君早归。

都是这一格。

这格约有两式:(1)是每句蝉联的,如上面所举的两例,这有人称为联珠格;(2)是单单章和章中间的一句蝉联的,这有人称为连环体。两式都是在《诗经》上便已经有了萌芽(如《大雅·既醉》篇便是两种萌芽备具的一篇。如《既醉》二章结尾说"介尔昭明",三章起头说"昭明有融",又三章结尾说"公尸嘉告",四章起头说"其告维何",又四章结尾说"摄以威仪",五章起头说"威仪孔时",如此蝉联,直到八章,都用所谓连环体。中间又有两处参用所谓联珠格,如三章二句说"高朗令终",三句说"令终有俶",又五章二句说"君子有孝子",三句说"孝子不匮",便都是所谓联珠格),但都不及后代的完整。现在举几个著名的例于下:

> 他,他,他,伤心辞汉主;我,我,我,携手上河梁。他部从,入穷荒;我銮舆,返咸阳。返咸阳,过宫墙;过宫墙,绕回廊;绕回廊,近椒房;近椒房,月昏黄;月昏黄,夜生凉;夜生凉,泣寒螀;泣寒螀,绿纱窗;绿纱窗,不思量。呀!不思量,除是铁心肠;铁心肠,也愁泪滴千行。(马致远《汉宫秋》杂剧第三折)

> 桃花冷落被风飘,飘落残花过小桥。桥下金鱼双戏水,水边小鸟理新毛。毛衣未湿黄梅雨,雨滴红梨分外娇。娇姿常伴垂杨柳,柳外双飞紫燕高。高阁佳人吹玉笛,笛边鸾线挂丝绦。绦结玲珑香佛手,手中有扇望河潮。潮平两岸风帆稳,稳坐舟中且慢摇。摇入西河天将晚,晚窗寂寞叹无

聊。聊推纱窗观冷落,落云渺渺被水敲。敲门借问天台路,路过西河有断桥,桥边种碧桃。(《白雪遗音选·桃花冷落》)

以上是第一式。这式比第二式用得更多更完整。在歌谣中往往有全首句句蝉联,连末一句也绕接头一句,形成一种循环无端的形式的,如这《桃花冷落》便是一个例。

谒帝承明庐,逝将归旧疆。清晨发皇邑,日夕过首阳。伊洛广且深,欲济川无梁。泛舟越洪涛,怨彼东路长。顾瞻恋城阙,引领情内伤。——太谷何寥廓!山树郁苍苍。霖雨泥我涂,流潦浩纵横。中逵绝无轨,改辙登高冈。修坂造云日,我马玄以黄!

玄黄犹能进,我思郁以纡。郁纡将何念?亲爱在离居。本图相与偕,中更不克俱。鸱枭鸣衡轭,豺狼当路衢。苍蝇闲白黑,谗巧令亲疏。欲还绝无蹊,揽辔止踟蹰。

踟蹰亦何留?相思无终极。秋风发微凉,寒蝉鸣我侧。原野何萧条!白日忽西匿。归鸟赴乔林,翩翩厉羽翼。狐兽走索群,衔草不遑食。感物伤我怀,抚心长太息。

太息将何为?天命与我违!奈何念同生,一往形不归!孤魂翔故域,灵柩寄京师。存者忽复过,亡没身自衰。人生处一世,去若朝露晞。年在桑榆闲,影响不能追。自顾非金石,咄唶令心悲。

心悲动我神,弃置莫复陈。丈夫志四海,万里犹比邻。恩爱苟不亏,在远分日亲。何必同衾帱,然后展殷勤?忧思成疾疢,无乃儿女仁!仓卒骨肉情,能不怀苦辛?

苦辛何思虑?天命信可疑。虚无求列仙,松子久吾欺。变故在斯须,百年谁能持?离别永无会,执手将何时?王其爱玉体,俱享黄发期!收泪即长路,援笔从此辞。(曹植《赠白马王彪》诗)

以上是第二式。

七 倒 装

话中特意颠倒文法上逻辑上普通顺序的部分,名叫倒装辞。例如普通顺序为"尔所谓达者何哉?"《论语·颜渊》篇却说"何哉,尔所谓达者?"就是倒装的实例。大都用以加强语势,调和音节,或错综句法。其形式可以大别为两类。

第一类　随语倒装

(一) 伯鱼之母死,期而犹哭。夫子闻之曰:"谁与,哭者?"门人曰:"鲤也。"(普通顺序是:哭者谁与)(《礼记·檀弓》上)

(二) 且虞能亲于桓庄乎,其爱之也? 桓庄之族何罪,而以为戮,不唯逼乎? 亲以宠逼,犹尚害之,况以国乎?(普通顺序是:其爱之也,且虞能亲于桓庄乎?)(《左传·僖公五年》)

(三) 吾将使梁及燕助之,齐楚固助之矣。(普通顺序是:齐楚固助之矣,吾将使梁及燕助之。)(《战国策·赵策》)

(四) 桓公外舍而不鼎馈。中妇诸子谓宫人:"盍不出从乎? 君将有行。"(普通顺序是:君将有行,盍不出从乎?)(《管子·戒》篇)

(五) 天窥象纬逼,云卧衣裳冷。(普通顺序是:窥天,卧云。)(杜甫《游龙门奉先寺》诗)

(六) 古木鸣寒鸟,空山啼夜猿。(普通顺序是:寒鸟鸣,夜猿啼。)(魏征《述怀》诗)

这类倒装大多只是语次或语气上的颠倒,并不涉及思想条理和文法组织。

第二类　变言倒装

(七) 谚所谓室于怒市于色者,楚之谓矣。(顺言则为:怒于室,色于市。)(《左传·昭公十九年》)

(八) 其一二父兄私族于谋而立长亲。(顺言为:谋于私族。)(《左传·昭公十九年》)

(九) 季子然问,"仲由冉求,可为大臣与?"子曰,"吾以子为异之问,仲由与求之问!"(《论语·先进》)

(十) 愎谏违卜,固败是求。(《左传·僖公十五年》)

(十一) 久拼野鹤如双鬓,遮莫邻鸡下五更。(双鬓如野鹤)(杜甫《书堂既夜月下赋绝句》)

(十二) 红豆啄余鹦鹉粒,碧梧栖老凤凰枝。(鹦鹉啄余红豆粒,凤凰栖

老碧梧枝。)(杜甫《秋兴》诗)

（十三）蓟邱之植，植于汶篁。(顺言当为"汶篁之植，植于蓟邱"；说详《古书疑义举例·倒句例》)(《史记·乐毅传》)

以上各例，或颠倒谓语和补语(七、八)，或将主语和谓语中的一部交换位置(如十二)，或将主语和补语交换位置(如十三)，也有别用一个字间错开的(如九的"之"，十的"是")，也有颠倒逻辑上的顺序的(如十一)，虽然也是颠倒顺序，却往往涉及思想条理和文法组织，同第一类单属程序上的倒装不同。

在新文艺中，第二类几乎全然不用，除非特殊的描写。第一类的用法，无论诗文，却比以前用得更多了。

附记——

王若虚《滹南遗老集》卷三十六所谓"旋造"，也可算是倒装的一体。旋造实例，约举如下：

孤臣危涕，孽子坠心。(实为坠涕危心)——江淹《恨赋》
心折骨惊。(实为心惊骨折)——江淹《别赋》
泉甘而酒冽。(实为泉冽而酒甘，这是王氏原例。)——欧阳修《醉翁亭记》

八 跳 脱

语言因为特殊的情境，例如心思的急转，事象的突出等等，有时半路断了语路的，名叫跳脱。跳脱在形式上一定是残缺不全或者间断不接，这在语言上本是一种变态。但若能够用得真合实情实境，却是不完整而有完整以上的情韵，不连接而有连接以上的效力。

跳脱大约可以分作三类：第一是说到半路断了不说或者说开去的，这可以称为急收。多是"不肯说尽而戛然辄止，使人得其意于语言之外"。如《呐喊》中《狂人日记》的结句"没有吃过人的孩子，或者还有；救救孩子……"，便是一例。

年假近了，切望你回来。虽然笔谈比面谈有时反真切，反彻底，然而冬夜围炉，也是人生较快乐的事，不过难为你走那风雪的长途。小弟弟也盼望你回来，上礼拜我回家去的时候，他还嘱咐我——他决不能像我，也似乎不很像你，他是更活泼爽畅的孩子。我有时想，他还小呢，十岁的年纪自然是天真烂漫的。但无论如何,决不至像我。上帝祝福他!只叫他永远像你,就是我的祷祝了。("嘱咐我"以下便说开去了)(冰心《超人烦闷》)

智深提了禅杖,再回香积厨来。这几个老僧,方吃些粥,正在那里——看见智深忿忿地出来,指着老和尚道,"原来是你这几个坏了常住,犹在俺面前说谎!"老和尚们一齐都道,"师兄休听他说……师兄,你自寻思:他们吃酒吃肉,我们粥也没得吃,恰才还怕师兄吃了。"智深道,"也说得是。"倒提了禅杖,再往方丈后来,见那角门却早关了。("正在那里"以下也说开去了)(《水浒》第五回)

公孙策与妇人看病,虽是私访,他素来原有实学,所有医理尽皆知晓。诊完脉息,已知病源。站起身来,仍然来至西间坐下,说道:"我看令媳之脉,乃是双脉。"尤氏听了,道:"嗳呀,何尝不是!他大约四五个月没见——"(咽下"月信"二字)(《三侠五义》第八回)

五年,诸侯及将相相与共尊汉王为皇帝。汉王三让,不得已,曰:"诸君必以为便便国家……"甲午,乃即皇帝位氾水之阳。(也咽下"便国家"以下允许的话)(《史记·汉高祖本纪》)

像这些咽下不曾说全的话,我们大都可以从情境上推知它的意思,即所谓"得其意于语言之外"。但想将话补全,却颇为难。因为各个咽下处所大都是情境复杂的,至少用了这种跳脱语以后人会想象以为情境复杂的。若把有限的几个字把它补全了,人往往反而以为不及原语的含义丰富。《史记》一例,《汉书》改为"诸侯幸以为便于天下之民则可矣",形式比较的完整,而汉高祖推让皇位时候扭捏的复杂神情倒反觉得不及《史记》上的来得活现,便是这个缘故。

第二是突接。折断语路突接前话,或者突接当时的心事,因此把话折成了上气不接下气。如

晋侯赏从亡者。介之推不言禄,禄亦弗及。其母曰,"亦使知之,若何?"对曰,"言,身之文也;身将隐,焉用文之?——是求显也。"("是求显也"突接"使知之",意思是说:"若使知之,是求显也"。故同"焉用文之"不接。)(《左传·僖公二十四年》)

晋献公将杀其世子申生。公子重耳谓之曰,"子盍言子之志于公乎?"世子曰,"不可。君安骊姬,——是我伤公之心也。"("是我伤公之心也",也因

突接"言志于公",同"君安骊姬"不接。意思是说:"若言我之志于公,是我伤公之心也。")(《礼记·檀弓》上)

　　子夏丧其子而丧其明。曾子吊之,曰,"吾闻之也,朋友丧明则哭之。"曾子哭。子夏亦哭,曰,"天乎,予之无罪也!"曾子怒曰,"商!女何无罪也?吾与女事夫子于洙泗之间,退而老于西河之上,使西河之民,疑女于夫子,尔罪一也。丧尔亲,使民未有闻焉,尔罪二也。丧尔子,丧尔明,尔罪三也。而曰——女何无罪与?"("女何无罪与"也因突接"予之无罪也",把"而曰"一句折成了残缺不全。意思是说:"而曰'予无罪',汝何无罪与?")(《礼记·檀弓》上)

　　冯唐者,其大父赵人,父徙代。唐以孝著,为中郎署长。文帝辇过,问唐曰:"父老何自为郎?家安在?"唐具以实对。文帝曰:"吾居代时,吾尚食监高祛数为我言赵将李齐之贤,战于巨鹿下。今吾每饭,意未尝不在巨鹿也。父知之乎?"唐对曰:"尚不如廉颇、李牧之为将也。"上既闻廉颇、李牧为人良,说而搏髀曰:"嗟乎!吾独不得廉颇、李牧时为吾将,——吾岂忧匈奴哉!"("吾岂忧匈奴哉"是突接当时的心事。因为当时文帝,正如下文所说,"以胡寇为意",所以有这突然的话。意思是说:"吾独不得廉颇、李牧此时为吾将,若得廉颇、李牧此时为吾将,吾岂忧匈奴哉!")(《史记·冯唐传》)

　　孝文帝立数月,公卿请立太子,而窦姬长男最长,立为太子,立窦姬为皇后。窦皇后兄窦长君,弟曰窦广国,字少君。少君年四五岁时,家贫,为人所略卖,其家不知其处。传十余家,至宜阳,为其主入山作炭。寒,卧岸下百余人。岸崩,尽压杀卧者,少君独得脱,不死。从其家之长安。闻窦皇后新立,家在观津,姓窦氏。广国去时虽小,识其县名及姓,又常与其姊采桑堕,用为符信。上书自陈。窦皇后言之于文帝。召见,问之,具言其故,果是。于是窦后持之而泣,泣涕交横下,侍御左右皆伏地泣,助皇后悲哀。乃厚赐田宅金钱,封公昆弟,家于长安。绛侯(周勃)灌(婴)将军等曰:"吾属不死,命且悬此两人。两人所出微,不可不为择师傅宾客,——又复效吕氏大事也!"("又复效吕氏大事也"也是突接当时的心事。当时吕后母家诸吕闹大事刚完,就又大封窦后兄弟,而窦后兄弟又"所出微",恐怕又要闹事,所以有这突然的话。意思是说:"不可不为择师傅宾客,若不为择师傅宾客,又复效吕氏大事也!")(《史记·外戚世家》)

像这些突接的处所,若为说明方便起见,原也不妨给它增上相当的复牒前话的假设语,如"若使知之"之类,使它连接。然而这也容易损了原有的急切神情。即如《左传》一例,《史记·晋世家》加上了"文之"两字,作"言,身之文也。身将隐,焉用文之?文之是求显也"。形式上固然比较的完整,而说话者急切的神情也觉得反而有些失去了。

第三是岔断。这有些像急收而其实非急收,又有些像突接而其实非突接,这是由于别的说话或别的事象横闯进来,岔断了正在说的话,致被岔成了残缺不全或者上下不接。如《左传·襄公二十五年》:

叔孙宣伯之在齐也,叔孙还纳其女于灵公,嬖,生景公。丁丑,崔杼立而相之,庆父为左相,盟国人于太宫曰:"所不与崔庆者——"晏子仰天叹曰:"婴所不唯忠于君,利社稷者是与,有如上帝!"乃歃。(崔庆的盟辞未说完便被晏子岔断了,所以杜注说:"盟书云,'所不与崔庆者有如上帝',读书未终,晏子抄答易其辞,因自歃。")

又《荀子·尧问》篇:

魏武侯谋事而当,群臣莫能逮,退朝而有喜色。吴起进曰,"亦尝有以楚庄王之语,闻于左右者乎?楚庄王谋事而当,群臣莫逮,退朝而有忧色。楚庄王以忧,而君以喜——"武侯逡巡再拜曰,"天使夫子振寡人之过也。"(吴起的话也未说完,被武侯岔断。)

又《史记·项羽本纪》:

项王留沛公与饮。项王项伯东向坐。亚父南向坐,——亚父者,范增也。——沛公北向坐,张良西向侍。范增数目项王,举所佩玉玦以示之者三。项王默然不应。(叙述语被"亚父者,范增也"这一个插注岔断)

又如《三侠五义》第十二回:

到了二更时分,英雄(展昭)换上夜行的衣靠,将灯吹灭,听了片时,寓所已无动静。悄悄开门,回手带好,仍然放下软帘,飞上房,离了寓所,来到花园——白昼间已然丈量过了。——约略远近,在百宝囊中掏出如意绦来,用力往上一抛。——是练就准头——便落在墙头之上,用脚尖登住砖牙,飞身而上。到了墙头,将身爬伏。(叙述语被说明语岔断了两次)

这都还普通,比较奇特的要算《水浒》第五回中鲁智深诘责瓦官寺和尚,岔断和尚说话的写法:

> 智深走到面前,那和尚吃了一惊,跳起身来便道,"请师兄坐,同吃一盏。"智深提着禅杖道,"你这两个如何把寺来废了?"那和尚便道:"师兄请坐,听小僧——"智深睁着眼道:"你说,你说!""——说:在先敝寺十分好个去处,田庄又广,僧众极多,只被廊下那几个老和尚,吃酒撒泼,将钱养女,长老禁约他们不得,又把长老排告了出去,因此把寺来废了。僧众尽皆走散,田土已都卖了。小僧却和这个道人新来主持此间,正要整理山门,修盖殿宇。"

和尚说的"师兄请坐,听小僧说",原是一句,只因智深睁眼在旁抢说"你说你说",作者要把两人的话一齐写出,就将那和尚的话隔断,把"听小僧"等字隔在上文,"说"字隔在下文。这种隔法,《水浒》以前似乎不曾有过。所以批评家金圣叹要说这是"从古未有之奇事",又说,"章法奇绝,从古未有。"像这些跳脱岔断的话,如果硬将它们补全或者接连,也容易失了当时的急骤神情。即如《荀子》一个例中吴起的最后一句话,《吴子·图国》篇作"此楚庄王之所忧,而君说之,臣窃惧矣",补了一句,语颇完整,但于所谓"于是武侯有惭色",不待话完,急急认错的神情却倒有些模糊了。所以跳脱形式,虽然常是残缺不全或者间断不接,也是增减它不得,倒置它不得。清魏禧在他所著的《日录论文》中有一条说:"又尝论古乐府以跳脱断缺为古,是已。细求之,语虽不伦,意却相属,但章法妙,人不觉耳。然竟有各成一段,上下意绝不相属者,却增减他不得,倒置他不得。此是何故?盖意虽不属,而其节之长短起伏,合之自成片段,不可得而乱也。……知此者可与读文矣。"他这一段话虽系专论古乐府,却有相当的概括性,可以移作本格的说明。

第九篇　积极修辞五

一　辞　趣

关于语感的利用，就是语言文字本身的情趣的利用，大体可以分作三方面，就是：辞的意味，辞的音调，和辞的形貌。这三个方面大体同语言文字的意义、声音、形体三方面相对当。我们在辞趣论里所要讨论的，便是如何利用各种语言文字的意义上声音上形体上附着的风致，来增高话语文章的情韵的问题。利用语言文字的风致来补助语文情韵的手段，虽然普通并不计及，但是应该讨论的项目也不少。为了讨论方便起见，就照语言文字的义音形三分法，分作意味、音调、形貌三项，各别说述于下：

二　辞的意味

辞的意味，大概由两个方面构成：一是由于语言文字的历史或背景的衬托；二是由于语言文字的上下或左右的包晕。

语言文字大抵都有它自己的历史或背景，形成它的品位和风采。不过不著名的，人都不去注意它，不是在特殊的地方，人也不去计较它罢了。但是个人的情趣，流派的气味，时代的精神，地方的色彩，以及其他等等，往往就从那所用的词的历史或背景里，很浓重地透露出来。例如或说"国粹"，或说"国故"，或说"国学"，所指对象大体相同，而说者趣味或时代情味却就不同；又如或说"孙文主义"，或说"三民主义"，或说"中山主义"，所指对象也大体相同，而说者个人的情趣及流派的气味，也就不无显然的差别。这都由于历来用这词的历史而来。又如市上常见"男女理发所"字样，我们看了不以为奇，而新近有人叫做什么"乾坤理发所"，我们看去便觉得有一种催呕的土豪劣绅气息扑上来，这也是由于"乾坤"一个词的历史所致。

再如"来呀"和"来嚡"，也是语意相同而两语所显示的背景的风味全然不同的例。因为"来呀"是普通常用的，听去很平常，而"来嚡"听了就不免引起特殊的背景的联想。在文学中,往往因为要利用语言的这一种作用,利用各处方言来显示各处的情调。如《海上花》的用苏白来写上海的游窟情调,《儿女英雄传》的用京语来写北方儿女的英雄气概,便是著名的例。

寻常讨论辞的意味时,往往要讨论到所谓"造形的表现"。以为要使语言不流于空洞玄虚而能再现出鲜新的意象,必得诉之于视觉(明暗、形状、色彩等)、触觉(温、冷、痛、压等觉)和运动感觉等等,把那空间的形象描出来。其方法,是在描绘对象物的性状,表现对象物的活动。如:

> ……一面白旗懒懒地摇动着暮色。我就想起火车已经出了隧道——这时候,我见萧索的横路的木栅那边,并立着三个脸色血红的男孩。他们都好像抵不住这阴天的压抑似地,身材统很低。又穿着和这村外阴惨的风物一样颜色的衣服。他们仰着头看火车通过去,急忙地一齐举起手来,又就破嗓子,莫名其妙的拼命的高喊。这时候,那半身探出窗外的小姑娘,也就伸出她那冻伤了的手,向左右乱摆,忽然又有耀眼的染着暖日色的橘子一总五六个,劈拍劈拍地从空落到看送火车的小孩们的身上去。(芥川龙之介《橘子》)

在这中间所谓"萧索的横路的木栅"及所谓"三个脸色血红的男孩"以及所谓"冻伤的手"等,便是显示形象的性状的辞句。如所谓"仰着头",所谓"急忙地一齐举起手",所谓"破嗓子",所谓"拼命的高喊",所谓"伸出手向左右乱摆"等等,就是表现活动的辞句。这些辞句都使得语文生动有致。尤其是那结末的地方,不说"投下橘子"却说"橘子从空落去",更是把印象表现得非常的鲜活有趣。正如同氏所作《湖南的扇子》中,写船近长沙码头时说:

> 我在这时以前的数分钟就靠着甲板上的栏杆,望那渐渐地迫近左舷来的长沙府城。

不说"迫近去"而说"迫近来",便更如实地浮现出活动的印象,因此也就更有趣。

这就是所谓造形的表现所致的情趣。但这种情趣是由于形象之官感的描写而来,不是由于语言文字之历史或背景的利用而来。虽然那也非常重要,但同眼下所论,实为另外一件事。

这种由于辞的经历或背景而来的风味,细分起来简直和语言的种类一样的繁多。如语言上有术语、俚语、方言、古语等种种,辞的背景情味也就随着而有术语的、俚语的、方言的、古语的等多种不同的情趣。见用术语时,对于那语的背景就会有专门人物或专门知识等联想;看了或者会有庄严深奥等感杂然并呈,形成以其语为烧点的一团情趣。使其语所要表现的思想,因此更其不悬空,不单弱。用方言时也是如此,也或显出了地方的色彩,或形出了乡下老的神气,可以因它所附的杂多情趣,而将其语的意象加上了一层地方风味的装饰。俚语的会有通常社会的联想所引致的情趣,古语的会有古旧、疏远等情趣随伴着,也是同样的缘故。

　　除了此种语言文字的历史或背景的衬托影响之外,由于语言文字的上下或左右包晕而来的势力,也并不少。往往将一个辞,换了它的上下文,就可以换出一种新辞趣。那一种新辞趣,有时简直和原辞不同到正相反对的地步。胡以鲁在他所著的《国语学草创》中曾经说:

　　　　抑意味之感,意识中之一种特殊元素也。借联想或类推作用彼此相连,或彼此相限,起关系上包晕之感。如吾云"人",口中起"人"之发音运动,脑中即起"人"之意识经验。发音之"人"同,经验之"人"视其词句之关系,而意可异。如云"患不知人也",对己而称他人,三人称也。"过也人皆见之",有皆以限之,多数也。"硕人"诗赋卫庄姜,可知其性为阴,其位为呼也;而动词之时、法、气,亦可于句中觇之。不宁惟是,"不知人"之"人",称伟人也,与"人皆见之"之称常人者有辨。更以修辞的言之:人不限于三人称,如"哲人其萎乎",孔子自谓;"斯人也而有斯疾也",则对称伯牛也。若是所附加之意识为一种特殊积极之感,化单纯之音响为特定之意义,盖发于意识而有规定思虑之性能者也。思虑既定,斯思虑结果之语言,亦以心传心,不逾矩矣。是即所谓关系包晕之感。(《国语学草创》第六编《国语在语言学上之位置》)

所谓关系包晕之感,就是指上下左右的包晕关系而说。上下文关系在我们汉语里,本来极占重要的位置;例如我们汉语向来不大用缀衬成分表征文法关系,而时数之类的文法变化,我们仍能明白认识,有时就要靠这一种浑含的所谓字里行间的上下文关系的助力。而上下文关系所有的增长或者减少本文的作用,也颇有力及于辞的风味上。例如"中庸"两字,在《论语》的《雍也》篇

> 中庸之为德也其至矣乎,民鲜久矣。

一句中,本有所谓"不偏不易"的推崇它的意味;而在贾谊《过秦论》上篇所谓

> 材能不及中庸

句中,因它下文就有一句说陈涉"非有仲尼墨翟之贤"的话,"中庸"两字便简直只含有"寻常"两字的意趣;至在《后汉书·胡广传》

> 万事不理问伯始,天下中庸有胡公。

云云,则所谓"中庸"简直只能当作无可无不可的"乡原"解了。这就因为上下文关系,所含意趣几乎同第一个"中庸"两字美丑完全相反的实例。

> 又如"荡荡"两字,在《论语》的《泰伯》篇中
> ……荡荡乎民无能名焉

的句里本有"广远"或"广大"的意味,而在干宝的《晋纪·总论》中——

> 民风国势如此,虽以中庸之才守文之主治之,辛有必见之于祭祀,季札必得之于声乐,范燮必为之请死,贾谊必为之痛哭;又况惠帝以荡荡之德临之哉?

则因上文有"中庸之才"也不免如何如何的包晕,所谓"荡荡"两字简直如吴曾祺所说,几乎就是说他"蠢然无知"的意思了。

"作史之法,有曰美恶不嫌同辞";其实史中无注,读史者对于同辞而能感得一是说美一是说恶的意趣,那完全由于语言文字上有所谓上下包晕作用的缘故。

利用背景风味和上下关系是调和辞味的经常方法。此外还有一项特殊的手段,也常常有人用。就是采用蓄感含情的色彩鲜明的辞句。我们平常表示亲密或厌恶的时候常常另用特殊的称呼,便是这一种手段的运用。如新近的女子常常称她的爱人为"哥哥"或"弟弟",而男子常常称他的爱人为"姊姊"或"妹妹"之

类,就是例。

　　这项手段的要点,是在将我们对于对象物的感情特别提出来,使它浮在所用的辞句上。平常我们用一辞,原也包含有对于那一辞的对象感情。例如我们用"马"这一个辞,这辞就含有我们经由视感、听觉、嗅感,及其他感觉等等呈现到我们意识上来的一切印象;而且同时含有我们对于马的种种感情方面的联想,如对于马的勇武的性情的爱好,和对于马的耐劳的性情的爱好等等。那种复杂的联想,当然随人而有质的及量的差异。所以平常几个人同用所谓"马"这一个辞时,几个用的人所寄托的情趣的内容,可以很不相同。倘要划定或描出自己所强感的点面,有时不能不另用一种的特殊称谓。例如言快就称它为"千里",言矮就称它为"果下"之类。那便将我们对于对象所最强感的印象或情趣特别提出来,把它浮在辞面上了。那作者对于对象物的焦点的印象或情绪,只要一看便可感得。故用带有这种辞趣的辞的时候,作者的色彩常是异常的鲜明。

三　辞　的　音　调

　　辞的音调是利用语言文字的声音以增饰语辞的情趣所形成的现象。语辞的音调,也同语辞的风味一样,——甚或在语辞的风味以上,为过去的许多执笔者所留心讲究。大体可以分为象征的和装饰的两方面。象征的音调,都同语言文字的内里相顺应,可以辅助语言文字所有的意味和情趣;装饰的音调则同语辞的内里并没有什么必然的联系,只为使得语辞能够适口悦耳,听起来有音乐的风味,所以讲究它。

　　一、象征的音调　又可分为象物音的利用和音趣的利用两项。

　　(甲)象物音中有字音仿佛像事物的声音的,如"滴"字的音,同雨下注阶的音相近,"击"字的音同持械敲门的音相近,"流"字的音同急水下注的音相近,又如"湫"字的音近于池水的声音,"瀑"字的音近于瀑布的声音之类(参看刘师培《中国文学教科书》第一册),也有发音的动作仿佛像事物的,"如大字之声大,小字之声小,长字之声长,短字之声短,又如说酸字口如食酸之形,说苦字口如食苦之形,说辛字口如食辛之形,说甘字口如食甘之形,说咸字口如食咸之形"(见陈澧《东塾读书记》卷十一)。像这类的字音,据说在我们中国的语言文字里并不少,利用它来用在语辞上,也可以使那语辞上有字音和字义互相融合的风味,比之一般语言更其贴切有味。

　　(乙)还有音趣,虽然比之前项所述更为隐微,也可以用以象征语辞的意味,

不过这项修辞手段,在我国仿佛向来并不注意。所以唐钺发表他的"隐态绘声"论,引韩愈《送本师归范阳》的

>   奸穷怪变得,往往造平淡。

以为"奸""穷""怪",音也突兀,同语意相称;又引韩愈《荐士》的

>   敷柔肆纡余,奋猛卷海潦。

以为上句字音同字意相应,下句"奋猛"也同"卷海潦"的声音相似(现收入《国故新探》卷一)。当时友朋之中通音韵的也还有人以为他的议论太带玄学的气息。但音趣的象征虽不十分明了,却也似乎不能以为没有这么一回事。例如有些修辞学家和语言学家所称述的:长音有宽裕、纤缓、沉静、闲逸、广大、敬虔等情趣;短音有急促、激剧、烦扰、繁多、狭小、喜谑等情趣。清音可以引起

(1) 小　　(2) 少　　(3) 强　　(4) 锐　　(5) 快
(6) 明　　(7) 壮　　(8) 优　　(9) 美　　(10) 贤
(11) 善　　(12) 静　　(13) 虚　　(14) 轻　　(15) 易

等特质的联想;浊音可以引起

(1) 大　　(2) 多　　(3) 弱　　(4) 钝　　(5) 慢
(6) 暗　　(7) 老　　(8) 劣　　(9) 丑　　(10) 愚
(11) 恶　　(12) 动　　(13) 实　　(14) 重　　(15) 难

等特质的联想。虽不见得人人都有同感,却也不能全然加以否认。

二、装饰的音调　装饰的音调,并不像上述象征的音调能够直接辅益语辞的意义,语辞上用它不过为了装饰作用。这类装饰的音调,也可分为两种:一是特殊的,一是一般的。所谓特殊的是只限于诗歌之类特殊的体式上才有的;而一般的音调则是一般的文辞上所习见的。照普通的称谓,前者可以称为"声律",后者可以称为"音节"。

调和音节的手段之中,有下列两个特殊方法:

(1) 移动标点。标点本来用以标示文辞的关系或作用,标点的正用当然应该用它来标示文辞的意义。但实际上,标点的用法不尽如此。譬如在文言中像《孟子·梁惠王》章的

> 未有仁,而遗其亲者也;未有义,而后其君者也。

照意义,"仁"字下和"义"字下都不应有标点;而实际上教书的人,差不多都如上文,在"仁"字下和"义"字下都加上标点。这就为了便于读时的呼吸,读起来较为顺溜又较为有力的缘故。我们如果称别种标点为"文法上的标点",便不妨称这一种标点为"修辞上的标点";倘若称别种标点为"意义的标点",又不妨称这一种标点为"音节的标点"。标点的这一种用法,就在最近的新文艺中也还有好些人采用它。

(2)变动字句。有时为音节和合起见,不能不变动字句,甚至有时为音节和合起见,不能不牵动文法。例如《孟子·万章》下的

> 吾于子思,则师之矣。

和《公孙丑》上的

> 我于辞命,则不能也。

句法本来相同,而一句的"师"字下有补语,一句的"不能"下没有补语,想来也是为要音节调顺的缘故。

音调上的修饰,在过去的文家往往把它当作一件大事。那用力的方法就是一个读。如姚鼐在《与陈硕士书》中所谓:

> 大抵学古文者,必要放声疾读又缓读,只久之自悟。若但能默看,即终身作外行也。(姚永朴《文学研究法》引)

但这种读的习惯,已经随着人事的繁忙,和印刷的激增,渐渐消沉下去。自从活字发明,印刷术发达以来,书报出得比较多,比较快,阅读书报的人差不多都已重在"阅",而不重在"读"。因此修起辞来,也便只求文辞适于眼看目赏,不复要求所谓琅琅可诵了。现在乡间年长的人虽然依旧还有朗诵的习惯,但像我们就已经多看少读。还有一些人甚至见人"读"书"读"报就要笑;而且说:"如果朗诵,便觉得文章的意义也就随着声音一齐从嘴里飞出去,不再入心了。"

文辞不很讲究音调,几乎已经成为一般的风气。

四　辞的形貌

至于文辞的形貌,虽然我们现在修辞并不讲究,前人为文也颇注意。刘勰在《文心雕龙·练字》篇中曾经说:

> 缀字属篇,必须练择:一避诡异,二省联边,三权重出,四调单复。

中间第二项的"省联边"和第四项的"调单复",便是关于文辞的形貌的运用。

什么是"联边"? 又应该怎样地"省"联边? 刘勰接着就说:

> 联边者半字同文者也。状貌山川,古今咸用;施于常文,则龃龉为瑕。如不获免,可至三接。三接之外,其字林乎?

所谓联边原来就是有半个字相同的字。据他说来,寻常作文,像张协的《杂诗》中

> 洪潦浩方割

句模样,或像沈约的《和谢宣城诗》中

> 刷羽泛清源

句模样,联用三个联边的字是可以的;倘如曹植《杂诗》中的

> 绮缟何缤纷

陆机《日出东南隅行》中的

> 琼珮结瑶璠

那样五个字之中用了四个联边的字,便有些像字典,便未免太不好看了。

"绮缟"之类字形半个相同而前人以为字面好看的,约有下列五种:

(1) 左同　例如江河;
(2) 右同　例如鹦鹉;
(3) 上同　例如芙蓉;
(4) 下同　例如鸳鸯;
(5) 周同　例如园圃。

前举"绮缟"等各例,不过是其中的一种。

随后刘勰又解说什么叫做"单复"和怎样"调"单复道:

> 单复者,字形肥瘠者也。瘠字累句,则纤疏而行劣;肥字积文,则黯黕而篇闇;善酌字者,参伍单复,磊落如珠矣。

则文意更分明,就是说只有把肥字和瘦字错综参伍起来用,才不致太疏朗朗地或太糊执执地不好看。

刘勰所谓省联边和所谓调单复这两种手术,我们的前辈文人撰精致的文字时都颇注意。其中又以省联边为占主位。但现在也几乎无人说起了。

还有国外未来派等近代派的艺术家,也颇注意于文字的直接的刺激力。像未来派就曾主张"在一页里,用三四种颜色不同的墨汁,二十种式样不同的字模"来印刷,以直接刺激人们的感官。他们除了盛用摹声语言和数学记号之外,就要算这一种用印刷上各种可能的技术使文章极度的绘画化的主张最引人注意。他们曾有人把烟熏写做 FUMER 去模拟烟熏的形象,又曾有人写了

街　街　街　街　街　街

人　人　人　人　人　人

模样的许多字,去描写正在疾驰的车上所见的街和街头上所见的人。这虽同以前我们那种宝石匠模样的手法不同,也是属于文辞的形貌上的雕琢。

第十篇　修辞现象的变化和统一

一　格局无定

我们到此,大体已经将各种修辞现象说完。普通往往还要提出所谓格局或结构问题来。这在以前,名叫"布格",也叫"布局"。格局固然也很重要,但实际是随语文的体式、意旨以及各人的设计而变,没有什么应用无碍的一定方式可说,除非原来照填程式的应用文。我们知道一向对于格局有所谓"三准四法"说。"三准说"道:"凡思绪初发,辞采苦杂,心非权衡,势必轻重。是以草创鸿笔,先标三准:履端于始,则设情以位体;举正于中,则酌事以取类;归余于终,则撮辞以举要。然后舒华布实,献替节文,绳墨外,美材既斫,故能首尾圆合,条贯统序"(见《文心雕龙·镕裁》篇)。"四法说"道:"诗有四法:起要平直,承要舂容,转要变化,合要渊永"(见范梈《诗法》)。这或许可以说明一部分的语义,但决不能范围古今一切语文的格局。就再加多些节目,为起、承、铺、叙、过、结六法,又加多些伸缩性,为"或用其二,或用其三四,可以随宜增减"(见陈绎曾《文筌》),也仍不能尽格局的变化。这在过去,也曾有人说过。章学诚论"古文十弊"中有一条说:"古人文成法立,未尝有定格也。传人适如其人,述事适如其事,无定之中,有一定焉。知其意者,旦暮遇之。不知其意,袭其形貌,神弗肖也。往余撰和州故给事成性志传。性以建言著称,故采录其奏议。然性少遭乱离,全家被害,追悼先世,每见文辞。而《猛省》之篇,尤沉痛可以教孝。故于终篇,全录其文。其乡有知名士赏余文曰,'前载如许奏章,若无《猛省》之篇,譬如行船,鹢首重而舵楼轻矣。今此蒉尾,可谓善谋篇也。'余戏诘云,'设成君本无此篇,此船终不行耶?'盖塾师讲授四书文义,谓之时文。必有法度,以合程式。而法度难以空言,则往往取譬以示蒙学。拟于房室,则有所谓间架结构。拟于身体,则有所谓眉目筋节。拟于绘画,则有所谓点睛添毫。拟于形家,则有所谓来龙结穴。随时取譬。然为初学示法,亦自不得不然,无庸责也。惟时文结习,深锢肠腑,进窥一切古书古文,皆此时文见解,动操塾师启蒙议论,则如用象棋枰布围棋子,必不合矣。"(见

《文史通义》五)古文尚且如此,何况不像古文那样板板的。所谓"无定之中,有一定焉",或许便是刘勰所谓"首尾圆合,条贯统序",但这也是"传人适如其人,述事适如其事"的自然结果。至于所谓四法、六法等等刻板定数,在东方是有一个公用绰号,叫做"杓子定规",而学诚却也替它起了一个绰号,叫做"井底天文"。我们既然无意研究所谓井底天文,那就不必再加考较了。修辞现象大体已经说完。现在列一简表于下:

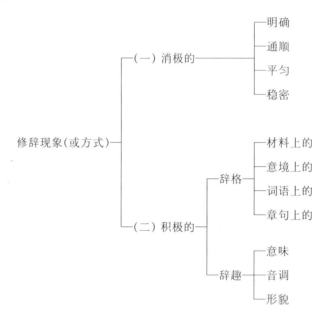

二 修辞现象也不是一定不易

这些修辞现象也不是一定不易。就像选词,我们现在是以平易做标准。而不久以前,却以所谓雅洁做标准。雅洁便是桐城派的所谓义法之一。桐城派的开山祖师方苞曾经说过:

> 南宋元明以来,古文义法不讲久矣,吴越间遗老尤放恣,或杂小说,或沿翰林旧体,无雅洁者。(见沈廷芳《书方望溪传后》)

又姚鼐也曾经说过:

> 鼐又闻之:"言之无文,行而不远。"出辞气不能远鄙倍,则曾子戒之。……

当唐之世,僧徒不通于文,乃书其师语以俚俗,谓之"语录"。宋世儒者弟子,盖过而效之。然以弟子记先师,惧失其真,犹有取尔也。明世自著书者,乃亦效其辞,此何取哉?愿先生凡辞之近俗如"语录"者,尽易之,使成文,则善矣。(见《复曹云路书》)

从此以后凡是直属或归附桐城派的,没有一个不奉雅洁两字做选词的标准。从清康熙年间直到五四前后,占据文心几乎有二百多年。便是在译述界颇有贡献的严复、林纾,也不能不受它的牢笼。严复所谓"译事三难:信,达,雅。……易曰'修辞立诚',子曰'辞达而已矣',又曰'言之无文,行之不远'。三者乃文章正轨,亦即译事楷模。故信达而外,求其尔雅。"(见所译《天演论》例言)。最后一定要提出一个雅字来,也是由于所谓雅洁义法在那里捉弄他。这种义法,直到白话文学运动起来,才被攻破。白话文学运动是有历史的、社会的根源的,那时虽然林纾还是矗着雅来反攻,也已经不济事了,不能不惨惨地败走了。这便是近年来显而易见的变易之一。严复以为不止"行远"须要讲雅,就是"求达"也要讲雅。他说:"实则精理微言,用汉以前字法句法,则为达易;用近世利俗文字,则求达难,往往抑义就词……"(也见同书例言)。这种感觉,多半不是从语言文字的意义上头来,只是从我们所谓辞趣上头来。因为汉以前的字法句法,人比较地看得多,读得熟,每见一词往往不但知道它的字义,还知道它的历史。即如所谓尔雅一词,我们知道过有《尔雅》一书,书的《疏》里有过"尔雅"两字的解释:"尔,近也,雅,正也,言可近而取正也。""尔雅"两字又曾经用于《史记·儒林传序》:"文章尔雅,训辞深厚。"注上说:"谓诏书文章雅正。"用汉以前的字法句法,便当的便是这等历史光辉可以照耀上来,把字罩上了一层闪烁不定的光彩,使人看去,真像"深厚"不可测度。但这种"尔雅",实际是同行远有碍,而于所谓达却无关系。像《儒林传序》里公孙弘的奏语便说:

……臣谨案诏书律令下者,明天人分际,通古今之谊,文章尔雅,训辞深厚,恩施甚美;小吏浅闻,弗能究宣,无以明布谕下。(《史记》《汉书》的《儒林传》参用)

所谓"文章尔雅"的诏书律令,便连小官也不能懂,还说什么"行远"?而所谓词的历史色彩又不单是汉以前的字法句法有的。我们倘也像留心汉以前的字法、句法那样,真肯留心现代的语言文字,将见现代语言文字的历史背景更为丰富,而且更为亲切,就要利用辞趣,也不见得便无辞趣可以利用。大概过去的辞人多半带有高蹈的气息,隔离社会,又把社会看作自己脚下的尘世,故于辞趣也常常把所谓文坛的辞趣和所谓社会的辞趣分得极严。有人说:文坛的辞趣是文坛惯用的字句所专有的情趣,这种字句常带有文坛的背景,能使读者发生雅感及好感,而无粗野的刺激。而所谓社会的辞趣,却不如此,故往往同文坛的辞趣发生矛盾。这种分法非常奇妙,你或许要吃一惊,以为他们的"文坛"是建筑在"社会"以外的。其实他们也不过把意思老实说出来罢了,意思并不是他们所独有的。像严复所谓"用汉以前字法句法,则为达易;用近世利俗文字,则求达难",还不是一样的意思? 他们虽不在社会以外,却也不在社会之中。他们高高地躲在"象牙塔"上,深深地藏在"艺术宫"里。他们厌恶尘嚣,不愿我们这种"引车卖浆者言"吹进他们的耳朵。这种语言是他们所不惯听不惯说的,他们自然说不上口,故也不妨说是"则求达难"。而其实是不愿上口的成分居多。所以严复曾经去问吴汝纶,说"行文欲求尔雅,有不可阑入之字,改窜则失真,因仍则伤洁",怎么好呢? 吴汝纶教导他的是:"与其伤洁,毋宁失真!"(见吴汝纶《与严几道论译西书书》)"求其尔雅"至于要"毋宁失真",可见也是"抑义就词",不见得便是"为达易"。总之,当所谓雅洁一种义法支配着人意的时候,是一切都可以为它牺牲,又好像一切都是它所成全的。雅洁的选词标准既经攻破,彼此所谓"毋宁失真"云云将真殉雅的惨事便不至于再发生了。这在手法方面,是脱离形式拘缚内容那一种狭窄义法的大解脱,而在意识方面,也是从超出社会转为投入社会的一个大转变。

三　修辞现象常有上落

辞格方面,也常有上落,有的是自然演进,有的是有意改动。像藏词由并用歇后藏头渐次演进为专用歇后,又从凭借《诗经》《书经》等书上成语渐次演进为直用口头上的成语,又像复叠,从"灼灼""依依"等叠字渐次演进为"随随便便""不不少少"等叠字,都是不声不响地在那里进展。都可以看作自然演进。这种自然演进,在发动的个人想必也是有意的,不过它既不曾出名,我们也就难以考查它的经历罢了。只有几种积弊极重,改革也颇费力的,我们还能知道那是有意的改革。例如对偶。对偶本来不必排斥,假如事意有自然成对的,自然也可以用成对的语言去表达它,但从魏晋以后,竞尚纤巧,往往以为文辞一定要对,那就成为措辞的镣铐。所以唐代曾经有过一度激烈地反对,不久以前也曾有过一度激烈地反对运动。又如引用。引用本来也不必排斥，假如前人的成事成语真有足以补助或代替我们自己的说话的，引用也是不妨，甚至还是有益，但过去往往借用不全切或全不切的故事陈言来代话，又往往借用不全切或全不切的故事陈言来解话，有时晦涩费解，简直等于做谜猜猜。而刻削不自然的体态也往往教人看了生厌。这于意趣两面，都是有害无益。最大的效用，不过是借此矜奇炫博，就是所谓掉书袋。清周寿昌所著《思益堂日札》（九）曾载有"掉书袋"一条：

> 凡人摘裂书语以代常谈，俗谓之掉文，亦谓之掉书袋。掉书袋三字见马令《南唐书·彭利用传》。利用自号彭书袋，《传》中所载掉文处真堪绝倒。《传》有云：或问其高姓，对曰："陇西之遗苗，昌邑之余胄。"又问其居处，对曰："生自广陵，长侨螺渚。"其仆常有过，利用责之曰："始予以为纪纲之仆，人百其身，赖尔同心同德，左之右之。今乃中道而废，侮慢自贤，故劳心劳力，日不暇给。若而今而后，过而勿改，予当徇公灭私，挞诸市朝，任汝自西自东，以遨以游而已。"时江南士人每于宴语，必道此以为戏笑。利用丧父，客吊之曰："贤尊窀穸，不胜哀悼。"利用对曰："家君不幸短命，诸子餬口四方，归见相如之璧，空余仲堪之棺，实可痛心疾首，不寒而栗。苟泣血三年，不可再见。"遂大恸。客复勉之曰："自宽哀戚，冀阕丧制。"利用又曰："自古毁不灭性，杖而后起，卜其宅兆而安措之。虽则君子有终，然而孝子不匮。三年不改，何日忘之。"又大欷歔。吊者于是失笑。会邻家火灾，利用往救。徐望之曰："煌煌然赫赫然，不可向迩，自钻燧而降，未有若斯之盛，其可扑灭乎？"又尝与同志远游，迨至一舍，俄不告而返。诘旦或问之故。利用曰："忽思朱亥之椎，犹倚陈平之户，窃恐数钧之重，转伤六尺之孤。"其言可哂者类如此。

平常用典虽然不至可笑如此，但使人感到不自然处，往往也和听彭书袋掉文不相上下。所以不久以前，也曾有过一度激烈地反对运动。像这些都是有意的。有意的运动，自然效力更大，可以把平常看作当然的现象的缺点提到眼睛前头来，教人触目惊心。但这种运动大抵只是病象极重极显的时候才会发生，其余大都是不声不响地在那里进展改动。而那进展改动，往往也是竭力利用语言文字的各种可能性来应付各种不同的情境，有时反比有些纯凭主观，不顾实际的鼓吹还周到得多。如文法上语词的多音节化过去未见有谁提倡，早已逐渐加多，把"马"

加上"儿",叫做"马儿",把"鸭"加上"子",叫做"鸭子",这是为的声音加多更容易听得清楚的缘故。而修辞上的节短,虽然曾经有人伫侗排斥,却也仍在逐渐加多,例如把"五月四日"节做"五四",把"左翼作家联盟"节做"左联"。又是为了大家熟悉,无须繁说详举的缘故。像这些根据经验的自然改动,虽然不像大张旗鼓的主张改革那样有名,或许不为一般学者所注意,但在成分上却居多数。我们要注意少数出名英雄的改革业绩,我们更要注意这些稳扎实打多数无名英雄的改革业绩。这就是我们比之注意成说更要注意古今一切实例的最重要的理由。就像错综,是反排偶的最有效的手法,但在几次反排偶的运动中,都不曾有谁提挈它,把它看做可同对偶排比比并的辞格。而实例却早已存在。我们倘不注意实例,必致遗落了这种极可注意的修辞现象。

四　修辞现象也常有生灭

辞格的项目,也不是一定不易。现在已有的或许要消灭了,现在未有的也许要产生出来。就现有的例来说,如出奇的造作的回文便已经要消灭了,而藏词却是从汉代以后才产生的,如今也已消歇了一半,不过发达了一半。能知此种变动的状况,然后能够对于古来已说的敢于抛,古来未说的敢于取,也就是对于旧来用烂了的敢于避,而对于从来未见有人用过的敢于创。一九二四年八月我在答某君《论辞格论效用》的一封公开信上曾经说过:"据我看来,辞格论的用处,约有四项:(一)让我们明白每格全体的条理,读书或讲书时容易通晓或解释作者的真意;(二)让我们明白每格全体的条理,作文时尽可在通则里回旋,不致拘拘去摹仿别人的一点一画;(三)让我们统观已有的一切格,修辞不致偏于自己偶然留心到的一面;(四)让我们周览现在已有的一切格,进而创造现在未有的多少格。"我们的憧憬,原本不是在守成,而是在创新。所以第四项,可以说是我们的理想。第二第三项就不过是写说的学习,第一项更不过是读听的学习。假如对于读听也是无用的,那就无论前人说得怎样热闹,都可以不必留意。前人有时因为方法不密,分析不精,往往见有一点细节不同,便把一样东西看成几样东西,又见到一件东西,往往就把其他没有重要关系的事项也拉拢来说。往往看去头绪极繁,而实际极其简单。就像陈骙《文则》卷上丙节条举十种譬喻的话,也不免有这种毛病。我们不要因为他们说过一大串,便连实际无用的,也大加惊叹,而他们未曾说过的,又连实际有用的也毫不注意。总之,不当注意空谈,而当注意实际;不当偏重过去,而当偏重将来;不当单看固定,而当留心进展。

辞格的论述，无论中外，向来都很留意。因为它不但同创新有关，也可以做了解旧有的门径。俞樾的《古书疑义举例》所以承一般人看重，也是为此。但是我们需要的是更上一层的扶梯，不是传统的桎梏。像现在有些人开口讲"律"，讲"成规"，把由前例归纳出来的条理误认作为律作为条规来规限我们后例，对于我们实系无益有害。

还有人幻想定出几组运用辞格的所谓原理来，想把什么结体增义或什么正反虚实，详简单复，缓急轻重，平直曲折，整齐错综，来支配辞格，那也只是一种不切实际的玄谈。同所谓起承转合说一样，都是抓住一些语辞的末梢现象，而且是不概不括的末梢现象，来对人滔滔说个不休。我们应当注意一些更重要的现象，就是各个辞格的构造和功能。这等于文法以前单讲所谓反正虚实，而今要说各个品词的构造和功能一样。当然，修辞的现象比文法的现象更繁复，更飘忽无定，我们往往会有无从说起之感。但决不应避难就易，专去留心那些末梢现象。至于分类，更不过是为说明的方便，除非真有必要，是不必条分缕析乱人耳目的。辞格的大分类极难，因此也就最不一定。就是本书，也曾修改过好几次。这次是将原有分类完全废弃，改为下列四类：

（甲类）材料上的辞格——指就客观事象而行的修辞；

（乙类）意境上的辞格——指就主观心境而行的修辞；

（丙类）词语上的辞格——指一切利用词语成素的修辞；

（丁类）章句上的辞格——指一切利用章句结构的修辞。

理由不过是这样分类，

（1）能包摄一切辞格——辞格不过是修辞上几种重要的模式或代表。此类模式既因时尚而不同，也随地域而殊异。无论如何渊博的修辞学家必不能把古今中外一切的模式尽行搜集了来，也无论如何详尽的修辞学书必不能把古今中外一切的模式尽行罗列在一书之中。故辞格数目，可依著者见解，自行去取。但其分类必须能够包摄一切辞格，使要增设几格时，随时可以安插，不必改动类别。原来的分类，在这一点上颇有缺陷。例如要增设飞白一格，便不知归在哪一类好。自经此次改动之后便不致有此缺陷。因为此次系就语文的构造功能而行分类。语文构造无论如何不出① 用为中介的词语；② 集合词语所成的章句；③ 材料；④ 意境四项。故如此分类应该可以包摄一切辞格。

（2）可表明辞格的性质——如关于词语类的修辞是随词语而变的，汉文的谐音不一定能凑巧译成日文或俄文英文的谐音，而汉文的离合却容易流为日文的离合,便是因为汉日两种语文的字音各异,而字形却有相同地方的缘故。又如关于材料类的辞法是随材料而变的,中国人可以用"裙"作女子的借代,而在日本,"裙"却只可为男子的借代(除了时式的女学生外),用新分类便有容易说明此类现象的便利。

但实际也还有困难,如双关便是介在材料与词语中间的一种辞格,两面都可以插入。现在因为与一般单讲词语的不同,又颇有侧重材料的倾向,把它归入甲类。这自然也可以说不大自然,但这种大分类,除非你去抓那末梢现象是再也找不到一个简明切实完全无可批评的分类的。这固然不像文法那样单讲形式组织的比较容易提出妥善的分类,但文法上一涉及这种大分类时也便会发生异议,例如文法上究竟应该分为几种品词,这些品词应当如何归为虚字实字两大类,现在几乎还是各人有各人的说法。这就由于现象本来繁殊多变,不容易成全你做成那高级的综合的缘故,并非一定是人力不济。好在这种大分类,多半只同排列的顺序有关,我们只要还便说明又不致引起误解,便可认为满足了。至于辞格的区分,在国外是略有一定,而且颇有积重难返的形势,不像我们中国积习不深。我以为我们不妨趁这时机,根据古来的实例及现有的习惯和自然的条理,略加并合分析,使它成为比较容易了解,容易记忆,而又同国外辞格容易对照的一种区分。像本书所列,便是这样区分的一个小小的尝试。中间分合的情况只要把本书所说的辞格,同那几乎全然依据国外辞格区分法的《修辞格》所说的辞格去一比,便可知道一个大概。现将本书所说的头两格,就是譬喻和借代,同《修辞格》所说的,列一对照表于下:

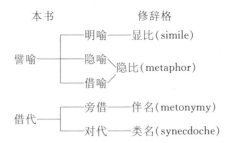

本书对于我们中国旧有的修辞说也曾运用同样的分合法。有留心国外的或旧有的修辞说的可以互相参看。

五　适应更是形形色色

以上所说大都关于语言文字的可能性的利用方面。关于语言文字方面的利用已经是纷歧错杂,变化多端。对于题旨和情境的适应更是形形色色。最近有人以为能够彻底分析这种适应,就可以具体地真切地看出写说者思想意识的全领域,写说者经验生活的全分野;而一个写说的性质,就可以给它一个科学的分析和科学的评价。那自然未免说得太夸大。但是写说者思想意识的部分,经验生活的部分,确是可以从这种适应中间看出来的。例如"积谷防饥",在我们的思想意识上同养儿没有什么关系,而养儿又同防老没有什么关系,而谚语却拿"积谷防饥"来譬喻"养儿防老"(例见"譬喻")。又如地名"柏人"为什么就会"迫人",小菜上用了鱼为什么又就会"富贵有余"(例见"析"字),舟行为什么一定要讳"住"讳"翻",要把同"住"音相近的"箸"说成"快"(例见"避讳")。这些在我们都觉得没有意思,而在过去的有些写说者却往往有着一种语感,而且往往极强,以为非用或非避不可。从这些例子看来,我们便约略可以看出写说者思想意识的影子。而用之既久,却往往能够压倒原有的语言,使向来以为没有意思的也不能不跟着那样说。即如所谓"快",便是一例。"快"字现在已经加上竹头,成为"筷",也叫"筷儿"或"筷子"。在一般人的口头上,已经取了"箸"字而代之,成为日常的语言了,不再是修辞的现象了。但在有些人,或许还要认它是"口采"。日常语言有从头便使用"口采"来做名称的,如把盛水防火的缸叫做太平缸,把陈尸待殓的房叫做太平房,把准备应急的门叫做太平门,都就是利用倒反辞做避讳来满足所谓讨口采心理的一些实例。

  在这种适应中我们也可以看出写说者地位的不同。例如一样的避讳,在触詟对赵太后的口里,就要讳言自己的死为"填沟壑",而讳言太后的死为"山陵崩",而在司马迁的口里,对任少卿说恐怕他不久要死,便只讳说"恐卒然不可为讳",又可以看出立场的不同。例如一样的夸张,刘老老是用它去奉承贾府,而《儒林外史》的作者却用它去讽刺儒林。此外还有对人的态度不同,有时用讽喻婉说,有时用反语激劝,有时却又用析字、藏词、飞白等等开玩笑,而有时又只用感叹辞长吁短叹。还有对事的态度不同,有时是慢吞吞地说折绕话,有时却又急口地说跳脱语。倘就全部的适应来看,将见那现象的复杂也就像人事一样的纷繁。

  至于利用的材料不同,更其不必说。例如,譬喻例六用钢丝做喻,例八用铜丝做喻,这决不会发见在尚未能够把钢和铜做成丝的时代,更不会发见在未用钢未用铜的石器时代。又如,例四和例十五都用田猎做喻,这也不该发见在田猎已经消灭了的时代。此外如"春歌"里说"黄檗向春生","夏歌"里说"藕异心无异",

都用当时见到的事物做双关，又如吴歌里常用蚕丝，粤讴里常用蜘蛛丝，都用当地容易见到的事物做双关，这些也是随题随境的技巧，随境随题的适应。

六　变化的统一

能够把这些具体的适应上的形形色色给它一个极细心的注意，我们便会在方式的常有上落生灭之外知道还有适用上的繁杂纷歧。其原因是由于写说者各人的天分、气质、性格、年龄、职业、性别、经验、学问、见解、趣味等等的不同，因而对于语言文字的可能性的利用固然不能相同，对于题旨和情境的对应，更是不能一致。前人有"文如其人，人如其文"的话（见冯时可《雨航杂录》卷上）。倘使所谓人是指一个人的生活意识等等一切说的，而所谓文又是指一切的写说说的，那在现在，也还很有意义。便是可以指出语文随着个人而不同的性质，同时又可以指出语文随着个人而类同的性质。倘若一个人的生活意识，前后并没有十分不同，那于语言文字的利用，于题旨情境的适应，往往大致会相仿佛。在纷歧繁杂的修辞现象之中，它便是一种统一的线索。——至少在一个作品或一场说话之中，它是一个统一的线索。故如《老残游记》的前二十回和后二十回措辞手法那样的不同，我们大抵可以相信不会是一个人做的。

其次，各时各地的社会环境、关系、需要不同，适应也不能不随着而有不同。又各时各地的遗产的累积不同，对于可能性的利用，也不能不随着而有差别。遗产的累积越多，可能性便越大。如有乐府起来，便有受乐府影响的可能。有佛经输入，便有受佛经影响的可能。有欧洲文学输入，便有感受欧洲文学影响的可能。这种可能是否见诸实际，固然不能预定，要看当时当地的需要。但若没有这种可能，我们总不会见有需要和可能的错综结合。所以时地不同，也往往就是修辞现象歧异的一个原因，而同时又就是统一的一个线索。

此外，如语言的成色不同，格律不同，目的不同，也往往就是这一个单体所以别于别一个单体的一个因素，而同时又就是本单体中互相统一的一个线索。如口头语有口头语的特征，文言文有文言文的习惯，叙述大体有叙述的体式，诠释也大体有诠释的类型。

从这统一类同的一面着眼，我们便又可以在那变化无定之中，得到一种大体可以分门别类的头绪。这便是语文的体式。

第十一篇 文体或辞体

一 文体或辞体和文体或辞体的分类

文体或辞体就是语文的体式。语文的体式很多,也有很多的分类。约举起来,可以有八种分类:(1) 地域的分类,如所谓汉文体、和文体……之类;(2) 时代的分类,如《沧浪诗话》所举的建安体、黄初体、正始体、太康体、元嘉体、永明体……之类;(3) 对象或方式上的分类,旧的如《文心雕龙》分为骚、赋、颂赞、祝盟……等等,新的如《作文法》分为描记、叙述、诠释、评议等等,都属于这一种分类;(4) 目的任务上的分类,如通常分为实用体和艺术体等类,或分为公文体、政论体、科学体、文艺体等类,都可以说是属于这一类;(5) 语言的成色特征上的分类,如所谓语录体、口头语体、文言体……之类;(6) 语言的排列声律上的分类,如所谓诗和散文之类;(7) 是表现上的分类,就是《文心雕龙》所谓"体性"的分类,如分为简约、繁丰、刚健、柔婉、平淡、绚烂、谨严、疏放之类;(8) 是依写说者个人的分类,如《沧浪诗话》所举的苏李体、曹刘体、陶体、谢体、徐庾体……韩昌黎体、柳子厚体……之类。

其中国外修辞的书上说得最热闹,我国论文的书上也讨论得最起劲的便是这里的第七种体性上的分类。现在单将这一种分类中的各体,综合中外所说,略述于下。

二 简约繁丰

体性上的分类,约可分为四组八种如下:

(1) 组——由内容和形式的比例,分为简约和繁丰;
(2) 组——由气象的刚强和柔和,分为刚健和柔婉;
(3) 组——由于话里辞藻的多少,分为平淡和绚烂;
(4) 组——由于检点工夫的多少,分为谨严和疏放。

(1) 简约体和繁丰体——简约体,是力求语辞简洁扼要的辞体。例如《书》

曰："尔唯风,下民唯草",便可说是简约的辞体,且已简到不得再简。同它一样的意思,在《论语》就说:"君子之德风,小人之德草,草上之风必偃",扩展为十六字,近于繁丰的辞体。至刘向《说苑》(卷一)又说:"夫上之化下,犹风靡草,东风则草靡而西,西风则草靡而东,在风所由,而草为之靡",扩展为三十二字,意义仍旧同上文相同,而字已经比《论语》加了一倍,这就更繁丰了。繁丰体是并不节约辞句,任意衍说,说到无可再说而后止的辞体。

简约的辞体,辞少而意多,可以使人感得峻洁,而富有言外之意,而其弊容易流于郁而不明的晦涩。繁丰的辞体,辞义详尽,可以使人充分明了,而其弊容易流于冗弱。繁简原本各有利弊短长,所以着眼点不同,便不免有所偏爱。我国古来繁简之论,就是从此而起。综计所有论调,约可分为三类:

(甲)主简论——如陆机《文赋》说:"要辞达而理举,故无取乎冗长。"

又如方苞《与程若韩书》说:"夫文未有繁而能工者,如煎金锡,粗矿去,然后黑浊之气竭而光润生。"

(乙)重繁论——如王充《论衡·自纪》篇说:"为世用者,百篇无害;不为世用者,一章无补。如皆有用,则多者为上,少者为下。"

(丙)繁简并重论——如顾炎武《日知录》(十九)说:"辞主乎达,不论其为繁与简也;繁简之论兴,而文亡矣。"

又如钱大昕《与友人论文书》说:"文有繁有简。繁者不可减之使少,犹之简者不可增之使多。《左氏》之繁,胜于《公》《谷》之简,《史记》《汉书》互有繁简。谓文未有繁而能工者,亦非通论也。"又如胡应麟《少室山房笔丛》(十三)说:"简之胜繁,以简之得者论也。繁之逊简,以繁之失者论也。要各有攸当焉。繁之失者遇简之得者则简胜;简之失者遇繁之得者则繁胜。执是以论繁简,其庶几乎。"

繁简两体,原本如这里的第三说所说,并没有绝对的优劣可论。但在各国,大抵古代偏于简,而近代则多趋于繁。其原因不在乎辞体本身的优劣,而在乎社会情状的发展。章学诚《乙卯札记》说:"古人作书,漆文竹简,或著缣帛,或以刀削,繁重不胜,是以文辞简严,章无剩句,句无剩字。良由文字艰难,故不得已而作书,取足达意而止。非第不屑为冗长,且亦无暇为冗长也。自后世纸笔作书,其便易十倍于竹帛刀漆。而文之繁冗芜蔓,亦遂随其人所欲为。虽世风文质固有转移,而人情于所轻便,则易于恣放,遇其繁重,则自出谨严,亦其常也。"这颇能说出了一部分的物质方面的原因。

而实际同一时代也有简约繁丰两不相下的实例,试看下列两首诗:

翻手作云覆手雨,纷纷轻薄何须数。君不见管鲍贫时交,此道今人弃如土。(杜甫《贫交行》)

太行之路能摧车,若比人心是坦途。巫峡之水能覆舟,若比人心是安流。人心好恶苦不常,好生毛羽恶生疮。与君结发未五载,岂期牛女为参商。古称色衰相弃背,当时美人犹怨悔。何况如今鸾镜中,妾颜未改君心改。为君熏衣裳,君闻兰麝不馨香。为君盛容饰,君看金翠无颜色。行路难,难重陈,人生莫作妇人身,百年苦乐由他人。行路难,难于山险于水,不独人间夫与妻,近代君臣亦如此。君不见左纳言右纳史,朝承恩暮赐死。行路难,不在水不在山,只在人情反复间。(白居易《太行路》)

可见繁丰简约要看实际的成就如何,本身并无绝对的优劣可论。至于学习的程序,似乎应先从繁丰的流畅入手,而后进于简约的峻洁。如欧阳修《与徐无党书》说:

著撰苟多,他日更自精择,少去其繁,则峻洁矣。然不必勉强。勉强简节之则不流畅,须待自然之至。

三　刚　健　柔　婉

(2) 刚健体和柔婉体——刚健是刚强、雄伟的文体;柔婉是柔和、优美的文体。

秋　夜　　　　鲁　迅

在我的后园,可以看见墙外有两株树,一株是枣树,还有一株也是枣树。

这上面的夜的天空,奇怪而高,我生平没有见过这样的奇怪而高的天空。他仿佛要离开人间而去,使人们仰面不再看见。然而现在却非常之蓝,闪闪地䀹着几十个星星的眼,冷眼。他的口角上现出微笑,似乎自以为大有深意,而将繁霜洒在我的园里的野花草上。

我不知道那些花草真叫什么名字,人们叫他们什么名字。我记得有一种开过极细小的粉红花,现在还开着,但是更极细小了,她在冷的夜气中,瑟缩地做梦,梦见春的到来,梦见秋的到来,梦见瘦的诗人将眼泪擦在她最末的花瓣上,告诉她秋虽然来,冬虽然来,而此后接着还是春,蝴蝶乱飞,蜜蜂都唱起春词来了。她于是一笑,虽然颜色冻得红惨惨地,仍然瑟缩着。

　　枣树,他们简直落尽了叶子。先前,还有一两个孩子来打他们别人打剩的枣子,现在是一个也不剩了,连叶子也落尽了。他知道小粉红花的梦,秋后要有春;他也知道落叶的梦,春后还是秋。他简直落尽叶子,单剩干子,然而脱了当初满树是果实和叶子时候的弧形,欠伸得很舒服。但是,有几枝还低亚着,护定他从打枣的竿梢所得的皮伤,而最直最长的几枝,却已默默地铁似的直刺着奇怪而高的天空,使天空闪闪地鬼睞眼;直刺着天空中圆满的月亮,使月亮窘得发白。

　　鬼睞眼的天空越加非常之蓝,不安了,仿佛想离去人间,避开枣树,只将月亮剩下。然而月亮也暗暗地躲到东边去了。而一无所有的干子,却仍然默默地铁似的直刺着奇怪而高的天空,一意要制他的死命,不管他各式各样地睞着许多蛊惑的眼睛。

　　哇的一声,夜游的恶鸟飞过了。

　　我忽而听到夜半的笑声,吃吃地,似乎不愿意惊动睡着的人,然而四围的空气都应和着笑。夜半,没有别的人,我即刻听出这声音就在我嘴里,我也即刻被这笑声所驱逐,回进自己的房间。灯火的带子也即刻被我旋高了。

　　后窗的玻璃上丁丁地响,还有许多小飞虫乱撞。不多久,几个进来了,许是从窗纸的破孔进来的。他们一进来,又在玻璃的灯罩上撞得丁丁地响。一个从上面撞进去了,他于是遇到火。而且我以为这火是真的。两三个却休息在灯的纸罩上喘气。那罩是昨晚新换的罩,雪白的纸,折出波浪纹的叠痕,一角还画出一枝猩红色的栀子。

　　猩红的栀子开花时,枣树又要做小粉红花的梦,青葱地弯成弧形了。……我又听到夜半的笑声;我赶紧砍断我的心绪,看那老在白纸上的小青虫,头大尾小,向日葵子似的,只有半粒小麦那么大。遍身的颜色,苍翠得可爱,可怜。

　　我打一个呵欠,点起一支纸烟,喷出烟来,对着灯默默地敬奠这些苍翠精致的英雄们。

一九二四年九月十五日

这可以归入刚健体。

笑　　　　　　　　　　　　　冰　心

雨声渐渐的住了,窗帘后隐隐的透进清光来。推开窗户一看,呀! 凉云散了,树叶上的残滴,映着月儿,好似萤光千点,闪闪烁烁的动着,真没想到苦雨孤灯之后,会有这么一幅清美的图画!

凭窗站了一会儿,微微的觉得凉意侵人,转过身来。忽然眼花缭乱,屋子里的别的东西,都隐在光云里;一片幽辉,只浸着墙上画中的安琪儿。这白衣的安琪儿,抱着花儿,扬着翅儿,向着我微微的笑。

"这笑容仿佛在那儿看见过似的,什么时候我曾……!"我不知不觉的便坐在窗口下想,默然的想。

严闭的心幕慢慢的拉开了,涌出五年前的一个印象。——一条很长的古道。驴脚下的泥兀自滑滑的。田沟里的水潺潺的流着。近村的绿树都笼在湿烟里。弓儿似的新月挂在树梢。一边走着,似乎道旁有一个孩子,抱着一堆灿白的东西。驴儿过去了,无意中回头一看,他抱着花儿,赤着脚儿,向着我微微的笑。

"这笑容又仿佛是那儿看见过似的!"我仍是想,默默的想。

又现出一重心幕来,也慢慢的拉开了,涌出十年前的一个印象——茅檐下的雨水,一滴一滴的落到衣上来。土阶边的水泡儿泛来泛去的乱转。门前的麦陇和葡萄架子都灌得新黄嫩绿的,非常鲜丽。一会儿好容易雨晴了,连忙走下坡儿去。迎头看见月儿从海面上来了。猛然记得有件东西忘下了,站住了,回过头来。这茅屋里的老妇人,她倚着门儿,抱着花儿,向着我微微的笑。

这同样微妙的神情,好似游丝一般,飘飘漾漾的合了拢来,绾在一起。

这时心下光明澄静,如登仙界,如归故乡。眼前浮现的三个笑容,一时融化在爱的调和里,看不分明了。

这可以说是柔婉体。

刚健和柔婉是桐城派所最注意区别的两种辞体,先由姚鼐分为"阳刚""阴柔"两体,后来又有人析为"太阳""少阳""太阴""少阴"等"四象",就是析为四体,又于四体之中各析为两类,共计八类,再后又有人以二十字分配阴阳,总分为二十类。表面上似乎愈分愈细,其实是愈分愈混,至少是愈分离刚柔的标准愈远了。而说明刚柔两体的区别,也以分为两体的姚鼐最为明了得当。其言见于他

的《复鲁挈非书》中,现在节录于后:

> 鼐闻天地之道,阴阳刚柔而已。文者,天地之精英,而阴阳刚柔之发也。惟圣人之言,统二气之会而弗偏。然而《易》《诗书》《论语》所载,亦间有可以刚柔分矣;值其时其人,告语之体各有宜也。自诸子而降,其为文无弗有偏者。其得于阳与刚之美者,则其文如霆,如电,如长风之出谷,如崇山峻崖,如决大川,如奔骐骥。其光也,如杲日,如火,如金镠铁。其于人也,如冯高视远,如君而朝万众,如鼓万勇士而战之。其得于阴与柔之美者,则其文如升初日,如清风,如云,如霞,如烟,如幽林曲涧,如沦,如漾,如珠玉之辉,如鸿鹄之鸣而入寥廓。其于人也,漻乎其如叹,邈乎其如有思,暖乎其如喜,愀乎其如悲。观其文,讽其音,则为文者之性情形状,举以殊焉。且夫阴阳刚柔,其本二端。造物者糅而气有多寡进绌,则品次亿万,以至于不可穷,万物生焉。故曰一阴一阳之谓道。夫文之多变,亦若是已。糅而偏胜,可也;偏胜之极,一有一绝无,与夫刚不足为刚,柔不足为柔者,皆不可以言文。

说是说刚柔可以分,但也不过是大概的区分,并非一有一绝无的。

至于刚柔两体的特点,大致可以说是"阳刚者气势浩瀚,阴柔者韵味深美",一便于写雄伟,一适于描秀美,也要看实际的成就如何,本身并无优劣可分。

四 平 淡 绚 烂

(3) 平淡体和绚烂体——平淡和绚烂的区别,是由话里所用辞藻的多少而来。少用辞藻,务求清真的,便是平淡体;尽用辞藻,力求富丽的,便是绚烂体。

平淡体大抵用于科学、法令等,以阐释教导为主的场合;绚烂体大抵用于以动情兴感为主的场合。

一

> 依我所见,构成月夜美感的最大要素,似乎有三:一是月的光;二是这光所照的夜的世界;三是月夜的光景在观者心中所引起的联想。此外或者因了时地和观者的心情,尚可有种种的原因,但一般地所谓月夜的美感,大概可以认为由这三要素而成的。
>
> 月光,其强不及太阳的光,据科学者说,即使天空全部尽为月亮,其光尚

距白昼远甚。那末，月光在我们视觉所及的影响，事实上和普通的色彩无大差的么？将月光作为一种色彩看的时候，和青最相近。月夜的青，虽不如海或空的青，然其根色却不失为青的，如果我们在海或空的色中，加入若干的暗和淡，就容易想象月光了。既认月光的色是青，我们就有把一般的青的色相和感情来一说的必要。

二

青在波径上，强度上，都不及黄和赤，如果说黄近于赤，青似乎可以说是近于暗的了。青在色彩中，原也有多少的力，但其力不像别的色彩那样是积极的使人心昂奋的力，倒是消极的使人心镇静的力。青对于黄、橙或赤等热色，谓之寒色，其所表示的感情，是冷，是静，是安慰，是寂寞。在其光力强的时候，一见也非没有稍微的快爽之趣，但究无能动地昂奋吾人的感情的力；到了第二刹那，它所引导我们去的地方，仍是沉思之境，瞑想之域；更进一步，就在人心的全体内面，给与一种幽邃难名的忧郁的润色了。因此，青所表示的感情，或可说是关于人心的消极的半面，青所表示的是哀，是信，是平和，是慰藉，至如轻浮、活动、执著、烦恼等各种积极的感情，都是它所反对的。简括地说，青的色相的一面，是使意志沉没的。

青在别一面，又似和"无限"的观念有最密切的关系。据我所见，青似乎像暗黑的光辉，似乎像带着无穷的远距离或无限的夜空的色相来的。略加夸张了说，好像"无限""永远""神秘"等不可思议的实在，因为要示现它的实在，故意把这色相来呈示的。我们对了这色相，在情的一面，起沉静、安慰之感，同时在知的一面，还生幽邃深远之想。在这里，生出对于绝对或彼岸的世界的沉思和瞑想来。并且，这时吾人心中不会起像"渴仰"那样的和意志有关系的活动，因为在感情一方已把意志没去了。没有意志只有沉思，所谓沉思，又是对于无限、永远、神秘的沉思，于是生纯粹的认识。所谓纯粹的认识，就是摆脱了意欲的束缚而单把对境来认识的意思。意欲的束缚既经摆脱，意欲的主境的"我"，已等于消灭。这就是佛家所谓无念无想的境界，物我同体的意识了。青的色相，其及于人心的影响，最高可以达此境地。

这样说法，读者之中或许有疑我言辞过于夸张的罢。我的意思，要之无非想用了这青色的影响来说明月夜的美感的。其实，要达到这意识，并非必待月夜，望青天，眺苍海的时候，因了观者的心情状况，似乎也可以得此境地。不过，白日晃晃之下，人的现身尚在现实世界的重围中，要想有这样纯粹的观照,究不是容易的事。

三

　　青的色相的表示沉思、安慰、瞑想的感情,可因与他色相比较而更明了。青的力以渐近于赤而愈增进。黄是赤的光力最弱者,对于赤的烦恼,被称为理想之色。理想,毕竟是意志的活动。假如在天空所呈现的纯粹的青中,把黄加入,结果就为绿,绿是比青更进一步近乎赤的东西,其所表示的感情,是在青的沉静上加了黄的理想,就是在安慰之中换入一分的意志发动的东西,所以古来都称绿为希望之色。因为所谓希望者,无非是对于理想的向上的思索。青若超过了绿再与赤接近,就成紫。紫是位于青和赤的中间的,其所表示的感情为渴仰。赤是热色的极轴,原表示活力烦恼的极致的,今于青的沉静中,加以赤的烦恼,所得的紫,当然应该是渴仰之色了。

　　这样的色的复合和表情,谅是处理色彩的人所熟知的。这等事实,无一不可证明青在色相上是沉静、安慰、瞑想的标号。像褐的一色,也可用了同样的原理来说明。褐通常被称为健康、能力的标号,将其成分加以分析,无非是黄青赤三色的复合色。黄与青合而成希望之色的绿,再加上活力、烦恼的标号的赤,其所得的是健全的能力的标号的褐,也是自然的结果罢。

　　要之,青所表示的感情是沉静,是安慰,是瞑想,在色相上和赤所表示的全然相反。赤是活动之色,烦恼之色,意欲之色。用比喻来说:赤如大鼓之响,青如横笛之音;赤如燃着情欲的男子,青如沉在静思的女子;赤如傲夏的烂漫的牡丹,青如耐冬的潇洒的水仙。

四

　　以上所说的,是普通在日光中的青色。那末,月夜的青色如何?月光的青,有两点和普通所见的青不同:第一是光力的弱,换言之,就是比普通的青带着一分的暗;第二是其色的淡,换言之,就是略带着白味而朦胧的。凡暗色或黑色所表示者,是不可解的秘密,是沉静的极致,就是寂灭死灭。青中加着一分的暗,即使青和暗接近,因之自然使其所表示的感情更加神秘和寂寞了。所以月夜的青,其所表示的沉静、安慰、瞑想,较之普通的青,更有深度。至于其色的淡,就是在其色中加入白的意思,白是证示一切色的不在的,是色而实非色,其所表示者为无体无相的极致,直言之,就是"非实在"的标号。青中加入一分白,即一步转向"非实在"去,换言之,就是在"实在"的青里,加了一分的假象性了。这样,月光的青色,一面因了暗把沉静之情加深,他面又因了淡把实在之性减浅。

所以,将普通的青和月光的青相较,前者是实,后者是假,前者是现实,后者是理想。如果以大鼓之响比赤,以横笛之音比普通的青,那末月光的青可以譬喻为洞箫之音了罢。月中的青色,虽是沉静瞑想的标号,但其所表示者,都尚不失为实在。看天空的青,看海的青,看山野草木的青的时候,都无非是当作实在物去看罢了。并且观者自身处在堂堂白日之中,周围的状况,无一不是把实在的意识来确证的。至于月夜的青,因为淡的缘故,已经是假象的了,再因了暗把沉静之情加深,何况加以其时不在日中,乃在"实在的人生"的休止时的夜间呢。

依此而观,月夜的美,不是可以因其色彩说明了大半么?这微妙的色彩,包裹天地使成一色,山、川、草、木、田野、市街、人间,凡是天地间一切的物,都被这微妙的色彩一抹而齐现共同的色相。观月者并不作梦,可是所见的薄暗青白的世界,总会觉得和那实在的世界有些不同罢。平常尚且是沉静瞑想悲哀之色的青,更换了暗和淡,在观者的心中,不加深一层的感受么?寂寞的夜景之中,那幽邃难名的月夜的安慰、瞑想和悲哀,不是如此而成的么?

月夜的美感,幽邃难言。但有很明白的一事:就是其及于吾人的感情,是倾向于悲哀一方面的。凡是由色彩而诱起的感情,都是无定,故月夜的悲哀也是无定的悲哀,只是一种无端的薄愁。而且月光的青,把我们的意欲和意欲的主体的"我",已经降没,其悲哀不是我执的悲哀,只是无端的悲哀,并能悲的"我"也都忘却,觉我只是悲哀世界自身的一分身而已。这恰和出神听着妙乐的人,于快乐以外,觉我身入其中一样。这悲哀原非确实的悲哀,其漠然无定,如月光的幽暗,其朦胧而淡,如月光的梦境。(夏丏尊译《月夜的美感》)

这可以说是平淡体。

这几天心里颇不宁静。今晚在院子里坐着乘凉,忽然想起日日走过的荷塘,在这满月的光里,总该另有一番样子吧。月亮渐渐地升高了,墙外马路上孩子们的欢笑,已经听不见了;妻在屋里拍着闰儿,迷迷糊糊地哼着眠歌。我悄悄地披了大衫,带上门出去。

沿着荷塘,是一条曲折的小煤屑路。这是一条幽僻的路;白天也少人走,夜晚更加寂寞。荷塘四面,长着许多树,蓊蓊郁郁的。路的一旁,是些杨柳,和一些不知道名字的树。没有月光的晚上,这路上阴森森的,有些怕人。今晚却很好,虽然月光也还是淡淡的。

　　路上只我一个人,背着手踱着。这一片天地好像是我的;我也像超出了平常的自己,到了另一世界里。我爱热闹,也爱冷静;爱群居,也爱独处。像今晚上,一个人在这苍茫的月下,什么都可以想,什么都可以不想,便觉是个自由的人。白天里一定要做的事,一定要说的话,现在都可不理。这是独处的妙处;我且受用这无边的荷香月色好了。

　　曲曲折折的荷塘上面,弥望是田田的叶子。叶子出水很高,像亭亭的舞女的裙。层层的叶子中间,零星地点缀着些白花,有袅娜地开着的,有羞涩地打着朵儿的;正如一粒粒的明珠,又如碧天里的星星,又如刚出浴的美人。微风过处,送来缕缕清香,仿佛远处高楼上渺茫的歌声似的。这时候叶子与花也有一丝的颤动,像闪电般,霎时传过荷塘的那边去了。叶子本是肩并肩密密地挨着,这便宛然有了一道凝碧的波痕。叶子底下是脉脉的流水,遮住了,不能见一些颜色,而叶子却更见风致了。

　　月光如流水一般,静静地泻在这一片叶子和花上。薄薄的青雾浮起在荷塘里。叶子和花仿佛在牛乳中洗过一样,又像笼着轻纱的梦。虽然是满月,天上却有一层淡淡的云,所以不能朗照;但我以为这恰是到了好处——酣眠固不可少,小睡也别有风味的。月光是隔了树照过来的,高处丛生的灌木,落下参差的斑驳的黑影,峭楞楞如鬼一般;弯弯的杨柳的稀疏的倩影,却又像是画在荷叶上。塘中的月色并不均匀;但光与影有着和谐的旋律,如梵婀玲上奏着的名曲。

　　荷塘的四面,远远近近、高高低低都是树,而杨柳最多。这些树将一片荷塘重重围住;只在小路一旁,漏着几段空隙,像是特为月光留下的。树色一例是阴阴的,乍看像一团烟雾;但杨柳的丰姿,便在烟雾里也辨得出。树梢上隐隐约约的是一带远山,只有些大意罢了。树缝里也漏着一两点路灯光,没精打采的,是渴睡人的眼。这时候最热闹的,要数树上的蝉声与水里的蛙声;但热闹是它们的,我什么也没有。

　　忽然想起采莲的事情来了。采莲是江南的旧俗,似乎很早就有,而六朝时为盛;从诗歌里可以约略知道。采莲的是少年的女子,她们是荡着小船,

唱着艳歌去的。采莲人不用说很多,还有看采莲的人。那是一个热闹的季节,也是一个风流的季节。梁元帝《采莲赋》里说得好:

> 于是妖童媛女,荡舟心许:鹢首徐回,兼传羽杯;櫂将移而藻挂,船欲动而萍开。尔其纤腰束素,迁延顾步;夏始春余,叶嫩花初,恐沾裳而浅笑,畏倾船而敛裾。

可见当时嬉游的光景了。这真是有趣的事,可惜我们现在早已无福消受了。于是又记起《西洲曲》里的句子:

> 采莲南塘秋,莲花过人头;低头弄莲子,莲子清如水。今晚若有采莲人,这儿的莲花也算得"过人头"了;只不见一些流水的影子,是不行的。这令我到底惦着江南了。——这样想着,猛一抬头,不觉已是自己的门前;轻轻地推门进去,什么声息也没有,妻已睡熟好久了。(朱自清《荷塘月色》)

这比起上一篇来,可以称为绚烂体。

平淡和绚烂的区分,同修辞的手法最有关系。因为前者就是最注意消极手法的语文,而后者就是最注意积极手法的语文。我们前面所谓记述的境界和表现的境界,便是假定有这两种体式的纯粹境界说的。但纯粹的境界实际上是少见的。例如最尚平淡的科学的语文,现在也常有所谓肺管肺叶,所谓车手车肩等等,用了好些隐喻。而最尚绚烂的诗词,又不见得句句都用辞藻。所谓平淡绚烂当然只是假定的两个极端或两种倾向。实际多是位在这两种倾向中间的。

五 谨严疏放

(4) 谨严体和疏放体——疏放体是起稿之时,纯循自然,不加雕琢,不论粗细,随意写说的语文;谨严体则是从头到尾,严严谨谨,细心检点而成的辞体。以旧小说的文辞来说:《儒林外史》的文辞就近于谨严体,《镜花缘》的文辞就近于疏放体,现在试各摘录一段于下:

王冕读书,学画

王冕自此只在秦家放牛,每到黄昏,回家跟着母亲歇宿。或遇秦家煮些腌鱼、腊肉给他吃,他便拿块荷叶包了来家,递与母亲。每日点心钱,他也不买了吃,聚到一两个月,便偷个空,走到村学堂里,见那闯学堂的书客,就买几本旧书,逐日把牛拴了,坐在柳阴树下看。

弹指又过了三四年,王冕看书,心下也着实明白了。那日,正是黄梅时候,天气烦躁。王冕放牛倦了,在绿草地上坐着。须臾,浓云密布,一阵大雨过了。那黑云边上镶着白云,渐渐散去,透出一派日光来,照耀得满湖通红。湖边上山,青一块,紫一块,绿一块。树枝上都像水洗过一番的,尤其绿得可爱。湖里有十来枝荷花,苞子上清水滴滴,荷叶上水珠滚来滚去。王冕看了一回,心里想道:"古人说,人在图画中,其实不错。可惜我这里没有一个画工!把这荷花画他几枝,也觉有趣!"又心里想道:"天下哪有个学不会的事!我何不自画他几枝!"……

自此,聚的钱不买书了,托人向城里买些胭脂铅粉之类,学画荷花。初时画得不好,画到三个月之后,那荷花,精神、颜色无一不像,只多着一张纸,就像是湖里长的,又像才从湖里摘下来贴在纸上的。乡间人见画得好,也有拿钱来买的。王冕得了钱,买些好东好西孝敬母亲。一传两,两传三,诸暨一县都晓得是一个画没骨花卉的名笔,争着来买。

到了十七八岁,不在秦家了,每日画几笔画,读古人的诗文,渐渐不愁衣食,母亲心里欢喜。

这王冕天性聪明,年纪不满二十岁,就把那天文、地理、经史上的大学问,无一不贯通。但他性情不同:既不求官爵,又不交纳朋友,终日闭户读书。又在《楚辞图》上,看见画的屈原衣冠,他便自造一顶极高的帽子,一件极阔的衣服。遇着花明柳媚的时节,把一乘牛车载了母亲,他便戴了高帽,穿了阔衣,执着鞭子,口里唱着歌曲,在乡村镇上,以及湖边,到处顽耍。惹得乡下孩子们三五成群跟着他笑,他也不放在意下。只有隔壁秦老,虽然务农,却是个有意思的人,因自小看见他长大得如此不俗,所以敬他,爱他,时时和他亲热,邀在草堂里坐着说话儿。(《儒林外史》第一回)

淑士国酒保和儒者掉文

唐敖、林之洋、多九公三人来到大街,看那国人(淑士国人),都是头戴儒巾,身穿青衫,也有穿着蓝衫的。那些作买卖的,也是儒家打扮,斯斯文文,并无商旅习气。所卖之物,除家常日用外,大约卖青梅、齑菜的居多,其余不过纸、墨、笔、砚、眼镜、牙杖、书坊、酒肆而已。唐敖道:"此地庶民,无论贫富都是儒者打扮,却也异样。好在此地语言易懂,我们何不去问问风俗?"……多九公道:"老夫口里也觉发干,恰喜面前有个酒楼,我们何不前去沽饮三杯,就便问问风俗?"林之洋一闻此言,口中不觉垂涎道:"九公真是好人,说出话来,莫不对人心路!"三人进了酒楼,就在楼下拣个桌儿坐了。

旁边走过一个酒保,也是儒巾素服,面上戴着眼镜,手中拿着折扇,斯斯文文走来向着三人打躬陪笑道:"三位光顾者,莫非饮酒乎,抑用菜乎?敢请明以教我。"林之洋道:"你是酒保……你还满嘴通文,这是甚意?刚才俺同那些生童讲话,倒不见他有甚通文,谁知酒保倒通起文来,真是整瓶不摇半瓶摇!你可晓得俺最喉急,不惯同你通文?有酒有菜,只管快快拿来!"酒保陪笑道:"请教先生:酒要一壶乎,两壶乎?菜要一碟乎,两碟乎?"林之洋把手朝桌上一拍道:"什么'乎'不'乎'的,你只管取来就是了。你再'之乎者也'的,俺先给你一拳!"吓得酒保连忙说道:"小子不敢,小子改过!"随即走去取了一壶酒,两碟下酒之物,一碟青梅,一碟齑菜,三个酒杯,每人面前,恭恭敬敬斟了一杯,退了下去。林之洋素日以酒为命,见了酒,心花都开,望着二人说声"请了",举起杯来,一饮而尽。那酒方才下咽,不觉紧皱双眉,口水直流,捧着下巴喊道:"酒保错了,把醋拿来了。"

只见旁边座儿有个驼背老者,身穿儒服,面戴眼镜,手中拿着剔牙杖,坐在那里,斯斯文文,自斟自饮。一面摇着身子,一面口中吟哦,所吟无非之乎者也之类。正吟得高兴,忽听林之洋说酒保错拿醋来,慌忙住了吟哦,连连摇手道:"吾兄既已饮矣,岂可言乎?你若言者,累及我也!我甚怕哉,故尔恳焉;兄耶,兄耶,切莫语之!"唐、多二人听见这几个虚字,不觉浑身发麻,暗暗笑个不了。

林之洋道,"又是一位通文的!俺埋怨酒保拿醋算酒,与你何干?为甚累你?倒要请教。"

老者听罢,随将右手中指、食指放在鼻孔上擦了两擦,道,"先生听者!今以酒醋论之:酒价贱之,醋价贵之。因何贱之,为甚贵之?其所分之,在其味之。酒味淡之,故尔贱之;醋味厚之,所以贵之。人皆买之,谁不知之?他今错之,必无心之。先生得之,乐何如之?第既饮之,不该言之。不独言之,而谓误之。他若闻之,岂无语之?苟如语之,价必增之。先生增之,乃自讨之。你自增之,谁来管之?但你饮之,即我饮之。饮既类之,增应同之。向你讨之,必我讨之。你既增之,我安免之?苟亦增之,岂非累之?既要累之,你替与之。你不与之,他安肯之?既不肯之,必寻我之。我纵辩之,他岂听之?他不听之,势必闹之。倘闹急之,我惟跑之。跑之跑之,看你怎么了之？"唐、多二人听了,惟有发笑。

　　林之洋道,"你这几个之字,尽是一派酸文,句句犯俺名字,把俺名字也弄酸了。随你讲去,俺也不懂。但俺口中这股酸气,如何是好?"桌上望了一望,只有两碟青梅、蘁菜,看罢口内更觉发酸,因大声叫道,"酒保快把下酒菜多拿两样来。"酒保答应,又取四个碟子放在桌上:一碟盐豆,一碟青豆,一碟豆芽,一碟豆瓣。林之洋道,"这几样,俺吃不惯,再添几样来。"酒保答应,又添四样:一碟豆腐干,一碟豆腐皮,一碟酱豆腐,一碟糟豆腐。林之洋道,"俺们并不吃素,为甚只管拿这素菜?还有甚么,快去取来!"酒保陪笑道,"此数肴也,以先生视之,固不堪入目矣;然以敝地论之,虽王公之尊,其所享者亦不过如斯数样耳。先生鄙之,无乃过乎?止此而已,岂有他哉!"

　　多九公道:"下酒菜业已够了,可有甚么好酒?"酒保道,"是酒也非一类也,而有三等之分焉:上等者,其味酽;次等者,其味淡;下等者,又其淡也。先生问之,得无喜其淡者乎?"唐敖道,"我们量窄,吃不惯酽的,你把淡的换一壶来!"酒保登时把酒换了。三人尝了一尝,虽觉微酸,还可吃得。林之洋道,"怪不得有人评论酒味,都说酸为上,苦次之,原来这话出在淑士国的!"(《镜花缘》第二十三回)

谨严辞体可以使人有庄严——拘谨之感,疏放辞体可以使人有朴素——粗野之感。文辞除因作风不同而有谨严、疏放的差别外,也可因所写内容不同而有谨严、疏放的差别。上面摘录的两段,就可作为两面因素兼有并具的例子。

六　语文体式的繁复情况

以上我们已将第七种体性上的体式分为四组,又将各组分为简约和繁丰,刚健和柔婉,平淡和绚烂,谨严和疏放等两个极端,粗略地说过了。其实语文的体式并不一定是这两端上的东西:位在这两端的中间的固然多,兼有这一组二组三组以上的体性的也不少。例如简约而兼刚健,或简约而兼刚健又兼平淡,繁丰而兼柔婉,或繁丰而兼柔婉又兼绚烂,都属可能。所难以相兼的,恐怕只有一组中互相对待的两体,如简约兼繁丰、刚健兼柔婉之类。照此看来,体式之多,也就可以想见。今试用图显示它那繁复的情况在这里(图中实线表示可以相兼,虚线表示难得相兼)。

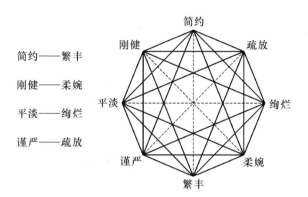

关于语文体式的繁复情况,我们的调查研究还极不充分,以上所说不过略述我们概略的见闻聊供参考。

第十二篇　结语

一　从修辞学术萌芽时期说起

关于修辞的论述向来并无一定的范围。或偏重思想事实的传达，特别注意在逻辑和文法等等各个可使文章明白清晰的条项；或偏重听读者的感动领受，特别注意在有力量有光彩有趣味的语句的搜集、分析、鉴赏。也有因写说需用语言文字作中介，就说"作文宜先识字"（吴曾祺说，见《涵芬楼文谈》第五篇），或说"解字为作文之基"（刘师培说，见《文学教科书》第一册第一课），而特别用心说述语言文字的起源变迁的。此外或者相信"每体各有一定格律，凛然不可侵犯"（见上举《文谈·辨体》篇），而琐碎地辨别语辞统一的形态即以前所谓文体或辞体；或者相信"文如其人，人如其文"（见冯时可《雨航杂录》卷上），而殷勤地称述文章所从出的文学家个人的性情经历和修养的。列举起来，不同的倾向实在是不少。而古来留传给我们的诗话、文谈、随笔、杂记、史论、经解之类，偶然涉及修辞的，又多不是有意识地在作修辞论，它们说述的范围，照例是飘摇无定；每每偶尔涉及，忽然又飏开了，我们假如限定范围去看，往往会觉得所得不多。就是一般所认为比较重要的《古书疑义举例》，及我所认为也是比较重要的《濠南遗老集》，也不免如此。这是由于向来并未将修辞当作一种专科学术来研究的缘故。而且这也是一切学术萌芽时代的常态，并非单单修辞一科如此。我们不能怪《荀子》既讲正名，为什么不专讲现代逻辑范围以内的事项，《公羊传》既于文法很有理解，为什么不专讲现代文法范围以内的现象，当然也不能怪《孟子》既讲"不以文害辞，不以辞害志"，为什么不专讲现代修辞学范围以内的现象。那些古说，当然内容很复杂。

二　修辞文法混淆时期

这样内容杂乱的情况，直到一八九八年马建忠的《马氏文通》出版，才被改进了一点。《马氏文通》是一部严格讲述文法的书，同修辞学本来没有多大关系，但因著作不凡,影响很大,从《马氏文通》出版以后,便有一些学术界限不清的人,从故纸堆里去搬出以前那些修辞古说来附和或混充文法,成了一个拿修辞论的材料混充文法的时期。在这时期里面,虽然范围依然不定,界限依然不清,但比之以前已经明白了好多。我们先看中国图书公司一九〇八年出版的《文法会通》。那书的目录是:

卷一——论字,论词,论句;

卷二——论积句上:阴阳;

卷三——论积句中:奇偶,排比,比例,譬喻,陪衬,援引,虚实,例证;

卷四——论积句下:因果,假定,逆溯,设难,正负,演绎;

卷五——论布局。(这是甲编的目录,以下未见)。

这勉强可以说是属于修辞学范围内的条目,而编者刘金第的自序里却说:

> 《马氏文通》出,于字类之分别,句读之组织,极言详论,博引繁征,诚四千年未有之创作。然于积句成篇之法则,似尚多未详。爰不揣谫陋,取古人之文,比类参观,就异求同,择其可会通言之者,条分类纂,略附解释。……虽举例简少,解释鄙略,不敢谓继《文通》而作,然欲与学者以易知易能,使即其可授受者以求夫不可授受者,则犹夫眉叔先生之意也。

便是因为看重文法,把它看作文法论了。这样的情况持续约有十七、八年。到了一九一六年,因为鸳鸯蝴蝶正在海上乱飞,于是索性来了一个对于文法的进攻。我们可看当年有正书局出版的《文学津梁》。那书的总目是:

《文章缘起》……………梁任昉

《文　　则》……………宋陈骙

《文章精义》……………宋李耆卿

《修辞鉴衡》……………元王构

《文　　说》……………元陈绎曾

《文章薪火》……………明方以智

《伯子论文》……………清魏际瑞

《日录论文》……………清魏禧

《退菴论文》……………清梁章钜

《初月楼古文诸论》………清吕璜

《文　　概》……………清刘熙载
　　《论文集要》……………清薛福成

而编者周钟游的自序却说：

　　今者兹编之辑，汇先正之绪言，以为后学津梁。果能据此以资讲习，则文章之消息，已可得其大概，其贤于今之所谓文典者远矣。

可见也是把修辞和文法混为一谈，把修辞论的材料认做文法，又把他的所谓文法来排斥新兴的文法的。虽然对于文法的态度有附和和攻击不同，而拿修辞论的材料去混充文法的行径却是一样。这个时期里面还有别的编著，差不多也是如此。我们可以称为修辞文法混淆时期。

三　中外修辞学说竞争时期

　　过了这个时期，修辞学便渐渐独立起来。虽然《文学津梁》对于文法是攻击，对于修辞本身说来却是一种崛起的现象，但那编者并不知道文法之外还有修辞学，因此虽然书中录有王构的《修辞鉴衡》，正有趁机发言的机会，也并不曾将修辞学的名称正式提出来。而我们修辞学的独立也就要等待那一九一九年的五四运动来做一个自然的界线。

　　五四以后，诸学并兴，本学也颇有人谈及。我们如果有方法详查那时出版的报章、杂志，一定可以发见好多关于讨论修辞的文章。我此刻还能记得作者和题名的，也还有两篇。一篇是陆殿扬的《修辞学和语体文》，还有一篇是王云六的《修辞法概说》。但多例证贫乏，解说粗略。虽然他们为修辞学呐喊的功劳也不算少，对于修辞学的成立实际很少贡献。

　　当时对于修辞学最有贡献的，大家熟知，是一九二三年出版的唐钺的《修辞格》。这书虽然只是薄薄的一本小册子，这书所讨论的也不过是本书所谓辞格的一小部分，但因找例很勤，说述也颇得当，又是科学的修辞论的先声，对于当时的影响很大。从这本小书出版以后，修辞学便又换了一个新局面。修辞学的成立已经没有人怀疑，修辞学和文法的竞争也告终结，同时却在修辞学界里面展开了一个中外修辞学说竞争的场面。我们可以称为中外修辞学说竞争时期。

　　这个时期的延续几乎已有前期的一半年间，而现在似乎还不想收场。而书籍的出版却又很多。所以颇是一个热闹的场面。在那些书中我们可以提出两种来做代表：一种就是唐钺的《修辞格》，代表外的；一种就是郑奠的《中国修辞学研究法》，代表中的。

唐钺的态度，从《修辞格》的《绪论》一段文字中便可以看出：

> 要讨论修辞格，为便利起见，不得不把他们分类。但是分类的方法很多，本书姑且采用一种，省得讨论时完全没有头绪。兹略依讷斯菲《高级英文作文学》(Nesfield's Senior Course of English Composition)里头的分类，而斟酌损益成下列的统系：
> 第一，修辞格中根于比较的：
> （甲）根于类似的：
> (1)显比，(2)隐比，(3)寓言。
> （乙）根于差异的：
> (1)相形，(2)反言，(3)阶升，(4)趋下。
> 第二，根于联想的：
> (1)伴名，(2)类名，(3)迁德。
> 第三，根于想象的：
> (1)拟人，(2)呼告，(3)想见，(4)扬厉。
> 第四，根于曲折的：
> (1)微辞，(2)舛辞，(3)冷语，(4)负辞，(5)诘问，(6)感叹，(7)同辞，(8)婉辞，(9)纡辞。
> 第五，根于重复的：
> (1)反复，(2)俪辞，(3)排句，(4)复字。

郑奠的对抗态度也从《中国修辞学研究法》的《导言》一段文字中便可以看出：

> 近世外慕风炽，举海外修辞之术，绳诸前文，得其形似，乐为比附，彼所未及，此亦阙如。今思述先士之正论，考前文之成规，范为修辞之学，先陈研究之法。……

大概前者是想用国外的修辞学说来解说中国的修辞现象，无形中含有"新探"的意思；后者是想用中国的修辞古说来规律今后的修辞，无形中含有"复古"的意思。而两面的业绩，都颇可看：前者可使我们知道西方说述辞格的大概，后者也可使我们省些翻检抄录旧书的烦劳。至于所谓"彼所未及，此亦阙如"，同是演绎成说，必定同有这种毛病，似乎不应该"看见弟兄眼中有刺，却不想自己眼中有梁木"(《路加》六之四一)。何况郑奠所谓"研究法"，只是古说集录，连演绎也还说不到。现在节录它的开头两节，以见一斑(格式标点全照原书)：

〔修辞〕

辞　说文解字云说也从䇂辛䇂辛犹理辜也

䛐　说文云意内而言外也从司言

修　说文云饰也从彡攸声 段注修之从彡者洒
敝之也藻绘之也

　　右释名

修辞立其诚所以居业也 易乾

辞也者各指其所之　系辞以尽其言　圣人之情见乎辞

其旨远其辞文其言曲而中 易传

辞之辑矣民之洽矣 诗板

情欲信辞欲巧 礼表记

不辞费 曲礼

天下无道则辞有枝叶 表记

辞达而已矣 论语

出辞气斯远鄙倍矣 论语

故说诗者不以文害辞不以辞害志以意逆志是为得之 孟子

辞也者兼异实之名以论一意也 荀子正名

　　右征"辞"

四　结　语

我们无意参加所谓中外修辞学说的竞争。我以为修辞学的主要任务，是搜集事实材料，和研究别的科学一样地，尽力观察、分析、综合、类别、说明、记述。材料应当搜集的固然有两类：

（一）修辞的诸现象；

（二）关涉修辞的诸论著。

但实际是(一)类更加重要,可以说是原料,(二)类稍为不重要,只可说是副料。我们应当尽量搜集实际的材料,根据实际的材料来找寻修辞的条理,不当影印陈说,来作新书的内容。故于修辞的诸论著,无论是中的外的古的今的,都只能备作我们的参考,备作我们要解说某一现象而不能即得确当的解说时的提示,或作我们解决方式的佐证。而自己却应当切实负责地寻求各种眼见耳闻的修辞事实来逐一加以观察分析。

我又以为一切科学都不能不是时代的,至少也要受时代所要求所注重,及所鄙弃所忽视的影响。何况修辞学,它的成事成例原本是日在进展的。成事成例的自身既已进展,则归纳成事成例而成的修辞学说,自然也不能不随着进展。

所以修辞学的述说,即使切实到了极点,美备到了极点,也不过从空前的大例,抽出空前的条理来,作诸多后来居上者的参考。要超越它所述说,并没有什么不可能,只要能够提出新例证,指出新条理,能够开拓新境界。

但有许多地方,看了前人的脚迹,实可省却我们自辟蹊径的烦劳。我们生在现代,固然没有墨守陈例旧说的义务,可是我们实有采取古今所有成就来作我们新事业的始基的权利。而且鸟瞰一下整个的修辞景象,也可以增加我们相当的知识和能力,免得被那些以偏概全或不切不实的零言碎语所迷惑,于写说也非丝毫无补。我就是为了这点点的意思,将手边所有的材料整理出一个大概来,写了这一部《修辞学发凡》。

初版后记

一、本书共分十二篇,第一第二第三及第十第十二等五篇是这次的新稿,其余七篇是由旧稿整理修改而成。

二、旧稿是我才来上海复旦大学教书时写的。曾蒙田汉、冯三昧、章铁民、熊昌翼诸先生拿去试教,又曾蒙许多语文教员拿去印证。邵力子先生又常有精当的批评。我自己也常从教学上和研究上留心。每逢发现例外,我就立即把稿子改了一遍。几年来不知已经改了多少遍。不过要算这一次改得最多。辞格增了十格,材料也加了三分之一以上。

三、旧稿油印本曾蒙国内许多著作者索阅征引,偶然字句有同本书不同的,应以本书为准。

四、本书几篇新稿系根据年来研究文艺理论,社会意识,以及其他一切关连学科所得,想将修辞学的经界略略画清,又将若干不切合实际的古来定见带便指破。在本书的计画上极为重要。但有些未备充分的参考书者或许觉得太繁太难。如果自修,可将其余各篇看完,再来翻看;如果教授,可由教者做主,酌量节删。

五、本书举例系就所搜集的许多例中择出比较熟悉,比较单纯,又比较有意思而容易了解的,来做例证。如果偶然还有觉得例证太多,或者觉得不易了解处,也不妨酌量节看节授。只要能够明了大概的情形就是。若把认为难解的格外留心,就容易走入僻路,万万不可如此。

六、本书举例先后,多半只求理解方便,不论时代先后。遇有先后两书有相同的例,略有小异应该抉择时,也不尽依时代先后决定去取。

七、本书举例一概注明出处,有所征引也一概提出作者和书名,以便翻看原书,唯有称呼名字,通例只先生今人而不先生古人,似乎不大自然,本书在本文中一概不称先生。

八、没有许多友人的鼓励和援助,在这个年头儿我没有兴头和耐心来写成这一部书。没有许多图书馆和藏书家很热心地借书给我看,我也没有方法写成这一部书。尤其是刘大白蔡慕晖先生等朋友们,他们多方设法把我这兴趣已经淡了的重新鼓起来,使我挥汗写成这一部书,我要深深地感谢他们。大白先生是对于本书的经历最熟,期望最大的,所以一开口,便有溢美的话。他又最爱提出奇例,且又勤奋异常,在那狂吐的危病中还常常以例口授其子炳震代书,挂号寄给我,叫我详加考量,有一次多至四十四页,这样的热忱,实足使我感奋。书中析字的分为九式,复叠的新设,便是因为他热烈地提议我才搜集材料写的。可惜恶病毁了他,他竟不及见到此书第六篇以后的七篇写成了。

九、我也要感谢几位帮我搜集材料最勤的青年:我的学生杨月蟾、徐成富,我的小弟弟致道。

一九三二年七月十五,陈望道记于沪西,深夜

文法简论

目　录

第一章　文法是什么 ································· 231
　一、文法是语文的组织规律 ······················· 231
　　1. 首先,应该肯定,文法是语文上的 ············· 231
　　2. 其次,要明确文法讲究的只是语文上的组织 ····· 231
　　3. 文法是语文的组织规律 ······················· 232
　二、"文法"一语的历史演变 ······················· 232
　三、"文法"一语所标指的方面 ····················· 235
　四、文法学的体制 ································· 235
　五、关于建立汉语文法学体系的问题 ················· 236
　六、文法现象和社会的关系 ························· 238
　七、文法和修辞 ··································· 238

第二章　组织,组织的成素 ·························· 240
　一、组织 ··· 240
　　1. 组织的形成 ································· 240
　　2. 组织和结构 ································· 240
　二、组织单位 ····································· 240
　　1. 几种单位 ··································· 241
　　2. 基本单位 ··································· 241
　　3. 词——语言组织的材料的基本单位 ············· 242
　　4. 词素 ······································· 242
　　5. 句——语言组织的陈述的基本单位 ············· 243
　　6. 词组 ······································· 243
　　7. 词串 ······································· 244
　三、组织的两条线——配置和会同 ··················· 245

四、组织(配置)的两个方面——接连和通贯 ········· 245

第三章　组织(配置)的基本法式 ················· 248
　一、基本法式释义 ····························· 248
　二、句子成分、成分关系 ······················· 248
　　1. 句子成分 ······························· 248
　　2. 成分关系 ······························· 249
　三、三种基本法式 ····························· 250
　四、串合法式 ································· 250
　五、附加法式 ································· 251
　六、穿插法式 ································· 252

第四章　词类区分的准据 ························· 255
　一、词类是词的文法分类 ······················· 255
　　1. 词的种种分类 ··························· 255
　　2. 词的文法分类 ··························· 255
　　3. 词的功能、意义和形态 ··················· 256
　二、词类区分的准据是功能 ····················· 256
　　1. 功能释义 ······························· 256
　　2. 词类区分的原则 ························· 258
　　3. 词类区分的方法 ························· 258
　　4. 从配置求会同,从会同定词类 ············· 259
　　5. 对功能分类的几点说明 ··················· 260
　三、关于依据意义区分词类的问题 ··············· 262
　　1. 三种意义 ······························· 262
　　2. 意义不是区分词类的准据 ················· 263
　四、关于依据形态区分词类的问题 ··············· 264
　　1. 形态的含义 ····························· 264
　　2. 形态和功能 ····························· 265
　　3. 形态也不是区分词类的准据 ··············· 266
　五、关于依据多标准区分词类的问题 ············· 267
　六、词的分类和词的归类、变类 ················· 267
　　1. 词的归类 ······························· 267

  2. 词的变类 ··· 268

第五章　汉语的词类区分 ··· 270
 一、词类概况 ··· 270
 二、实词和虚词 ·· 270
 三、体词 ··· 272
 四、用词 ··· 274
  1. 动词 ··· 275
  2. 形容词 ··· 275
  3. 断词 ··· 275
  4. 衡词 ··· 276
 五、点词 ··· 277
  1. 数词 ··· 277
  2. 指词 ··· 278
  3. 点词的附类——单位词 ·· 279
 六、副词 ··· 280
 七、四类实词之间的关系 ·· 281
 八、介词 ··· 281
 九、连词 ··· 282
 十、助词 ··· 283
  1. 助词的功能 ··· 283
  2. 助词的区分 ··· 284
 十一、感词 ·· 288
  1. 呼词 ··· 288
  2. 叹词 ··· 288
 十二、衬素 ·· 289
 十三、汉语词类体系表 ··· 290

第六章　句子和句子的种类 ··· 292
 一、句子 ··· 292
 二、句子的种类 ·· 293
  1. 平白句和特表句 ··· 293
  2. 直陈句、询问句、期使句、感叹句 ····························· 296

        3. 简单句、包孕句、搭配句、并列句 …………………… 299
        4. 叙述句、描记句、诠释句、评议句 …………………… 301
    三、复合谓语 ……………………………………………………… 302
        1. 四种复合谓语 …………………………………………… 303
        2. 提带复合谓语 …………………………………………… 305
第七章　文法的研究方针 ……………………………………………… 308
    一、确立文法的研究方针 ………………………………………… 308
    二、研究文法必须从语文事实出发 ……………………………… 308
    三、研究文法必须抽象概括 ……………………………………… 310
    四、研究文法必须扣住组织和功能 ……………………………… 312
    五、研究文法必须有发展的观点 ………………………………… 314
    六、文法研究的继承和发展 ……………………………………… 315

后记 ……………………………………………………………………… 318

第一章 文法是什么

一、文法是语文的组织规律

关于文法的含义,不少文法著作都作过解释。有的说:文法是语言的表意方法。这个说法的毛病是太宽泛,因为语言的表意方法不只是文法,至少也包括修辞在内。有的说:文法是词的形态变化规则及用词造句规则的总和。就印欧语言来说,这个定义是妥当的;但是,对于那些缺乏形态变化的语言来说,比如我们的汉语,也许就不一定很适切。我们认为:文法是语文的组织规律。这一定义可能更为概括,它适用于任何一种语文。

1. 首先,应该肯定,文法是语文上的

文法存在于口头语之中,也存在于书面语之中。语和文是共同存在,共同发展的。口头语是书面语的基础,书面语必须以活的口语为源泉;但是规范化的书面语反过来又能促使口语趋于规范。倘若把文法用于专指书面语,而以语法专指口头语,那倒可能在实际上把书面语和口头语的关系割裂了开来。我们说文法,是统括了语、文双方的。

文法既然是语文上的,那么就不能离开语文去研究它。那种以思想为中心,以语文为附属品,去研究文法,就会专以概念意义为标准来区分词类,用逻辑的分析来代替语文的分析。这当然是很不恰当的,而且实际上这条路也是走不通的。自然,我们讲文法,也不能不讲思想,不讲逻辑,但必须与语文有关,必须以语文现象为立足点。

2. 其次,要明确文法讲究的只是语文上的组织

文法,不是讲究整个语文的问题,它讲究的只是语文的组织问题。语言成分按照一定的法式结合起来具有了一定的关系,就形成为语文的组织。所以,组织包括成分和法式。一般说来,组织至少要有两个以上的分子,按照一定的规则结合起来才能形成。"红花"是组织,"我做工"也是组织。句子是组织的典型,但组

织不一定是成句的。文法的研究应以组织为中心,既研究不成句的组织,也研究成了句的组织。

文法上的组织讲到句子为止。组织中的分子一般是词,也包括构词成分——词素。从这个意义上说,文法所研究的就是如何组织词语成为句子的问题。

3. 文法是语文的组织规律

语文的组织,不能杂乱无章地拼凑或无拘无束地安排,必须按照某一社会习用的法式配置起来,也就是按照一定的组织规律的安排。比如汉语中表询问的"吗"不能摆在句子的头上,只能放在句子的末尾;说"你去吗?"就符合汉语的组织规律,说汉语的人都能理解,而不能有"吗你去?"或"你吗去?"之类的说法,因为这不合乎汉语的组织规律,说汉语的人就不能理解。语文的这种组织规律,就叫文法。世界上没有无组织的语言,因此任何语文都客观地存在着文法。而不同民族语言的文法,又都具有各自鲜明的民族特质。

语文的组织规律,也不是什么神秘的东西,它是人们在社会交际的语文实践中约定俗成的。荀子在《正名》篇中说过:"名无固宜,约之以命,约定俗成谓之宜,异於约则谓之不宜。"其实,不但是语言中的词语名称,而且是语文的组织法则,甚至是整个的语文现象,都是"约定俗成"的。

规律,或者叫法则、定律或通则。所谓规律,就是事物的内在关系,就是客观的普遍的必然的关系。它是客观的存在,不是谁所主观臆造的。文法,作为语文的组织规律,同一切客观存在的规律一样,人们可以发现它、认识它、运用它。平时写说,人们对于文法的精微深妙,往往习焉不察,并不一定自觉。讲究文法,也就是要自觉地去认识和理解语文组织的规律性,更好地发挥语文在社会生活中的积极作用。这也正是我们学习文法、研究文法的目的所在。

二、"文法"一语的历史演变

"文法"这个术语源远流长。从历史的演变来看,"文法"这个词的用法经历过两个时期和两个阶段。今将"文法"一词在两个时期和两个阶段的演变的概略说述如次:

第一个时期,把"文法"这个词作为一般用语,指规则、法律而言。这种用法,最早见于《史记》和《汉书》,如:

(1)《史记·李将军列传》:"程不识孝景时以数直谏为太中大夫,为人廉,谨于文法。"

（2）又，《汲黯传》："弘大体，不拘文法"；又"好兴事，舞文法"。

（3）《汉书·翟方进传》："方进知能有余，兼通文法吏事，以儒雅缘饰法律，号为通明相。"

（4）又，《循吏传》："霸为人明察内敏，又习文法。"

这些"文法"，都是指法律、法则之类，与"规律"意义相近，和现在通行的语文用语的意义不同。

第二个时期，"文法"这个词已演变为语文用语，指语文的规律而言。在这个时期中，第一时期的旧用法还是继续流行的。这个时期又可分作两个阶段：第一阶段，把"文法"这个词作广义用，指语文的一切规律而言；第二阶段，作狭义用，专指语文的组织规律。

第一阶段，把"文法"这个词作为文理、文势、作文、修辞等的同义语用，也就是把"文法"这个词用在语言文字的研究上，概指语言文字的一切规律。可以说，这是"文法"的广义用法。"文法"这种广义用法，大约从唐宋以后就广泛地通行，用例甚多，现简举数例如下：

（1）宋·吴子良《林下偶谈》（卷一）"韩柳文法祖史记"：退之《获麟解》云：角者吾知其为牛，鬣者吾知其为马，犬豕豺狼麋鹿，吾知其为犬豕豺狼麋鹿也。惟麟也不知。句法盖祖《史记》，《老子传》云：孔子谓弟子曰：鸟，吾知其能飞。兽，吾知其能走。鱼，吾知其能游。走者可以为罔，游者可以为纶，飞者可以为矰。至于龙，吾不能知其乘风云而上天。

（2）金·王若虚《滹南遗老集》卷三十五"文辨"二："丹阳洪氏注韩文有云：'字字有法，法左氏司马迁也。'予谓左氏之文，固字字有法矣，司马迁何足以当之？文法之疏莫迁若也。"

（3）明·杨慎《丹铅总录》（史籍类）"古文用之字"："庄子厉之人夜半生其子，又以骊姬作骊之姬，地名南沛作南之沛，吕览楚丹姬作丹之姬，家语江津作江之津，乐府桂树作桂之树，文法皆异。"

（4）清·章学诚《章氏遗书》卷九"与邵二云"："法度资乎讲习，疏于文者，则谓不过方圆规矩，人皆可与知能。不知法度犹律令耳，文境变化，非显然之法度所能该，亦犹狱情变化，非一定之律令所能尽。故深于文法者，必有无形与声而复至当不易之法，所谓文心是也；精于治狱者，必有非典非故而自协天理人情之勘，所谓律意是也。"

(5) 又，《章氏遗书》卷九"答周永清辨论文法"："文有颠倒一字，意义悬绝，不可不辨别也。如治经而自作解诂考订，其书本不以注为名，记传称之谓注某经，于理无碍，盖注为虚辞也。如直曰某经注，于法为非，盖注为实据也。……夫曰'注某书'，固异于'某书注'矣。"

(6) 清·方东树《昭昧詹言》卷四："读阮公陶公杜韩诗，须求其本领，兼取其文法，盖义理与文辞合焉者也。"

这些例证就都是"文法"的广义运用，指的是一般的语文规律。譬如王若虚《滹南遗老集》就是将"文法"和"语法""句法""文理""文势"等语交互并用来说明作文造句之类的法则的。此种用例，明清以后越益加多。从这里约略可以看出，在这一阶段大家已经逐渐习惯于甚至乐于使用"文法"这样的术语来评述关于语文的诸多现象，"文法"一词已经逐渐成为分析、说述语文现象的常用的共同语言。值得注意的是，某些作者也已经注意到语文的组织规律。因此，"文法"一词虽然通常用以概指一般的语文规律，但也已用以指语文的组织规律。例如章学诚虽然把文法用为文章之法，看成是文心等一般的语文法则，如上例(4)所引；而同时他也确注意到"颠倒一字，意义悬绝"的"文法"现象了，如上例(5)所引。由此可见，"文法"一词已经由第一阶段的广义用法向第二阶段的狭义用法过渡，在这阶段的后期，"文法"的广义运用和狭义运用是同时并存的。

第二阶段，从《马氏文通》以后，"文法"的含义，已向狭义的方向发展，专指语文的组织规律，这是文法学的专用用法，也就是现在的通常用法。自《文通》出版后，这种用法就广泛通行，实例如下：

(1) 裘廷梁的《无锡白话报》里说："诵学庸论孟之人，非不多也。然而不通古今，不知中外，不解文义，不晓文法。"

(2) 章炳麟的《文学说例》里说："间语者，间介于有用之语，似若繁冗，例以今之文法，又如诘诎难通。如《卷耳》言'采采卷耳'，而《传》云：'采采，事采之也'。训'采'为'事'，以今观之，似迂曲不情。"（《新民丛报》第五、九、十五号）

(3) 鲁迅《朝花夕拾·藤野先生》中说："原来我的讲义已经从头到末，都用红笔添改过了，不但增加了许多脱漏的地方，连文法的错误，也都一一订正。"

(4) 陈承泽在所著《国文法草创》绪言中就明确指出文法研究语言文字的组织规律及其历史发展，他说："探语学共通之原理，考组织变迁之沿革，抒其所见，作为是篇。"

以上诸例都是按照文法学的专用用法运用"文法"这个术语的。

文法学科除了通行的"文法"这个名称,比较常见的还有"语法"一名。关于"语法"一语的历史,也经历了和"文法"术语发展的第二个时期类似的演变过程:从概指语文的一般规律而发展为专指语文的组织规律。从历史的演变看,"文法"和"语法"两个术语都是统括语文双方,语文两用的,又都是从广义用法发展为狭义用法的,都有悠久的历史。比较起来,"文法"这个术语的历史更长,流行较广。那种把"文法"作为外来的概念和外来的术语的说法,未必符合我国文法学科的历史事实。明白"文法"这一术语的历史演变,有助于更好地了解和说明我国文法学科的历史发展。

三、"文法"一语所标指的方面

"文法"这个术语,一般用在三个意义上:

第一是指文法现象。也就是客观存在着的语文的组织规律。大概有了语文,也就有了这种文法的萌芽,它的历史跟语文的历史同样地长久。

第二是指文法科学。也就是研究语文的组织规律的专门科学。这一定要有了对于文法现象的探讨、研究才会出现的。而文法学术的产生,研究者的出现,通例是在语文的运用上发生了问题因而引起了深沉的思索,或者语文上发现了歧异的现象,或是古语和今语的组织歧异,或是外来语和本土语的组织歧异,因而引起了比较的热忱。这方面的历史自然比第一方面的文法的历史短得多。

第三是指文法书籍。这是把第二方面的研究成果整理起来写成的。它的历史又比第二方面的历史为短。

现在对于这三方面,一般都只用文法这个术语来标指。它在标指哪一方面,通例要从它的用法上去辨别。如说现代文法比古代文法更完密,我们就知道是指说第一方面的,说文法的客观存在。再如说模仿文法或理性文法,我们就知道这是指第二方面的,说文法的主观认识。再如说文法应该语文分编或可以语文合编,我们就知道是指的第三方面,是说文法的文字表现。这三方面各有各的特性,不宜彼此混同;但是文法的主观认识不能不是文法的客观存在的反映,文法的文字表现又不能不是文法的主观认识的写照,它们的关系是非常密切的。

四、文法学的体制

文法学可以分为词法和句法两个部门。

词法——研究成词的方法(从未成词到成词,即词素的配置),词的功能的类别。

句法——研究成句的方法(从未成句到成句,即词的配置),词组和句子的类别。

词法和句法这两个部门是互相依存的,所讨论的内容常有交互错综的关系。因为造句的材料和材料组成句子的法式有着密切的联系,正如建筑房屋一样,一定的建筑材料总是同一定的建筑物相关的。当然,这两个部门又是有区别的:词法中的重要工作是词类区分;句法中的重要工作是句子成分的划分及成分配置的研究。由于这两个部门既有联系又有区别,因此,在研究文法的时候,既要将这两个部门的纠结解开,又要求得它们之间的相互配合。

印欧语言有形态变化,因此它们的词法又称形态学。汉语缺乏词形变化,所以词法称为形态学就不妥当。汉语的文法事实,要求略带一点句法学做中心的倾向,这与某些印欧语的文法学以形态学为中心的倾向是有所不同的。汉语研究词法旨在说明句法;研究汉语文法,主要研究句法,应从句法讲起。离开句法去研究词法往往可能会钻牛角尖。

五、关于建立汉语文法学体系的问题

关于建立汉语文法学体系,有不少问题需要讨论。这里,我们提出应该注意的两个方面:第一,是体系的属性方面;第二,是普遍性特殊性的关系方面。

语文组织是有规律的,成体系的。文法的研究,不能满足于零碎地罗列若干条组织规则,而必须深入地从总体上说明其规律性,也就是要求把语文组织的体系特点揭示出来。自然,同认识一切事物一样,我们不是一下子就能完全地达到对语文组织体系的规律性的认识的,而是只能通过探讨、研究逐步地不断地接近它和达到它。那末,对于文法学,从其体系的属性方面看,凡可以算是一个体系,或说可以算是好的体系的,照理,应该具有妥贴、简洁、完备这三个条件。也可以说这是评衡文法工作的标准。这三个条件,都是对事实立言的,也就是说,合乎这三个条件的文法学说就是比较地切合客观存在着的文法事实的。同事实切合,就是妥贴,不切合事实,就是不妥贴;能够力求简捷分明的说明事实,就是简洁,倘要转弯抹角的推演才能说明事实的,就是不简洁;立论比较能够概括事实,就是完备,倘若立论太狭隘不能概括事实,就是不完备。

比方说,有些文法论著以有陈述功能(即充当谓语)的为动词,没有陈述功能而做定语的为形容词。而实际在我们汉语中,形容词却是有陈述功能的,把这种有陈述功能的说成没有陈述功能,就与事实不切合,便是一个不妥贴的例证。从这个论说出发,等到要讲它的陈述功能时,便不得不转弯抹角,说这是形容词变成动词了,就又成为不简洁的例证。再,从谓语的性质来划分汉语的句子种类,一般分叙述句、描写句、判断句三类,而遗落了很可注意的评议句,似乎就欠完备。

我们的文法研究工作,要达到建立一个妥贴、简洁、完备的体系,当然并不是一件容易的事情。但是,只要大家一点一滴地努力,不断地积累,总是可以成功的。

此外,还要注意到普遍性和特殊性的关系。我们固然反对那种不顾汉语语文特殊性的所谓"模仿文法",但是也不要反其道而行之,把它搞成全然不顾语文的一般性的"特殊文法"。普遍性或一般性,同特殊性也是对立的统一。在文法研究工作中应当力求正确地认识和处理这两者的关系。

比方说,对于汉语文法中的词序和虚词的认识就要注意到这个问题。在谈到汉语文法特点的时候,往往有这样的说法:词序和虚词是汉语文法的特点。这似乎不尽妥当。

研究汉语文法,自然应该注意到词序,但注意的分寸是应当有所斟酌的。首先,是否单是汉语应当注意词序?说"二加三等于五",并不等于说"五等于二加三";说"驴子是动物",更不等于说"动物是驴子"。如果语言和思惟不能截然分开,那就没有例外,研究任何语文都应该注意词序。不过注意的程度可以彼此不同。注意词序的先后,似乎应该看作语言的共同性,或者说普遍性,而不应该看作汉语的特殊性,至少不能强调把它作为汉语和其他语言不同的特征。其次,研究汉语文法是否可以单单注意词序先后?恐怕也不可以如此。因为那不见得合乎我国历来的文法学说,也不见得合乎现有的文法事实。我国旧有的文法学说,是注意"相接"的,也就是我们所说的"接连"。刘勰《文心雕龙·章句》篇说:"句司数字,待相接以为用。"相接或接连,除了先后之外,还包括有分合、断续、增省等现象,也是研究文法者所应当注意的。

至于说虚词的运用是汉语的文法特点,也是不尽恰当的。我国文法学说中最早划分了实词和虚词,这是事实,但决不能说虚词是汉语所特有的。在这里,汉语和世界上别种语文有共同的地方,都是有虚词的;也有不同的地方,那就是有多少虚词,有什么样的虚词,以及虚词在语文组织中所起的作用等等方面有所不同。这里也涉及到一般和特殊的问题,我们不能把汉语看成是完全特殊的东西。

另外,在汉语文法研究工作中也还可能存在着不重视汉语文法特点的倾向,夸大汉语和其他语言的共同性。因此往往用外国语的文法事实来套汉语的事实,用印欧语的文法学的成说来研究汉语文法,说明汉语组织;以为西洋语言有形态变化,中国也一定要有,这是违反汉语事实的。他们这种硬找汉语形态变化的努力实在是很少有什么实际成效的,可以说是徒劳的。

汉语有汉语自己的文法特点,我们在探求这些特点方面工作做得尚不能令人满意。这需要我们大家共同努力!这件工作做得好,不仅对于促进汉语发展有很大作用,而且对于一般语言学中的文法学部分也可以有极大的理论意义。

六、文法现象和社会的关系

文法是一种民族的社会习惯,它是经过长期的历史积累而形成的。文法现象或文法事实同社会有一定的关系,社会的发展,意识的发展,往往引起文法现象的变化。但是,和词汇比较起来,则词汇最能直接反映社会的发展和变化,最能反映各异的意识和习惯;一有新事物、新知识,在词汇中便会立即显出变动。自然,文法也能显出各异的习惯和意识的水准,但变动较难较慢,对于社会的关系的反映总不及词汇对于社会关系的反映那样直捷分明。这就是人们常说的文法所具有的稳固性的特点。当然,文法也总是随着社会的前进而不断地发展着、变化着、丰富着。而文法事实及其演变如今还大多未必能作出社会原因的说明,即说明也要曲折详尽,才不至流为牵强。虽然研究语言,必须与使用该语言的人民的社会历史相联系,但是不能机械地认为一切文法事实及其演变都可以而且都要去找出直接的社会原因,都要从社会事实出发,或者都要从心理的事实出发。恩格斯曾经指出,对于语音的变化"要从经济上说明"而"要不闹笑话,是很不容易的。"(《马克思恩格斯全集》第三十七卷,第四六一页)这个论说对于文法现象也同样是适用的。

七、文法和修辞

讲起文法,通常同时会讲起修辞。在传情达意的时候,文法的问题和修辞的问题的确总是紧密结合在一起的。讲究文法和修辞,对于我们下苦功学好语言,发展马克思列宁主义的文风,做好革命的宣传工作,都是十分必要的。

文法和修辞既有密切的联系,又有明确的区别。毛主席指出:"科学研究的区分,就是根据科学对象所具有的特殊的矛盾性。因此,对于某一现象的领域所特有的某一种矛盾的研究,就构成某一门科学的对象。"(《毛泽东选集》第一卷,第二八四页)文法和修辞同是研究语文现象的,但两者研究的领域和方面有所不同:文法讲究的是语文的组织,是如何组织词语成为句子的问题;修辞讲究的是语文对应题旨对应情境的运用,是运用语文的手法的问题。所以,文法和修辞是两门学科。分清学术界限,有利于我们更有效地进行研究和学习。

在观察和研究语文现象时,要充分注意这两者的分别:文法贵乎守经,而修辞则侧重权宜,两者不宜相混。混淆了科学研究的必要区分,不利于我们认识语文现象中不同领域的对象所具有的特征。正如毛主席所说:"对于物质的每一种运动形式,必须注意它和其他各种运动形式的共同点。但是,尤其重要的,成为我们认识事物的基础的东西,则是必须注意它的特殊点,就是说,注意它和其他运动形式的质的区别。只有注意了这一点,才有可能区别事物。"(《毛泽东选集》第一卷,第二八三页)在科学研究上把文法和修辞牵合或合并在一起,无疑是不符合上述辩证法原理的。

文法和修辞虽然是两门不同的学科,但是两者的关系是很密切的,文法事实和修辞现象往往可以互相转化。因此,研究它们的时候,可以同时进行,双方兼顾,使我们的研究更为周到全面。

第二章 组织,组织的成素

一、组 织

组织是文法的特性。文法现象所以同它的邻近的语文现象相区别的,就是组织。

1. 组织的形成

组织的形成要有以下三个条件:

(1) 两个以上的成素(容许缺省一部分);
(2) 按照一定的规律;
(3) 配置起来。

组织由组织成素组成;组织不能是杂乱无章的拼凑或无拘无束的安排,必须按照一定的方式(即某一社会习用的规律)配置起来;组织也不是成素的简单相加,几个成素在未经组织之前和既经组织之后是不同的,因为组织之后,成素间已经有了关系(例如"电视"不等于"电"加"视"),这关系可以是串合的,也可以是附加的等等,"花红"是一个组织,"红花"也是一个组织。

世界上任何一种语文都有组织,都有文法;没有无组织无文法的语文。语文的组织不同,文法也不同;组织变,文法也变。形态变化多的语言有组织,有文法,形态变化少的语言也有组织,也有文法。

2. 组织和结构

有些文法著作把"组织"和"结构"当作同义词,把语文的组织规律说成是语言的结构规律。我们认为,这两个术语要分开来用:组织是概括任何两个成分之间的关系和联系的,指的是一般的、抽象的;结构是指组织的体式,即某一个具体的组织,比如一个具体的句子的组织就叫"结构"。所以结构和组织既有联系,也有区别。

二、组 织 单 位

研究文法,说明组织,要探求成分之间的关系,必须注意组织单位。不这样,很容易把各种单位的现象相牵合,弄得交错杂乱,不能显出语文可能得到的简单条理。

1. 几种单位

语言组织的单位有大有小,一般可以分为四种:词素、词、词组(包括词串)、句子。一切语文的组织都由这四种单位层层套叠而成。如下表所示:

第一种	词素	成素组成						词素
第二种			词	成素组成				词
第三种					词组	成素组成		词组
第四种							句	句

以上四种单位的组织格局,其次序是以词素为第一种,表现的丰满度最小,以词素组成词,以词为成素组成词组,以词或词组为成素组成句。句是第四种单位,表现的丰满度最大,具有完成性,表达了完整的思想。

论单位对内要讲统一性,对外要讲独立性。但都要讲得适如其分,过了分都成问题。如过分强调独立性,不但词素是否为单位成问题,就连虚词是否为单位亦成问题。

2. 基本单位

在上述的文法组织单位中,基本单位有两个:小型的基本单位——词;大型的基本单位——句。词是语言组织的材料的基本单位;句是语言组织的陈述的基本单位。词由词素组成;句子由成分组成。成分可由词、词组和词串来充当。可列表如下:

语言组织的基本单位 { 材料的基本单位:词,由词素组成
　　　　　　　　　　 陈述的基本单位:句,由成分组成(成分由词、
　　　　　　　　　　　　词组、词串充当)

所谓基本单位就是标准个体,就是我们站在一定的立场或角度,逐步分析对象,分到极限所得的个体。角度不同,分析的方法和分析的极限就会有彼此不一致的地方。譬如一篇演说辞,逻辑学可以有逻辑学的分析法,语音学可以有语音学的分析法,文法学可以有文法学的分析法。逻辑学以概念为基本单位,语音学以音素为基本单位,文法学则以词为材料的基本单位,以句为陈述的基本单位。

基本单位的认识,随语文研究的进展而有所不同,我国古代语文研究中曾有过以字为基本单位的看法,今天看来大体相当于词素。随着语言科学的发展现在已逐渐认定词和句为基本单位。

3. 词——语言组织的材料的基本单位

词是什么?对这个问题的回答,大体可分作三种倾向:(1)从声音上说明的倾向;(2)从意义上说明的倾向;(3)从功能上说明的倾向。(1)(2)两种倾向很难成立。声音方面,无论是声音的多少,还是声音的节落,都不能成为判别词的标准。词可以是单音节的,也可以是复音节的;音节多少,跟词之为一为多,并无必然联系。意义方面,词的意义可以是简单的,也可以是复杂的;有些人从概念来说明词,但概念是从逻辑上讲的,不是从文法上讲的。

词的定义,必须从组织、功能的观点来下,从词的功能上,即词在组织中的活动能力上去寻觅词的界限。

从功能上判别,并非撇开声音和意义,乃是从包含着声音又包含着意义的个体上去判别。从这方面看,词就是自成个体的,可以在组织(句子)中活动的分子。不论它的声音是单音节的,还是复音节的;也不论它的意义是简单的,还是复杂的,甚至不论它的意义是有自主性的还是没有自主性的;凡是可以在组织(句子)中活动的,都可以算做一个词。词中最有自主性的是名词,最没有自主性的要算助词。倘把助词也认作一个词类,自主性就不能算是词的必要条件。

所谓自成一体,不自成一体,大概决定在对功能的认识。对于功能的认识不同,判别也就不能一致,所以往往有这处不认为自成一体的,在别处认为自成一体;或者在古时不认为自成一体的,在今时认为自成一体;又或这个人不认为自成一体的,别个人却认为自成一体。一排起来看,就觉得五花八门,毫无条理,其实也是有一点条理的。那条理就是当地人意识中的统一感。凡被认为一个词的必定是当作一个统一体记在心头。

4. 词素

词素是组成词的成素。词素又分实素与虚素两种。例如"桌子"一词中"桌"是实素,"子"是虚素。一个词可以没有虚素(看、玻璃、语言),但不能没有实素。实素与虚素可用元音、辅音相比较,实素犹如元音,虚素犹如辅音,实素能单独存在,虚素不能单独存在。

词由词素组成。只包含一个词素的词叫单纯词,例如:山、水、打、葡萄;包含两个以上实素的词叫合成词,例如:丰富、语言、火车、动员;包含实素和虚素的词叫派生词,例如:桌子、看头、刀儿。

5. 句——语言组织的陈述的基本单位

句子是语言组织的陈述的基本单位。句子成立的条件有两个:

(1) 连贯性——就是句子是思想的连贯的表现;

(2) 完成性——就是那表现是完成的。

完成性这个条件又可分为充足和完结两个方面,充足就是无须他词来附属,完结就是它不属于他词。这就是说,一句句子总是一个完成的单位。所谓完成,就是它具备了陈述的功能,表达了完整的思想。一般地说,具有完成性的组织单位,总是有连贯性的;单有连贯性而不具有完成性者,则不能成句。因此,完成性乃是句子成立的根本条件。

句子是由句子成分组成的。词、词组、词串都可以成为句子的一个成分。

一般的句子是由一个串合组织组成的,具备主语和谓语,例如:

你来!

火烧起来了!

但有些句子并不一定是一个串合组织,一个词或一个词组也可以成句,例如:

来!

火!(以上是一个词)

北京金色的秋天。

一个多么美丽的城市!(以上是一个词组)

虽然只有一个词,或一个词组,但已经具有完成这一条件,表达了完整的思想。就这个意义来说,句子可以有广狭各种含义。即:

(1) 词串之具有完成性者为句——狭义的句子的含义;

(2) 词串、词组之具有完成性者为句——广义的句子的含义;

(3) 词串、词组、词之具有完成性者为句——最广义的句子的含义。

6. 词组

句子成分由两个以上的词组合而成的,称为词组。有些文法书把词组叫做"仂语""短语"。词组就是不成句的词的小组的意思。词组一定是句子的一部分,它的作用相当于一个词,用在句子中充当一定成分。

在分析词组的时候,就有一个词组和词的界限问题。所谓词组和词的界限问题,并不是所有的词和词组都划不清,都成了问题。单纯词和词组的界限是很清楚的,派生词和词组的界限也是清楚的;不清楚的只在合成词和词组之间。所以严格地说来,应该说"合成词和词组的界限问题"。

有人用"插加法"和"替换法"来区别这两者的界限。这两种方法虽然有些用处,但也有局限性。因为从组织上看,一个组织有时能插进旁的成分,有时又不能插进旁的成分。从替换法看,例如"黑板""铁路"是词,而"黄板""铜路"就不是词;用替换法就不能说明问题。所以插加法和替换法不能盲目地用,要有条件地用。

我们认为区别合成词和词组,要注意两个标准:

(1) 使它成为词的标准;

(2) 使它不成为词的标准。

从组织出发,经常合一的是词,不是词组;经常分离的不是词,是词组。例如:"国家""红花"(药名)、"黑板"(教具)等是词;"走过""打倒""走进去""吃完""白马""黄板"等是词组。

区别合成词和词组,要看组织的结合程度紧密不紧密,不能孤立地分析成素,在辨别时要从使用的具体情况来分析。同一单位,在不同的时或地的条件下,可以是词,也可以是词组。

区别合成词和词组,要有发展的观点和历史的观点。语言是一种社会和历史的现象,词也具有社会性和历史性,词的本身是发展变化的。要区别合成词和词组,有时单从组织结构来看,还不能区别清楚,还必须从词本身的发展变化来看。例如:"动员""登陆",在抗日战争时期经常分离用,如说"动了员""登了陆",是词组;现在已经常合用,"动员""登陆"中间不能插入其他成分,已发展成为合成词了。又如"铁路"过去也是词组,现在也已发展成为一个词了。

有人提出能用拼音文字连写的是词,不能连写的是词组。这也不一定,"复旦大学"是个合成词,但可以拆开来写作:Fudan daxue,所以连写也不要看得太机械。

7. 词串

由主语和谓语互相串合组成的词组,我们特称为词串。词串在句子中也可充当一个成分,它是特殊的词组。例如:

瓦楞上许多枯草的断茎当风抖着,正在说明这老屋难免易主的原因。(鲁迅《故乡》)

"瓦楞上许多枯草的断茎当风抖着"是一个串合组织,用来做全句的主语。别的一些文法书把它叫作"主谓结构""读""子句""小句""词结"等等。我们把它叫作词串,因为它也是一个串合组织。

两个或两个以上的串合组织,配合起来组成一个句子,组成句子的各个串合组织也叫词串。例如鲁迅《杂感》中的一句话:

勇者愤怒,抽刃　　　怯者愤怒,却抽刃
向更强者;　　　　　向更弱者。
　词串　　　‖　　　词串

有些文法书称这样的词串为"分句"。但它并不是句,而是句子的一部分,换句话说,是句子的一个成分。

三、组织的两条线——配置和会同

文法讲究组织。组织概括了任何两个分子之间的联系和关系。这关系可大别为两群。一群是分子(词)与分子(词)配排、连贯的关系,例如"战士热爱祖国"一句中"战士"和"热爱"和"祖国"的关系,便是一种配排、连贯关系。这是一种纵的关系,我们称为"配置关系"。还有一群是分子(词)和分子(词)并列的、协同的关系,如不说"战士热爱祖国",而是说"战士热爱人民",这"祖国"和那"人民"的关系便是一种并列、协同的关系。这是一种横的关系,我们称为"会同关系"。

这纵横两群关系可以包罗尽一切词,一切词都被编织在这纵横两群关系之中。我们研究纵的一群关系就有所谓成分的分别,如所谓主语、补语等。研究横的一群关系就有所谓词类的区分,如所谓名词、动词等。研究文法必得究明这纵横两群所有的关系才算尽其职责。说明组织,也必须对纵横两线都有所说明。

研究文法要以功能为中心,实际上就是以配置为中心。"组织"一词有广义和狭义两说,狭义的组织是指配置;广义的组织包括会同在内。

四、组织(配置)的两个方面——接连和通贯

任何组织的配置都同时存在着两种关系,因此就有两个方面的安排:

(1) 一方面是配置各个组成部分之分别的次第的安排,这是程序上的关系,我们称为"接连"。例如:"他忽然走了"一句中,"他"接"忽然","忽然"接"走了"。如图:

(2) 一方面是配置所有组成部分之综合的、系统的安排,这是条理上的关系,我们称为"通贯"。例如:"他忽然走了"一句中"他"和"走了"直接发生关系(是串合关系),"忽然"和"走了"又发生直接关系(是附加关系)。"他"和"忽然"是间接的关系。如图:

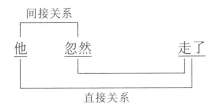

接连和通贯是一件事情的两个方面,是一个配置的两种关系。这两种关系是互相联系、互相制约的,可以合称连贯关系。刘勰《文心雕龙·章句》篇说:"句司数字,待相接以为用。""相接"就是"接连","为用"就是"通贯"。荀子《正名》篇中说:"名也者,所以期累实也,辞也者,兼异实之名以论一意也。"这里的"兼"就是既包括"接连"也包括了"通贯"。任何一种语文都不能不讲接连,同时也不能不讲通贯,接连和通贯在任何一种语文中都必须统筹兼顾,不能顾此失彼的。

中国的文法,以往特别注重接连,但是接连与通贯必须同时讲。"接连",是从个别分子与个别分子之间的关系来看的,是讲词素与词素、词与词之间的相接的,属于词法;"通贯"是从综合的整体来看的,从部分和整体的关系来看的,是讲成分与成分的连贯,属于句法。任何一种语文的文法都是通过"接连"显示"通贯";凭借"接连"表现"通贯"。接连必须分明,不分明的应当分化。

"接连"是组织的形式,"通贯"是组织的内容,比较注意意义。一般地说接连和通贯关系,不一定是一对一的关系。在不是一对一的时候,以多个接连对一个通贯为常态,以一个接连对多个通贯为变态。当它是常态的时候,接连的方式上有变化,通贯的条理上不一定有变化。例如:"他忽然走了"和"忽然他走了",接连不同,通贯还是一样,这是接连与通贯之间的一条重要的规律,我们可以依据这条规律在语文的表现上作适当变化,使语文的表现错综多样。

"接连"和"通贯"有种种情况。

"接连"包括分合、断续、先后、增省等几种方式:

(1) 分合(离合)——通常说的"词儿连写"或"词儿分写"就是要在文字书法上标明分合。例如:

$\begin{cases}红花(分:红的花) \\ 红花(合:一种药草名)\end{cases}$

$\begin{cases}一个工人的建议(分:一个建议) \\ 一个工人的建议(合:一个工人)\end{cases}$

(2) 断续——所谓"句读",就是从断续来分别,例如:

$\begin{cases}鸡不吃了。("鸡"为主语,续接下文) \\ 鸡,不吃了。("鸡"为提示语,断接下文)\end{cases}$

$\begin{cases}王同志走了!("王同志"为主语,续接下文) \\ 王同志,走了!("王同志"为呼语,断接下文)\end{cases}$

(3) 先后——所谓"词序",即是"先后"。例如:

$\begin{cases}我们下午开会。("下午"在主语后面、谓语前面) \\ 下午我们开会。("下午"在全句之首)\end{cases}$

$\begin{cases}他忽然来了。("忽然"在主语后面、谓语前面) \\ 忽然他来了。("忽然"在全句之首)\end{cases}$

(4) 增省——组织的重叠不重叠,带衬不带衬之类。例如:

$\begin{cases}写得　清楚。(不叠) \\ 写得　清清　楚楚。(叠"清",叠"楚")\end{cases}$

$\begin{cases}搬动　桌、椅。("桌、椅"之后不带衬) \\ 搬动　桌子、椅子。("桌、椅"之后带衬素"子")\end{cases}$

汉语缺乏形态变化,故在接连中较多注意分合、断续、先后,而在形态变化比较丰富的语言中,增省的方式比较多样。

"通贯"有串合法式、附加法式、穿插法式等三种法式,在这些法式中还包含有主要、次要,直接、间接,大局、小局,内部、外部等关系。我们将在下一章里加以说述。

第三章 组织(配置)的基本法式

一、基本法式释义

文法研究语文组织,是以配置为中心的,每一个配置都有接连和通贯两个方面。配置的通贯方面有一定的方式方法,这种方式方法就称为法式,而配置常含有串合法式、附加法式、穿插法式等三种法式。这三种法式就是组织(配置)的基本法式。

二、句子成分、成分关系

1. 句子成分

句子成分,就是法式的成分,是句子的组成部分。

一个句子成分可以由一个实词组成;例如在"我们爱祖国"中各个成分都由一个实词组成;也可以由词组组成,例如"工人和农民都是革命的主力军"中"工人和农民"这一词组组成一个成分(主语),"革命的主力军"这一词组组成一个成分(补语);也可以由词串组成,如"他胆大心细"中的"胆大心细"组成一个成分(谓语)。

句子成分可划分为:主语、谓语、补语、定语、状语,此外,还可以有穿插语。

(1) 主语、谓语——是组成串合法式的两个相对待的成分。二者是陈述与被陈述的关系。被陈述的成分叫主语,陈述的成分叫谓语。例如"鸟飞"是一个串合法式,"鸟"是主语,"飞"是谓语。如果主语和谓语不止一个词,那就分别称作主语部和谓语部,例如:

> 那只鸟　　飞到树上来了。
> (主语部)　　(谓语部)

(2) 补语——即在谓语后面补足谓语的成分,表示谓语所关涉的事物。我们的补语包括有些文法书中的"宾语"。我们以为如果称为"宾语"而可以包括施事,倒不如称为补语的好。

补语有三种类型:

一是受事型,即补语对于谓语有受事关系者,例如"我读书"中的"书";

二是施事型,即补语对于谓语有施事关系者,例如"台上坐着主席团"中的"主席团";

三是中性型,即补语对于谓语既非施事亦非受事者,例如"这少年便是闰土"中的"闰土"。衡词(详见第五章,本书四七九页)作谓语,后面的补语也是中性型,通常是动词,例如"我们应该去"中的"去"。有时也可以是形容词,例如"天气不该再热了"中的"热"。

串合法式的谓补关系中受事型补语还可以分为:(1) 转移:对于对象有所左右,例如"吃饭""喝茶";(2) 归趋:表示趋向依附对象,例如"上山下乡""走娘家";(3) 营造:表示作为制成,例如"吹气泡""作文";(4) 积累:表示积聚储藏,例如"有才""多艺";(5) 其他。

(3) 定语、状语——是附加法式中的附加成分。附加在体词前面或后面的叫定语,前附的如"一个人"中的"一个",后附的如"青菜两斤"中的"两斤"。附加在用词前面或后面的叫状语,前附的如"快快地走"中的"快快",后附的如"走得很快"中的"很快"。

(4) 穿插语——穿插法式中的穿插成分,有感叹语、呼应语、同位语、提示语、插加语等五种。

2. 成分关系

句子成分和句子成分相互接连贯通,组成一定的对待关系,主要的有下列几种:

(1) 主谓关系:主语和谓语的关系。
(2) 谓补关系:谓语和补语的关系。
(3) 形容关系:定语和原先语的关系。
(4) 疏状关系:状语和原先语的关系。
(5) 穿插关系:穿插语和被穿插的组织的关系。

这几组对待关系,我们可以总称为成分关系。成分关系是词(包括词组、词串)在组织中的运用关系,词如果不相互结合成这等成分关系就不成其为句子成分。

每组关系都是两两相对,每个句子成分都要有与之相对待的成分才能成立。

无"主"也无所谓"谓",无"谓"也无所谓"主"。其他仿此。

每组的双方都可以有纲目、本末之别,可以以一方为纲为本,另一方为目为末。如谓补关系中,谓语为纲为本;形容关系中,原先语为纲为本;疏状关系中,原先语为纲为本。凡此都照功能分,如谓补关系,对内虽有谓语和补语之别,对外实由谓语做代表,故可认为纲本,其他仿此。主谓关系的纲目本末之别,看法略有差异,普通认定主语为纲为本,但也可以说谓语为纲为本,因为主谓关系所显示的事物关系是事,不是物。如说"水流"是说出"流"这件事,跟所谓"流水"有别;"流水"是说出"水"这件物。"流水"称述的是物的分别,"水流"所称述的却是事的分别。

每组关系都可合成一体,合得一个体名。如"艳阳普照"句中,"艳"和"阳"为形容关系,对外可合成一体,合得一个体名主语;"普"和"照"结成疏状关系,对外可合成一体,合得一个体名谓语。又如"巨浪排空"句中,"巨浪"文法关系同"艳阳";"排"和"空"有谓补关系,对外可合成一体,合得一个体名谓语。

各组关系加入别组关系时,体名会随该组对外关系而变,故必对外的文法关系定,体名才有最后的决定。例如"山高水长"中的"山高""水长",各是主谓关系,一在"先生之风,山高水长"句中,"山高""水长"就各是疏状关系,意为山那样高,水那样长。两个疏状关系合成谓语,与"先生之风"构成主谓关系。

三、三种基本法式

上述几组成分关系可以归纳为三种基本法式:

1. 串合法式 { 主谓关系 / 谓补关系
2. 附加法式 { 形容关系 / 疏状关系
3. 穿插法式——穿插关系

一般说来,句子组织都包括在这三种基本法式中了。我们把并列关系当作这三种基本关系的内部关系,不把它当作基本法式的一种。

四、串 合 法 式

两个以上的成分互相串合组成的法式,称为串合法式。主谓关系和谓补关系都是串合关系;"主——谓——补"则是一个更大的串合关系。"我们歌唱"是一种串合;"歌唱社会主义祖国"是一种串合;"我们歌唱社会主义祖国"也是一种串合。

串合法式是三种基本法式中最主要的,一般地说,它能把其他的法式串合进来。例如在串合法式"雄伟的北京是我国的首都"中,就串合进来两个附加法式,即"雄伟的北京"和"我国的首都",分别充当主语和补语。

要注意串合法式中的直接间接关系。如在"我们认真读书"这一例句中,"读"与"书"是直接关系,"认真"与"读书"也是直接关系,"我们"与"认真"则是间接关系。

也要注意串合法式中的大局、小局和内部、外部等关系。词串和句子的关系就是这样:以一个词串作句子成分,则词串为大局中的小局,整个句子是大局,如"我看见他在写信"这个句子中,"他在写信"是个词串,对整个句子来说是大局中的小局。构成这一词串的成分(主谓)之间的关系是内部关系,即"他在写信"这一词串中,"他"与"在写信"的配置关系是内部关系,而这一词串的成分对于"我看见"这一串合法式来说,就是外部关系。又如"你去,我也去"句中,"你去"和"我也去"之间是外部关系,两个词串还各有自己的内部关系。大局、小局和内部、外部是有连带关系的。

五、附 加 法 式

由附加成分和被附加成分互相对待组成的法式称为附加法式。附加法式中句子成分间的关系有形容关系和疏状关系两种。形容关系由定语和原先语(即被形容语)组成,如"白马","白"是定语,"马"是原先语。疏状关系是由状语和原先语(即被疏状语)组成,如"快跑","快"是状语,"跑"是原先语。定语和状语称为附加语,被附加语我们称为原先语。

附加法式中,原先语是主要的,附加语是次要的。原先语是底子,附加语是来限定它或说明它的。附加的方式有两种:

一是前附的。如:

> 今天晚上,很好的月亮。(鲁迅《狂人日记》)
> 你便捏了胡叉,轻轻地走去……。(鲁迅《故乡》)

二是后附的。如:

> 抬头忽见山上有镜面白石一块,正是迎面留题处。(《红楼梦》第十七回)
> 我高兴极了。(叶圣陶《马铃瓜》)

前附带有限制、描写的作用,后附带有说明、补充的性质。

附加法式中的形容关系也可分为两种,一种是分析性(即修饰性)附加,如:"白马""坦白的态度"等;一种是统括性(即领有性)附加,如:"中国的解放""态度的坦白""桌子的脚"等。统括性附加的原先语,可以是指物的性质、部分、态度等;它可以是名词,也可以是形容词、动词。

附加法式内部的关系是直接关系,如在"雄伟的北京是我国的首都"句中,"雄伟"和"北京","我国"和"首都"的关系即是直接关系;附加法式中的附加语与本法式之外的成分则是间接关系,如"雄伟的北京"中的"雄伟"与本法式之外的"是"的关系。

有些附加法式可以结合成一个概念,而串合法式,一般地说来,不大能结成一个概念的。附加语在组织上虽是次要成分,但在表意上也是必要的和重要的。它可以使组织严密化,使表达的意思精密、周到。例如:

> 四面都还是严冬的萧杀,而久经诀别的故乡的久经逝去的春天,却就在这天空中荡漾了。(鲁迅《野草·风筝》)

这里讲的"春天",从时间来讲是"久经逝去的",从地点来讲是"故乡的",而"故乡"又是"久经诀别的"。有了这两个附加语,表达的意思就比较精密、细致了。有些串合法式中甚至不能不用附加法式的,例如:"解放区的天是明朗的天",不能说成"天是天"。

六、穿 插 法 式

穿插法式是比之附加法式更为次要的法式,它与串合法式的关系也比附法式更加松散,不能与上述两种法式并列。穿插语对于句子富有笼罩、烘托、映带的作用,不能如有些人那样称为"多余的话",也不能如有些人那样称为"独立语",把它看作同串合法式毫无关联的,独立于句子之外。

穿插语主要有下列数种:

1. 感叹语　　例如:

呜呼,我说不出话,但以此记念刘和珍君!(鲁迅《记念刘和珍君》)
嚄,阿Q,你回来了!(鲁迅《阿Q正传》)

2. 呼应语　　例如:

"大伯!我们什么时候回来?"(鲁迅《故乡》)
"小栓的爹,你就去么?"是一个老女人的声音。……
"唔。"老栓一面听,一面应,一面扣上衣服。(鲁迅《药》)

3. 同位语　　例如:

你看,唐朝的诗人李贺,不是困顿了一世的么?(鲁迅《娜拉走后怎样》)
我没有亲见;听说,她,刘和珍君,那时是欣然前往的。(鲁迅《记念刘和珍君》)

4. 提示语　　例如:

鸡,不吃了!(参看《北京口语语法》,第十六页例)
角者,吾知其为牛;鬣者,吾知其为马;犬豕豺狼麋鹿,吾知其为犬豕豺狼麋鹿也。(韩愈《获麟解》)

5. 插加语　　例如:

据我的意思,即使是从前的人,那诗文完全超于政治的所谓"田园诗人","山林诗人",是没有的。(鲁迅《魏晋风度及文章与药及酒之关系》)

他只是大众中的一个人,我想,这才可以做大众的事业。(鲁迅《门外文谈》)

总起来说,句法组织是

串合法式　和

附加法式　和

穿插法式

三者的配合,是一种三配合的组织。

第四章 词类区分的准据

一、词类是词的文法分类

1. 词的种种分类

在讨论词类区分的时候，必须分清词的一般分类和词的文法分类。

如果讨论词的一般分类，就是讨论词的分类的一般的可能性，或者一般的过去有过怎样的分类法。根据不同的目的，采取不同的准据对词进行分类，就可以有种种的分类。我们可以单单依据意义分类，如分为天文、地理等等，也可以单单依据声音或字形分类，如依声母分类，依韵母分类，依部首分类，依笔划分类，等等。如果讨论词的一般分类，所有的各种各样的准据或都可以随宜采用。对于词的各种各样的分类法，我们不能离开它们的分类目的去评论它们的是非高下。

2. 词的文法分类

为了研究文法，也必须对词进行分类；这样得出来的词类，就是词的文法分类。

研究词的文法分类就是为了研究语文的组织，为了把文法体系化，为了找出语文组织跟词类的经常而确切的联系来。

有的文法著作说词类区分在理论上很重要，但在实用上，并不是文法的主要部分；或者说词类区分只是为了讲文法的方便。这就是没有认清词类区分的实践目的，也就忽视了词类区分的重要性。有的文法学家面对汉语词类的复杂情况，认为汉语词类是无法区分的。这是没有找到区分汉语词类的正确的、合理的准据。

文法中词的分类是重要的，也是可能的。之所以是重要的，是因为词类是辨认文法的线索，词的类别分得好，分得对，就可以说明语言的组织，显示词的用法，指导人们自觉地运用词。之所以是可能的，是因为汉语词类情况虽然复杂，词性虽然流动，但是词的用法（功能）仍有重点，只要标准合理，方法对头，是可以认清条理,分出类来的。

事实上任何一种语文都有词类区分。不同的语文,其词类的区分可以有极大的差异;因此,研究任何一种语文的文法,都不能不拿它当做重点对象。

3. 词的功能、意义和形态

语文组织规律的研究,也就是词如何参加组织的研究。

每一个词可以分析为四种因素:第一是声音,第二是形体,第三是意义,第四是功能。说得简单点,可说词都有音、形、义、能四种因素。四种因素之中,形体一种因素是文字上独有的,其余三种因素都是语言文字上共有的。这音、形、义、能四种因素,可以分为两类:声音和形体是可以耳闻目见的,可以称为形态;意义和功能是要凭借可以耳闻目见的形态才能心领神会的,我们可以称为品格。形态是外显的,品格是内蕴的。

研究语文组织,研究词类区分,虽然不宜偏废词的形态,却当十分注意词的品格。在品格的意义和功能两个因素之中,尤当注意功能。所谓功能,就是词在语文组织中的活动能力,所以功能对于组织,比之形态、意义对于组织,更有密切的关系;在讲究组织,讲究词类的时候,必须十分重视词的功能。

文法上研究词类,是以形态和意义相结合的词为对象的。词的文法分类,从本质上说,就是词的功能分类。

二、词类区分的准据是功能

1. 功能释义

功能,就是词在语文组织中的活动能力。例如我们可以说"流水""水流",一个"流"用在附加组织,一个"流"用在串合组织,便是"流"在语文组织中有这两种活动能力,也就是"流"有这两种功能。又如,我们不能说"吗流""吗水",便是"吗"在语文组织中没有这两种功能。

词的功能与语文组织有连带关系。功能是词参加一定配置的能力,组织是由功能决定的词与词的配置。组织要受功能的限制,功能要到参加组织才能显现。当词未参加组织,加入一定配置的时候,它的功能是潜藏的,只有见过用例,知道底细的人才知道,这就是所谓记忆的事实;及既参加组织,就同别的词结合成一定的关系,那关系是显现的。功能就存在在这种关系之中。我们看下面两个句子:

人民创造历史。

战士热爱祖国。

论其声音、形体、意义都不相同,但自有相同之处。这相同,就句子说,可说组织相同,即各分子相互间的组织关系相同;就词说,可说彼此相当的词语彼此的功能相同,即"人民"和"战士"同有能力做主语,"历史"和"祖国"同有能力做补语,"创造"和"热爱"同有能力做谓语。可见功能对于组织有极其密切的关系。

如果我们把词看作为一个分子,那么,我们讲功能是要讲分子与分子之间的关系和联系的。研究语文组织,要注意分子是什么,但更要注意分子之间的关系和联系。单注意分子本身的意义或形态,是无法正确地说明语文组织的;单注意分子之间的关系和联系而完全排斥分子本身,那也是无法说明语文组织的。分子是关系和联系赖以存在的实体;语文组织没有那种所谓纯粹的关系,只有分子与分子的关系。因此,所谓功能,乃是分子的功能,是词的功能,它是与分子本身的意义和形态不可分离、紧密相连的,它们之间的关系如下图所示:

从上图可以看出,功能是讲一个分子与另外一个分子之间的关系和联系的;而分子是既包含着意义,又包含着形态的。所以要判别功能,必须从包含着形态和意义的个体关系上去判别。从这个意义上说,功能是统括着意义和形态的。也正是从这个意义上,可以说文法上研究词类是以形态和意义相结合的词为对象的。意义和形态是一个词的两面;只着眼于形态或只着眼于意义来研究文法、研究词类都是行不通的。所以我们应该用功能、用统括了意义和形态的功能来研究文法,来区分词类。

现在,我国许多文法著作都以功能作为区分词类的准据,大家对于区分词类的看法正在逐渐接近,但对"功能"的理解还存在着一些差别。有的说,功能是指词与词相互结合的能力,例如动词能与副词结合;有的说,功能是词在句子里担任一定职务的能力,例如动词能做谓语。前者就是所谓"结合功能",后者就是所谓"造句功能"或"句法功能"。我们认为词的"结合功能"和"句法功能"是不能截然分开的。所有的功能都在一定的词上面,在每一个成分上面。"结合功能"和"句法功能"不是两类东西,而是功能表现的两个方面,即词在组织中的活动能力

（功能），具体表现为词和词相互结合的能力和词在句子里担任一定职务的能力。总之，功能是一个，但可以从两方面看：从部分看整体，即从合作方面看，也就是从接连上看，就是词在语文组织中的相互关系，便是所谓"结合功能"；从整体看部分，即从分工方面看，也就是从通贯方面看，就是词在语文组织中的各别职务，便是所谓"造句功能"。如果只看一方面，各执一端，那是很难避免片面性的。

文法讲语文的组织规律，从小的方面讲，词素组合成词；从大的方面讲，词组组成句子。讲功能，就是要同组织联系起来讲。根据什么东西可以组织，什么东西不可以组织，什么同什么可以组织，什么同什么不可以组织来进行分类，也就是根据词在组织中的各别职务和词与词之间的相互关系来进行分类，一句话，就是以功能为准据来进行分类。这样分出来的词类，就可以说明语文组织，就可以对我们的语言运用起指导作用。

2. 词类区分的原则

词类区分的基本原则是依据词在组织中显示的功能。

词在组织中显示的功能可以从下面三方面看出：

(1) 词在组织中接连的程式；

(2) 词在组织中通贯的条理；

(3) 词在组织中会同的境界。

一般的文法论著通常把词在组织中接连的程式称为"形态"或"形式"，把词在组织中通贯的条理称为"职务"或"功能"，把词在组织中会同的境界称为"意义"或"概念"；又将这三方面看作彼此不同的三种标准，或三条道路，或三种范畴，或三种依据。我们认为，这三方面实际上都是与功能有关，并且是互相关连互相配合的。第一和第二方面是配置的表里关系，第二和第三方面为配置的经纬关系。第二方面同第一第三方面都有关系，为连结第一第三方面的枢纽。如以第二方面为中心，辗转推求三方面相互之间错综复杂的关系，应该可以求得一个以功能为依据而又兼顾各方面的切实合理的词类划分方案。上述三方面也就成为一种依据的三个方面，而不是三种依据，或三种标准。

3. 词类区分的方法

词类是以功能为准据把所有的词加以区分所得到的类。词类是求词在组织里活动范围相同的东西。区分词类的基本方法是：

第一，词的分类要用词的配置功能作枢纽：从配置求会同，从会同定词类。

第二,研究词的配置功能要注意成素的关系,也要注意关系的成素。

第三,研究词的配置功能要注意词的接连,也要注意词的通贯。

第四,词的分类要充分综合词的种种单项配置功能,从种种接连中、通贯中求得种种单项功能的会同境域。

第五,词的配置功能全部或大部分相同的为同类;词的配置功能有些不相同,但有一部分相同,可以作为同类表征的,也可列为同类。

第六,词的配置功能全部或大部分不相同的为不同类;词的配置功能有些相同,但有一部分不相同,而可以彼此立别的,也可列为不同类。

4. 从配置求会同,从会同定词类

词的分类要用词的配置功能作枢纽,从配置求会同,从会同定词类。这是根据语文组织本身的特点来规定的。语文组织的配置和会同,可以设想为两条线。假使我们把配置设想为纵线,会同就可以设想为横线;而配置和会同的交互关系就可以设想为纵横两线十字交会的关系,如图所示:

```
              配 置 关 系
     ┌─────────────────────────── 纵轴
     │
 会   │   我      读      书
 同   │   他      看      报
 关   │   王同志   写      文章
 系   │
   横轴
```

从这图中可以看出,语文组织中分子之间有两种关系:单一配置中分子与分子的关系是配置关系,众多配置中分子与分子的关系是会同关系。配置中成分与成分的配排、连贯的关系是配置关系,配置关系中任何一个成分在文法上都可以和属于同范畴的别个成分代换,如:"我"可以换作"他",也可以换作"王同志";"读"可以换作"看",也可以换作"写";"书""报""文章"也可以互换。这可以互相代换的各个分子之间的关系,就是会同关系。

这两种关系有分子有定限和无定限的差别:配置关系是分子有定限的,会同关系是分子无定限的。又有关系是显在的、是隐存的差别:配置关系是显在的,会同关系是隐存的。为标示这种差别,我们用实线来标示配置关系,用虚线来标示会同关系。如图:

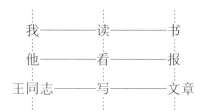

在这图中,每一成分都成了纵横双轴交叉的中心,纵里有它的配置关系,横里有它的会同关系。每个成分,横里都有和它会同成群的分子,一个成分和别的成分发生了配置关系,就是显示这群会同成群的分子同别群会同成群的分子可以发生配置关系。可以发生会同关系的分子是无定限的,只要是配置功能相同的分子,也就是说,只要在功能上有共通性的,便可会同在一起。

我们认为:由配置关系决定句子成分划分和成分配置,从会同关系决定词类区分。这样,句子成分和词类的配合也应当是十字交叉纵横双轴的配合。

这种分清两线又求其配合的方法,实质就是:从配置求会同,从会同定词类;也就是从多数配置,寻求词的会同功能,以定词类。

任何一种配置,都同时存在着两种连贯,即接连和通贯,因此,研究词的配置功能既要注意词的接连,也要注意词的通贯。从配置求会同,就要从配置的接连和通贯上求会同。接连要讲词在组织中接连的程式(包括词内部的接连和词与词的接连),通贯要讲词在组织中通贯的条理。从配置求会同,是要从配置上求共同性,也就是求词在接连和通贯上的共同性。

基于对语文组织中的配置关系和会同关系之间的联系的认识,基于对配置中同时存在着两种连贯的认识,我们认为:虽然词类是词法研究的对象,区分词类要研究词的接连程式;但是词法和句法是有机地联系着的,接连和通贯是表里相依的,所以在研究词类时,也必须研究词的通贯的条理。词类区分和句子分析(析句)是互相有关的,应该力求两相配合。那种认为词类区分只是与词组有关系而和句子分析没有什么联系的看法是不妥的。既然分类和析句要两相配合,那末替词分类,就必须看词在句中的职务;要看句中职务,就得研究词在句中的职务到底有多少种。词类的区分是必须和这些职务上的区分相配合的。职务一经划定,分类就有了定准,就比较容易进行。

5. 对功能分类的几点说明

(1) 分清单项功能和综合功能

单项功能是指一个词在某一具体配置(比如句子)中所具有的某一桩功能,

它是具体的、个别的。如"我读书"这个句子里,"书"作补语,"书"在这个具体的配置里只有单项功能。

综合功能是一个词在组织中与其他词发生的关系和联系的总和,是指一个词的所有单项功能的综合。它是从许多具体配置中概括出来的,所以它是抽象的、一般的。如"书"能作主语,能作补语,在形容关系的附加法式中能作原先语等等,这是"书"的综合功能,这是研究了许多有"书"出现的具体配置才知道的。

从配置求会同以定词类,是会同词的综合功能,而不是会同词的单项功能。词类是词的综合功能的类。用单项功能去分词类,只能得到主语、谓语等等。有的文法著作把功能区分词类只限于看单项功能,因为他们只看到配置一根线。从一个配置里只能看到一个词的具体的、个别的功能,而具体的、个别的是不成其类的,一般地说,要成类至少要有两个东西,必须从许多配置里求出共同的东西方能成类。那种所谓"依句辨品"之说,是只讲词的单一功能的,也就是依某个具体的配置来辨别词的类别,这怎能辨出类来呢?

(2) 分清主要功能和次要功能

在语文组织里,词可能有多种用法(功能),在分类时就要掌握它的特点和重点,分清它的主要功能和次要功能;而分类应以主要功能为主要根据。譬如说,作主语、补语,名词有优先权,那末作主语、补语就可以作为名词的主要功能;或者说有些词对于充当主语、补语具有优先权,那末根据这主要功能将它们归为一类,称作名词。至于它还能充当别的成分,比如作附加语,就是它的次要功能。再如动词、形容词的主要功能是作谓语,也并不排斥它们还有次要功能,比如作附加语。当然,所谓优先,并不一定是专有。

(3) 分清经常功能和临时功能

确定词的功能,区分词类必须以词的经常用法为准。在语文组织中,词除了它的经常用法之外,往往还有临时用法,例如《公羊传·宣公六年》:"勇士入其大门,则无人门焉者;入其闺,则无人闺焉者。"前后两个"门"、两个"闺",都有经常用法和临时用法的区别。所谓临时用法,就是有意把别一类的词转化成这一类的词来用的修辞手法。经临两种用法不宜混同,如果混同不分,必致在一个词的常类之外又加上它的临时的类,使人觉得词无常类,头绪纷繁。

经临不分,还会引人入迷途。因为经临不分,就有可能因词的临时用法不能离开某一具体配置辨别它的临时词类,而就用来概推一切,认为一切词的经常用法也都不能离开某一具体配置来辨别它的经常词类。所谓"凡词,依句辨品,离句无品",就是一种否定词类经常性质的临时主义的说法。

总之,词类是词的综合功能的类,是词的主要功能的类,是词的经常功能的类,一个词在词类上有所改变,必须在其综合功能有了改变、主要功能有了改变、经常功能有了改变时,才能确定,而不能只根据"人其人"的配置,就说"人"从名词类里跑到动词类里去了。

三、关于依据意义区分词类的问题

1. 三种意义

文法成分一定是声音和意义相结合的。我们固然不能排斥声音来研究组织,却也不能隔离意义来研究组织,研究文法。不过,应该分清三种意义。

第一种意义是个别意义。这是一种具体的、特殊的意义,如说"椅子"是"人坐的工具","椅披"是"披在椅子上的装饰品"等等。这也就是《马氏文通》所说的"字各有义"的意义。辞书所载的多是这种个别意义,所以这种意义一般也可以称为词汇意义(词典意义)。

第二种意义是配置意义。如《马氏文通》说:

> 《庄子·德充符》:"人莫鉴于流水,而鉴于止水,惟止能止众止。""止"字四用。"止水"之"止",静字,言水不流之形也;"惟止"与"众止"两"止"字,泛论一切不动之物,名也;"能止"之"止",有使然之意,动字也。……

这里说的"言水不流之形也""泛论一切不动之物""有使然之意"等意义就是配置意义。配置意义是随同配置发生,又是附丽在配置上的;配置如果相同,不同的成分也可以有相同的配置意义,如说:

红花
绿叶

成分不同,仍然有相同的配置意义,"红"对于"花","绿"对于"叶"同有区别的意义,即所谓言某某之形也;假使配置不同,就是同样的成分,也会有不同的配置意义,如说:

红花
　　花红

成分相同,仍然有不同的配置意义。

　　配置意义同个别意义不同,不能同个别意义混为一谈。应该说,配置意义同个别意义又有区别又有联系。

　　第三种意义是会同意义。这种会同意义不同于个别意义,也不同于配置意义;会同意义与配置意义又有联系又有区别。一般所谓动词、名词的意义就是这种会同意义。如我们说:

　　人莫鉴于流水。

句中"人"和"水"都是名词,我们就不是说"人"和"水"的个别意义相同,也不是说"人"和"水"的配置意义相同,而是说"人"和"水"在组织上有会同或类同的功能。

　　上述三种意义是不同的,我们必须注意它们的区别,而不能混同,像《马氏文通》那样将三种意义混为一谈是不对的。这三种意义也是有联系的,它们的联系是:由个别意义为基础,产生配置意义,由配置意义产生(归纳出)会同意义。这种会同意义也就是词在组织中会同的境界。

　　这三种意义又可以分为两大类:

　　一是个体含有的意义,个别意义属之。

　　二是集体组成的意义,配置意义和会同意义属之。

　　这两类意义的区别,也颇重要,应加注意。文法学研究的对象,如果单就意义这一方面来说,正是集体组成的意义。研究词汇着重个别意义,研究文法则着重集体意义:配置意义和会同意义。

2. 意义不是区分词类的准据

　　讨论词的文法分类,能不能单单依据意义分类?而所谓意义又是一般地指所谓个别意义而言。那末我们就可以坚决作否定的回答说:不能依据这种意义区分词类。

　　词类并不是由许多个别意义相同的同义词汇集而成的类。同类的词不一定同意义,如"山"和"水"不同意义,"你"和"他"也不同意义,而它们还是各自为同类;再如"点灯"的"点"和"点名"的"点",也是意义不同,而它们也还都是动词。

相反，意义基本相同或相近的词也不一定同词类，如"突然"和"忽然"意义基本相同，但"突然"是形容词，"忽然"是副词；又如"特点"和"特殊"，意义相近，但"特点"是名词，"特殊"是形容词。所以文法所讲的名词，并非事物名称之谓，动词，也并非动作之谓，而是从配置求会同找出功能上的共同性才成其类的。那种所谓"义不同而其类亦别焉"等等依义分类的说法是不能成立的。从个别意义上分出来的词类，对研究语文组织、研究文法也没有实用价值，何况个别意义可以是无穷的。只有抓住组织，抓住功能，才能合理地、正确地区分词类。

我们主张用功能区分词类，但并不是完全排斥意义，意义对于功能并不是毫不相关的。可以说：个别意义是功能的基础。这可用政治经济学中商品的使用价值和交换价值来说明。马克思主义政治经济学把商品分成许多类，指出使用价值不能交换，例如穿鞋子不能代替戴帽子，只有那交换价值（抽象劳动）才能交换；但是，使用价值却是交换价值的基础。在语言学中，词的个别意义是不能交换的，"他"就是"他"，"我"就是"我"，"我吃饭"不等于"他吃饭"，按其个别意义是不能交换的，这好比经济学上的使用价值；但是"我"和"他"在组织里活动能力相同，有同样的功能，又是可以参加同样的配置的。因此，个别意义虽然不能交换，但却是功能的基础；而功能共同的词在组织上可以"交换"。

配置意义和会同意义同功能是直接有关的，可以说，它们是功能自身的意义。区分词类也要注意这样的意义。主张以意义来区分词类的人，也往往以广义的意义说来弥补原说的不足，把配置意义，甚至把会同意义也包括进去。但是即使如此，广义意义说也无法把意义的范围扩大到把形态也包括在内，广义意义说的广义还是无法弥补意义说的片面性的缺点。广义的意义说把意义扩大之后，对于功能说来说，虽然已经有很多相互共通之处，而对于形态说来说，还是互相对立，互相留有空白点，彼此不能相容，不能并立的。

要求合理、圆满地区分词类，必须放弃依据意义分类的办法；而文法研究的实践也一再地指出：依据意义区分词类是行不通的。

四、关于依据形态区分词类的问题

1. 形态的含义

形态，一般是指某种事物表征（外部标志）的总和。前面讲过，词的音、形、义、能四因素中的声音和形体可称为形态，但文法研究上所说的形态，实际上是指显示词的功能的那些文法形式，也就是词的接连（包括词的内部接连和词与词

的接连)的程式。关于文法"形态"的学说,主要有两种:

第一种是"狭义形态说"。"狭义形态说"的形态,是指跟语言组织有关的词本身的表征(或标志),这可以是词的构形变化,也可以是词的构词上的特点。最狭义的形态说只指词的构形变化为形态。构形的也可称为屈折变化,在某些印欧语言里十分丰富,如名词的变格,动词的体、式、时等等的变化,汉语里缺乏这种变化;构词的有词头、词尾(即前衬、后衬)等等,汉语里也有一些词尾,如"子""儿""头"之类,就是名词词尾,但汉语里的普遍情况是不带"尾巴"的,名词的大多数并不一定要带"子""儿""头"之类的词尾。一般说汉语没有或者缺乏形态,指的就是这种构形、构词的狭义形态。

第二种是"广义形态说"。"广义形态说"所说的形态,不只是指上述第一种形态,而且认为词与词的相互关系,词与词的结合也是形态,比如"一块墨""一块铁"中,"墨"和"铁"都可以和"一块"相结合,也就可以列入同一词类。

在我们看来,所谓"狭义形态",所谓"广义形态",实际上都是讲词的接连的程式的,"狭义形态"实际上是一个词内部的接连,"广义形态"实际上是词与词的接连。

2. 形态和功能

文法研究语文组织,从组织观点看,狭义形态就是组织关系的表征,就是功能的标志,它是表示功能的。一切语文只要有组织,就有成分与成分之间的关系和联系,也就有功能;但是功能不一定都由语词的形态变化来表征。如果认为没有形态变化,就没有功能,就没有组织,就没有文法,就不能有词类区分,那是从形式上看问题,不是从语文组织的本质上看问题,是不恰当的。

至于广义形态,也是从语文成素的关系和联系上讲的,那是与功能有相通的一面。但是"功能说"与"广义形态说"也有其不相通的一面。"功能说"讲词与词的关系和联系,是讲组织,是讲组织(配置)的两个方面,即接连和通贯,也就是既要讲关系的表现形式,又要讲关系的表现内容;在讲关系时既要研究词组,也要研究句子。而"广义形态说"只讲接连,不讲通贯,只讲关系的表现形式,不讲关系的表现内容;在讲关系时只讲词组而不讲句子。所以"广义形态说"和"功能说"虽有相通之处,但在基本观点上并不完全一致,在具体内容上还有许多不同之处。

根据汉语的文法事实来看,用"形态"一词来指称文法学的对象是非常不便的,这样的"形态"用在西洋文法中已经要包括句法论上的许多无形的形态,拿来用在汉语文法中,所包括的无形的形态就要占了这"形态"的大部分。因此用"组织""功能"来指称词与词的相互关系、词与词的结合就比用"形态"更为合适。"组织""功能",这不仅可用来讲汉语文法,而且也可以把有形态变化的语言的文法概括进来。

3. 形态也不是区分词类的准据

马列主义研究一切现象,都不是孤立地进行研究的,而是从联系上、关系上进行研究的。例如研究一个人,也要从人与人的关系上进行研究。又如,粮食有没有成为商品,粮食本身并无记号,也是从它和别的物质交换关系上来断定的。在研究词的文法分类方面,也是如此,也要从词与词的关系、联系上进行研究。

所谓狭义形态,也是词的接连的一种方式,是功能的标志。一种语文,如果它的狭义形态很丰富,那对于我们认识词与词之间的关系和联系会有帮助的,它是区分词类的有利条件,可以利用。但是,狭义形态决非词类区分的准据或根据,它并不是词类的本质所在,而只是外部的标志,这正好像区分教师和学生不是以校徽的不同为根据一样,校徽只是那根据的表征。如果说"子""儿""头"是形态的话,那么它们也是标志功能的,但是有些带"子""儿""头"的不一定都是名词,名词也并不都要带"子""儿""头"。由此可以说明,功能是主要的,形态不是主要的,分类必须看功能,只有标志功能的形态在分类上才有意义;而凭"形态"分出来的词类,归根到底还是功能的类。并且有些语言,例如我们的汉语,狭义形态少,那就根本无法依据这种形态来分类;这不是说汉语无词类,而正是说明汉语词类区分不能以狭义形态为准据。那种以为汉语没有狭义形态就没有词类区分的看法是不符合语言的实际情况的。

至于广义形态,它是指词与词的接连,是词与词之间关系的表现形式,从广义上讲,它也是功能的标志。一种语言可以没有或很缺乏狭义形态,但不可能没有所谓广义形态;因此在区分词类时也应当注意利用。讲功能的要讲接连,就是概括了狭义形态和广义形态。广义形态也不能作为区分词类的准据,这是因为形式是由内容决定的,从根本上讲,广义形态本身也是由功能决定的;这也同样说明功能是主要的。而且就广义形态的内容来说,它也像"广义意义说"一样,有着片面性的缺点,因为"广义形态说"无法把形态的范围扩大到把意义也包括在内,"广义形态说"虽然和"功能说"有着许多共通之处,但对于那"意义说"而言,仍是互相对立留有空白的,彼此不能相容,不能并列的。

总之,我们研究文法组织、研究词类区分虽然不能不注意到形态,但是形态对于组织而言不是主要的本质的东西,主要的本质的东西是功能。

五、关于依据多标准区分词类的问题

单凭意义或者单凭形态来区分词类都难以成功,于是就有人主张用综合标准,即多标准来区分词类,例如有的文法著作提出区分词类有三个标准:第一是意义,第二是形态,第三是功能。这就是所谓"三结合"的标准。

这样一种多标准的提出,与所谓"词汇·语法范畴"的理论有关。说词类是"词汇·语法范畴",是指词类既是词汇上的分类,又是文法上的分类,也就是主张同时根据词的词汇意义和文法特点来区分词类。这就把词义标准和文法标准纠缠在一起。前面我们讲过,在讨论词类区分的时候,必须分清词的一般分类和词的文法分类;词有词汇意义(个别意义),当然也可以依据词汇意义分类,但那样分出来的类不是我们所要讲的文法上的词类。明明是文法上的问题,是没有必要拉扯到词汇方面去的。

用这种所谓"三结合"标准来区分词类,是跟形式逻辑不合的。形式逻辑关于分类有一条规则,就是一种分类必须只用一个标准。而贯彻"三结合"标准,往往是一会儿用甲一标准,一会儿又用乙一标准;结果是一类词根据甲一标准分出来,而另一类词往往又根据乙一标准得出来的。所以,多标准意味着无标准,多标准是不可能合理地区分词类的。

用这种所谓"三结合"标准来区分词类,还混淆了不同质的矛盾,模糊了词的文法分类的本质。意义、形态,功能虽然都是词的属性,但是我们所讲的词类是词的文法分类,所以是词的文法属性——功能的类,而不是词的意义(词的个别意义或概念)的类,也不是词的形态(声音或文字形体)的类,这种意义和形态不是文法学研究的对象。文法学研究词类也要讲意义和形态,但必须是与功能有关的意义,即词的配置意义和会同意义;必须是与功能有关的形态,即词的按连的程式,或所谓"狭义形态""广义形态"。这种意义和形态在区分词类时是要研究分析和注意利用的,但也不能把它们与功能并列起来,来个"三结合",同作准据;因为这种意义只是功能自身的意义,这种形态也只是功能自身的形态,它们都是以功能为转移的,所以区分词类的准据应当是也只能是功能。

六、词的分类和词的归类、变类

1. 词的归类

词的分类和词的归类是两回事,应该有所分别。分类是从许多词中求出群来,如根据功能的不同,把语言中的词分为名词、动词、形容词等等,就是分类。归类是把某个词归进群里去,如把"书""桌子""牛"之类具体的词放到名词类里,把"写""读""想"之类具体的词放到动词类里,等等,这就是归类。分类是划分的;归类是汇合的。

一般地说,语文组织里词有定类,类有定词;也就是说,一个具体的词可归属于某个词类,一个词类也总是包含有某些具体的词。但语文组织里词的情况是很复杂的,不同的词类,职务上有错综的情形,例如名词和形容词是不同的词类,但都能作附加语,当然,它们的主要功能是不同的。要承认错综,不承认倒不对了,因为语言事实如此。

词的归类不能太机械,要看实际情况。原则上词有定类,但有些词是有机动性的,有些词不一定只属一类,如"锁""奶"等,它们有名词的功能,也有动词的功能,就得承认它们属于名词、动词两类,因为这也是客观事实。

2. 词的变类

词的功能的类别,可以随着文法的发展而发展。词的分类一般不变,某一语言把词划分为几大类,大体上是稳定的,当然也不是永远不变的。具体的词在不同的历史阶段上可能属于不同的词类,这就是说,某个词归于哪一类是可变的,犹如"教师""学生"不变,但是某个人是教师还是学生可变,当然在一定阶段也还有相对的稳定性的。

一个词其类变不变,是由它的特有功能变不变来决定的。比如作谓语是动词的特有功能,而名词无此功能;那么名词作了谓语就是变类了。如"奶了他"的"奶"。有的文法书把"吃奶"的"奶"和"奶了他这么大"的"奶"都归属于一个词类,说"奶了他这么大"中的"奶"是名词的活用。这就不是从功能来分类了,因为作谓语、与"了"接连是动词的功能,我们决不能说"桌子了半天""衣服了好久"这样的话。名词中的一部分工具词,如"车""袋""锁"等,是可以作动词用的,如说"车了去""袋起来""锁着门"等,不过经常像动词那么用法,它们的词性也就变了,词类也变了,不能说它们仍然是名词了。

当然,一个词其类变不变,还要区别经常功能和临时功能。有些词在一定的句子里特有功能变了,但只是为了适应题旨情景的一种临时用法,这就不能说是变类。例如"春风风人,夏雨雨人"(《说苑·贵德》)句中的第二个"风"和第二个"雨",在这里充当谓语,能不能说这个"风""雨"变成动词了呢?能不能由此而把"风""雨"归到动词类里去呢?显然是不能的。

区分词类从配置上着眼,但不是从具体的配置来定词类。如"中国解放"和"中国的解放"中,"解放"一词出现于两个不同的配置,若说因配置变了,"解放"的类也变,这就很难处理了。这里不因配置的变动,而类也变,这是因为"中国的解放"可扩展为"中国的迅速解放",可见"解放"词性未变。像"中国的解放"和"中国解放"之类不同的组织,只是说明词的用法不同,而不是说明词类变了。一个词的用法可以有几种,有主要的,还有次要的,例如名词除了作主语、补语之外,还可以作定语,形容词除了作谓语之外,还可以作定语等,"伟大的祖国""祖国的伟大"中,"祖国"和"伟大"的用法不同,但词类不变,"祖国"仍是名词,"伟大"仍是形容词。所以,就用法而言,词的次要用法不同,也不能一概算作变类。

第五章 汉语的词类区分

一、词类概况

汉语的词根据不同的功能可以分成下列各类：首先分为实词和虚词两大部门。实词部门可分为体词(包括名词、代词)和用词①(包括动词、形容词、断词、衡词)及配合体词、用词的点词(附单位词)、副词。虚词部门分为介词、连词、助词。还有一个感词。另外还有词所附带的衬素。

二、实词和虚词

汉语文法研究中,关于实词和虚词的区别,有过种种说法。大致可以分为两路：一路是着眼在意义(概念)上的差别。《马氏文通》把虚实之分定为有解无解之分,说："凡字有事理可解者曰实字,无解而惟以助实字之情态者曰虚字。"便是这一路。有的文法书分词为"理解成分"和"文法成分",也是这一路。其他的所谓"实词意义实在,虚词意义比较空灵"等等说法都是同样的观点。

另一路则认为：文法上词分虚实必须从组织上着眼,即从功能上区分。依照功能观点,实词是在组织上能够独立自主的,也就是说它能够单独做句子成分的,可以称为"自立词"；虚词是在组织上不能独立自主的,必须依附实词才能成一节次的,可以称为"他依词"。我们是主张这种观点的。

我们认为,把实词、虚词之分定为有解、无解之分,定为"理解成分"与"文法成分"之分,说成是词义"实在"与"空灵"之分,都是不够妥当的。凡词总有意义,便不能说什么无解。实词和虚词在组织中都有意义：实词可就其自身寻求意义；虚词必须就该词和实词的连贯上寻求意义,看它如何节限实词。两种意义虽

---

① "体""用"两字是我国宋代以来哲学家常用的用语。如王安石《道德经注》四："道有体有用。体者元气之不动,用者冲气运行于天地之间。"(王氏原书已失,见彭耜《道德真经集注》卷二所引)"体""用"两字也为宋代以来语文学家所常用。如宋魏庆之撰的《诗人玉屑》第十卷曾列"体用"一个门目,近人胡以鲁氏也有"体词""用词"之称。这里我们用来专指实词之两大部类。

则同是意义,却是不同的意义,原则上不能以实词的意义对换虚词的意义。

单说虚词是文法成分,那也是片面的。文法是讲组织的,实词和虚词都要参加组织,都是组织的成素,都是组织的基本单位,因此都是文法成分。文法成分应该包括虚词实词两部门的。如果把文法看成建筑,词看成材料,难道能说砖瓦不是材料,而只有石灰、水泥倒是材料?砖瓦石灰都是建筑材料,实词和虚词都是文法成分。当然,实词和虚词正像砖瓦和石灰一样,各有各的用处;它们在组织上所起的作用是不同的,功能是不同的。有的文法学家讲虚词是文法成分,是有功能的;而有的文法学家则认为虚词是没有功能的,因为他认为虚词是形态部,而形态部是没有结合能力的,只有意义部(即实词)才有结合能力。我们认为,形态部也是有意义的,不论实词、虚词都包括意义、形态、功能三者,这样才比较全面些。

再说凭空讲意义的"实在""空灵"也是极其困难的,而且对于讲组织也没有实践作用。离开组织,离开功能,就各个分散的词求其意义的虚实,很容易成为各个词虚实沿革的研究,而不是组织上共同功能的研究。至于有人认为名词意义实在,是实词,代词意义空灵,是虚词,更是毫无道理。如说"孔乙己是站着喝酒而穿长衫的唯一的人。他身材很高大;青白脸色,皱纹间时常夹些伤痕;一部乱蓬蓬的花白胡子。"(鲁迅《孔乙己》)这两个句子中,把"孔乙己"说成实词,"他"说成虚词,对于讲究组织有什么意义呢?研究文法不外是从事物关系或语言关系两方面看,说代词是虚词,不管是从事物关系还是从语言关系看,都说不通。

对于虚词的功用,讲组织者的眼光未必和讲求实义者的眼光一致。在讲求实义者看来,虚词无实义,不重要,甚或认为无用可删。而着眼于组织,则可以看到虚词实际上都是一些功能极大而意义不很明显的词。要注意虚词所在的组织,注意虚词和实词的关系,才能认识虚词在组织中的功能,才知它们实在有大用,研究文法必须重视虚词的研究,必须在这上面大用工夫。

汉语里的名词、代词(合称体词),动词、形容词、断词、衡词(合称用词),数词、指词(合称点词),副词,都能单独做句子成分,都是实词;介词,连词,助词都不能单独做句子成分,都是虚词。至于感词,它能穿插于句子之中,独立时可以成句;但一般又不能做除穿插语之外的句子成分。着眼于第一点,可说它与实词相同,着眼于第二点,可说它与虚词相仿;所以,可将感词放在实词虚词之外。

三、体　　词

体词是用以称举事物的实词,内含名词和代词两种。"中国""北京""河""山""人""马""工业""农村""科学""文化"等词,就是名词;"我""你""他""其""之""谁""什么""等等""云云"等词,就是代词。

体词的主要功能有以下几点:

(1) 在句子中作主语,例如:

宝玉听了,大觉逆耳。(《红楼梦》第三十二回。名词"宝玉"作句子的主语)
他出去了。(鲁迅《故乡》。代词"他"在这句中作主语)

(2) 作叙述句和诠释句中的补语,例如:

时间就是性命。(鲁迅《门外文谈》)
"我说他!"阿Q指着近旁的一个孩子,分辩说。(鲁迅《阿Q正传》)
伊揩着眼泪。(叶圣陶《母》)

这几句中体词"性命"作诠释句的补语,体词"他""眼泪"作叙述句的补语。

(3) 一般没有做谓语的能力。名词作谓语是有条件的,只限于用在一部分表示肯定的诠释句,而且,作谓语的大多是表示日期、气候、节日的名词,例如:

今天星期三。
昨天晴天。
明天劳动节。

"星期三""晴天""劳动节"在上述句子中作谓语,但这类名词作谓语的句子是诠释句的特殊形式,断词"是"不出现;如果是否定句,"是"就不能不出现,我们不能说"今天不星期三""昨天不晴天""明天不劳动节"。可见,即使在诠释句中,名词作谓语的能力也是极其有限的。

名词和代词有共性,但又各有特点,它们的区别是:

(1) 名词可以同点词和单位词结合,例如:"两张桌子""这件事情";代词一般不具备这种功能。

（2）名词能在形容关系的附加法式中作原先语，代词一般无此功能，只有特殊情况才可作原先语，如"幸福的儿童"是通例，而"幸福的他们"就是特例。

此外，名词和代词都是称举事物的，但称举的方法也有不同：名词称举的方法是固定的，林黛玉总称为林黛玉，贾宝玉总称为贾宝玉，它和事物的关系是固定的关系。而代词称举的方法则是活动的，林黛玉说话，可称自己为我，而称宝玉为你，及至贾宝玉说话，又可以自称为我，而以黛玉为你，它与事物的关系是活动的。

代词有三种：人称代词、关接代词和询问泛提代词。

（1）人称代词（亦称身称代词）。有"我""你""他""自己""别人""大家"等。"我"是第一身称，"你"是第二身称，"他"是第三身称。

"自己""别人"以行为上的方面为别：行为的主方用"自己""自家"等代词指代，客方用"别人""人家"等代词指代。

（2）关接代词。这是不论人称，不问远近，按照一事物在语文组织中同其他成分相关相接的情况称代它的代词。如"其""之"等词。

有的文法书把这类词列入身称第三身，其实，"其""之"等词用法比较灵活，三身都可用，它们一般用于第三身称，但也可以用于第一身称和第二身称，例如：

《论语》顷收到一本，是三十八期，即读一过。倘蒙谅其直言，则我以为内容实非幽默，文多平平，甚者且堕入油滑。（《鲁迅书信集》上卷五一四—五一五页。"其"用作第一身称，意即"我"）

足下之贤，虽在穷约，犹能不改其乐。（韩愈《与崔群书》。"其"指前文"足下"，用作第二身称，意即"你"）

愈蒙幸于执事，其所从旧矣；若宽假之，使不失其性。（韩愈《上张仆射书》。"之""其"都是代"韩愈"自己，用于第一身称）

如怜妾而活之，须秘密勿泄。（《聊斋志异·画皮》。"之"用作第一身称，意即"我"）

我与子分国，子不吾与，吾将杀子，直兵将推之，曲兵将勾之。唯子图之。（《新序·义勇第八》。这里两个"之"用作第二身称，意即"你"）

"其""之"等词不只是能称代人，也可以即物指物，即事指事。例如：

北冥有鱼,其名为鲲。(《庄子·逍遥游》。"其"代"鱼")

星坠木鸣……怪之,可也;而畏之,非也。(《荀子·天论》。"之"代"星坠木鸣"这种自然现象)

从上举例子可以看出,"其""之"等词三身都可代,且不但可称代人,还可称代事物和现象,那就不是什么身称代词。

(3) 询问泛提代词。这种代词有两种作用:

甲、询问作用,是待指定,待指实的;

乙、泛提作用,是不指定,不指实的。

有些询问泛提代词每个词有两种作用,即既可泛提又可询问,如"谁""什么"等。"谁是我们的敌人"句中的"谁"是询问,"这件事谁都知道"句中的"谁"是"泛提";"什么阶级说什么话"句中的"什么"是泛提,"这是什么"句中的"什么"便是询问。有些询问泛提代词只用于泛提不用于询问,例如"云云""等等"等。

询问泛提代词有人总称为"疑问代词",也有人提出泛提部分称为"无定代词",这都有点名不副实;因为这种代词无论事实上有疑还是无疑,有定还是无定,都可用,并不限定用在事实上有疑,也不限定用在事实上无定。

四、用　　词

用词是用以陈述情况或事理的实词,包括动词、形容词、断词、衡词四种。

用词的主要功能是:

(1) 在句子中做谓语,例如:

他们学习科学。(动词)

今天天气凉爽。(形容词)

我是学生。(断词)

你应该去。(衡词)

(2) 能与副词结合,能在疏状关系的附加法式中作原先语,如"常常学习""非常凉爽""不是""很应该"等等。

下面说明动词、形容词、断词、衡词各别的特点。

1. 动词

动词标示经历的情况,它并不都是表示动作。如:"来""飞""睡""写""读""看""欢喜""知道""开始""有"等等都是动词。

动词具有如下的功能:一般能带体词补语,如"读书""写字";在形容关系附加组织中作定语时一般要加"的",如"喝的水",倘说成"喝水"就成为谓补关系了;动词做谓语的句子,一般是叙述性的。

动词还可分为及物动词和不及物动词两个小类。能带受事补语、一般不能带施事补语的是及物动词,例如"读书"的"读","做工"的"做"就是;能带施事补语或不能带补语的是不及物动词,例如"来""坐""休息""醒"等。

2. 形容词

形容词标示显现的形性,如:"大""小""红""绿""勇敢""伟大""清楚""可爱"等词,都是形容词。

有一种意见,认为汉语形容词的主要功能是作体词的定语。这是模仿外国来的。其实,汉语形容词做谓语的功能比它做体词的附加语的功能还要重要;形容词作谓语的功能应该充分肯定。这样,形容词和副词的界线就可以划清:形容词能作谓语,副词一般不能作谓语。当然,这也给动词和形容词划界带来困难,但从大处着眼,形容词不同于动词之点有:

(1) 形容词做谓语,一般不能带补语,而且句子一般是描记性的;

(2) 形容词能受"很""非常"一类表量度的副词的限制,如"很勇敢""非常伟大";

(3) 形容词在形容关系的组织中经常直接作定语,如"大风""绿叶"。

3. 断词①

断词标示事物的关系。"是"是断词的典型。此外,还有"像""为"等词。

有些文法书,仿照西洋文法称它为系词。其实,汉语的断词与西洋的系词是不同的。从功能着眼,断词和动词在组织中的主要功能一样,可以独立做谓语,例如:

    他读书。
    他是学生。

句中"是"和"读",同样都是独立的谓语;断词和动词一样,还能和副词结合,在疏

---

① 断词之名从《马氏文通》的定名,用以称一般所谓同动词,或所谓系词。"断"谓决断诠断。

状关系的附加法式中作原先语,如"不是""一定是";另外,它的提问方式也与动词一样,试比较"来不来""是不是";还可以单独回答问题等等。由于主要功能有共同性,所以都归属用词。但是也有不同之处:断词不能作体词的附加语,而动词一般则能;断词能带中性补语,不能带受事补语或施事补语,而动词一般能带施事补语或受事补语,不能带中性补语;断词和动词作谓语组成的句子表达类型上也有差别,以断词作谓语的句子是诠释的、说明的,以动词作谓语的句子是偏重叙述的。

也有人否认"是"有独立做谓语的功能,认为它只能和其补语共同做"合成谓语",这就忽视了"是"在组织上的独立性;至于有人将"是"归进虚词,那就更不妥当了。

4. 衡词①

衡词标示事理的趋势。我们把"应该""应当""能够""可以""敢""会""肯"等等归成为衡词一类。

衡词的主要功能是作谓语,由衡词作谓语组成的句子是评议性的。

一般文法书都不重视衡词单独充当谓语的能力,大致有两种意见:一是称它为助动词,根本不承认它有做谓语的能力;另一是称它为能愿动词,认为它可以和动词、形容词共同组合成"合成谓语",即承认它有半谓语的功能。我们则认为这一类词能够单独充当谓语,应该和动词一视同仁。

实际上,衡词做谓语的句子和动词做谓语的句子是不同的表达类型,也有不同的组织方式。试比较:

甲、他去。　　　　天热了。　　　　他写字算账。
乙、他能去。　　　天应该热了。　　他能写会算。

甲、乙两型是有差别的:甲是对情状的叙述,乙是对事理的评议。这甲、乙两种组织的功能是不同的,形式也是不同的,如果把它们都说做是同一类型的句子,那就是将不同的功能强合为同一功能,将不同形式强合为同一形式,似乎不十分妥当。

再看:

甲、王大姐爱唱戏。

乙、王大姐能唱戏。

一般析句都不把甲句的"爱唱戏"算作"合成谓语",都承认"爱"是独立谓语。从功

---

① 衡词之名是我们拟定的,用以称一般所谓助动词(有的称能愿动词);一般所谓助动词都是衡量或评议事理的趋势的,所以称为"衡词"。"衡"为评衡的意思。

能看,乙句的"能"和甲句的"爱"都应该是同样的独立谓语。在这里,有什么理由否定"能"做独立谓语的能力呢？一些表心理状态的动词(如"怕""喜欢""爱"等)做谓语,经常带有动词(或形容词)做补语,但它们和衡词是不同的,它们是可以带体词补语的,还具有动词的别的特点。因此和衡词不宜相混也不会相混的。

如果再着眼提问方式,则衡词和动词有完全同样的功能：重叠中间加"不",如"应不应该""肯不肯""能不能"等等。这里还可看一看前述甲、乙两类句子的谓语部提问的不同：

甲、他去不去？

乙、他应该不应该去？(或者："他应该去不应该去？"但不能问："他应该去不去？")

回答甲,可说"去"；而回答乙则一般不说"去",而要说"应该"(或"不应该"),或者"应该去"(或"不应该去")。这就更可看出两种句子表意上的差别,更可看出衡词的独立做谓语的能力。至于在"走也可以,不走也可以"和"(你)这样做很不应该"这样的组织中,衡词作独立谓语的功能更是明明白白的了。

衡词和别的用词的主要不同之点：

(1) 一般带动词和形容词补语；

(2) 不参加形容关系的附加组织。

上述四种用词还可以细分小类,有待进一步研究。

五、点　　词

点词是用以点分事物的数目或位置的实词,包括数词和指词两种。

点词的主要功能：经常带上单位词同体词配合用,构成附加法式,充当定语,例如"两个苹果""三斤鱼""这张桌子""那本书"等。

1. 数词

数词标示事物积聚的数目。它经常带单位词,如说"一斤""两斤","一个""两个",各带单位词"斤""个"。

数词带上单位词后的用法,取决于计数对象的种类。计数对象可以大别为两类：一类是一般事物,一类是动作；因此它的用法也就可以大别为两类：一类是配合一般事物,一类是配合动作。

(1) 配合一般事物,数词和单位词通常前附,如"一块墨""三张纸""一块铁板""一条大路"；但在下列情况下通常后附：

甲、用以列举事物,如"墨一块""纸三张"。

乙、用以提重事物,如"铁板一块""大路一条"。

(2) 配合动作,数词和单位词通常后附,如"跑了一趟""射击了三次""打了三拳""踢了一脚";但在下列情况下通常前附:

甲、用以表示经历积累:如"一趟一趟地跑""百次射击,百次优秀"。

乙、用以表示方式方法:如"三拳打死镇关西""一脚踢开门"。

数词后附,有两种方式:

第一种后附方式是数词和单位词插在动词及其补语之间,如"走一趟路""看三场戏"之类。

第二种后附方式是数词和单位词附在动词及其补语之后,如"走路一趟""看戏三场"之类。

数词可以分做定数词和不定数词两种:

(1) 定数词

定数词是标示可计数目的数词,如"一""二""三""千""百""万""亿"等词。

(2) 不定数词

不定数词标示约略、笼统数目的数词,如"若干""几""好些""多少"等词。不定数词有泛提和询问两种作用,例如:

甲、士隐夫妇见女儿一夜不归,便知有些不好,再使几人去找寻,回来皆云影响全无。(《红楼梦》第一回)

乙、周瑞家的又问香菱:"你几岁投身到这里?"(《红楼梦》第七回)

上面例句中,甲句的不定数词"几"是泛提,乙句的不定数词"几"是询问。

2. 指词

指词标示事物的位置或分布。指词和数词连用时,一般是指词在前数词在后,如"这三个人""那五本书"。指词经常要带单位词,以配合体词为主;但有时也可不带单位词,单独作句子的主语或补语,例如"这是好事""不要管这管那"等,有时也可不带单位词作附加语:

如今的这荣宁两府也都萧索了,不比先时的光景。(《红楼梦》第二回)

上面句子里的"这""那"等指词没有带单位词,这就似乎与代词相近,很多文法书都把指词归入代词,称为"指示代词"。但是应当看到：指词与代词虽有相同之点,然而更有不同之点,就是它能带上单位词,这是它的特色,这就使得它与数词更接近,而与代词区别开来。

指词主要有三种：

(1) 远近指。以说话者位置的远近来分,有：

甲、近指,指点较近的事物,如"此""这"等。

乙、远指,指点较远的事物,如"彼""那"等。

(2) 分合指。标示事物的分布,如"每""各""别""诸"等。

(3) 不定指。有"哪""某"等词。不定指词类似不定数词,有泛提和询问两种作用,例如：

甲、哪里有压迫,哪里就有反抗。

乙、你到哪里去？

上面两个例句中甲句的"哪"是泛提,乙句的"哪"是询问。

3. 点词的附类——单位词

单位是点计的标准。标示单位的词称做单位词。单位词一般都置于点词之后,如"一支(笔)""这本(书)""(跑)三趟"。

数词后面一般都要带有一个单位词,表明所说的数是以什么为标准的,如说"一斤肉",就是表明是以"斤"为标准的；如果改为以"两"为标准,那就要说"十两肉"了。

指词后面也往往带单位词,表明所说事物的位置或分布是以什么为标准的,如说"这本书"是以"本"为标准的,"那套书"是以"套"为标准的。

点计标准有两种：第一种是依据度量衡制度规定的计量单位,如尺、寸、斗、升、斤、两等；第二种是在日常点计事物或动作的个体的习惯中形成的形体单位,如面(旗)、条(街)、篮(菜)、封(信)、趟(路)、次(会)等等。这两类单位显然不同,若从文法上来判别,就是两类不同的词,第一类可称为计量单位词,第二类可称为形体单位词。

计量单位词和形体单位词的用途是不相同的。计量单位词的用途是计论量,计量的单位量都有一定。形体单位词的用途是计论形体,形体无论是天然的还是人为的,都有大小、长短、高低等的差别,形体的量也就不完全一定,有的甚至相差很大,如说"一座桥",六千多米长的南京长江大桥称"一座桥",不过数米长的上海邯郸路桥也称"一座桥",两座桥的量相差就有上千倍。不少文法书把这形体单位词同那计量单位词混在一起,概称为"量词",这是不够确切的。

人民群众常用的计量和形体两类单位词之中,计量的一类单位词已有度量衡制度明确规定,在语文书中无需多加说明。在语文书中应该详加说明的通例是形体一类单位词。

汉语的形体单位词的形成,都同点计对象的情况有相应的关系,都是随从点计对象的本身情况或依附情况逐渐形成的。点计对象有事物,也有动作。因此可以分为事物的形体单位词和动作的形体单位词。

事物的形体单位词的形成方式,可概括为四种类型:

(1) 依据事物的模样,设立事物的形体单位词,如"根""条""管""株""双""对""副""套"等。

(2) 依据事物的项目,设立事物的形体单位词,如"编""篇""种""类""流""派"等。

(3) 采取事物的依托器物,充当事物的形体单位词,如"杯""碗""桌""床""刀""笔"等。

(4) 采取事物的措施方式,充当事物的形体单位词,如"把""捆""包""封""担""堆""卷"等。

上述四种类型,其中(1)(2)两种类型都同事物的本身情况有关系,都是依据事物的一种本身情况设立事物的形体单位词;(3)(4)两种类型都同事物的依附情况有关系,都是采取事物的一种依附情况充当事物的形体单位词。

动作的形体单位词的形成方式,可以概括为两种类型,也分别随从动作的本身情况、动作的依附情况形成。即:

(1) 依据动作的经历方式,设立动作的形体单位词,如"次""回""趟""阵""场""遍"等。

(2) 采取动作的依仗形体,充当动作的形体单位词,如"拳""脚""口""枪"等。

六、副　　词

"已经""刚才""不""都""很""非常""偏偏""究竟"等词,就是副词。副词是标示陈述的气势、神态和体式量度的实词。

副词的主要功能是:经常同用词配合用,作状语,如"不去""很好";副词一般不能作谓语。

副词又可细分为限词和饰词两小类：

（1）限词，在附加法式中作状语时对原先语起限制（表示式度）的作用。限词或限制体式，如"不去"之"不"，"刚来"之"刚"等；或限制程度，如"都去"之"都"，"很好"之"很"，"非常可靠"之"非常"等。

（2）饰词，在附加法式中作状语时对原先语起修饰（摹拟气势或神态）的作用，例如"率然对曰"的"率然"，"欣然命笔"的"欣然"，"简直是帮倒忙"的"简直"，"索性干到底"的"索性"等。

七、四类实词之间的关系

体词、用词、点词、副词都是实词。这四类实词之间的关系是：

点词主要与体词配合用，做体词的附加语；

副词主要与用词配合用，做用词的附加语。

点词和用词也发生关系，那是次要的；

副词也与体词发生关系，但也是次要的。

分清词类之间关系的主次，对于句法的阐释有很多便利，对于认识语文组织也有帮助，兹将上述关系列表如下：

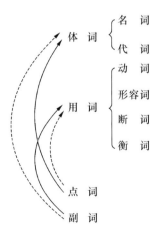

（上表实线表示主要关系，虚线表示次要关系）

八、介　　词

"把""从""向""对""关于"等词，就是介词。介词的主要功能是把体词介绍给用词,它和体词共同组合而经常作状语,如"从北京来""把事情办好"。

介词可分前置介词和后置介词两小类:

前置介词如"把门开"的"把","关于这件事"的"关于"等,汉语中的前置介词一般是从动词转变来的。

后置介词如"七岁上"的"上","在屋子里"的"里"等,汉语中的后置介词一般是从表示方位的名词转变来的。

有些介词同它后面体词的关系往往可以与动词跟它后面体词的关系互相转换,这是很可注意的。例如:

向群众宣传——宣传群众
把战果扩大——扩大战果

另外,还可注意的,像"在……上""在……下""在……里"之类的体词隔在前置介词和后置介词中的情况:有时可以省掉前边的"在",如"在政治上""在党的领导下"有时可以说成"政治上""党的领导下";有时可以省掉后边的后置介词,如"在学校里读书""从农村里来"有时可以说成"在学校读书""从农村来"。

九、连　　词

"和""跟""或""而""因为""所以""虽然""但是"之类词,称做连词。连词的主要功能是:在组织中把两个或两个以上的组织成分(词或词以上的单位)连接起来。

连词可分并列连词和搭配连词两种:

1. 并列连词,是连接两个或两个以上并列关系的组织成分的连词,如:

母亲和宏儿都睡着了。(鲁迅《故乡》)
我们用投枪就用投枪,正不必等候刚在制造或将要制造的坦克车和烧夷弹。(鲁迅《三月的租界》)
那溅着的水花,晶莹而多芒。(朱自清《温州的踪迹》)
他在计算怎样"教训"那野马似的多多头,并且怎样去准备那快来到的"田里生活"。(茅盾《秋收》)

上面例句中的"和""或""而""并且"等词,就是并列连词。并列连词连接的两个组织成分之间的关系互相平行,无主次之分。

2. 搭配连词,是连接两个搭配关系的组织成分的连词,如:

我以为世间最可宝贵的就是"今",最易丧失的也是"今",因为他最容易丧失,所以更觉得他可以宝贵。(李大钊《今》)

虽然我一见便知道是闰土,但又不是我这记忆上的闰土了。(鲁迅《故乡》)

倘在这几年,大概不至于那么做了。(鲁迅《坟·题记》)

自然是伟大的,然而人类更伟大。(茅盾《风景谈》)

上面例句中的"因为""所以""虽然""但""倘""然而"等词,就是连词。搭配连词连接的两个组织成分之间的关系互相搭档配合,其中一个是主成分,另一个是配合成分。搭配连词在具体运用时,有时一个搭配连词可以单独连接两个组织成分,如上面例句中的"然而""倘"就是;有时两个搭配连词搭配起来连接两个组织成分,如上面例句中的"因为……所以……""虽然……但……"就是。

十、助　　词

1. 助词的功能

助词同语文组织的结构有密切的关系。助词的功能在乎加强阐明。每遇一般的结构中有某一特定部分需要加强阐明时就可把助词添上,将基本结构中的某一特定部分加以强调、渲染——就是添显。它只能将基本结构中的某一特定部分作特定的添显,而非本身充当基本结构中的某一特定部分。

因为助词只能将基本结构中的某一特定部分作特定的添显,而非本身可充当基本结构中的某一特定部分,故考察助词决不宜用减法,把助词一一减去,看减了助词基本结构依然完整,便说助词可有可无;而当运用加法,以基本结构做底子,将助词一一加上,看加上了一个助词,添显了什么,来判别助词之不是可有可无。助词之不是可有可无,就是因为它有添显功能,能够添显组织中需要加强阐明的部分,强调它,渲染它,使助词既加之后,其强弱暗明与未加的时候不同,而这不同又正是说者所要显示的。

2. 助词的区分

助词本身有纵、横两种添显功能,纵里显局势,横里显格式。因此对它也当依据这纵横交织的两种功能,作纵横交互的区分。我们计拟以纵为纲的纵横区分法,试将助词依据局势分为起发、提引、顿挈、收束、带搭等五种,又依据位置归作前置、后置、中置三类,如下:

格式	局势	位置
	起发	前置
	提引	
	顿挈	后置
	收束	
	带搭	中置

下面将各种助词举例说明:

(一) 后置类——这类助词都是置在所助实词的后面。中含顿挈、收束两种。

(甲) 收束助词——用在句子煞句,其式极多,向极受人注意。简举几例以见一斑:

(1) "了"——划定进程,说明事情的演进。如:

> 到了龙门下,行主人指道:"周客人,这是相公们进来的门了。"进去两边号房门,行主人指道:"这是天字号了,你自进去看看。"(《儒林外史》第二回)

(2) "的"——判别境界,说明事理分布的情况。如:

> 王冕道:"秦老爹! 头翁不知,你是听见我说过的。不见那段干木、泄柳的故事么? 我是不愿去的。"(《儒林外史》第一回)

(3) "吗"——用在是非询问句句末。如:

> 这是爆竹吗? (《红楼梦》第二十二回)

他们真都没有买票吗？（方志敏《可爱的中国》）

(4)"呢"——用在特指询问句和抉择询问句句末。如：

小说是如何起源的呢？（鲁迅《中国小说的历史的变迁》）
这是什么东西？有煞用处呢？（《红楼梦》第六回）
这药有名字没有呢？（《红楼梦》第七回）

"呢"还可用在非询问句句末。如：

我也是这么想着呢。（《红楼梦》第六十七回）
我才不理会你们呢！（朱自清《阿河》）

口语中收束助词还有很多，如"吧""么""啊"等。

（乙）顿挈助词——用在句末之外的某一特定部分的后面，作顿上挈下之用。

口语中顿挈助词算"呢""呀"等较常用。"呢"常用作顿挈需要论断或叙述的事物。如：

喜欢呢，和他玩玩笑笑；不喜欢，可以不理他就是了。（《红楼梦》第六十回）

"呀"可以顿挈历数事物。如：

你成天儿忙着，汤呀，药呀，冷呀，暖呀，连觉也没有好好儿睡过。（朱自清《给亡妇》）

顿挈和收束同为后置，用的助词往往形体相同，但不一定用法相同，如上举的"呢""呀"的用法便是例。

顿挈助词也相当多，如"一来""二来"的"来"，"一则""二则"的"则"等都是。

文言中常用的顿挈助词有"者""也"两个词。例如：

> 天之所能者,生万物也;人之所能者,治万物也。(刘禹锡《天论》)
> 桥梁之设也,足不能越沟也;车马之用也,走不能追远也。足能越沟,走能追远,则桥梁不设、车马不用矣。(《论衡·程材》)

(二)前置类——这类助词都是置在所助实词的前面,也有两种:提引和起发。

(甲)提引助词——通常加在谓语部的前面,为式颇多。例如:

> 近日都中可有新闻没有?(《红楼梦》第二回。"可"表询问)
> 难道不知道家里房子窄鳖鳖的?(《儒林外史》第六回。"难道"表反诘)
> 我这些女孩儿,所疼的独有你母亲。(《红楼梦》第三回。"所"表说断)

(乙)起发助词——多用在句首,揭举事物。文言中有"夫""惟""盖"等。如:

> 夫天地者,万物之逆旅;光阴者,百代之过客。(李白《春夜宴桃李园序》)

在古语体文中有"兀那""话说""却说"等词,颇为常用。"兀那"常用于招呼:

> 兀那汉子,你那桶里,甚么东西?(《水浒传》第四回)

"话说""却说"用于话首,例略。

(三)中置类——只有带搭助词一种,常用在主语部或谓语部的中间,带搭两个节次,使之更为显眼。口语中有一部分的"的""地""得""个"可以归属这一种。

(1)"的"——这带搭助词用在附加语和原先语之间:

> 这时候,我的脑里忽然闪出一幅神异的图画来:深蓝的天空中挂着一轮金黄的圆月,下面是海边的沙地,都种着一望无际的碧绿的西瓜,其间有一个十一二岁的少年,项带银圈,手捏一柄钢叉,向一匹猹尽力的刺去,那猹

却将身一扭,反从他的胯下逃走了。(鲁迅《故乡》)

"的""地"分工以后,通常用在定语和原先语之间:

  超时代其实就是逃避,倘自己没有正视现实的勇气,又要挂革命的招牌,便自觉地或不自觉地必然地要走入那一条路的。(鲁迅《文艺与革命》)
  我的学会了煮饭,就在这时候。(鲁迅《伤逝》)

"的"也有用在动词和补语之间的,如:

  我也记得是中的第七名。(《儒林外史》第三回)

(2)"地"——这带搭助词用在状语和原先语之间,例如:

  刚近S门,忽而车把上带着一个人,慢慢地倒了。(鲁迅《一件小事》)
  太阳他有脚啊,轻轻悄悄地挪移了。(朱自清《匆匆》)

(3)"得"——这带搭助词用在动词和表境相的词之间,如:

  一日,正当嗟悼之际,俄见一僧一道,远远而来,生得骨格不凡,丰神迥异。(《红楼梦》第一回)
  封肃喜得眉开眼笑。(《红楼梦》第二回)

"得"也有写作"的"的,如:

  凤姐听了,气的浑身乱战。(《红楼梦》第四十四回)

(4)"个"——这带搭助词用在动词和表境界的词之间,如:

  封氏闻知此信,哭个死去活来。(《红楼梦》第一回)
  三人你一句,我一句,说个不了。(《儒林外史》第一回)

文言中有一部分的"之",也可以归属于带搭助词,例如:

子产之从政也,择能而使之。(《左传·襄公三十一年》)
太行,王屋二山,方七百里,高万仞。本在冀州之南,河阳之北。(《列子·汤问》)
自上了轿,进了城,从纱窗中瞧了一瞧,其街市之繁华,人烟之阜盛,自非别处可比。(《红楼梦》第三回)

十一、感　　词

这是一个特殊的词类。它独立时可以成句,而加入组织又不做除穿插语之外的句子成分。其主要功能是:作穿插语,在组织表达上起表示情感的作用。它在实词、虚词之外。

感词可分呼词、叹词两细目。

1. 呼词

是表示呼应之词,或表示呼唤,或表示应诺。例如:

喂!一手交钱,一手交货!(鲁迅《药》)
忽然那边田里跳跃着来了一个十来岁的男孩子,远远地就喊道:"阿爹!妈等你吃中饭呢!""哦!——"老通宝知道是孙子小宝,随口应着,还是望着那一片桑林。(茅盾《春蚕》)
她说:"你有什么话嘱咐我吧!""没有什么话了,我走了,你要不断进步,识字,生产。""嗯!"(孙犁《荷花淀》)

上面例句中的"喂""哦""嗯"就是呼词。

2. 叹词

是表示惊叹之词,或表喜悦,或表悲伤,或表愤怒,或表惊讶。例如:

"哈哈!我一向认识你。"那人的声音说。(鲁迅《铸剑》)
"啊!"潘先生发狂似地喊出来。(叶圣陶《潘先生在难中》)
唉!总共不过困了个把月,怎么就变了样子!(茅盾《秋收》)

上面例句中的"哈哈""啊""咳"等词,就是叹词。

十二、衬　　素

衬素是在语文组织中作衬贴用的最小的成素,对于所添附的单位有表征功能、附益意义的作用。

衬素在形体上是一个字,所以也叫衬字。

衬素有前衬和后衬两种:前衬的,如:"阿哥""阿妹"的"阿","老虎""老鼠"的"老","第一""第二"的"第"等;后衬的,如"桌子""窗子"的"子","花儿""盆儿"的"儿","石头""锄头"的"头","我们""你们"的"们"等。

衬素是不成词的,"桌子"的"子"与"红的"的"的"有区别:"子"为衬素,与"桌"一起构成词;"的"是助词,它与"红"是两个词;"桌子"可归在词典里,而"红的"不是一个词,可以不必归在词典里。

衬素有两种作用:

(1) 表征作用

有些衬素添附在实词素上,构成一个词,并表征该词所属的词类,例如"桌子"的"子","石头"的"头"等,就都是名词的表征。

(2) 制约作用

有些衬素不仅能添附在词素上起表征作用,而且还能添附在词或词组上,它对所添附的单位能起变化、调制作用。例如:"们""第"两个衬素,它们可与别的词素构成词。

"们"——"我们""你们""他们"等。
"第"——"第一""第二""第三"等。

它们也可衬贴在词或词组上起制约作用,如:

"们"——"同志们""老师和学生们""诸位同志们"等。
"第"——"第一、二、三名""第三百三十三页"等。

衬素"们"是很可注意的。有人说"们"是表示多数,我们以为这种说法值得讨论。诚然,"人"可以说成"人们",而"人们"表示许多人的意思,这个"们"似乎表示多数；但是，"五十个人"也算多数，却不能说成"五十个人们"。如果说"你1+你2+你3……"是多数的"你"，"他1+他2+他3……"是多数的"他"，可以说成"你们"和"他们"；但"我们"却不等于"我1+我2+我3……"，因为"我"事实上只有一个，用不着"们"来表多数。所谓"我们"，并不是类似的几个"我"的集合，乃是一个"我"加上了"你"或"他"，或是加上了"你"和"他"，所以"我们"可有下列三式：

(1) 我们＝我＋你1＋你2＋你3＋……

(2) 我们＝我＋他1＋他2＋他3＋……

(3) 我们＝我＋你1＋你2＋你3＋……＋他1＋他2＋他3＋……

三式的"我们"可以分作两类：甲类为包含"你"的，称作包括式；乙类为不包含"你"的，称作剔除式。

这样看来，衬素"们"有两种用法：

一种是表统括，用在"你""他"等人称代词后面，或者是用在"同志""战士"等指人名词后面，用来统括这类代词或名词的。

一种是表概余，用在"我"这个代词后面用来举一以概其余的那些"他"或"你"的。

所以从用法上看，"你们""他们""同志们""战士们"的"们"是表统括；"我们"的"们"是表概余。至于像"张三们"（张三们＝张三＋张三一流的人）、"阿Q们"（阿Q及其他）的"们"都是举一以概其余的用法。

十三、汉语词类体系表

部门	大　类	类	小　类
实词	一、体词	1. 名　词 2. 代　词	甲、人称代词，乙、关接代词 丙、询问泛提代词
	二、用词	3. 动　词 4. 形容词 5. 断　词 6. 衡　词	
	三、点词	7. 数　词 8. 指　词	附：单位词
	四、副词	9. 副　词	甲、限词　乙、饰词

续　表

部门	大　类	类	小　类
虚词		10. 介　词 11. 连　词 12. 助　词	甲、前置介词　乙、后置介词 甲、并列连词　乙、搭配连词 甲、起发助词　乙、提引助词 丙、顿挈助词　丁、收束助词 戊、带搭助词
		13. 感　词	甲、呼词　乙、叹词

附：衬素,包括表征衬素和制约衬素。

# 第六章　句子和句子的种类

一、句　　子

句子是什么,在前面已经说到过了。句子是语言组织的陈述的基本单位。句子的成立,要有连贯性和完成性两个条件。

常见的句子往往是一个串合法式,由主语和谓语两部分组成。这种有主语和谓语的句子,是句子中典型的组织法式。例如:"你来。""我们学习文法。"但句子并不是都由串合法式组成,有的借助于情境,一个词也可以成句。例如:"雨!""静!"有些句子的组成虽然不止一个词,但是也很难划分得出哪是主语,哪是谓语。例如:

琉璃世界白雪红梅。(《红楼梦》第四十九回)
小桥流水人家。(马致远《天净沙》)

这些配置都具有完成性和连贯性,不可不认做句子。语言作为人们交际和交流思想的工具,它同逻辑既有紧密的联系,但又有区别。因此,句子是不是一定要有主语和谓语两部,可以不去计议。句子不必像逻辑里的判断那样非要有主辞、宾辞和联系辞不可。它只要能完成交际职能即可。

句子是可以分析的。分析句子,就是把一个句子划分成若干成分。一个句子成分可以是一个词,也可以是一个词组,甚至是一个词串。句子成分与成分之间必须按照语文的组织规律配置起来,才能成为一句话。各个语句怎样配置,虽然各人有灵活性,可以有各自的风格;但不能不受本民族语言的配置的基本法式指挥。任何语言都要以接连来表现通贯。析句时,要留心接连的种种现象,更应留心通贯的各种关系。在观察句子的配置时,要注意关系的组织成素,也要注意组织成素的关系。

语文的现象是可以一分为二的。文法上组织成素的关系也多是两两相对的。如虚实关系、主谓关系、谓补关系等等。从这一特点着眼,句子的分析,可以采取节次分析的方法。节次也就是有的文法书上说的语言片段。节次分析,是把一个句子划分为若干节次。一般说来,是用两分的方法,分成两两相对的节次。大的节次里面可以含有小的节次,小的节次可再分为更小的节次。比如一个平白句可先划分做主语和谓语,或者主语部分和谓语部分,如果主谓这两大节次较为繁复,可以再划分下去。例如:

暖国的雨,向来没有变过冰冷的坚硬的灿烂的雪花。(鲁迅《雪》)

这个句子首先可划分成"暖国的雨"和"向来没有变过冰冷的坚硬的灿烂的雪花"两大部分,即两大节次。然后再把这两大节次加以分析。前者可分成"暖国的"和"雨"两个节次,它们之间的关系是形容的关系。后者可分为"向来没有变过"和"冰冷的坚硬的灿烂的雪花"两个节次,它们之间是谓语和补语的关系。这两个节次,还可再划分。"向来没有变过"分成"向来"与"没有变过"两个节次,是疏状关系。"没有变过"再分为"没有"和"变过"两个节次,它们之间也是疏状关系。"变过"是复合谓语。至于"冰冷的坚硬的灿烂的雪花"这个节次可分成"冰冷的坚硬的灿烂的"和"雪花"两个节次,其中"冰冷的""坚硬的"和"灿烂的"三个节次是并列关系,作"雪花"这个原先语的定语。句子的组织大体这样由若干节次层层套叠而成,采用节次分析方法可能使语文组织的条理显得清楚一些。

二、句子的种类

具体句子所含的意义和内容,自然跟客观事物的情状和写说者的思想感情一样的丰富,一样的无穷。尽管具体句子是无穷无尽的,但是从功能着眼,扣住组织,按照一定标准,经过抽象概括,就可以对句子进行分类。

句子的分类可以从下面四个角度去分:

1. 着眼于句子的体式,可分为:平白句和特表句

(1) 平白句

平白句是句子的一般体式,它是由一个串合法式组成的。例如:

我很感谢你们。(鲁迅《过客》)

这时的潮水也很大。(鲁彦《厦门印象》)

这类句子常具备主语和谓语两部。不过,主语和补语都有浑含和表出两式。主语的表出式,就是主语的显露和出现的意思。如:

大家都笑起来。(《红楼梦》第五十四回)

其中的"大家",是这个句子的主语。这是主语表出的体式,也是最为平常普通的句式。

主语的浑含式,就是把主语浑含在谓语当中,不再表出主语了。我们汉语所谓记变的语句,经常用这式。例如:

庚辰,大雨雪。(《春秋·隐公九年》)

这里的主语"天"就浑含在谓语"雨"当中了。有的文法著作说:"动字所以记行,行必有所自;所自者,起词也。然有见其行而莫识其所自者,则谓之'无属动字',言其动之无自发也。"这是未免太重形式的说法。有的文法书说:"唯古文,如动词'雨'字,必用如外动,而主为其宾。故记天变之句,其宾语只算逻辑上之主语,不必一一以倒置论。"则又太偏于意义的说法。

语句上所以采取主语浑含的方式大概由于主语无需表出,如记天变之句,主语可以不言而喻;对话中的主语当然是你或我,也可以浑含。再举两例于下:

他反告诉别人:"下雨了,快避雨去罢。"(《红楼梦》第三十五回。主语"天"浑含在谓语"下"之中)

多谢你们。祝你们平安。(鲁迅《过客》。主语是"我",分别浑含在谓语"谢"和"祝"里面了)

或者由于主语难以表出,例如情境特殊,主语不便显示,或者意识模糊,主语不能显示的时候;也有事急情切,不及显示的时候。如鲁迅的《阿Q正传》里,阿Q因头上的癞疮疤而讳说"癞""赖""亮",再后来连"灯"和"烛"都讳说了。未庄的闲人们便愈喜欢玩笑他,一见面,他们便假作吃惊的说:"哙,亮起来了。"这句话的情境较为特殊,不便显示主语了。

补语亦有浑含和表出两式。补语的表出,即一般所称补语的显示。这种状况极平常,不需再举例说明。补语的浑含式也将补语浑含在谓语当中。如所谓"男耕女织",耕是耕田,织是织布。"田"和"布"两个补语就浑含在"耕"和"织"中不曾显示。再举两例如下:

> 宝玉笑道:"我已有了。"黛玉提起笔来,笑道:"你念我写。"湘云便击了一下,笑道:"一鼓绝。"宝玉笑道:"有了,你写罢。"(《红楼梦》第五十回)
> 薛姨妈喜之不尽,回家命写了请帖,补送过宁府。(《红楼梦》第五十七回)

前一句说的是写诗时的情境,补语"诗"就浑含在谓语"念"和"写"里边了。后一句,"人"这一个补语,浑含在谓语"命"当中了。

主语和补语的浑含是汉语中常见的现象。它可使语句显得生动活泼、短小简练。

(2) 特表句

句子中还有一种特殊体式,它不是一个串合法式,不具备主语和谓语,它是由一个词或词组组成句的。有些文法书称它为"独词句",似乎不尽妥当。我们称它为特表句。例如:

> 拂晓。(电影文学剧本《创业》)
> 妙!(《红楼梦》第十七回)
> 好俊梅花!(《红楼梦》第五十回)

特表句必须依傍情境,由情境来烘托。情境对于语言的表达并不是毫无作用的,它是有积极作用的。从逻辑上说,它可以作判断的主辞,也可以作判断的宾辞。我们说话的时候,把主语、谓语寄托在情境之中,由情境来代言,而造成所谓意在言外,或所谓言外之意。特表句就是这样形成的。

特表句同电影上用特写的情形相似,是将所说的语句中某部分特提,而将其余的部分委给情境。对于这类句子,与其说它将其余部分省略了,不如说将某部分特表。如:

> 多么美丽的江山啊!

这是一个附加结构,这个结构明明缺少说明怎样情况的谓语,却又不可将它补上。这类形容关系的配置,由于情境烘托,实际上已经成为句子了。因此,我们把它作为句子的特殊体式,称作特表句,拿它同作为句子的一般体式的平白句相对待。

2. 着眼于句子的陈述的意趣,也就是用意,具体些说,就是从写说的目的来分,可有:直陈句、询问句、期使句和感叹句

(1) 直陈句

这类句子的目的只是要告诉别人一件事情,将事实将意思直截了当陈述报告出来。在各种句子里,这类句子最为普通。例如:

老通宝的儿子阿四回家了。(茅盾《秋收》)

句子都有正反两个方面。凡说正面,如同上面的句子,表示肯定的正面的,就叫做肯定句。凡表示否定的反面的,可以用否定副词"不"或"没"或"弗"等,例如:

老通宝的儿子阿四没回家。

就叫做否定句。

(2) 询问句

这类句子的目的在乎向别人提出问题,要求别人解答。从询问句谓语的组织、所期望回答的不同情形,可以细分做三种:

第一种叫做是非询问句。这种问句问的是谓语的肯定还是否定。回答的人可以用"是"或"不"或"不是",或者用"然""否"等来回答。例如:

"啊,立秋,你们今天也下了田吗?""是的,大哥!来,我们谈谈。"(叶紫《丰收》)

"那末,你讨厌这句话吗?""不,不。这是一句表示真诚的话,我为什么要讨厌它呢?……"(叶圣陶《"感同身受"》)

贾须见之而惊,曰:"范叔固无恙乎?"范雎曰:"然。"(《史记·范雎蔡泽列传》)

第二种叫作特指询问句。这种问句里一定要有询问泛提代词和不定指词。如:"谁""什么""哪""何""熟""奚"等,指明要求解答的所在。答问的人必须对于那询问的所在有所解释,不能单说"是"或"不是",或者"然"或"否"等了事。例如:

> 王举人道:"去年在谁家作馆?"周进道:"在县门口顾老相公家。"(《儒林外史》第二回)

就是要回答说"顾老相公家"。必要这样说出在谁家的姓名来,不能单说"是"或"不"或"不是"。又如:

> 宝玉听了笑道:"你往那里去呢?"黛玉道:"我回家去。"(《红楼梦》第三十回)

> 上且怒且喜,骂何曰:"若亡,何也?"何曰:"臣不敢亡也,臣追亡者。"(《史记·淮阴侯列传》)

也是一样,也一定要说出"回家去"和"臣追亡者"这一个因由来,不能单说"是"或"不是"。

第三种叫做抉择询问句。这是指出两种或两种以上的事项来,要求回答的人指出一种来的询问句。答问的人可以从中指出一种,不能单说"是"或"不是",或说"然"或"否"了事,但也不必说出什么理由来。例如问:

> 你到杭州去呢,还是到嘉兴去?

应当回答"到杭州去"或者"到嘉兴去"。不能单说"是"或"不是"。又如问:

> 你去不去呢?

这也等于说:"你去呢还是不去?"应当回答说"去"或"不去",不能单说"是"或"不是"。这种"你去不去呢"的问句,是跟"你去吗"或"你不去吗"是不同的。问"你去吗",你可以答道"是",表示去;或答道"不"或"不是",表示不去。

询问句这种分类不是为说明"吗""呢"的用法而设,但很可以利用它来说明"吗"和"呢"两词用法的不同。把"吗"和"呢"两词在这三种询问句之间分配起来,那便只有第一种是非问句可以用"吗",其余两种都应该用"呢"。其分配如下表:

> 是非询问句——用"吗"
> 特指询问句 ⎱
> 抉择询问句 ⎰——用"呢"

(3) 期使句

这类句子是在乎期望别人有所行动,也就是在乎使令祈求。如说:

> 宝玉快回来!(《红楼梦》第五十六回)
> 子来前!(韩愈《进学解》)

这类句子假若出现主语,通常都像这两句句子用指说对面人的姓名或代词"你"或"汝""尔"等词开头。

(4) 感叹句

这类句子是发抒内心的情感的。例如:

> 唉唉,那是怎样的宁静而幸福的夜呵!(鲁迅《伤逝》)
> 果然好句!(《红楼梦》第四十回)
> 那是多么快慰的事呀!(郑振铎《向光明走去》)

这三句就是感叹句。

上述的四种句子如果加以适当调整,可以互相转化。这里所说的调整,是指改变用意和情感,更换助词,而句子的组织法式不变。经这么一动,句子所属的类别就不一样了。直陈句可转成询问句,或期使句,或感叹句;其余也同。例如:

> 他举起了投枪。(鲁迅《这样的战士》)
> 他举起了投枪!(同上)

这两句的结构是完全相同的,前一句是直陈句,后一句是感叹句。这两个句子属于不同的类,仅仅是用意和情感的不同而已。再如:

我们坐火车去么?(鲁迅《故乡》)
我们坐火车去。(同上)

这两个句子也是不同类的,但从具体配置上看却没有什么差别,只是用意不同,一句有助词"么",一句则没有。

3. 着眼于句子组织的格局,可分为:简单句、包孕句、搭配句和并列句。简称为:单句、包句、搭句和并句

(1) 简单句

简单句由一个串合法式组成,是单一的句子组织格局。换句话说,凡是在句中主语和谓语的关系只有一组的,都称做单句。例如:

风起了!(《西游记》第二十回)

就是一个单句,因为这个句子里面主语和谓语的关系只有"风"和"起"这一组关系。再如:

大风快起了!

也是个单句。这句话里面虽然主语和谓语"风"和"起"各有附加语"大"和"快",但是主语和谓语的关系还是只有一个串合法式。因此,也是一个单句。

(2) 包孕句

句子里边串合法式不止一个,在一个大的串合法式中包含小的串合法式,就称为包孕句。那个小的串合法式充当那个大的串合法式的某一成分,在组织格局上是以大包小。例如:

我望着他走出去。(朱自清《背影》)

这句话就含有两重串合关系,除了有"他"和"走出去"的一重关系外,还有"他走

出去"与"我望着"的一重关系。在"我望着他走出去"这一个句子中包含"他走出去"这个小的串合法式。"他走出去"充当了"我望着"的补语。

有些句子的意思相同而组织不同。如：

甲、象的鼻子/长。

乙、象/鼻子长。

这两句话的意思可以说基本上没有差别，但是它们的组织不同。甲句的谓语"长"是个词，乙句的谓语是词串"鼻子长"。甲句是以"象的鼻子"为主语，乙句是以"象"和"鼻子"各为全句的主语和所包孕词串的主语。它们在组织上既然不相同，在文法上就不能认定它们为一种句子，而应当认定它们为两种句子。我们称甲句为简单句，称乙句为包孕句。

(3) 搭配句

搭配句由两个具有搭配关系的词串组合而成。这种句子的两个词串之间的关系，是互相搭档配合而成对的，一个为主要，其余为配合。有的称这种句子为主从复句，似乎不太妥当，从组织上看，以称搭配句为宜。例如：

倘能生存，我当然仍要学习。（鲁迅《答徐懋庸并关于抗日统一战线问题》）

这个句子就是将"倘能生存"这个词串为配合的，"我当然仍要学习"这个词串作主要的。两者相搭相配，成为一个复句。再如：

因天气暖和，黛玉之疾渐愈，故也来了。（《红楼梦》第六十二回）

词串之间的情形，也是相搭相配的关系。

(4) 并列句

并列句由两个或者两个以上并列关系的词串组合而成。这两个词串互相平行互相对称，无主次之分，无正副之别。这些词串都可独立，各成单句。因它们之间彼此相近或互相关联，就结合成为一句。如：

我将大笑，我将歌唱。（鲁迅《野草·题辞》）

明则善视，故作哲；聪则善听，故作谋。（王安石《洪范传》）

4. 着眼于谓语的性质,也就是从谓语的表现的境界来分,句子可分为:叙述句、描记句、诠释句和评议句

(1) 叙述句

陈述事物的活动变化过程。通常由动词充当这种句子的谓语。例如:

我在蒙胧中,看见一个好的故事。(鲁迅《好的故事》)
宝玉来了。(《红楼梦》第十六回)

"看见"和"来"这谓语所标示的动作是分别说明主语"我"和"宝玉"的活动情况。

有时有些形容词也可以作这种叙述句的谓语。例如:

北四川路也一天天热闹起来。(《鲁迅书信集》下卷,第一〇九四页)
湘云红了脸,扭过头去吃茶,一声也不答应。(《红楼梦》第三十二回)

(2) 描记句

陈述事物的形状境界。这种句子的谓语,大都是形容词。如:

船里很静寂。(鲁迅《离婚》)
大街上比平日热闹。(叶圣陶《寒假的一天》)

"静寂"和"热闹",分别陈述"船里"和"大街上"的情状。

这种句子的谓语有些不是形容词,而是动词。谓语部对主语也起描记的作用。例如:

台上坐着主席团。

这个句子的谓语部"坐着主席团",是描记主语"台上"有着怎么样的情状。

(3) 诠释句

陈述对于事物的认识和解释。例如:

曹操是一个很有本事的人。(鲁迅《魏晋风度及文章与药及酒之关系》)
鼓浪屿真是一个奇异的岛屿。(鲁彦《厦门印象》)

这种句子的谓语以"是"为常。此外,还有"象""为""乃""系"等词。如:

他两个倒像一对双生的弟兄。(《红楼梦》第六十三回)
我乃齐天大圣孙悟空。(《西游记》第七十回)

(4) 评议句

陈述对于事物的评论和拟议。这种句子的谓语是衡词。有时衡词谓语再带上动词或形容词作补语。例如:

他们应该有新的生活,为我们所未经生活过的。(鲁迅《故乡》)
他肯坐下去,简直还是抬举他。(鲁迅《阿Q正传》)

这四种句子的谓语与用词一般有一定的对当关系:叙述句——动词,描记句——形容词,诠释句——断词,评议句——衡词。但是并不是一对一的全面对当,中间是有交叉的,如动词也可作描记句的谓语("台上坐着主席团"),形容词也可作叙述句的谓语("天气热起来了"),形容词也可做评议句的谓语("这件事情做起来并不容易"),等等。现将这四种句子的情况列表如下,用实线标示相应的情况,虚线标示交叉的情况:

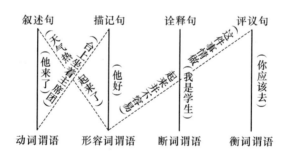

三、复合谓语

句子除了上述的四个角度分类以外,也还可以着眼于谓语组织的繁简,把句子分为单纯谓语句和复合谓语句两种。

单纯谓语句。它的谓语是由一个用词组成的。例如:

上海还不太冷。(《鲁迅书信集》下卷,第一一一九页)
黛玉为社主。(《红楼梦》第七十回)
你走吧。(朱自清《背影》)

谓语只由"冷""为""走"一个词去充当。

复合谓语句。它的谓语是由两个或两个以上的动词或者形容词之类互相连贯地组成的。例如:

王冕依旧吟诗作画。(《儒林外史》第一回)

谓语由"吟"和"作"两个成分并列而成。再如:

我也出来玩赏这清池皓月。(《红楼梦》第七十六回)

谓语是由"出来""玩赏"两个表示先后递进关系的成分组成的。

对复合谓语句的分析,实际上就是分析复合谓语。

1. 四种复合谓语

复合谓语按不同的方式组合,典型的大约可分为四种:

(1) 并列复合谓语。如:

行者道:"像那样法儿,老孙也会使会弄。"(《西游记》第二十二回)

两个衡词——"会"互相并列。再如:

这故事很美丽,幽雅,有趣。(鲁迅《好的故事》)

这个句子的谓语是由"美丽""幽雅"和"有趣"三个词并列组成的。

(2) 顺递复合谓语。如:

宝玉已醒了,忙起身披衣。(《红楼梦》第五十二回)
众人忙起席让坐。(《红楼梦》第二十六回)

"起"和"披","起"和"让"两个动词的动作表现先后须递的关系。这两句里每句都只有两个动词。还有的句子不止两个动词,如:

众丫环上来接了蓑笠掸雪。(《红楼梦》第五十回)

就由"上来""接了""掸"三个动作表现先后的递进关系。

这种复合谓语,还可由衡词或形容词组成。如"可能而且必须""少而精"等也是顺递关系。

这种复合谓语的几个动词或形容词先后顺递,有一定的顺序,先后不可任意调动。并列复合谓语的先后次序可以移动,如"又长又胖",可说成"又胖又长"。这是它们不同之点。

(3) 接合复合谓语。例如:

我就拜你为师。(《红楼梦》第四十八回)

"拜"和"为"两个动词接合成套。再如:

石以砥焉,化钝为利;法以砥焉,化愚为智。(刘禹锡《砥石赋》)
我明日就认姨妈做娘。(《红楼梦》第五十七回)

这种复合谓语除了上面例句中的以外,还有"以——为——""变——为——""定——为——""分——为——""选——做——""叫——做——""称——做——""转——成——""谓——曰——"等等,都是连接结合成套的。

(4) 提带复合谓语。如:

他关好大门,摸进自己的屋子里。(鲁迅《阿Q正传》)
众人都笑起来。(《红楼梦》第五十八回)

"关"与"好""摸"与"进"两个动词互相提带,"笑"与"起"与"来"三个动词互相提带。关于这种复合谓语,在下节着重说述。

2. 提带复合谓语

提带复合谓语是一种表现事物发展变化的复合谓语。

这种复合谓语的组成比较繁复,组织功能比较丰富,组织法式也比较变化多样,用处极多。

每个提带复合谓语都由两种成分组成:一种成分是提举成分,是说者所要说述的动作或者情状。如"搞好"和"升起"中的"搞"和"升"之类。还有一种成分是随带成分,是说者所要说述的发展变化的情况。如"搞好"和"升起"里的"好"与"起"之类。

我们说一个动作或情状,如果还要连带叙明这个动作的发展变化的情况,那就可以以表现动作或者情状的成分为提举成分,以表现它的发展变化的成分为随带成分,前后相接组成提带复合谓语。例如:"送到""站起来"之类,以表现当时实际的情况。

表现变化发展的情势的随带成分,还可再加细分,大体可划分为以下四种用途:

(1) 表现趋向的,如"跑来""走去"。所谓趋向是以说话者的位置为中心而言的。譬如以移近说者为"来",则离开说者为"去"。

(2) 表现移转的,如"跑进""赶上"。所谓移转是以物为目标,譬如深入或者涉及目标为"进",那末以背离目标为"出";又譬如从低到高为"上",则反方向为"下";等等。

(3) 表现经历的,如"走过""吃了""坐着"。这种成分经常表现事物的经历。它是包含时间、空间两方面的。譬如"走过邯郸路桥"的"过"表空间的"经过","进过中学"的"过"是表时间上的"经过"。两个"过"字本质并无不同,强分"走过"的"过"与"进过"的"过"为两类词极不合理。在汉语里空间时间的表示是不可分割的,如说"过了一个月"和"过了一座山"都用同一个动词"过",决非两个。看不出它们同其他随带成分的动词之间有什么特殊不同之处。它们在提带组织里,同别的常用词都是同样显示一个动作或者情状的发展变化的情况,而且常有彼此错综复杂的现象,很难把它们划成彼此不相交错的条条。我们以为还不如把它们作为随带成分综合处理较为切实些。

(4) 表现归结的,如"搞好""打破""拉住"。也就是表现提举成分的动作或情状所引起的一切变化,或者动作者所怀抱的种种目的,范围比较广泛。"归结"也可有几方面的说明。

有的表动作或情状的目的：好、坏……

有的表动作或情状的结果：破、碎……

有的表动作或情状的程度：住、定……

这是对随带成分分析着说的，如果综合着说，都是表示动作的发展变化的情况的。

提带复合谓语是现代汉语中最常见的一种复合谓语，也是一种最富有错综变化，可以广泛随宜应用的一种谓语。一个提带组织通常只有一个提举成分。一个提带组织的随带成分可以由一个成分组成，也可以由两个以上成分组成。

一个提带组织的随带成分由一个动词或者形容词之类组成。例如：

    提举成分·移转：走　进

    提举成分·归结：搞　好

    提举成分·经历：看　过

    提举成分·趋向：拿　来

一个提带组织的随带成分由两个或两个以上的动词或者形容词之类组成。例如：

    走　　了　　出　　去

   行动· 经历· 移转· 趋向

    打　　好　　了

   行动· 归结· 经历

    跳　　上　　来

   行动· 移转· 趋向

在这些随带成分中间，还可以插入别的成分，变化多端，形式丰富，造成了汉语表达的细致、生动：

    （把）船摇出去

    摇出船去

    摇船出去

    摇船出港去

    摇出港去

    摇将出去

还有,这种复合谓语的否定方式也有两种:一是全部否定,如"不说出来";二是对随带成分的否定,也就是局部否定,如"说不出话来"。至于肯定方式,也有一般的肯定方式,如"说出来";也有表随带成分的肯定,如"说得出来"。

四种用途的随带成分一般都有常用的词。但是,常用于第一种用途的词也可连带用于第二种用途,彼此之间并没有不可逾越的界限。同一随带成分之所以可以用于多种用途,是由于它可以同多种表现动作或者情状的提举成分配合。一个随带成分与不同的提举成分配合,就会显示多种不同的用途。它们的表现作用是错综复杂的,但也不是不可捉摸的。今试以表移转的"上""下"为例,说明随带成分中往往有两相对应的词,可以探讨它们错综复杂的用途:

	上	下
(1) 位置的移动 （上升为"上"；下降为"下"）	走上楼 跑上山	走下楼 跑下山
(2) 以社会地位论 （上行为"上"；下行为"下"）	呈　上 送　上	颁　下 送　下
(3) 量的变化 （增进为"上"；减退为"下"）	加　上 添　上	除　下 减　下
(4) 事理的离合 （到达为"上"；着落为"下"）	赶　上 考　上 搭　上 追　上	放　下 留　下 备　下 停　下

他如:进——退、起——落、出——入、聚——散、得——失等等,表达两两相对的随带成分用得极多极为经常。

有的文法书把这些谓语复合的情况说成是"使成式"等等,不很妥当。因为这些并非都表示"成",至少可以否定这"成"的成分的;而且"使成"一名不足以概括上述种种情况,我们说"变化发展的情况"也许更可以概括随带成分的许多类型。

第七章　文法的研究方针

一、确立文法的研究方针

我们说,必须确立汉语的文法研究方针,这并不是想抹煞过去的研究成绩,而是要从过去的研究中总结经验,更好地确立进取的方向,以便把我们的研究工作做得更有成效。

研究文法,同研究其他学问一样,要注意三个方面:(一) 方向对不对。这既是一个学术问题,也是一个思想问题;(二) 材料多不多。研究必须详细地占有材料,材料的丰富和可靠与否,也就是要看对研究对象有没有充分的正确的调查研究;(三) 方法精当不精当。一定的方法,总是由一定的立场观点所决定的,又总是根据研究对象的特点(是什么事物,是事物的什么方面)以及这种研究的目的任务而运用的。

汉语的文法研究,要能做到方向正确,材料丰富可靠,方法精当严密,那就必须:

以马列主义、毛泽东思想作指导,

从汉语文的事实出发,

批判地继承古代文法学术的遗产,

批判地吸取外国文法学中有用的东西。

我们就是要这样来建立汉语文法体系,以正确地揭示汉语文的组织规律。

可以说,这也就是我们开展汉语文法研究工作所应当贯彻的方针。

二、研究文法必须从语文事实出发

文法研究在我国有着悠久的历史,自从外国文法学传入我国以后,对我国文法研究曾经起了激荡的作用。但也产生了照抄外国、机械模仿的错误,这种不良学风在一些人身上还没有完全肃清,最明显的例是,把西洋文法研究的形态理论套到汉语文法研究上来,认为研究汉语文法也必须研究形态变化,必须研究"尾巴"。在汉语词类讨论中,就有人主张汉语没有"尾巴"就没有词类的。他们这样说的时候,又常是抬出一般语言学理论来作依据。其实,一般语言学的理论到目前为止,还没有能,或者说很少能充分地正确地概括世界上使用人口最多、历史极其悠久、既丰富又发达的汉语的事实和规律。可是,有些人,谈到汉语文法,竟就是把不曾概括汉语事实,并不适用于汉语的种种说法当作天经地义来讲个不休。他们就是不从汉语事实出发,不以正确的观点、方法为指针,而以外国文法的成说成论当教条出发,据外论中,以洋律中,印欧语有语尾,讲形态,就以为汉语也一定要有语尾,一定要讲形态;甚至为了便于生搬硬套,不惜曲解、涂抹汉语的事实,在没有语尾的地方,也硬找语尾,把并非形态变化的东西,也硬说成是形态变化。他们这样做,就是忘记了或者背弃了唯物主义的基本立场:讨论问题应该从客观存在的实际情况出发,而不能从书本上的定义概念出发。同时,他们对待学习外国的态度也不够正确。

毛主席说:"我们是马克思主义者,马克思主义叫我们看问题不要从抽象的定义出发,而要从客观存在的事实出发,从分析这些事实中找出方针、政策、办法来。"(《毛泽东选集》第三卷,第八一〇页)我们讨论汉语的文法问题,就是应该这样做。从分析汉语的文法事实来看,我们认为必须打破和改变以形态为中心的研究法,而可以采用功能的观点和方法来进行研究,即是着眼于语文的组织和词语在组织中的作用,从组织成素与成素之间的联系和关系中来观察文法现象,探求文法规律。依据马克思主义的原理,任何事物都不是孤立的,认识事物必须看清事物彼此之间的联系和关系。所以,我们相信,用功能的观点和方法来研究文法是正确的。而且,任何一种语文,不论它形态变化的情况怎样,总是要把语词组织起来才能表意,而一经组织,语言成分之间也就不会不发生一定的联系和关系,也就不会不显示出词语在组织中的功用。因此,用这种功能的观点和方法不仅能够研究汉语的文法,而且也许能够研究别种语文的文法。

在文法的研究工作中,是可以和应当注意向外国学习的。那就是看看外国人如何研究他们自己的文法的,借鉴他们的长处和经验,而决不能照抄照搬人家的现成结论,甚至把人家的短处和缺点也视若圭臬;至于迷信洋人,以照抄洋人为荣的奴隶思想,更是要坚决反对的。毛主席在《论十大关系》这篇重要文献中指出:"我们的方针是,一切民族、一切国家的长处都要学,政治、经济、科学、技术、文学、艺术的一切真正好的东西都要学。但是,必须有分析有批判地学,不能盲目地学,不能一切照抄,机械搬运。他们的短处、缺点,当然不要学。"(《毛泽东选集》第五卷,第二八五页)我们的文法研究工作也一定要遵循这个方针,用正确的态度和方法来学习和吸取外国的学术成果。这方面我们还做得很不够,需要进一步加强。同时,我们中国的语文工作者也应该以自己的学术研究来对人类的语言科学的发展作出应有的贡献。

在过去的文法研究中,由于因袭传统,照抄外国,有些人对于根据汉语文法事实来建立文法理论和研究方法也就缺乏足够的重视。这在词类区分的讨论中,可以看得出来:对于词类区分的目的不够明确,根本原则也不够一致。这样的讨论,在效果上就不能不受影响。在汉语文法研究上,甚至有时连基本的逻辑方法也不注意。即如曾经比较流行的词类区分,共九部,而其根据的标准却有四个:(一)词的意义(名词就是这样分出来的);(二)词在关联上的作用;(三)一词对于旁的词类的关系;(四)词在句中的位置。这就是与形式逻辑的分类原则不相合的。这实际上是外国的传统分类法在说话,而不是什么逻辑的结论。这自然也就难于对汉语的词类划分作正确的说明。汉语的文法研究决不能立足于外国文法的传统或成说上,而是必须立足于汉语的语文事实上。我们应该在马列主义、毛泽东思想的指导下,对汉语的文法事实作广泛深入的调查研究,采取功能的观点和方法,来探索和认识汉语文的组织规律,并从而作出语言学理论上的概括和总结。

三、研究文法必须抽象概括

对于语文,我们平时听到见到的都只是它的个别的特殊的事实,比如说"我读书""他写字"之类一个一个具体的语句。而语文习惯的一般条理,或文法规律,也便寓在这语文的个别的特殊的事实里面,比如我们不会说"我书读""他字写"之类不通的词句,那就因为是受着文法条理的制约的。对于语文组织的一般条理的认识,平素是并不那么自觉的,几乎可以说是潜意识的,往往是"知其然而不知其所以然"。而且,就是要能"知其然",也要个别事实的经验积累得多,随时可以取出堆积着的类似的事实来做眼前事实的参证,或者是个别事实的经验积聚得多,习惯成自然地融会贯通了,这才能够"知"眼前这个特殊的个别事实的"然"。这是很费时,也是很费力的事。文法的研究,就是要叫人对语文的一般条理的认识从不自觉而进到自觉,就是要将那寓于各个特殊事实里面的一般条理揭示出来,使人容易看得出语句组织的条理或法则,以及语句合不合条理或法则的所以然。

所以,文法研究所要探索的是语文组织的共同性(或称一般性、抽象性)。而这种共同性的求得,必须经过科学的抽象和概括。马克思这样说过:"分析经济形式,既不能用显微镜,也不能用化学试剂。二者都必须用抽象力来代替。"(《资本论》第一卷·第一版序言)对语文组织的研究也是如此,必须用抽象力对文法现象进行科学的分析综合。而所谓抽象,简略说来,就是从具体的事实里面找出共同的东西,舍掉不同的东西。如果没有这种抽象、概括或者抽象、概括得不够,就容易犯琐琐碎碎的毛病。过去中国研究文法受了外国的影响,特别是受了外国人教文法的影响,一般所讲的文法往往是教的文法。所谓教的文法就是把抽象的规律加以具体化,但作为文法的研究是不同的,它必须要找出共同规律,从具体到抽象的。自然,文法的研究,完整地说,同认识其他事物一样,需要从具体到抽象,又从抽象到具体的过程。

如果搜集了事实而不加总结、抽象,就找不出规律来。有个人曾经写了一篇《打雅》的文章,骂"打"字是个"混蛋字"。他单事搜集"打"的种种用处,共得百种以上,不加归纳,就说"打"字"意义含混","混蛋到了透顶"。这就是一个突出的例子。实际上,"打"的普通用法不过三种:(1) 作动词"打击"用,如"敲锣打鼓"的"打";(2) 作没有独特观念的机动动词用,这是群众为了说话的简便专用来代替有独特观念的动词的,如"打"水(打代取)、"打"鱼(打代捕)、"打"印(打代盖)、"打"稿(打代起)……;(3) 作动词的添衬用,本身无意义,只是用来构成复音词和加强后面那个字的动词性的,如"打"消(=消)、"打"算(=算)、"打"扮(=扮)、"打"扫(=扫)……。此外,还有两种特殊的用法:(1) 作"从"字解的"打",如"打哪儿走近"的"打";(2) 作十二件解的"打",如说"一打瓶子"的"打"。经过综合,就会觉得"打"的用处虽然极多,用法仍然极有条理,并不"含混"。只要研究的态度方法不是太含混——单看各例,单看皮毛,胡乱地把它当作"混蛋到了透顶",就不会有那"混蛋到了透顶"的结论。借此也可以看出,就是一个字用法的研究,也可以因为研究的态度、研究的方法不同而结果就大不同。

科学研究除了最广泛的搜集事实之外,还必须有最高的综合。最高的综合,不能不靠最广泛的搜集做基础,但最广泛的搜集不能不附属在最高的综合下面。单将搜集的各个个别的事实罗列起来,拿罗列得多算是富有,算是成功,那只能算是杂纂的态度,并不是真正研究的方法。《打雅》这类文章可说是杂纂态度极明显的例子。

要探索规律,必须提倡在大量事实的基础上进行高度的概括,找出普遍的必然的联系来。观点和材料必须结合,也就是要"摆事实,讲道理"。

我们通过调查研究,概括综合得出文法规律,确立一些原则,说明语文的组织关系;但是不要死讲格式,硬造公式。讲规律,是为了使人们更好地运用语言,而不是去束缚人们的手脚;讲规律,也就是宣传语文组织的共同性,不要拿特殊的例子去乱人耳目。

文法的研究是要探求和揭示语文组织的一般条理,即语文的组织关系的共同性。所以,文法研究工作者就应当把运用科学的抽象,从多样性的语文现象中求得组织条理的共同性作为自己的责任。

四、研究文法必须扣住组织和功能

组织,是文法的特征。

文法的研究,就是语文组织规律的研究。

研究文法应以组织为准绳,一切同语文组织有关的现象都要研究,同组织无关的可以不研究。比如词类区分,目的就在说明组织,倘使离开了这个目的,分出来的词类在文法上就没有什么意义了。

组织是同功能密切相关的:就成分之间的联系和关系来讲,是组织;就每个成分本身在组织中的作用来讲,就是功能。我们研究文法,必须将组织——功能的观点贯彻始终:从词法到句法都要如此。

在我国文法研究中,从方法论着眼,存在着三种学说:意义说,形态说,功能说(也即是组织说)。意义说,注重的是概念意义方面;形态说,注重的是组织的形式方面、词语的音形变化方面;这都有不够全面的地方。我们则主张扣住组织研究文法,它既不排除意义,也不排除形态,而是统括了意义和形态,它所注重的是:既包含着意义又包含着形态的整个单位和组织。这种功能说,可能比之意义说和形态说较为全面一些。

意义说和形态说也能部分地说明一些文法现象,但不能全面揭示组织关系,无法贯彻在文法研究的全领域。如日语"有"是动词,"无"是形容词,按意义来说,无论如何也说不出个道理来。再,有些词同是表示时间的,概念意义应是一致的,但有的属副词,如"刚才、已经",有的则属名词,如"现在、过去",这也只有从功能上说才讲得通。印欧语言的组织关系一般由丰富的形态变化("尾巴")来表示,因此造成了以形态为中心的文法学说;有些文法学家也拿来用之于汉语的文法研究,不过找出来的"尾巴"并不多,难以切当地说明汉语的组织关系。而且即使在印欧语言里,也并非处处都是用形态变化来表征组织关系的。因此,我们主张从词和词的联系和关系上,也就是用组织的功能的观点来研究文法。对于汉语的文法研究,可以说是非这样不可的;而对于别的语言,也是可以适用的,因为凡是语言,总是要有组织的,语言成分和成分之间总是存在着一定的联系和关系的。从这个意义上说,文法求之于关系,而不是求之于形态。这一从功能研究文法的道路或许也会有不少困难,但是,我们确信,这个方向是正确的,循此努力,是一定可以得出结果来的。

用组织观点来研究组织中的分子或成素时,不是单从分子或成素的意义方面进行研究,也不是单从分子或成素的形态方面进行研究;而是从它在组织中的作用——即既同意义有关又同形态有关的功能进行研究。比如词类区分,倘按意义的虚实区分实词、虚词,就始终说不很明白;倘按形态,就有人否认汉语词类的存在;但是从功能着手,我们就可以有比较合理的词类区分。

用组织观点来研究配置或组织时,不是单从组织或配置的意义方面着眼,也不是单从组织或配置的形式方面着眼;而是从意义和形式相结合的组织关系上来进行研究。如果不在组织的整个关系上考察,那么,可能:(一)把文法现象看得太简单;相反,(二)又会把文法现象看得太复杂。这(一)如在句式的研究中强分"正式""变式",例如把"茶棚里坐着许多工人"说成是"许多工人在茶棚里坐着"的"变"式,这就把本来有区别的描记句和叙述句混而为一,犯简单化的毛病,而实际上又在说明文法时噜苏不简括。这(二)如汉语里的"动宾关系是说不完"的意见,就是把汉语动词谓语的后补成分看得过分繁复的缘故。总之,要能够比较概括、合理地说明语文组织的条理,就应该从组织的整体关系上来考察文法现象。

按我们的意见,一个组织,一个成素,总是形式和意义结合着的。讲文法,就是要从内容和形式相结合的成素之间的关系出发。提出所谓"文法意义""文法形式",又说要从"文法形式"出发来研究文法,这些都可能割裂了内容和形式之间的统一关系。而与此"文法意义""文法形式"相关的又有所谓"文法范畴"。从哲学上讲,范畴当是最高的类。我们很想问一问:文法上所谓"范畴"是不是最高的类?不是最高的类,为什么叫它"范畴"?而且,按照这种"范畴"论,汉语恰恰是极少、甚至是没有什么"范畴"的;既然这样,在汉语的文法研究中放进"范畴"又有什么意义、能起什么作用呢?

五、研究文法必须有发展的观点

一个民族的语文总是有变化、有发展的。文法事实也总是不断地变化着、发展着的。因此,研究者也应该和必须用发展的观点来研究文法。古今文法的密切联系,不能割裂。所谓历史的研究和断代的研究,可以用"不断发展论和发展阶段论"的观点来加以认识和说明。

用发展的观点研究文法,不能以古律今。《马氏文通》专讲古文的文法,许多地方隐隐地用古文的眼光来解释现代语,许多分类也照着古人分。这就范围了以后有些人不敢跳出它的框框。其实,有的地方古文里要那样分,不见得现代语里也要那样分。如对于现代汉语里的相当一部分"的",像"柳丝长长'的'""我们欢迎'的'是个战斗英雄""这些都是从大街上买来'的'"等等组织中的"的",有人就把它解作是文言里的"者",归进到"代名词"当中去。这样的解说,是将现代汉语"翻译"成了古代汉语,再与古文的文法相比附而来的,自然也就很难正确说明现代汉语里"的"在组织中的功能;而且,对于初学文法而又不熟悉古代汉语的人来说,这样的讲法,也难以理解。所以,讲文法不要以古文的眼光来看现代语。

用发展的观点研究文法,也就是要有"变"的观点,要有修辞的观念。必须提倡语文运用的丰富多样的形式,不要拿死的格式去认识和说明文法事实。否则,就可能会用比较固定的眼光和机械的格式去衡量群众在语文的运用中出现的一些变化的现象,去"纠正"那些并不错的"错误"。其实,不管怎样"变",只要合乎组织规律,合乎原则,表意明确,群众写说听读都感觉顺适,那就应该承认。

用发展观点研究文法,应该注意到语言使用者、研究者的主观能动性。斯大林指出:"要了解语言及其发展的规律,就必须把语言同社会发展的历史,同创造这种语言、使用这种语言的人民的历史密切联系起来研究。"(《马克思主义和语言学问题》)这是很正确的。人们总是为了适应社会发展的需要,不断地改进、完善和丰富着语文的组织条理;人们还可以在认识客观规律的基础上,对某些文法现象加以规范或者改革,以推动语文的健康发展。有人根据文法稳固性的特点,说文法不能改革,这样的观点似乎不能说是很全面的。人在文法发展面前不是无能为力的。原来讲上海话的,可以改学普通话;一九五四年制定的我国宪法中将"和"跟"同"分别使用,就都是人为改革的实例。这种改革,当然不是任意的,而是因势利导地规范文法现象。毛主席告诉我们:"马克思主义的哲学认为十分重要的问题,不在于懂得了客观世界的规律性,因而能够解释世界,而在于拿了这种对于客观规律性的认识去能动地改造世界。"(《毛泽东选集》第一卷,第二六八页)又说:"自由是对必然的认识和对客观世界的改造。"(引自一九六六年四月十一日《人民日报》社论)研究文法也必须以这样的观点作指针。从事文法研究不能只是单纯地"描写"文法现象而对文法的发展采取自然主义的态度,而是有责任在认识和掌握它的发展规律的基础上,对某些文法现象进行改革或规范,以促进文法的丰富和发展;同时,只有这样,也才能让人们在语文的运用上得到尽可能多的自由。

六、文法研究的继承和发展

我国的文法研究有悠久的历史,宝贵的遗产。我们应当注意对历来文法研究的学术成果和思想资料作进一步的整理和加以批判地继承。这样做的目的,不是向后看,而是为了今天的文法研究,为了开辟文法研究的新的未来。

我国文法思想的进展,大体可以分为如下几个时期:

第一个时期:从往古到《马氏文通》出版之前。

我们文法研究的渊源,可以追溯到很远。早在二千多年前,《公羊传》《墨子》等等一些著作,就对若干文法事实曾作过片断的分析和阐述,不妨看作是研究的萌芽。汉代小学家研究文字、训诂之学,谈到文法的地方不少。历代的文论诗评等著述,如刘勰《文心雕龙》和唐宋文人柳宗元、张炎等论著中也有不少关于文法方面的论述。元代卢以纬的《语助》[①]是我们现在已经知道的最早的一本研究虚字的专著。清代小学特盛,著作如林,其中刘淇的《助字辨略》、王引之的《经传释词》、俞樾的《古书疑义举例》等书,更大量地涉及文法问题。这个时期的文法思想大体是自发的,研究也缺乏后来那样的系统性。但是对后世的文法研究也留有相当的影响。应该承认,在文法研究方面,我们是有着丰富的学术遗产可以批判地继承的。

第二个时期:从一八九八年《马氏文通》出版到一九三四年前后。

我国文法学术在和西洋文法学术发生交涉之后,开始重视对汉语文法作系统的研究。一八九八年,《马氏文通》一书出版,我们开始有了一本全面系统的汉语文法著作。马建忠化了十多年时间的努力才写成《马氏文通》。这种持久研究的精神以及比之过去系统深入的研究成果,一向得到人们的肯定。但是,他在研

[①] 关于卢以纬的这本文法著作、作者的考证,见前,本书第二一二页。——编者注

究中却犯了机械模仿、生搬硬套的错误,他用西文"一定不易之律","以律夫吾经籍子史诸书",这种削足适履、不切实际的作法是极其错误的。他又犯了厚古薄今的错误,认为"为文之道,古人远胜今人",所以《文通》引例"所取为凭证者,至韩愈氏而止",这种说法和做法也是极其错误的。这两个严重错误,特别是机械模仿的错误,给了后世一些不良的影响,应该有所批判。

《文通》出版以后,又有不少文法著作问世,比较著名的有章士钊《中等国文典》(一九〇七年)、刘复《中国文法通论》(一九二〇年)、陈承泽《国文法草创》(一九二二年)、金兆梓《国文法之研究》(一九二二年)、黎锦熙《新著国语文法》(一九二四年)、杨树达《高等国文法》(一九三〇年)等等。以上这些书,除了刘复的《通论》依据 H. Sweet 的 *A New English Gramma* 重新拟了一个体系(一九三二年刘氏又撤回了他的体系),陈承泽、金兆梓比较注意汉语的特点之外,其余的大体上都是因袭马氏的体系,或多或少来一点修正而已。在这个时期中,虽然也有过自立的研究的主张,但总的倾向是因袭《马氏文通》,而以模仿西洋文法教科书的体制为能事。

第三个时期:从一九三四年以后到解放之前。

一九三四年以后,我国文法学界逐渐开展了对模仿体制的批评,陆续提出了对文法研究进行革新的积极主张。到了一九三八年,一部分语文工作者,感到机械模仿有碍文法科学的发展,提出了"根据中国文法事实,借镜外来新知,参照前人成说,以科学的方法谨严的态度缔造中国文法体系的动议",对进行文法研究的革新和缔造汉语文法体系的问题,开展了热烈的讨论。这次讨论经历了大约四五个年头,涉及的范围也相当广,凡是与建立文法体系有关的方面大体都论及了。这次讨论的文章,编集成了《中国文法革新论丛》一书。关于这次讨论的总倾向,正如《中国文法革新论丛》的序言所说:"读这革新论丛的人当能看出这里的准绳和以前的准绳不同。以前都奉《马氏文通》的体系为准绳,多少聪明才智之士都在马氏的体系之中盘旋穿插,不敢超越范围。即使感到削足适履或郢书燕说,也止在不超越范围的范围之内,略提异义,略加修正。这次讨论却一以文法事实为准绳,完全根据文法事实立言,不问是否超越范围。这不是我们敢于对马氏的不朽以白眼相看,只是我们未能故步自封。"可以看出,当时对于机械模仿、生搬硬套的观点和方法作了鲜明的批判,对于依据汉语实际建立新的文法体系也作了有益的探讨。

在这个时期,也有不少人为汉语建立一个新的文法体系作过努力,发表了一些论著,其中比较有影响的是王力的《中国现代语法》(一九四三年)、《中国语法理论》(一九四四年),吕叔湘的《中国文法要略》(一九四二、一九四四年),高名凯的《汉语语法论》(一九四八年)等。这些著作开始注意了汉语的语言实际;但这些书都是在不同程度上参考或运用叶斯丕森、布龙菲尔德、房德里耶斯等西方语言学家的理论而写成的,自然也就难免会有不正确的观点表现出来。

第四个时期:建国以来。

解放之后,由于党对文化科学事业的领导和关怀,由于"百花齐放、百家争鸣"方针的贯彻,语言科学的研究有了显著的发展。语文工作者在马列主义、毛泽东思想的指导下,注意学习和运用正确的立场、观点和方法,为建立科学的文法体系所探求的广度和深度也有了新的进展,像汉语的词类区分问题和主语宾语问题展开的大规模的热烈讨论,就是影响很大的。解放以后出版的文法教学和研究的论著,种类之多和数量之大,也是大大超过从前的,其中影响最为广泛的可能要算是初中汉语课本暂拟的文法体系,和科学院语言研究所一些同志写的《现代汉语语法讲话》。这二十多年来,我国的文法研究比之过去有了长足的进步。

总之,汉语文法研究有很长的历史,有不少的成就。而近百年来,特别是建国以来,在社会发展和文化进步的推动下,又有了极大的改变,这改变,第一,是规模的改变,过去研究多是随感式的,碰到什么就说什么,这里面当然有些很有价值的研究成果,特别像论述虚词的专著值得重视,但毕竟规模狭小,安排也不十分紧密。在《马氏文通》出版之后,研究就趋向全面系统一些了,尤其是解放以后,研究的人力、课题的广度深度更是有了新的进展。第二,是方法的不同,特别是马克思主义传入以后的方法的不同。过去的研究往往是演绎式的,现在则比较注意运用正确的观点方法,对汉语事实作总结归纳,这就大大加强了同实际的联系。

汉语的文法研究是有成绩的,但是还不能够很好地适应和满足广大群众学习语文提高文化的需要,和汉语规范化工作的要求。文法学术上也还有不少问题有待进一步作更深入的研究。我们应当继续努力,通过对汉语文法规律的辛勤探究,来建立一个具有自己民族特点的科学的文法体系,使我们的文法学科更好地适应实现四个现代化宏伟目标的需要,更好地为祖国的社会主义革命和建设的伟大事业服务。

后 记

  写作这本《文法简论》,是想把我自己关于汉语文法问题的一些想法和意见提供出来,和同志们共同研究。这里说的意见,不少还是带着探讨的性质;其中有些看法在我以前的文章里也曾经说述过。由于精力和水平的限制,未能对汉语文法中的所有重要问题都作深入全面的研究,因此,论述详略不一,缺点和错误也在所难免,还请大家批评指正。

  最后,我还要说明一点:复旦大学语言研究室的诸位同志热心地协助我完成了这本《简论》的写作工作。谨此志谢!

陈望道

一九七七年七月于华东医院

外　　编

目 录

修辞学论文选辑

修辞学在中国之使命	325
关于修辞	330
语言学和修辞学对于文学批评的关系	332
怎样研究文法、修辞	334
修辞研究要有发展变化的观点	340
关于修辞学习与语文研究	342
谈谈修辞学的研究	344
《修辞学发凡》的写作与修辞的研究	350
修辞的变动性与文法的稳定性	353
修辞学中的几个问题	355
解答有关修辞的几个问题	360
在复旦大学纪念《修辞学发凡》出版三十周年座谈会上的讲话	363
谈修辞学是边缘学科及其他	365
修辞的形式与内容	368
关于修辞学对象等问题答问	369
有关修辞学研究的原则问题	372

文法学论文选辑

评胡适论"除非"并说及"又不"	377
关于刘半农先生的所谓"混蛋字"	383
说存续表现的两式三分	386
谈动词和形容词的分别	389

文法革新的一般问题 …………………………………………… 394
从分歧到统一 …………………………………………………… 398
回东华先生的公开信
　——论文法工作的进行、文法理论的建立和意见统一的可能 …… 404
漫谈文法学的对象以及标记能记所记意义之类 ………………… 407
文法的研究 ……………………………………………………… 410
"语"和"语团"论略 ……………………………………………… 413
试论助辞
　——纪念《马氏文通》出版五十周年 ………………………… 418
漫谈《马氏文通》 ………………………………………………… 433
我对研究文法、修辞的意见 ……………………………………… 443

修辞学论文选辑

修辞学在中国之使命[*]

这个题目范围广大,决非一二小时内所能详说无遗;不过我想对诸位发表一点最近对于国文教授的感想,因此就这道题目的大概,在此和诸位谈谈。

修辞学底定义,照通常说法,原可以说:修辞学是研究文章上美地发表思想感情的学问。但所谓美和所谓丑,究竟如何区别呢?普通人说这是美的,那是丑的,似乎他们分别美丑很容易;若根本的问一句,究竟怎样叫做美,怎样才叫丑,也就不是一时间可以讨论清晰的。所以这种定义,不能用在匆促讨论的地方;现在讨论,实须另用简单的说明。

简单的说明起来,我想可以如此:先说明何谓辞,然后再说明何谓修辞。

修辞学所讲的"辞"是什么呢?简单言之,辞是由思想和言语组成的,二者缺一,便不成辞。所以画起表来便是:

$$辞\begin{cases}思想\\言语\end{cases}$$

有思想,没有言语,那是肚子里面的思想,不是辞,所以不把思想吐露出来表现于言语上,不能成为辞。换一面说,只有语言,没有思想,那也只是鹦鹉的说话,梦呓,所以没有思想的言语,也不能算是辞。凡是辞,必具有思想和言语这两个要素。

再就这两个要素据我底研究细分起来,思想有三条件:(一)事理,(二)心理,(三)论理;言语也有三条件:(一)声音,(二)声音的记号——文字,(三)声音和声音连接的关系——文法。列表如右:

修辞便是在这六条件上用的功夫。消极的说,是要去掉不好;积极的说,是要现出好来。我们消极地能对于事

---

[*] 本文系作者在浙江四中师范部所作的讲演。——编者注

理、论理、文字、文法四条件上留心，则结果为"通"。再能积极地对于心理、声音两条件上用意，则结果为"工"。我底这研究如果可靠，则一切文章上底通不通和工不工，都该可以在这六条件上去下检点的工夫。举例来说，如说"煮米成饭"，我们知道是通的；倘说"煮沙成饭"，我们觉得这是不通了。何以不通？便因为它不合的通的条件的"事理"。再如说"研究哲学科学可以通晓事物的公理"，"研究因明逻辑可以通晓辩论的公理"，那是通的；倘如林传甲在京师大学堂《中国文学史》讲义第五篇第十六节上说："西人之辨学曰，合肥相国姓李，而姓李者不尽如合肥相国也。东文之论理曰，凡英雄皆善饮酒，然饮酒者未必为英雄也。初学作论，必自兹始。与其习西人辨学，东人论理学，何若取《论语》二十篇，实力研究之，以折衷万国之公理乎。"我们便觉得不通了。何以不通？便因它不合乎通的条件的"论理"。再举一例，就如上海《民国日报·觉悟》栏上最近揭发的东南大学教授顾实君做了登在《国学丛刊》一卷三期里的《文章学纲要序论》中开始的一段话：

> 诗曰"他山之石，可以攻玉"。中国从来独创文化，第知则古称先，以往古为他山之石。今也不然，五洲棣通，不独可横而沟通中外，并可纵而贯穿古今焉。英语之流陀列克，源于希腊之流阿，本流水之义，以人类谈话，亦从思想流出，遂联想而转成此语。

这里的"不独可横而沟通中外，并可纵而贯穿古今"一语，实如《觉悟》所指摘，异常奇怪。何以奇怪？便因为它不合乎工的条件的"心理"。照普通心理，上文说古今，下文说中外，中间一句当然该说"不独可纵而贯穿古今，并可横而沟通中外焉"；且必如此，才与本句前半截"今也不然，五洲棣通"八字相贯。所以我们觉得他所做的，倘不是辞不达意，便是他的心里有点上锈；总之是不工的了。一切尽可如此检查，现在可惜不能多说。

现在要讲一点修辞学底职务。修辞学的职务，就消极方面说，就是要使不至于不通；就积极方面说，就是要使成为工。但什么是工，工在何处呢？什么是不通，不通在何处呢？怎样才成工，怎样才不是不通呢？这几个问题如要详谈，便该翻出全部修辞学，现在只能略讲一点工的条件。工的条件，在声音方面至少有两个：（一）能调和，（二）有风味。譬如同一意义的辞，如"说大话""自夸"，我们细细玩味起来，也可以看出不同的背景：说"自夸"的往往是文坛上的人，背景是文坛;说"说大话"的往往是普通人,背景是普通社会。背景不同,两个辞底风味便也因而不同。在心理方面讲来,最重要的研究是辞格底构成及其根据心理的应用。这问题可也颇复杂。现在只能举辞格研究的一例来略加说明:譬如"铁血主义"这个辞,普通的意思是强权的意思。但细想想"铁血主义"为什么是强权的意思呢？修辞学回答说:修辞学里有两条通例:

(一)原因可以代结果,结果可以代原因。

(二)材料、工具可以代事物、工作。

例如范成大诗"笋舆箯舫相穷年",又《尚书·顾命》篇云"敷重笋席",笋是因,竹是果,原因可以代结果,所以这两句中的笋都是竹底意思。反之,结果也可以代替原因,如《史记·晋世家》云"汗马之劳,此复受次赏"。"汗马"是果,"力战"是因,因为结果可以代原因,所以此处的汗马也便是力战。意思就是说:"力战的功劳,这也受次赏。"懂得这条通例,"血"字就有着落,就是流血是战争底结果,照修辞常例可以用血来代战争。再讲到"铁",也可代战争,这也是依照第二条通例。如平常说的"某人笔墨好",便是用笔墨等工具材料代文章,决不是真说他或伊底笔墨都是在九华堂等处买的,笔墨格外地好,不过说他或伊底文章好罢了。这是说用工具材料代物;工具材料也还可以代事。如白居易诗"田园寥落干戈后,骨肉流离道路中";"干戈"二字便代战争的事。照此类推,"铁血主义"一辞,流血是果,战争是因;铁是工具,战争是工作;所以"铁血主义"是战争的意思,也便是强权的意思。诸如此类,凡是常人以为好的或奇的,都可以一一分析出它们底构造法则及它所以如此变个样子说话的缘故。

关于修辞学的概念说完,以下该入本题说它在中国的使命了。我觉得如真像样的修辞学出来,它在中国的使命,共有四种,现在请与诸位逐段说明:

第一,可以绝灭关于修辞学本身上的谬想。我曾见有一位胡怀琛先生——这位先生诸位大约也知道他学问很博的,当他署名"胡寄尘"的时候,便会做礼拜六派的文章;当他署名"胡怀琛"的时候,又会做新小说新诗——几年前做了一部不到百页的《修辞学要略》,自己说是化了六年光阴才做成功。我以为这部书该是在中国修辞学书里最好的了,但是读过之后,令我大失所望。原来他把什么"叠字传神""骈字传神""虚字传神"等说了一堆,又桐城八个字眼,什么"神"啦,"理"啦,"气"啦,"味"啦,……一字一字扭过来,抄了几大篇古文,就叫人去"心领神会"去,算是修辞学了。这是名是而实非的修辞学。真的修辞学在中国的第一使命就在绝灭这等似是而非的修辞学。

第二,可以矫正利用修辞学材料排击文法学的妄想。有正书局出版的《文法津梁》一书,编者主旨是以中国修辞学材料来排斥文法的,他以为中国本来有文法,用不着西洋的文法,看此书的自序说:

> 今者兹编之辑,汇先正之绪言,以为后学津梁。果能据此以资讲习,则文章之消息已可得其大概。其贤于今之"文典"者远矣。

可知此书编者把修辞学和文法学混为一谈。他把修辞材料认作文法,又把他所谓的文法来排斥新兴文法,说来,总算很肯替修辞刮地皮了。但修辞学其实很愿文法学保全地位,决不想去并吞它。像这样的瞎拼命,修辞学是不很欢喜的。不,——不但不欢喜,并且还要排斥它。所以真正的修辞学在中国第二使命便是绝灭一般人想用修辞学去排击文法的空想。

还有第三种使命就是要矫正拉杂把修辞学混充文法学的弊病。此类的人并不像第二类,要排击文法,却把文法看得很重,但实际是把修辞材料来混充文法。最明显的例,就是《文法会通》。这书的自序说:

> 《马氏文通》出,于字类之分别,句读之组织,极言详论,博引繁征,诚千古未有之创作,然于积句成篇之法,则似尚多未详,爰不揣谫陋……虽举例简少,解释鄙略,不敢谓继《文通》而作,然欲与学者以易知易能,使即其可授受者以求夫不可授受者,则犹夫眉叔(《文通》著者)之意也。

这该是文法书了。但我们试查他底目录。卷一:论字,论词,论句;这是文法。卷二:论积句上——阴阳。卷三:论积句中——奇偶,排比,比例,譬喻,陪衬,援引,虚实,例证。卷四:论积句下——因果,假定,逆溯,设难,正负,演绎。卷五:论布局。(这是甲编的目录,乙编未见)差不多全是修辞性质的东西!

至于第四使命,就在使一般糊涂不解的,此后也解。从前一般摇头先生,往往以不解为神秘。记得我少时在私塾里读书,一位老师他很好心,教我练字,他说"春秋鼎盛"一辞很妙,倘改作"年纪很轻",便不妙了。说完大点其头,露出洋洋得意之色,觉得津津有味。我问他究竟为什么用了"春秋"二字就妙,他便神秘地作哑了。其实,我们只要知道修辞学里一条小小的通则:全体可代部分,部分可代全体;那末用春秋二字来代年岁,本无稀奇,又以摆头摇足装神奇呢?修辞学在中国第四种的使命,就在使一般模糊不懂的明白起来,可以使只知其然的知其所以然。前月曹慕管先生为了"复辟"两字闹了一场大混乱,也就因为不知"复辟"两字与他自己所用"老马"一样是譬喻修辞的缘故,倘中国有一本小小的修辞学可看,这种小事也就不会闹到废了几万字了。

  以上四种使命是我以为修辞学能担当的。不过我自己的却不敢说能尽这样的责任。我个人不过因为近来癖好它,就略略加以稍稍的观察,在责任上只是或者可以略尽一小部分罢了。学问原是共同的事业,那些走错路的能够回转头来努力,我自然很欢喜;诸位倘若愿意,我更希望诸君共同努力,起来担任这一类使命。

(杨光焘记)

(《文学》第一三二期,一九二四年七月二十八日)

关于修辞

"修辞"只是半句话。这半句话的上面,隐隐还含有更重要的半句话:"就意"或是"根据对于自然、对于社会的认识"。全说起来,就是"就意修辞",或"根据对于自然、对于社会的认识修辞"。"修辞"是一个古来的成语,若用现代的话翻译出来,就是调整语言。根据对于自然对于社会的认识调整语言,是我们日常说话时的一种事实,本来没有什么奥妙。然而一到作文,却未必人人都能够这样做,或知道这样做。许多奇事,就是从此发生。

第一,有人会把意和辞的关系割断,或把意和辞的关系倒转,不是"就意修辞",倒是"就辞修意"。如张炎所说,做了一句"琐窗深",觉得不合音节,就改为"琐窗幽",觉得还不合音节,又改为"琐窗明",就是一个顶明显的例子。

第二,既把意和辞的关系倒转,重辞不重意,就又有人把辞来分家。先把辞分成了口头语和书面语两家,又把书面语分成了古的和非古的两家。认做越古越好,就是越离实意实感越好。他们把"古"来叫做"雅"。会说"与其伤雅,毋宁失真"。有意地走上了把"幽"来说做"明"的道路。

学问上往往有许多出奇的事情,说来会教人不肯相信。如什么叫做语言,谁不知道语言是我说来给你听的。但在语言学史上对于语言的观念要进步到这个地步,可就不知道有多少年月。起初好像他们不知道语言是"说"的。所以他们找语言,一定要到现在已经不能"说"的古典上去找。这就所谓"文献学"的时期。再进一步,他们知道语言是"说"的了,他们已经会到口头上去找活语言,但似乎还不知道语言是说给你听的,所以还是只把一个"说主"放在眼里,个人主义的倾向极强,把社会的因子搁下不管。往往要把别人不知所云或与现实社会隔碍的当做偶像抬来教人礼拜。最后才进步到知道语言是"说给你听的",把"听客"也算在里面。外国的语言学史是如此,中国的语言学史也是这样。到现在还未完全走到最后的一步。

修辞上的情形和这一般的语言观念的进步有着血肉的关系。对于语言不知道是"说"的,对于辞也不知道像"说"一样的去"修"。对于语言还不知道是"说给你听的",对于辞就也不知道像"说给你听的"一样的去"修"。要修辞不出奇事,我以为第一步还在知道"说",知道学"说"。尤其要留心本地话。现在大家都干"读书运动",劝人读好的书,我以为本地话就是一部顶好的"没字书",应该列入甲等,首先精读。

　　本地话的条理一定是自己很熟悉,本地话所含的语言现实内容也一定是自己很明白。如何运用语言来表现所要传达的意思,那种方法也必很容易学习。学得那种方法以后,再学别地话,学古文以至学外国的修辞就可以有个根底。无论用辞造句,都会有尺寸起来。

　　修辞本来没有什么奥妙,经过一番努力以后,一定更会把所谓奥妙看穿。要了解语言的精髓,这是总的近路,不止修辞而已。

(《中学生》第五十六期,一九三五年六月)

语言学和修辞学对于文学批评的关系

语言学有种种,修辞学也有种种。我们至少可以把它们各自分成了两组。姑且给它们起了两个临时的名字,叫做新的和旧的。旧的语言学和修辞学,多少都是带着些想象的性质,有以偏概全的毛病,又多少带着些孤零的性质,有把语言从社会的各种关系扯开,甚至从内容思想扯开来考量的毛病,再还多少带着些怀古的性质。假定有一个光荣的十全的祖先,好像现在的语言语辞都要寻得出家谱来才算得真子孙,才算得有身份的。这样的对于语言语辞的认识,正好供那以为天不变文也不变的无年无月的文学批评者拿去做根据,使他们的工作限于对古认它做尺度,对今认它做应受尺度来量定的东西。从尺度研究所得的或许是"义法"或许是别的,并没有什么关系,反正都是尺度的一种性质,又都是好的,应该永生的。不把那性质包含在里面,不但不是好的文学,简直就不是文学。这差不多是中国向来一贯的见解,中间虽有小异,并不曾破了大同。在这传统的见解支配的时候,语言学、修辞学、文学批评简直没有多大的分别,随便拿一本书来,或许可以找得一点语言学的材料,同时也可以找得一点修辞学的材料,而同时也可以找得一点文学批评的材料。就拿近代中国文学批评影响最大的一个批评家金圣叹的批评来看,也还是这样混合不分的。

如是新的呢,三者的关系虽然还是极密切,却不是可以混合不分的。语言学所努力的,是语言现象和各种社会关系,如生活、信仰、风俗等关系的探求,修辞学所努力的,是思想和表现关系的探求,两者都是偏于一般、原则的设定。而文学批评却大抵是对于某一特殊文学现象的评判,所以两面之间常存在着一个一般和特殊的界限。自然,一般和特殊并不是可以截然分开的,特殊常常需要有一般的认识做前提,而一般只有从各式各样的特殊上去抽出来。当解决特殊,需要认识一般来做出发点的时候,如白话和文言争、大众语和文言跟白话争的时候,语言学和修辞学的知识差不多就是文学批评的原理,而文学批评差不多就是语言学和修辞学的特殊应用。虽则是文学批评的论争,看来简直就是两派语言学两派修辞学的论争；五四前后的文白之争，如今回顾起来，所以会觉得不过是语言学、修辞学常识的论争，便是因为这个缘故，大众语和文白的论争，所以会把黎锦熙也卷进来，也就是这个缘故。但是语言学、修辞学的一般，到底只是工具方面的一般。文学并不是单纯工具的运用，文学批评也不能单是工具运用的批评。另外还有任务，要能看出文学反映现实真实到怎样一个程度，生动到怎样一个程度。这便不是语言学、修辞学所能为力。所以语言学、修辞学和文学批评的关系虽然很密切，却也只是密切到一半。而这一半之中，又是修辞学和文学批评的关系密切一点。因为修辞学所用来研究思想和表现的关系的，多半就是文学的缘故。

(《文学百题》，一九三五年七月)

怎样研究文法、修辞*

今天的题目是"怎样研究文法、修辞",实际上我要讲的是怎样研究汉语的文法、修辞,因为:(一)听讲的是中文系同学,彼此共喻,可以不加附加语。(二)也因为今天讲的方法也许可以通用于其他的语言,也许还是不加附加语为好。因此,就决定不加"汉语"这个附加语。

汉语的文法和修辞的研究有很长的历史,也都有不少的成就,——修辞学研究的成就更其大。但在最近一百多年内,和西洋学术接触之后,都有了极大的改变。那改变据我看来,第一是组织的改变,过去研究多是随感式的,碰到什么就说什么,这里面当然也有些很有价值的研究成果,但毕竟规模狭小,安排也不十分紧密。和西洋学术接触之后,情况就改变了。研究就趋向于注意全面一些了。第二是方法的不同,特别是马克思主义传入以后方法的不同。过去的研究往往是演绎式的,现在比较注意用立场、观点、方法,把事实总结和组织起来,同实际的联系也大大地加强了。这是近百年来、特别是近几十年来学术研究与过去研究不同的地方。关于我们中国研究文法、修辞的历史,我都曾作简略的介绍(关于修辞的研究可看《修辞学发凡》第十二篇,关于文法研究的情况,可看《中国文法革新论丛》中《一提议和炒冷饭读后感》),这里不再详谈。现在关于文法,关于修辞,都有许多组织不同、方法不同的著作摆在大家的面前,文法有黎锦熙、吕叔湘、王力、郭绍虞诸先生的著作,在抗日战争时期我和在座的张世禄先生也曾经在文法革新讨论中插过嘴。修辞有杨树达的《汉文文言修辞学》,在座的郑权中先生的《修辞学》等等,亦有我的《修辞学发凡》。这些著作现在还都"鸡兔同笼",和平共处。同学们如果想从现有的水平出发研究文法、修辞,首先就会遇着一个方法论的问题。我们讲政治,例如进行反"右派"斗争,要讲究立场、观点、方法;我们讲研究学术是不是也要讲究立场、观点、方法呢?我看,也要讲究。所以今

---

* 本文系作者一九五七年十二月四日对复旦大学中文系学生所作的学术讲演。——编者注

天特地提出怎样研究文法、修辞这个问题来和大家谈谈。我谈的不一定妥当,更不是什么定论,一切要大家批评指正。

一　先谈研究

"研究"两个字现在用得颇频繁,含义也不完全相同。我们略加分析,可以根据成就的不同,把研究两字的用法分为两种:

一种是继承性的研究。

一种是创造性的研究。

比如,我近来略略翻阅一些有关火箭和人造地球卫星的书籍,有些朋友知道了,就说我在研究火箭、人造卫星了。这所谓研究就是继承性的研究,不是创造性的研究。

任何学问、任何科学的发展过程,都是从不认识到认识,从不完全认识到完全认识的过程。这个意思,在我们学校的文件里,曾经用别的话来表达,就是所谓"从无到有,从低到高"。所谓"从无到有"就是从不认识到认识,所谓"从低到高"就是从不完全认识到完全认识。上述两种研究的分别就是对于认识过程有没有增益的区别:凡是对于认识过程无所增益的就是继承性的研究,有所增益的就是创造性的研究。

过去我们的研究非常注意于继承性的研究,非常注意于读书,并且就称知识分子为读书人。近来我们极其重视创造,但是仍旧要注意继承。就是倡议文化革命,鼓吹知识分子彻底自我改造,也仍旧要注意文化继承,学术继承。唯其对于文化学术有所继承才能象接力赛跑一样,不是从别人的出发点起步,而是从别人的到达点起步。这样才会越跑越远,越往前走水平越高。我们要讲创造性的研究,也要从继承性的研究谈起。

二　继承性的研究

继承性的研究,就是学习性的研究,就是打基础。我看从事继承性的研究要注意这几点:

(一)应该拿代表性的著作加以系统的研究。

甲、不要怕难。有些人读书怕难,读到难懂的地方往往跳了过去。我们不要怕难。著作难懂的地方可能是作者研究最精、贡献最大的地方,也可能是作者自己也还是想不明白、讲不清楚的地方。我们碰到这种地方决不要轻易放过。

我看书时碰到这种地方,往往丢掉其他,集中精力,把那个难题彻底搞清。

乙、不要怕繁,要反复阅读。我们读书可以有两种读法:一种是快读,一种是慢读。快读是翻看大意,漏丢细节;慢读是逐字逐句、逐节逐章地细读。快读可以看清系统,慢读则可了解细节。要看出作者的思想基础、思想方法。要看出著作能否概括事实,如《马氏文通》就有人说他用外国筛子来把中国语文事实筛了一道,单拿筛过的事实组织起来的,即并不能概括事实。除此之外,还要看他能不能自圆其说,他的说法是不是前言不对后语,自相矛盾。我们的老前辈教人读书,曾有所谓慢读快读等方法,我们如果好好运用,可以得到好结果。

(二)要看出作者的立场、观点、方法。我们鼓励青年独立思考。所谓独立思考,就是思想解放,能够从立场、观点、方法上去考虑问题,决不是胡思乱想。我们如果就问题方面来看科学研究,科学研究就是发现问题,分析问题,解决问题。我们能够发现问题,分析问题,就可以算是能够独立思考,也就可以说是有研究的能力了。

(三)要学习人家研究学问的方法,要用心练习运用种种研究学问的方法。过去称有学问的人为读书人。会运用研究学问的方法,就不但能够读已经写出的有字书,也能够读还未写出的无字书。无字书就是"天书",就是自然的书,就是事物的规律。学习运用方法要研究逻辑,要研究形式逻辑,亦要研究辩证逻辑。为什么要研究逻辑?因为可以练习抽象思维的本领。我们在具体现象中,头脑比较清楚,不会发昏,而在抽象的现象中,我们容易发昏。例如我们知道"陈望道是浙江人"成话,"浙江人是陈望道"不成话。而于形式逻辑所讲的甲是乙,不可随便倒过来作乙是甲,或不甚了解。因此也就把文法是什么和什么是文法,随便倒说。学过形式逻辑,思想就会有条理些。学习形式逻辑,我看只要有三年就可以了,大约只要练习三年已经能够自由运用。我们学人文科学的人,一定要学点形式逻辑,不学很吃亏。学习辩证逻辑比较难,能够自由运用,恐怕需要五年吧!不过形式逻辑和辩证逻辑可以同时学,我奉劝大家学习一下,不要怕难。如果初学逻辑觉得不易入手,可以多看各种辩论文字,因为那里面就有逻辑。

三 创造性的研究

从事创造性的研究要注意:

第一要从实际出发。研究文法要从文法的事实出发,研究修辞要从修辞的事实出发,不能从古人的成说或个别论断出发,也不能从外国人的成说或定义出发。要从我们研究的对象出发,就是研究什么就从什么出发。比如研究散文就从散文出发,研究骈文就从骈文出发,不能从骈文出发研究散文,也不能从散文出发研究骈文。这一点看起来很简单,但有很多人未能做到,有很多的人不是从杀猪的事实中去研究杀猪的规律,却是从吃饭的事实中去研究杀猪的规律。这是什么缘故呢?这主要是因为方法不熟,看不清对象。我们从事研究,首先要认清研究的对象是什么事物,认清对象是事物的什么方面。比如修辞和文法都属于语言的范围,我们研究文法、研究修辞都应该以语言事实为对象,而不是以概念为对象。又,研究文法和研究修辞虽然同是以语言现象为对象,但研究的方面彼此不同,文法是讲究语言的组织,修辞是讲究语言组织对应题旨、对应情境的运用。近来许多哲学工作者正在讨论哲学史的研究对象问题,这是很好的,要从事研究,必须认清研究的对象是什么。

第二是探求规律。既然要从事实出发,就得搜集事实,但是单单罗列事实不能算是科学研究,必须能从事实中探求出规律来。规律也有人叫做法则、定律或通则。所谓规律就是关系,就是客观的关系,就是普遍的必然的关系。单讲普遍还不全面。比如这里女同学有穿绿衣服的,即使女同学全穿绿衣服,亦还不能因此说穿绿衣服的就是女同学。如果凡是女同学都必须穿绿衣服,那就有必然关系。普遍而又必然的关系就是规律。任何学问都须探求这种关系。探求这种规律,不能单单罗列事实。荀子说过"持之有故,言之成理"。理就是规律。我们现在常说"摆事实,讲道理"。单摆事实,不讲道理,不能算科学。你们可以看一看我发给大家的例证,例如刘半农研究"打"字,他曾搜集"打电话,打电报,打千里镜,打样,打算盘,打结,打秋风,打酒,打板子……"等等"打"字的例,写成题为"打雅"的一篇文章(文章中说"打"字是一个意义含混的"混蛋字")。据那文章的后记里说,他已经搜集了八千多条"打"字的例子。又如土云五研究"一字",曾经把"一"字的用法编成将近五百页的一本大书叫做《一字长编》,那能不能就算科学呢?我以为不能,那只是材料。那些材料很可以供我们研究,但还不是科学。因为科学应该总结前人的经验,否则就要成为经验主义。刘半农就因为单事搜集,未加总结,看不出"打"字用法的规律,所以会说"打"字是"混蛋字"。我们认为"打"字的用法并不深奥神秘,并不是无法探讨,普通用法不过三种。三种用法是:

1. 作动词"打击"用。例如:"打钟""打鼓骂曹"的"打"。
2. 作没有独特观念的机动动词用。这种机动动词是群众为了说话简便,专门用来代替种种有独特观念的动词的。例如"打"水(打代取)、"打"鱼(打代捕)、"打"印(打代盖)、"打"牌(打代玩)……

3. 作动词添衬用,本身无意义,只是用来构成复音和加强后面那个字的动词性的。例如"打"消(＝消)、"打"算(＝算)、"打"扮(＝扮)、"打"扫(＝扫)……

三种之外另加两种特殊的用法：

(1) 作"从"字解的"打",如"打哪儿走近"的"打"。

(2) 作十二件解的"打",如说"一打瓶子"的"打"。

"打"字的用法总括起来不过五种,可见打字的用处虽然极多,仍旧极有条理,只要不以罗列现象为止境,经过综合是可以得出规律来的,并不像刘半农所说的不可捉摸(即所谓"混蛋")。也许我们的总结并不完善,但我们可以断言：加总结求规律是科学,不加总结不求规律不是科学。还有一个表示位置的"在"字,刘半农也曾经搜集研究。据说曾经写成小册子,他以为：(甲)"我(在纸上)写字",(乙)"我写字(在纸上)",甲乙两式都是通的;而(甲)"我(在书房里)写字"和(乙)"我写字(在书房里)",就只有甲式可通,乙式是不可通的。他画了许多图样来解释,却始终未曾得出规律。我在《中国文法革新论丛》的一篇文章中曾经略加总结,以为实际只有两种用法：甲组各句的"在"是表示主体活动的位置的,乙组各句的"在"是表示动作着落的位置的。用法也极简单。总之科学研究必须探求以简驭繁的规律,单单罗列头绪纷繁的事实不能算是科学研究。

第三点：假使你通外国文,要当心成为中外派。自从五四以后,有所谓中外派、古今派。要是通外文,一般很容易成为中外派。所谓中外派不是以中国为主,也不是中外并重,而是以外国为主的。胡适就是中外派的代表。他们无论研究什么,一开口就英国怎样,美国怎样,所以我们应该怎么样,这个"所以"不知怎么得出来的。毛主席所谓"言必称希腊"的许多同志用的却都是这种方法。我曾经把这种不从实际出发的方法称为"祝由科"的方法。我们要想研究有成效,必须改变这种违背科学从实际出发原则的方法。我以为我们如果通外文,应当学习外国人如何研究他们自己语言文字的方法,把那些原理原则结合我们中国的实际,创造性地运用于研究我们语言方面,不能照搬照抄。而我们的中外派却多是照搬照抄,而且是据外论中,外国语有语尾,就以为中国语言一定要有语尾。就在没有语尾的地方,也一定要找出语尾来。这才便于他们生搬硬套。有时硬套不上,则把别人的话割了一半。如斯大林说："文法是词的变化规则及用词造句的规则的综合"(斯大林：《马克思主义与语言学问题》第二十一页)。我们有些人因为外国的词有变化,我们没有,就把这句话截取了一半。如果你们通外国文,我希望你们不要成为这样的中外派。

第四点:假如你长于古学,要注意不要成为古今派。过去凡是通古学的人,很多成为古今派。所谓古今派也不是古今并重,而是以古为主,据古论今。五四前后曾经有过很多的例子。比如看见男女同学在一起,他会说古语说过"男女授受不亲",所以……他根据的是古代成说,而他的"所以"却就"所以"到现在来了。我们也不要成为这样据古论今的古今派。

过去有中外、古今的对立,而中外派又常同古今派互相对立。在方法方面,如陈承泽曾主张独立研究,胡适反对独立研究,主张比较研究。修辞方面,唐钺曾经根据西洋纳氏的方法研究修辞,郑奠就不同意,主张根据古说研究修辞。过去的中外派和古今派是不能统一起来的,因为中外派是信奉外国的现代的东西,而古今派则是信奉中国古代的东西。彼此之间既有中外的歧异,又有古今的歧异。其次是思想方法不同,也无法统一。要是中外派以中国为主,古今派以今为主,而又用一种新方法加以结合,我想可以合流成为新的古今中外派。所谓新的"古今中外派",老实说就是马列主义派。马列主义派也要用形式逻辑,但形式逻辑不便于讲发展,所以还觉得不够,还必须运用辩证逻辑。

应该怎样研究文法、修辞呢?我认为这个答案应该包括四件东西:一、搜集事实,二、探索规律,三、运用形式逻辑,四、运用辩证逻辑。这四件都是研究文法、修辞必不可少的东西。要想对于文法、修辞有所创造和发现,必须同时注意这四件东西。

现在同学们跟随先生学习,正在进行继承性的研究,不久就可进入创造性的研究。我的意见仅供诸位参考,如果有不妥当之处,还请大家批评、指正。

(邓明以、程美英记录)

(《学术月刊》,一九五八年第六期)

修辞研究要有发展变化的观点*

一九三二年以前，胡适的有些看法很流行。他认为"白话"的"白"仅仅是"明白"的"白"。但修辞现象有时需要明白地说述，有时又不必明白地说述，写说的目的不同，所用的手法也不同。这个问题胡适没法解释。胡适是否定修辞学的。我研究修辞，目的之一也是为了同胡适争辩。

一九三二年以前问世的修辞学又都是解说文言修辞现象的。当时读经存文的风气盛行，把古的一套东西看成天经地义，复古倾向很厉害。这同五四的革命精神背道而驰。我写《修辞学发凡》也是为了反对复古。

当时我研究修辞是涉及修辞学全部领域的，不仅讲辞格，还讲理论，讲了运用，又讲原理原则。我还阐明了修辞必须依据题旨和情境，因为形式是根据内容来的。我既把修辞提到原则高度来分析，同时还追溯修辞研究的历史，例如对辞格研究就是如此。我国古代究竟有没有修辞学，我国修辞学历史是否源远流长，《发凡》也作了一定的回答。

对《发凡》这本书要历史地看。当时由于时代的局限，往往找不到更合适的例，只能用书中那一些例，我为什么要写变化和统一这一章呢？目的是要说明有的修辞现象在过去已经消亡，有的修辞现象则刚刚产生，有的修辞现象当时认为蛮好，而现在看来又觉得一般。有些例子我举了出来，是为了用变化和统一的观点来批评和分析。修辞规律也是发展的，不能说谁的概括可以永久存在。这也是针对过去有些人把古代的东西看成天经地义而说的。

发展变化的观点对于修辞研究非常重要。在研究中必须找到一个会变的东西，要使这个东西与修辞有必然的联系，这个东西变了，修辞也就变了。文法研究也是如此，如"经济"这个词，过去是动词（例如"经世济民"），现在变成名词了。

---

* 本文系作者一九六一年三月十八日在复旦大学语言研究室的讲话。一九六二年十一月二十八日，作者在复旦大学语言研究室也作过一次与这次内容大体相似的讲话；本文整理时也吸收了这次讲话的大部分内容。题目为编者所加。——编者注

词类变了,根据什么变的呢?词类变是因为用法变了;用法变,所以词类也变,因此我们讲功能分类。同样道理,我们研究修辞也要抓住变化的东西。要注意两方面的变化,一是题旨情境,一是语言文字。这两个东西变,修辞也要变。我们可以根据题旨情境来随机应变,来应付种种复杂的现象。也就是说,要根据题旨情境来运用语言文字的各种可能性。研究学问既要找出不变的东西,否则就不能有规律;同时也要找出变的东西,这变的东西要与研究的对象有必然的联系。

一切科学研究都要从调查研究着手,要注意观点与材料的结合。但实践跟理论有关,没有观点就看不见事实,观点不同,也可以得出不同的结果来。理论不与实践结合起来就会变成无对象的理论、空洞的理论,反过来,盲目的实践就可能导致胡涂的结论。

讲究语文的运用,既可以是一个词一个词的选择,也可以是对各种组织的选择。当思想内容和表现形式发生矛盾时就要研究如何来调整它、解决它。应当研究是调整词、句,还是调整整个组织,才能表达恰当的意思。我认为对有些辞式采取排斥的态度是不对的,对于对偶辞式不必排斥,对于倒装和回文也同样不必排斥。采取何种表达形式是由内容上的需要决定。有人喜欢玩弄形式,为形式而形式,但真正好的文章却一定不是如此的。

对《发凡》一书,有的地方可以肯定,有的还应该发展。希望不断有新人出来研究修辞学。这几年谈文法的书多,谈修辞的书少,很寂寞。

(录自《陈望道修辞论集》,安徽教育出版社,一九八五年)

关于修辞学习与语文研究*

文法和修辞都同写作、阅读有关系。要提高阅读的能力,不看错人家的话;在写作时,想要不写错,必须学习文法修辞。研究文法修辞以后,就能看清条理,便容易透过字面理解本义。不研究文法修辞,不但自己受苦——看错或看不清人家说的话;也会让人家受苦——使人家看不懂或听不懂你的话。平时不学习文法修辞,到说话时便来不及学。平时学得好一点,如果词的使用和组织的排配出现了矛盾,便容易解决了。

对于修辞学的对象,我们要有个正确的认识。修辞应该恰当地表现当时的思想内容,如何恰当法就是一个问题;修辞学要运用所有的语文手段。有哪些手段?运用哪些材料?都要反复推敲。内容与形式的关系怎样?过去的修辞学对这些条项的具体情况和相互关系一直说不大清楚。如果自己搞不清楚,就很可能造成片面性,不能全面地科学地对待。

修辞现象很丰富。但它因方式的不同,语体不同,表达上要受到一定的限制。比如说,毛主席的诗词和散文的用词造句就不同。解放后数词用得很多,它大致可以分为积极修辞和消极修辞两种用法。修辞现象又很复杂。我们要能统括一切,以简驭繁,这要看两个方面:一方面看内容——题旨,另一个方面看情境——说话的情境,比如要适应严肃、欢乐和哀悼等各种情境。修辞要根据情境、题旨的变化而变化充分运用语言文字的各种可能性,以期运用得恰当。这讲起来很简单,做起来很不容易,要经常努力。

汉语文的特点如何?从修辞的角度看,语文走怎样的路才好?文风向哪个方向发展?向简便方面发展,还是向繁复方面发展?例如"他走出去时","在他走出去的时候",这两种讲法都可以运用,都很习惯,并不一定只能用后头这种讲

---

* 本文系作者一九六一年四月十八日同复旦大学中文系学生的谈话。题目为编者所加。——编者注

法。总之,我们的语言文字正向日益丰富、简便、精密、灵活的方向发展。

现在,文科科学发展到了一个新阶段,学术讨论比较活跃,许多问题都重新提出来讨论。语文方面要提出讨论的问题也很多。五四时期,提倡白话文,反对文言文,那时很有必要。因为不如此,新的东西便不能起来。现在是不是同五四时期完全一样?文言的词语、句式能不能用来作为修辞的材料?大家可以讨论。研究语言文字,也要破除迷信。科学的态度是实事求是。现在经过实验,证明吸收文言成分对丰富语言表达手段很有必要。当然这只是我的看法。类似的问题很多。文化科学在发展,语言文字的表达技巧也会跟着发展,科学研究要面对发展的事实,要适应实际的要求,破除成见,不断前进。

(录自《陈望道修辞论集》,安徽教育出版社,一九八五年)

谈谈修辞学的研究[*]

一　修辞学的对象

　　修辞学讲究语文的运用，讲究内容的表达；它是研究如何运用语文的各种材料，如何运用各种表现方法，恰当地表达出所要说的内容的一门学问。修辞学研究的对象——修辞现象，就是运用语文的各种材料、各种表现方法，表达说者所要表达的内容的现象。

　　修辞学是语文的综合利用，也是内容的具体表达。一个内容可以有几种具体表达方法，修辞所要研究的，就是这些具体的表达方法。它涉及的条项极其多，修辞学就是要研究这些条项的具体情况和相互关系。

　　这种复杂情况，我们可以从纵横两方面来说明。

　　先说纵的方面。不论讲话或写文章，如果要公开发表，大致可分为三个阶段：

　　第一，收集材料；

　　第二，剪裁配置（即把它们组织起来，决定取舍或补充）；

　　第三，写说发表。

　　这第三阶段，就是修辞现象所在的地方，它要考虑如何运用语文的各种材料，如何运用各种表现方法，把我们要说的意思说出来。

　　这三个阶段的条件是不同的。收集材料同我们的生活经验，同我们的社会科学知识、自然科学知识有很大的关系。剪裁配置同作者、说者的见解、识力、逻辑学的掌握程度有很大的关系。第三阶段则同作者、说者对语言文字了解得透不透，接受前人遗产接受得好不好，有很大的关系。第三阶段是建筑在第一、二阶段的基础上的。第一、二阶段是内容问题，第三阶段虽有形式问题，但实际上仍决定于内容。不论那个大修辞学家，如果没有参加收集材料和剪裁配置，对内

---

[*] 本文系作者一九六一年七月三十日在上海语文学会所作的学术讲演节录。——编者注

容不了解,是无论如何不能表达出所要表达的东西来的。

再说横的方面。修辞现象有很多种,可分成几种不同的境界。如法律的文字、宪法的文字、婚姻法的文字等称为记述的境界;诗歌等文艺形式表现方法较多,称为表现的境界;另外还有杂文之类是两种手法混合的,我们叫它糅合的境界。由于修辞手法不同,旧的文章可分为两大派:一叫清真派,不大用好看的字眼;一叫华丽派,讲究修饰,这是表现的境界。

修辞因为境界不同,修辞手法也不同。一种手法称消极手法,是抽象的、概括的手法,用得较为普遍;另一种手法称为积极手法,它是具体的、体验的、形象化的。例如:"现在我们应该屁股坐在中国的今天,一手向外国拿东西,一手向古代拿东西。"这是形象化的说法,如果按消极手法说,就应说成:"以中国的今天为主,批判地吸收古代和外国的东西。"积极手法比较生动、形象。

二 修 辞 的 研 究

毛主席非常重视文法、修辞,他曾在《中国农村的社会主义高潮》中的《合作社的政治工作》一文的按语中提出要我们讲究文法和修辞。

有人以为文法、修辞是外国来的洋货,其实我国研究修辞的历史极其长远,研究的方面也非常广泛,尤其是积极修辞,我个人学修辞也受了一些洋气,在发表的文章中可以看出。实际上我最早学修辞不是从洋人那里学的,而是跟老知识分子学的。我有两个母舅,一个母舅要我学《四书》《五经》,我六岁就开始读《大学》《中庸》《论语》。这个母舅是清真派,写文章写清楚了就算,他教我的是消极修辞。另一个母舅是华丽派,他喜欢吃酒,一吃酒积极修辞就来了。他同我讲"江""湖",要我摇头长吟,对我影响很深。我国旧知识分子向来很注意研究修辞,当然研究方法和现在不同,这是很自然的。我们也不能保证十年以后的研究方法和现在一样。不能因为研究方法不同就割断历史,把精华与糟粕一起抛掉。

科学的任务是研究规律。什么叫规律?天地间任何事物都有联系,规律是联系里面的一种,这种联系是必然的、本质的联系。所有现象都根据规律发展。规律有客观性质,不以人们意志为转移。你喜欢它是这样,不喜欢它也是这样;你晓得它是这样,不晓得它也是这样。我们可以认识规律,利用规律为社会造福,但不能改变和创造规律。科学家的任务就是发现规律,认识规律。修辞学的任务就是探求修辞现象的规律,缩小所谓"只可意会,不可言传"的境地。过去有一个人说某首词好,我问他好在那里,这位老先生是专讲究读的,他说有几种读法,那里该重读,那里该轻读。再问他,他还是叫你读。他认为可以意会,不可以言传,只能以心传心。我们则主张科学,凡是可以意会的一定可以言传。研究修辞,就是要缩小和消灭"可以意会,不可言传"的境域。

我们党号召调查研究,调查研究清楚了,就一定能"意会"和"言传"。例如:

1) 中国人喜欢讲数词,如"有把握"我们说成"心中有数"或"胸中有数"。解放以来,运用数字很多,我们随便一想,就可以想出许多。如"一穷二白""一大二公""三结合""四固定""三级所有""百家争鸣""两点论""抓两头"等等。这种数词大致可分为两种用法:① 消极修辞,把"一"当一用,把"二"当二用。② 积极修辞,把"百"不止当百用,"千"不止当千用。如"百花齐放""人民公社万岁""万水千山"等。古人常用三、九等数字,"三思而行"就是多思而行;"九死不悔"也不是可以死九次,而是无论怎样牺牲都不怕。李白诗句"白发三千丈",使人家一看,就感到夸张有力。毛主席非常喜欢用数词,如"一穷二白"就是运用修辞,现在产生了同样的手法,如"一大二公""一清二楚""一干二净"等。毛主席是修辞大师,对修辞很有创造,许多东西到了他手中就有了很大的变化。如"东风压倒西风",原来是《红楼梦》中林黛玉讲的,毛主席借用来,把它一变,用以说明国际阶级力量的对比,现在全世界都知道了。

2) 有些现象比较复杂,还要用别的手法。如"千真万确"就是把"千万"同"真确"解剖开来用。"精打细算"也是一样,不能照字面去考虑如何"精打",而是把"精细"和"打算"岔开来了。

3) 有些修辞现象不能照字面讲,照字面讲是讲不通的。如上海话"阿木林"乃是把"森"字拆开,等于冯玉祥称自己的诗为丘八诗,丘八即兵的意思。过去修辞手法中古怪现象较多,有些招牌再三考据也考据不出。有时因变化太多,令人不知其所以然。但也可以变化得很巧妙。如《阿Q正传》里"而立"二字,不能照字面解,这是运用了《论语》里"三十而立",意思是说三十岁。把要讲的话藏起来,把不要讲的话露出来。总之,修辞要根据各种情境和条件,运用得适当,就可以避免毛主席所讲的不生动、不形象的毛病。毛主席善于把抽象的东西形象化,如"矛盾是对立的统一",就很形象,这也是比喻。毛主席在《抗日战争胜利后的时局和我们的方针》一文中用了许多比喻,如把胜利果实比为桃子等,非常形象而有力。《毛选》四卷中比喻很多。又如"农业八字宪法",这"八字宪法"就很好。修辞手法用得恰当,可以超过平常讲的意思,收到更大、更有力的效果。

三　修辞研究和语文的阅读、写作的关系

研究修辞，可以提高阅读能力，正确、清楚地理解意思。如"吃龙井""吃六安"，指的是吃龙井、六安出产的茶叶。同样，如读书常说"读荀子""读孟子"。研究修辞可以提高阅读能力、写作能力，使阅读更能切实掌握内容，写作更能正确表达内容，而语文经过不断地磨练，亦将不断增进切实表达内容的能力，日益臻于精密完美。

解放以来，大家非常注意修辞，在紧要关头，往往为了一个字讨论很多时候，再三再四地改。如人代会文件起草时，曾经对于用"发愤图强"还是用"发奋图强"经过了反复的讨论。现在这种风气慢慢扩大，这是很好的现象。

要注意内容，也要注意内容的正确表达，要真正做到内容决定形式，实现内容与形式的统一。修辞现象是极为复杂的，有时改动一字，就出入很大。但有时增减一句，与原则亦无大出入。

总之，研究修辞能更加明了修辞的规律，更好地从修辞性上去了解修辞现象和运用修辞手法。研究修辞要根据当时当地的许多条件和背景，还要考虑到听话人和第三者的情况。学修辞的人，不破除迷信，一定学不好。别人讲光阴如箭，日月如梭，我们也同样这样说，一点新气味也没有，就没有效果。学修辞应该多去掉一些框框。

四　修辞研究和语文研究的关系

假使我们能够对修辞现象进行细致的分析，对一切修辞问题或重大修辞问题能够深入研究，将会对语文研究起一些有益的促进作用。例如五四以后反对文言文，提倡白话文，那时主张以白话文为日常使用的书面语，是十分正确的。但是不是因此就可以机械地推论白话和文言之间有不可逾越的鸿沟，应该不问是否需要，一概不采用文言文的词、文言文的组织呢？是不是"在中国共产党的领导之下"的"之下"一定要说作"的下面"呢？《光明日报》一九六一年四月六日的一则标题是"欢迎来自世界各地的朋友们"中的"来自"是文言，如果改为"欢迎从世界各地来的朋友们"，则没有原来的有力。"鼓足干劲，力争上游"是不是因为有些文言风味就不精彩？是不是它倒使词句有一种格言味？

有些人强调习惯，把习惯看得高于一切，这是不对的。如有的学者把"然后"一词归到文言虚字范围里去，认为只有文言才用，说这是《孟子》里的用法。其

实,毛主席的《改造我们的学习》一文中早已用过了。他说:"任何一个部门的工作,都必须先有情况的了解,然后才会有好的处理。"在农村工作条例十八条里,也用了"然后":"生产大队根据国家计划任务和各生产大队实际情况对各生产队提出初步要求,然后由各生产队发动社员充分讨论……然后由大队把各生产队的生产计划和大队的生产计划加以综合……"如果这个条例讨论试行了,全国五亿农民将要运用这一条,"然后"这个词就流行了。所以,习惯固应注意,但如果修辞上有需要,可以改变习惯,习惯不是天经地义的。

我们现在正处在一个不平凡的时代,新事物、新工作、新思想、新生活层出不穷。语文的表达能力,应该同这个日新月异的伟大时代相适应。一定要充分表达这个时代的一切。有些词语需要新创,如"人民公社""生产大队""生产队""科学会堂""人民大会堂"等等;有些词语可以照旧,如"修辞""文法";有些词语可以采用方言,如"茬口""相"(照相的相);有些可以吸收外来语,如"逻辑""幽默"等。

从修辞上看,也有一些不好的例子。如"上海邮局"为什么一定要叫"邮电部上海邮局"呢?复旦大学为什么不叫"教育部复旦大学"?有些牌子上的字实在太多,从上面一直写到下面,叫人家怎么记得住?有的人写机关名称,属于上海市的就套上一个上海市,上海市上面再套,那就不必要了。

加强修辞学的研究,实在很有必要。为了使表达更加精密,更加完美,语文组织亦应按照语文规律,逐渐加以改进。不止停留在书面上,还要进而推广到口头上去。这就是我们在语文方面发挥主观能动性的所在,也是语文工作者义不容辞的责任。

五　开展修辞学研究

目前国内外形势很好,科学研究、学术讨论有了很大的进展,文风也在不断改变。许多过去很难在现代语文中找到的实例,现在很容易找。如"回文"(即指来回可以读通的)过去很难找,现在在马列主义著作中也可找到。如《列宁全集》三十一卷一○四页有"人人为我,我为人人"。这就是"回文"。又如"双关",过去我们到《乐府诗集》去找,现在歌剧《刘三姐》中就有很好的双关例子。如"妹相思"一段:"妹有真心哥也知,蜘蛛结网三江口,水冲不断是真丝。""丝"和"思"是双关。"哥相思":"哥有真心妹也知,十字街头买莲藕,节节空心都是丝。""怜"和"莲"也是双关。还有"顶真"(就是上面的文字把下面的文字接起来),如"猪多肥多,肥多粮多,粮多猪多",就很好。

怎样研究修辞学？要调查研究。毛主席说："没有调查就没有发言权。"要一点一滴地去做，要在平时注意留心，发现问题。

修辞学是介乎语言学与文学之间的一门学科，要研究它，需要作许多准备：

1. 要学马列主义，学毛主席的著作，这是做一切工作的基础。

2. 要学学美学。我过去学美学走了一点弯路，给美学下了一个定义，说美学就是丑学，丑学就是美学。过去美学研究心理，我又去学了心理学。

3. 要学学文艺理论。

4. 要学学逻辑。干文科的人，顶好学点逻辑。研究修辞的人特别要学学逻辑。有许多问题，不学逻辑就发现不了。如读古书时可以发现"世有伯乐，然后有千里马，千里马常有，而伯乐不常有"，这句话，逻辑上有些问题。有伯乐才有千里马，没有伯乐呢，应该没有千里马；下面再说千里马常有而伯乐不常有，这里就有问题。学逻辑是很麻烦的，但非学不可。

5. 要学学修辞学方面的基础知识。有了初步概念再去调查研究，就可更清楚些。

解放前我讲修辞很受青年欢迎。从小教室搬到大教室，听的人很多。那时讲修辞是战斗，利用积极修辞手法嘻笑怒骂，骂得敌人没有办法，这样很痛快。今天我们要歌颂，不能再"嘻笑怒骂"了。毛主席讲过，过去那一套用不着了，但新的一套还未学起来。今天我们要宣传党的方针政策，宣传马列主义，宣传毛泽东思想。在这种情况下，如何讲修辞，是新问题。最近我讲了两次修辞，觉得没有过去那样有力。过去一上讲台，兴趣就来了，见到什么骂什么，如讲读经，就以经书来骂。现在情况不同，是另外一个局面了。但这些问题也容易解决。最近我听了很多人的讲演，周总理、陈毅副总理报告中的修辞，就很令人钦佩。修辞手段在他们的许多报告中运用得十分出色。其原因、其规律何在，希望大家研究。

（邓明以、宗廷虎整理）

（录自《陈望道修辞论集》，安徽教育出版社，一九八五年）

《修辞学发凡》的写作与修辞的研究*

今天主要讲两个问题：写作《修辞学发凡》的情况；研究修辞要注意些什么。

我研究修辞是在五四以后。五四以后，许多大学生不会做文章，我写了本书谈怎么作文。后来觉得太浅，想再写一本。在复旦教书时，我就开了修辞学这门课。《发凡》是在十几年后才写成的。十几年中社会上出版了不少修辞学方面的书籍。这些书有的是解释古文里具体的话的；有点干脆连解释也不解释。我认为这样不好，与五四文学革命的精神相违背。文学革命嘛，就是要革命，修辞方面亦应如此。修辞是对语言的批评，与文艺批评的性质相近。可以把这方面的知识运用到写作上去。

研究修辞后发现了许多法则。我根据现实主义的文艺理论来反对古典主义、复古主义。但我亦研究最古的格式，研究我国古老的悠久的传统，有时就用《诗经》的例子。一九三一年秋，复旦复古思想严重，学校被C.C.分子霸占，我被赶了出来。出了复旦，我就整理出版了《发凡》。我也把《红楼梦》《镜花缘》中骂复古的例子用上了。《发凡》包括两部分：一是反复古的，是针对存文、读经而言的；一是原理原则，也用来反复古。金代王若虚是批评古文的，我就用他的话来打古文，效果很好。消极修辞中就有许多说古文不通的例。刘大白的那篇序言赞扬了我。那时我是有所谓"色彩"的，常有人给我戴帽子。刘大白把复古的修辞学骂了一顿。他的这篇序有"保镖"的性质。现在研究《发凡》，分析《发凡》，要结合当时的背景，要历史主义地看。

研究修辞学，倾向很重要。它是对语文的评议，如果标准不对，就会得到相反的效果。我是经常和刘复看法不一致的。刘复挖苦新文学，因为新文学常把"马克思说"放在引文的后面。他挖苦讲，为什么不把"子曰，学而时习之，不亦乐

---

* 本文系作者一九六一年十一月七日在复旦大学语言研究室的讲话。题目为编者所加。——编者注

乎"的"子曰"放在后面。我说他没有到"大世界"去听说书。说书时句式变化很多,两句句子常常互相颠倒。评判一件事,要有标准。我们不能以古人为标准,要有更高的标准。我当时研究了美学,研究什么是美,什么是丑;也研究了文艺理论,研究应该如何写实。如普罗文学主张一定要把"妈的"放进文学中,才算普罗文学,这固然不一定妥当;但放了进去也没啥不好。研究了各种问题后,评价就有了标准了。"不能以古为准",是肯定了。但究竟以什么为准呢?那时已有许多人在偷偷学习马克思主义。我也在努力学,想寻找标准。我们要有自己的标准。找到原则,找到标准是不容易的。研究修辞要用发展的观点看问题,单看古代有没有,是不对的。古文是适应不了社会日新月异的发展的。不弄清这一问题,就要开倒车。古代用"光阴似箭"来比喻快,现代则可以用别的话来说明快。过去形容"高"总爱用泰山比,现在为什么不可以用珠穆朗玛峰比呢?总之,找到了原则,有了发展的观点,批判语文就有方向了。

学修辞要多看一些文艺作品。要学文艺理论,要学美学,也要懂得哲学。在这些方面都要作一些准备。要看一些古书,也可看看《聊斋志异》《三国演义》和其他古典小说,也可看看其他古文。古文是有一定格调的,不懂古文,写出的文章一看就知道。毛主席是精通古文的,从他的文章中可以看出。当然,古书亦不必看得过多,要以看现代书为主。

我们要研究风格。"风格"很难讲。《发凡》对这个问题探讨得还不深,希望大家研究。

近来有人专讲辞格,这不好。做学问要全面研究规律,要多搞些法则出来。眼光要放远一些。许多条件、关系要搞清楚,也要讲究原理原则。原理原则要解决具体问题,如不讲实例,就变成空洞了。我们平时要做有心人,要留心当前重大问题的讨论。如讨论宪法时为什么要改动几个字,要注意。开人代会时,对于用"发愤图强"还是"发奋图强",争论了很久。这些具体问题的讨论,我们要关心。修辞上的法则就是从具体问题中抽出来的,它不会凌空产生。又如,党成立初期,用译音的词很多,现在就用得少了,这是方向。过去,"莫斯科"三字旁边都有"口"字,"咖啡"两字亦有"口",表示音译。有一时期,译音词很多。化学上的许多名词非译音不可,其他的都可转向意译。如"康拜因",现在都改称"联合收割机"了。能够意译的要尽量意译,这是原则。我们要考察这些语文现象,研究原则的形成和发展。再如,毛主席说过,要以现代语言为主,适当吸收古代语言,必要时吸收外国语言。修辞学中本来有一条"纯洁"的原则,我在《发凡》中没有讲,改称"平匀"。所谓"纯洁",就是指要使用本国语言而言,因为只有使用本国语言,语言才能"纯洁"。我们还要注意群众语言中的新东西。生活中有些称呼经常变。如过去称"打稻",现在叫"脱粒"了。事物是发展的,现有的不一定都好。"摩登"一词,现在不大用了。但有些词,没有必要也不必改动。"火车"这个称呼并不好,但既然大家已经习惯,就不必改了。有的可改,有的不必改,要区别对待。研究修辞要注意方向,单单拥有很多材料是不够的。必要的材料要收集,不必要的就不要收集了。力量不要分散,要注意与方向有关的问题。

研究修辞比研究文法要复杂一些。我在文法方面的许多看法是和研究修辞有关的。文法研究要和修辞研究结合起来。我们要研究如何使格式丰富、正确。有一时期,不重视文言文,毛主席用了"皮之不存,毛将焉附",说明文言词语也能用得生动、有力。解放以来,常常打破文言、白话的界限。我们可以研究表现一个思想到底有多少格式,这是从修辞观点来看的。我曾经买了多种版本的《红楼梦》,想研究哪个版本用语好。你们将来可以分工研究,有人搞《水浒》,有人搞《红楼梦》,有人搞其他作品。要总结归纳一些法则来,便于运用。将来还可以用修辞的观点评判文法的格式,不要使文法老是那么枯燥。另外,搞语言学概论的也可以研究布达可夫的《语言学概论》,它很有文学风味。我认为研究语言学不要限制在语言学的框框里,可带些文学风味,使它既有科学性,又有文学色彩,这样就丰富了。是否这样,请你们讨论。

(录自《陈望道全集》第一卷,浙江大学出版社,二〇一一年)

修辞的变动性与文法的稳定性*

文法的稳定性较大,而修辞的变动性大。文法不能随便变动,变了就容易造成语句不通。而修辞则必须经常变化和发展。易变,是修辞的重要特点之一。为什么这样说呢?因为修辞学是介于语言学和文学之间的一门学科,修辞现象具有艺术现象的某些特点。艺术现象的特点是:第一,太生疏的东西,大家不感兴趣,要有一定程度的熟悉,才能使人感到美;第二,要有一定的新意,才能使人有新鲜感。因此,文学作品中句子的形式往往要变更,不能老一套。修辞如果老是没有变化,会令人觉得没意思。修辞不像文法那样,修辞变化大,不仅必要,而且可能。就以解放后为例,修辞上的变化是很大的。解放前的公文,充满了"等因奉此"等用语,出布告,总有"此布"之类的话。现在的公文,这样的格式都没有了,文体也有变化。苏联的风格学著作中也论述到这一问题,他们也有许多变化格式的例。我们现在常用的"培养青年学生"的"培养"一词,原来是农业上的,"树立"也是这样。现在是工业字眼多起来了。要使词汇丰富,既要从别的战线吸收,也要吸收古代的成分。同时还要吸收外国的成分。修辞的国际界限很少。所以有两个特点,变动性、国际性。就这一点来说,除了与文字的音、形有关的不能借用外(如把"丘八"译成兵),其余都能借用。如"读毛泽东""读马克思",大家都能懂。在这方面是有国际性的。由于工农业和科学文化的迅速发展,过去的许多词汇不够用了,要多从别处借用。

我们平时常说要有修辞的观点,这是什么意思呢?就是要多从修辞的特点上进行考察。文法与修辞关系密切,如果从修辞的观点来看有关文法的许多论争,就会发现其中有些问题属于文法范围,有些问题则属于修辞范围。修辞是语文的综合运用,你要用语文来表达思想,总离不开修辞。过去我收集了《红楼梦》的许多不同版本,从修辞的观点来看它们的不同,可以看出修辞能使语文的作用

---

* 本文系作者一九六一年十一月十六日在复旦大学语言研究室的讲话。题目为编者所加。——编者注

增大。研究《红楼梦》,可以分别研究《红楼梦》的文法,《红楼梦》的修辞。文法与修辞,研究时可以分开,运用时必须综合。科学研究常常需要把同类的东西放在一起比较分析,在不变化其他因素的情况下,变化某一种因素,对这一种因素进行深入的考察、研究。我研究语文是讲趋势、讲方向的。我们不能为修辞而修辞,当然也不能为文法而文法。要有一定的要求。可以分别研究各种具体问题,但这些都是手段,总的目的是为了使语文更加精密。

(录自《陈望道全集》,浙江大学出版社,二〇一一年)

修辞学中的几个问题*

一　修辞学研究什么

修辞学研究用各种手段、各种表现方法来表达所要说的思想。一切事物都有内容和形式两个方面，内容决定形式，形式总是为内容服务的。写文章要研究如何更好地表达，也就有了修辞的问题。作报告也是如此，报告人事先要了解听报告的对象，听报告的人提出的问题，然后再研究用什么方法、用何种手段表达出来。这要考虑到各种复杂的情况：有些什么人听，什么时候讲，针对什么问题讲，不能简单化。听的人不同，讲的材料不同，讲的方法也就不同。要讲得好，必须适合各种复杂的情况。过去写文章讲究"六何"，我认为"六何"还不够。修辞手法有时利用文字的形体，有时利用声音的变化，此外还可以运用其他种种手法。

为什么要研究修辞？

第一，研究修辞可以正确理解人家的说话。

过去修辞学研究不发达，碰到一些修辞现象不免有所误解。例如五四的时候，胡适等人解释"双关"就曾解错了。如：

　　杨柳青青江水平，
　　闻郎江上唱歌声。
　　东边日出西边雨，
　　道是无晴还有晴。（一作情）

胡适说如果当作晴雨的"晴"就错了，应该当作"情"。其实解作"晴"或是解作"情"都是"单关"，而这里是"双关"，必须解作"晴"也解作"情"。《阿Q正传》中

---

* 本文系作者一九六二年一月四日在华东师范大学所作的学术讲演节录。——编者注

的"而立之年"即指三十岁,因为《论语》中有"三十而立"的说法,这就是修辞。研究修辞,就能正确理解文章的意思。要懂修辞,还必须进行调查。解放以来,数字用得很多。"九三学社"的"九三"是什么意思? 我经过调查才知道,是指一九四五年九月三日,抗战胜利纪念日。

  研究修辞还要懂得逻辑,懂得逻辑能帮助我们发现错误。我过去对同学说,看流畅的文章时要特别注意,因为容易混过去;看疙里疙瘩的文章倒可放心。有些文章逻辑上有问题。如"世有伯乐,然后有千里马,千里马常有,而伯乐不常有"。这句话逻辑上说不过去。世上有伯乐才有千里马,没有伯乐则应没有千里马。而却说成"千里马常有,伯乐不常有",这里的概念是调换了。"甲是乙",调成"乙是甲",就不成。"陈望道是浙江人",不能说成"浙江人是陈望道"。有时能调,有时不能调。学修辞的人就要抓住具体的话来分析。"吃龙井""吃绍兴"并非真的吃这些地方,修辞学告诉你这是"借代"。研究修辞即要寻根究底,学会分析各种现象。

  第二,可以正确评论。

  过去有人批评重复时说排句不必要,这到底对不对? 如《人民日报》元旦社论《新年献词》中说:"毛泽东同志经常告诉我们,看问题要经过调查研究,要抓住事物的本质,而不要为一时的表面现象所迷惑。乌云遮日终究是暂时的现象。经过调查研究,世界上的确还存在着帝国主义;经过调查研究,世界上的确还存在着资本主义;经过调查研究,世界上的确还存在着被压迫民族和被压迫人民。总之,经过调查研究,世界上的确还存在着……矛盾,所有这些矛盾,都是不可调和的。"这篇文章是在教训人,因为修正主义不认识这些矛盾,不承认这些矛盾。如果不用这几个"经过调查研究"的排句,而只用一个"经过调查研究",那就没有这么有力了。过去对文章的繁简很有论争,有人觉得文章越简单越好,最近《人民日报》《文汇报》上还有人这样主张。我认为要看具体情况,有时候是"简"好,但有时却是"繁"好。要调查研究,不能一笔勾掉。例如贴标语,一条标语有一条标语的作用,如光强调简单,贴一条标语就算了。

  学修辞一定要看全面,批评起来才会正确。要学一点美学,学一点文艺理论。过去的标准是古来有的就好,如"光阴如箭,日月如梭",好得很! 但时代不同了,现在为什么不能讲"如飞弹"? 显然"飞弹"比"箭"快得多。过去形容高大,一定用泰山来比,现在我们知道,珠穆朗玛峰比泰山高多了。古典主义者总认为古来有的就好。研究美学的人认为对称即美,有的学校造房子,这里造一幢,那里也一定要造一幢。果真要这样的话,写文章就都要用四六对句了。对称一定好吗?句子能对的要对,不能对的就不必对,对句也不一定好。我们要有革新的眼光,过去讲好的东西不见得好;过去讲不好的也不一定不好。这就要有新的标准。要研究文艺理论、哲学、美学。美学上有一条:多样而又统一(不是多样加统一)。这里有模仿与创造的问题,有革新与继承的问题。因此要有标准,不能拿外国有的、古代有的来做挡箭牌。

第三,可以正确运用语言文字。

这比上两点难得多,能正确理解、正确评价,不见得能正确运用。研究修辞能帮助我们运用。

二 如何建立体系,继承传统;《修辞学发凡》是怎样写的

研究学问,建立体系要一点一滴地做,但要尽量注意全面。要从全局中想问题,但又要从一个一个问题出发,从实际出发。解决问题时尽量要有全局观点,要注意到其他问题。有人孤立地讲简单,不同材料联系起来,这是不对的。做学问要一步一步来。我也是半路出家的。我国研究修辞是有传统的,许多老先生都讲究修辞。五四文学革命提出打倒孔家店,主张用新文学代替旧文学,用新道德代替旧道德。许多学生不会写文章,问我文章怎么做,许多翻译文章翻得很生硬,于是逼着我研究修辞。我是从调查修辞格入手的,调查每一格最早的形式是什么。格前面的"说明"不知修改了多少次,就这样搞了十几年。

如何建立体系。我认为不要为体系而体系,空洞地从体系出发来建立体系,应该碰到什么问题就进行调查研究,研究问题的时候,尽可能用全局观点。材料调查全了,这些材料用全局观点研究过了,综合起来自然成为体系。这就是说,从实际出发,切切实实地研究问题,解决问题,自然会构成体系。

有位同志问,修辞学与词章学、风格学关系如何?张志公写过一篇关于词章学、修辞学、风格学的文章,提出了这个问题。词章学过去讲诗辞歌赋。毛主席以前说过要研究词章学,后来在《中国农村的社会主义高潮》的按语里又提出要讲究"修辞"。张志公说,词章学是总名称,下面再包括修辞学。他主张:以词章学来统括修辞学和风格学,它们的关系如图一。照我看,词章学就是修辞学。我认为修辞学可以包括风格学,而词章学这一名称可以不用。如图二。

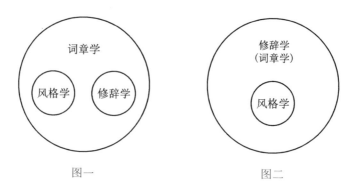

图一　　　　　图二

过去收集修辞的例子很费力,到处找找不到;现在则不同,报章杂志俯拾皆是。例如"回文"有"人炼钢,钢炼人",顶真有"猪多肥多,肥多粮多,粮多猪多"等等。搞修辞可以分工,各人研究一些重点,各有所长。但要从实际出发,这与建立体系有关。

修辞学有没有阶级性?我在《修辞学发凡》中没有提到阶级性,现在也不预备讲。不是漏掉,而是故意不讲。修辞学上的许多手法,我们可以用,帝国主义也在用。他们利用它来搞我们,我们利用它来搞他们。譬如一把刀,拿在革命党手里,可以杀反动派;拿在反动派手里,也可以杀革命党。我们学修辞一定要学政治,学马列主义,但不要从修辞中去强调阶级性。

关于文与道的争论,有些人各执一端,辩不起来,其实,为了社会主义革命、社会主义建设,任何一门科学,都要尽其用。有些重文的人不敢讲重文,这没有必要。为什么一定要讲许多重道的话,把语文课变成政治课?五四时期我曾把国文课教成政治课,教成文化革命课,因为那时有必要,现在就不同了。我认为在学术上是什么,即应该讲什么。

如何继承传统?胡适主张全盘西化,一味学外国,甚至主张中国话也不必说了,用世界语说话。也有人要我们专学古人。这些都是极端错误的。中央有位同志说得好:"屁股要坐在中国的今天,一手向古人拿东西,一手向外国人拿东西。"这比前几年讲的"厚今薄古"更明确些。

怎样继承?要革新地继承。专讲继承,要变成复古。我写《修辞学发凡》的时候,正是复古、读经搞得最厉害的时候。有人主张取消白话文,我们商量了一下,决定以攻为守,我们自己攻击白话文,说它不够"白",提倡"大众语",于是他们就来保护白话文了。在《修辞学发凡》里,我从《红楼梦》《镜花缘》等书中找了许多骂古文、挖苦古文的例子,目的是反对复古。这一部分请结合当时的斗争来看。总之,研究学术要站稳立场,要有国际主义、爱国主义,要好好学习马列主义、毛泽东思想。

三 现在存在什么问题

这几年大家对修辞学研究得少了些,希望大家努力。

我过去是做教员的,做过小学教员、中学教员、大学教员。我从学生卷子中开始研究,看他们那些地方不懂,什么地方容易错。先研究"呢""吗"的不同用法,后来从改学生试卷中找规律,找出规律后,学生就懂了。诸位也可注意学生什么地方对,什么地方错,这样研究很有成效。这几年许多问题没人研究,要加强。为了教育,应加强研究;为了时代,更应加强研究。现在的时代是工业、农业、科学文化事业大发展的时代,工农业发展了,语言研究不发展怎么行?现在的语言和五四时代已是相差很远很远的了,那时有许多人不会做文章,只知道"甲是乙"的格式,老是讲"花是红的"。现在不同了。但现在有许多语言现象,开始用时不大自然,不过后来也就习惯了。如"意味着"开始觉得用不惯,后来则觉得蛮好。"致以热烈的欢迎"等话,从古文看,都不大好;"派生"一词,是从日本来的,我本来也觉得别扭,而今都习惯了。现在出现了许多非常好的修辞新例,如歌剧《刘三祖》中有许多"双关"。譬喻则更多了,如"不怕鬼""不戴帽子""不打棍子""不抓辫子"等等,都很生动。

总之,研究不够是修辞学存在的最大问题。

另外,刚才有人讲起风格。《修辞学发凡》中没有深入地谈到风格。因为那时我被反动派借了各种名义从学校里赶了出来,不能不很快地出版这本书,来不及再进一步研究风格。到底怎样研究风格,大家可以考虑考虑。现在的公文和过去有很大不同,过去的公文讲"等因奉此",现在没有了。过去的小说常用"却说"开头,现在也不用了。关于风格的问题还研究得很不够,我认为可以大大努力一下。

(宗廷虎整理)

(录自《陈望道修辞论集》,安徽教育出版社,一九八五年)

解答有关修辞的几个问题*

要了解《修辞学发凡》,可以看看一九三二年以前出版的修辞学和作文法等书,把《发凡》同它们进行比较。也可以看看文学史,了解一九三二年以前的政治形势。这样,就可以晓得写这本书的背景。那时有人提倡复古、存文、读经,说古文可以修辞,白话不能修辞。《发凡》是参加了当时战斗的。我那时写这本书是有目的的。我力图用马克思主义的辩证唯物主义观点来解决修辞上的问题。当然,书中没有明确提到马克思主义,因为提到马克思主义是有杀头危险的。我们今天要用历史主义的观点来看这本书。

《发凡》写作时的形势是这样的:二十年代末到三十年代初期,我担任复旦大学中文系主任。当时的反动统治者对进步力量镇压得很厉害,C.C派也拼命鼓吹复古。我利用上修辞学课的机会,在课堂上巧妙地骂他们,听的人很多,开始在小教室讲,后来改在大教室,很受欢迎。我在讲台上嬉笑怒骂,他们也抓不住把柄。金代王若虚的《滹南遗老集》中有不少地方是批评古文的,但这本书历来不受重视。我把它抬得很高,引了书中不少批评经书,批评唐宋八大家的话,用古人打古人的方法,来反对复古。

当时有个人叫胡怀琛,写过一些修辞书,但宣扬只有文言文才能修辞,白话文不能修辞。他的哥哥当时是国民党当局抓文化的。《发凡》中对柳宗元《柳州山水近治可游者记》的分析,就是批评胡怀琛的看法的。胡怀琛在文章中将墨子说成是印度人,茅盾著文批评他,他气势汹汹地责问茅盾,要茅盾登报道歉。我用晓风的笔名,在《申报·自由谈》上写文章批评胡怀琛,用的就是柳宗元这篇文章的例子,胡怀琛把它分析错了。

那时的修辞学界讲修辞一定要讲文言文,一定要讲修饰,讲雕琢,不问内

---

* 本文系作者一九六二年十一月十九日在复旦大学语言研究室解答有关修辞学的几个问题的讲话。标题为整理者所加。发表时未经陈望道先生本人审阅。——编者注

容。我不提"修饰",而讲"调整"。其实调整也是修饰。只不过是离不开内容的修饰。为了与一般所说的修饰相区别,我才提调整。调整有两种:一种是积极的调整,如"百花齐放"的"百"和数字上的一百不同;"一天骂三场,二天打八顿"的"三""八"和科学上的一是一、二是二也必须区别开来。这种随情境而变的用法是调整。另一种是消极用法的调整,但也是调整。这两类不能混淆。消极是对积极而言的。有人觉得"消极"两字不好。名称要改也可以。我也曾考虑过用别的名称,但未想出更好的。必须用两个对立的词才行,一定要体现出对立的。

总之,写这本书是想用马克思主义观点来分析修辞现象,当时马克思主义的书介绍进来的很少,把马克思主义观点运用到学术上是要花时间的。

我写《发凡》的"本钱":一是学过一些外国修辞书;二是小时候读过四书五经,受老师的影响很大。我的老师是秀才,专写清真文章,文笔简练;我的母舅也是秀才,爱写华丽文章,讲究语言的形体、声调美。同时因为我学过马克思主义,就用内容决定形式的原理向形式主义进攻。我还学过心理学、美学、逻辑学、哲学等,这些学问都对我帮助很大。《发凡》中的"观念"一词等于"概念"的意思,在心理学上,这两个词是通用的。它们有时严格区分,有时又可以不分。将来也可以改一改。

我过去是学物理的,后来学政治法律,是法学士。那时有人说中国语文没有规则,比外国文低一等,为了出一口气,我就研究修辞和文法。

《发凡》的写作非一人之功。邵力子是个热心的读者,我写好一篇,他就看一篇,刘大白对我的帮助更大,他贡献了许多奇怪的、不易找到的材料,如回文等。还有几个学生也很热心,过几天就给我一些例句。这本书出版后有一定的影响,巴金前几天还对我说:"你这本书在当时是有创造性的。"

叶圣陶曾经称赞过《发凡》中的"修辞对写说的缘分最浅"这句话,认为很精当,也很实事求是,不象有些人一味吹嘘自己的东西。其实,修辞与阅读欣赏的关系最大,对写说的作用则次之,修辞学家的修辞不一定好,因为写说是要适应题旨情境的,只有适应当时的题旨情境的修辞,才是好的修辞。

修辞是变的,但我们要找出它不变的东西。古时以泰山言高,现在知道珠穆朗玛峰比泰山高得多,现在用比喻,就应该改变。它的不变的东西是规律,是修辞要依据题旨和情境。要找出它不变的东西——规律;也要找出它变的东西——说明规律的内容。

研究修辞要同时代联系，才有力量。好的形式能很好地为时代的内容服务。解放以来，特别重视修辞。我们的党很希望拥有一批修辞学家。人代会上，对"发愤图强""奋发图强"还是"发奋图强"讨论了好久，最后还是用了后者。我对此也发了言。有些社论、文章，一稿要写七八遍，这不是简单的文字问题，也是讲究修辞，使文章表达思想更准确，使读者更能明白理解。党为什么重视修辞、提倡修辞？这是因为我们党重视宣传工作。

　　讲修辞不能只讲辞格，也要讲理论。现在有人不问理论，光谈辞格，而且不和内容联系起来，这是古代的老路，不是新路。

　　学修辞的目的一方面是总结人家的修辞，一方面是为了运用修辞。

　　修辞是在材料配置定妥之后，才产生修辞过程的，不能把概念扩大。

　　修辞是格局无定的，我反对呆板的格局。有人主张讲格局，讲出那几种开头结尾好，也是可以的，但不能概括无余。

　　有人讲积极修辞就只讲变态、破格。好像只有变态、破格才好，绝对的好。这是错误的。为了适应题旨情境而超常越格才好。不能为形式而形式。有的也有玩弄形式的，但文章的目的不在此。

　　文风问题、风格问题可以搞。学术问题只要材料丰富，观点正确，总是可以找出规律来的。

（宗廷虎整理）

（《修辞学研究》第二辑，中国修辞学会华东分会编，安徽教育出版社，一九八三年）

在复旦大学纪念《修辞学发凡》出版三十周年座谈会上的讲话*

今天复旦大学召开纪念《修辞学发凡》出版三十周年座谈会,我很高兴。这是因为,《发凡》与复旦大学的关系特别深。《发凡》中提到的许多人,如刘大白、邵力子等人,当时是复旦的先生;我的小弟弟陈致道等,当时是复旦的学生,他们都为《发凡》出过力。例如《发凡》的修改就有他们的贡献在内。就以"引用"格的定义来说,经过大家的帮助、修改以后,就比较全面。《发凡》最近一版的修改,也与复旦的先生和学生的贡献分不开。同时,我小时候的老师,我的舅舅,对我搞修辞都有影响。我的老师是消极修辞专家,我的舅舅是积极修辞专家,他们对我国古代的修辞研究很熟悉,我受他们的启发,向古人讨教的地方很多。但我也看到了他们研究的弱点,所以批判复古时我有有利条件。以上这些都说明,《发凡》不是我一个人的,它的成绩是依靠大家的力量得来的。

写作《发凡》时,我曾努力想运用马克思主义思想作指导。我接受马克思主义是在五四之前,那时学习辩证法的条件不如今天,还有人反对形式逻辑的辩证法,否定形式逻辑的辩证法,而我是肯定的。当时对马克思主义的学习虽不很彻底,不过我的得益还是在这方面。五四以后,"古今派"与"中外派"不能合在一起,而《发凡》却将二者合在一起了,其中得到马克思主义的帮助较多。因此,如果说这本书还有一些可取的地方,则是运用了马克思主义观点的缘故。

希望这个会能对语言学研究,修辞学研究有些帮助。前不久我在《发凡·重印前言》中提出了修辞学研究的任务,修辞学需要深入研究的方面很多。这几年研究修辞的人多起来了,有的人大讲体系,有的同志问我赞成不赞成这些体系。

---

* 本文系一九六二年十二月十七日作者在复旦大学召开的纪念《修辞学发凡》出版三十周年座谈会上的讲话记录。标题为整理者所加。发表时未经本人审阅。——编者注

我认为要特别强调收集材料,从事实出发来分析研究,这样提出的新见解才有说服力。我不赞成还没有收集多少材料就大讲体系。例如最近有人讲夸张,将我的例分开、合并。我认为分开,合并是可以的,但必须显出有特别的好处,要更能概括问题。近来有一种倾向,收集的例没有超过我,只在把我的体系分开、合并上下功夫。我希望后来者居上,这个口号过去我就提过,现在还要提。后来者总要超过前人的。但研究一定要强调从实际出发,分析事实。刚才有人说,有的修辞现象,现有的辞格概括不了。概括不了,就不要概括。事实发展了,修辞研究应该发展,要作新的概括。解放前,我在课堂上用指桑骂槐的手法骂C.C.派校长,这种手法就未概括进去。

修辞研究要全面,不要单研究修辞格,也要研究理论。一些问题仅仅抓住某一格,很难说清楚。"格"者,常常要用到的大类也。修辞学可以讨论的问题很多,消极修辞、积极修辞可以再深入研究。研究修辞可使语言运用得更好一些。如外文意译多,音译少,到底哪一种译法好,可以讨论。研究可以青老挂钩,走我们自己的路——马列主义的路。要多研究马列主义、毛泽东思想,同时下苦功多收集材料。

我国语文研究的传统是同语文教学相结合。我是先写《作文法讲义》,再写《发凡》的。我曾说过:"修辞可以说同实地写说的缘分最浅。"叶圣陶先生很赞同这句话。讲这句话有一定的题旨情境。我认为修辞对阅读和欣赏的帮助,比对写作的帮助更大一些。因为随机应变的技巧,不能告诉,而原则却是可以告诉的。

(邓明以、宗廷虎根据当时记录整理)

(原载《修辞学习》季刊一九八二年第四期)

谈修辞学是边缘学科及其他[*]

修辞学介于语言、文学之间。它与许多学科关系密切,它是一门边缘学科。正如生物物理、生物化学、数学物理等边缘学科一样,研究时要先学生物,再学物理或化学、数学;研究修辞也要具备多门学科的知识。例如,修辞与写作的关系密切,写作要利用文法、修辞的研究成果。修辞与文法又往往密不可分,消极修辞与文法的关系尤其紧密。我是用修辞的眼光去研究文法的。

但是,修辞与文法又有区别。文法研究语文组织规律,它是讲习惯的。修辞是对文法上的各种语文组织规律的具体运用。过去讲文法的人往往也讲运用,其实一讲运用,已经是在谈修辞了,解放前开明书店出版了不少关于"文章病院"的书,这属于文法还是属于修辞的范围?我看多半应该属于后者。当然,对于句子的残破,文法也应研究。而"文章病院"中的例句,有的是超越文法规律的范围的。总的来说,修辞应该研究语言怎样具体运用,才能适合题旨情境。而文法则是讲组织规律的。语言运用得巧妙不巧妙,不是文法的管辖范围。古代的书往往把文法修辞结合在一起讲,它们谈篇章的篇幅较多。例如讲照应,讲伏笔,讲波澜起伏,在风格上追求典雅,在技巧上谈论先扬后抑、先抑后扬等,其实这些已经是修辞的内容了。

关于消极修辞和积极修辞,我们的古人早已注意到,只是没有起这个名称罢了。古代有清真和墨卷二派。墨卷派讲究运用华丽的辞藻,也称华丽派。清真派大半讲究文章清通,也就是提倡消极修辞。我把消极修辞看得很重,称之为修辞的基础,教学生时也鼓励他们注意这一方面。不学习清通的方法,也很难运用好华丽的技巧。讲华丽不是故作新奇,而是文章的气势所至、自然而然到来的"神来之笔"。辞格不能硬用,要适合题旨情境。要在某一题旨情境下,觉得非用这一辞格不可时才用。一些年来,谈修辞的人往往只讲辞格,没

---

[*] 本文系作者一九六三年四月十日在复旦大学语言研究室的讲话。题目为编者所加。——编者注

有为学修辞的人设想。其实在平时的语言运用中,还是消极修辞所占的比例大。讲修辞,首先要去掉"不通"。语言要讲究纯洁性。消极修辞最讲纯洁性。写作《发凡》时,我没有采用"纯洁"这个词,而是用"平匀"来代替了。为什么这样?因为当时要向外国的语言吸收有用的成分,提了"纯洁"容易引起误解。但解放前有一个时期,学习外国语言存在片面性,流行"欧化"句式,音译字眼很多。这种风气一直影响到解放后。迄今还有人主张多用外国译音。其实列宁、高尔基当年都批评过这种倾向。他们主张如无必要,尽量少用外国字眼。正确的态度是尽量用意译,不用音译。这一点已为历史所证明。在古代,佛经传入我国时,流行过许多音译词,后来多数已消亡,只有少数如"菩萨""塔""阿弥陀佛"等还存在。这方面的经验可以总结。总之,要多注意消极修辞,写文章要先求清通。有关这一些,你们可以写文章宣传一下。积极修辞当然也要研究,但不要滥用。

关于文体。文体有时也叫辞体。"辞",包括口语和文章。有人把"文体"称为"语体",由于过去把白话文称为语体文,这样称呼是否容易混淆?文体一般可从两个方面去探索,一是体裁(也称"体类"),一是体致(也有人叫"文致")。体裁可有小说、诗歌、戏剧等分法;体致就是风致、风格。体致当然与体裁有关,用什么词、句,也要考虑体裁上合适不合适。语言研究中,文体较难捉摸,因为它是积极修辞、消极修辞手法的综合表现。文体可以因时代,因人而表现出不同的特点。鲁迅的文体的特征是什么?他学过古文,受古文的影响大;他到过日本,学过日文,又受日文的影响;他是绍兴人,说话、写文章也脱不开某些绍兴的习俗。周建人也学过古文,也是绍兴人,但与鲁迅的文体就不同。文体研究的难度大,但难研究,并不是不能研究。苏联也有风格的研究。应该怎样研究呢?可拣容易些的先搞。对体裁的分类,一般流行公文、政论、文艺、科技的四分法。可以从政论、公文等的特点研究起。例如研究公文体,就要考虑是什么人写给什么人看的。要特别注意关系,是上下关系还是平等关系。还要研究是在什么情况下写的。要注意"六何"。我比较留心政论、小说、戏剧等体裁的研究。例如小说的结构应该富于变化。变化的格局很多,不能用一个框框套。但是它又不同于戏剧的格局。戏剧往往一开头就要突出主角。如《红色宣传员》一开头,一个老人就问:"李善子来了没有?"接着李善子就出场了。小说则不然,它可以慢慢写人物。也可把体裁分为评议、描记、叙述、阐释等四类。这样的分类是一种基本训练。总的是要从实际出发,广泛收集材料。研究体致,应不限于一种体裁。体裁不同,但体致可能相同。研究体致局限于一种体裁,则会造成不全面。例如鲁迅的作品,不同的体裁,表现出了相同的体致。如果不研究他不同体裁的修辞特点,就很难概括出总的体致特点。毛泽东同志著作的体致(风格)也是这样,你们可以研究。要注意这些文章是在什么情况下写的。风格有几种,个人有个人的风格,一个时代有一个时代的风格。讲风格,要从篇章着眼,风格是修辞特点的综合表现。

修辞研究要把内容决定形式作为研究的纲领。形式应该服从内容的需要。因内容需要而用的比喻就好,否则就不好。把"兵"字析成"丘八",也要在内容需要时才用,不能乱用。单讲形式是不行的。谈语言的繁简,也要结合内容,该简则简,该繁则繁。内容不好,短也无用,如果没有内容而一味求简,就成了苟简。语言学家研究语言不能离开思想,语言毕竟不是狗叫鸡叫。语言是有思想的,尽管语言学不去研究思想本身。正因为语言与思想有联系,不能硬性分割开来,所以,修辞与内容的关系也同样不能分割开来。

研究修辞要注意新的语言形式。例如"在……的同时……"这样的这种句式,其中"的同时"看起来是连上的,但整个意思是否主要强调后半段? 如:"在发展工业的同时,发展农业。"有的句式是学习古文的产物,也应注意。如"有利于……""取决于……""为……而……",等等。

修辞学要不要研究病句? 我看可以研究。指导实践本来就可以两面谈,既可以谈正面的,也可谈有毛病的。写作《发凡》时,由于受当时条件的局限,对这个问题谈得较简略。在消极修辞部分,所举病句的例,多半从古文中引来。现在你们可以到书报杂志上去找。

修辞研究当然应该指导实践,但对这一点不能理解得太狭。修辞论著讲得多的,还应该是知识性的东西。不过如果对象是初学者,就可以讲得具体些。

(录自《陈望道语言学论文集》,商务印书馆,二〇〇九年)

修辞的形式与内容*

每一句话都可以看作文法现象，也都可看作修辞现象。文法是讲语文组织的，一句话里的主语、谓语等就是讲语文组织的。修辞是语言文字的运用，一句话里凡是与运用语言文字有关的现象，包括运用语文组织规律的现象，都可当作修辞现象。比如"我吃饭了""我把饭吃了""饭我吃了"这三个句子，从语文组织规律上看，都是文法现象，从对语文组织规律的运用上看，又都是修辞现象。

有人认为凡是明白通顺的句子只有文法，没有修辞。其实明白通顺的句子也是对语言文字的一种运用，所以也是修辞现象，不过它不是积极修辞现象，而是一种消极修辞现象。胡适认为"白话"的"白"是"明白"的意思，就是说出来的话要明白。但修辞并不要求每句话都讲得"明白"。修辞有时要求讲得明白，有时却要求讲得不明白，都要根据写说时的题旨情境，都要根据内容目的。

文法要讲依照习惯，修辞不讲依照习惯，而是要依照题旨情境。时代形势不一样，修辞也不一样。修辞就是要看形势，不看形势会变成书呆子。比如，过去讲"下流的机会主义"，现在讲"糟糕的机会主义"，这就不一样。

消极修辞积极修辞都要讲。外国人讲修辞常讲"变格"，还有人讲"破格"，甚至说"破格就是好"，如果这样，那么大家讲话讲得不通好了。我是强调内容的，反对离开内容讲修辞。消极修辞要讲通顺明白，所以特别要注意语言的纯洁性。积极修辞要讲变化，但说"积极修辞是消极修辞的变种"，不大好。用什么样的修辞形式，都要根据内容。我主张内容决定形式，形式为内容服务。我反对离开内容讲修辞，也反对离开形式讲修辞。

（录自《陈望道全集》第一卷，浙江大学出版社，二〇一一年）

---

* 本文系作者一九六三年六月二十五日在复旦大学语言研究室的讲话。题目为编者所加。——编者注

关于修辞学对象等问题答问*

问："怎样适应题旨情境",它是否修辞学研究的对象？是否有规律可循？有人主张修辞学应该研究修辞规律的运用,这种意见是否正确？

答：过去有些人用词造句喜欢生搬硬套,前人怎么讲,他们就怎么讲,如形容时间过得快就讲"光阴似箭,日月如梭"。运用修辞规律,从某一个具体例子来讲,很容易生搬硬套,而不能适应题旨情境。我们可以研究龙井的茶为什么叫"龙井",茅台的酒为什么叫"茅台",良乡的栗子为什么叫"良乡",但怎样适应题旨情境的规律不容易找,如要找这种规律,就容易生搬硬套。对于修辞怎样适应题旨情境进行分析是可以的,但没有规律可循。上述意思在《修辞学发凡》里已作了说明："这种修辞技巧的来源有两个。第一是题旨和情境的洞达,这要靠生活的充实和丰富；第二是语言文字可能性的通晓,这要靠平时对于现下已有的修辞方式有充分的了解。技巧是临时的,贵在随机应变,应用什么方式应付当前的题旨和情境,大抵没有定规可以遵守,也不应受什么条规的约束。只有平时在这两方面做下了充分的准备工夫,这才可望临时能够应付裕如。"(上海文艺出版社一九六二年版,第十四页)这就是说,讲修辞必须要对内容有所了解,另外也要对语言文字的习性有真正的了解,这样才能灵活运用。修辞没有定规可循,譬如一个修辞格式什么地方可用,什么地方不可用,都没有定规,贵在随机应变,修辞格式的运用是根据内容自然而然地来的,不是预先想好了的。陈毅同志修辞格式用得很好,但他不是预先想好要用什么格式,而是根据内容需要临时选用的。研究修辞规律的运用要抓住本质,如比喻要用得好,必须注意两件事物很不相同,但又有类似点,把"瀑布"比作"白熊摇头"就很好,这是从大的规律上去进行研究,如果不抓住本质去研究就会出毛病。总之,如果能防止生搬硬套,研究修辞规律的运用是可以肯定的。

---

* 本文系作者一九六四年三月二十四日回答复旦大学语言研究室修辞组的同志所提有关修辞学对象、任务问题时的谈话记录。标题系整理者所加。发表时未经本人审阅。——编者注

问：修辞学是否要研究修辞病例？有人认为研究修辞病例对写作有帮助，这种意见是否对？

答：积极修辞和消极修辞有区别。假如把通顺明白看作"零点"，那末消极修辞就是研究零点和零点以下的东西，所谓零点以下的东西就是不通的，消极修辞就是要讲求通顺明白；积极修辞则要研究零点以上的东西。它们的关系可以用下图来表示：

$$\begin{array}{c} \uparrow\text{积极修辞} \\ \hline \downarrow\text{消极修辞} \end{array} \text{零点}$$

我在《修辞学发凡》里列举了许多古书中不通的例子。如："无丝竹管弦之盛"，"丝竹"是借代音乐，"管弦"也是借代音乐，这句话等于是说"无音乐音乐之盛"，所以不通。又如"不得造马车"，"车"可造，"马"不可造，这在连贯上也是不通的。因此，修辞学研究病例是它的一个重要方面。

研究修辞可以提高阅读能力、写作能力，使阅读更能切实掌握内容，写作更能正确表达内容，使语文日益臻于精密完美。

问：文章中的艺术手法是否也属于修辞学研究的范围？

答：艺术手法就是技巧，修辞学要研究。《儒林外史》中写严监生临死之时，伸着两个指头，总不肯断气，在旁的侄儿和家人七嘴八舌，都猜不透他的心思，后来赵氏上前说了一句："爷，只有我能知道你的心事。你是为那灯盏里点的是两茎灯芯，不放心，恐费了油。我如今挑掉一茎就是了。"登时就断了气。这是讽刺的艺术，从修辞上说也用得好。当然，我们是现实主义者，今天就不能这样用。运用修辞必须分析研究。

问：修辞与文法的区别何在？是不是每一句通顺的话都是修辞？

答：凡通顺的话从修辞方面看起来都是修辞。文法是研究组织的，修辞是研究对应题旨情境而来的语文运用的。修辞现象比文法现象多。例如："马，吾知其为马。"在文法上讲"马"是提示语，在修辞上要讲用这个提示语取得什么修辞效果。文法只讲如何组织成通顺的句子，修辞则要讲如何适应题旨情境而取得修辞效果。

问：两大分野(消极修辞、积极修辞)是否包括一切修辞现象？

答：两大分野完全可以包括一切修辞现象。任何事物都是一分为二的，不属于这就属于那。零点和零点以下是消极修辞，零点以上是积极修辞。

问：再请望老谈谈怎样进行修辞研究的问题。

答：任何学问都要找出一个关键性的东西来。文法讲功能，文法组织中的功能变了，文法也变了；修辞讲题旨情境，题旨情境变了，修辞也得变。例如不能把用于丧事的词用于喜事，反之，也不能把用于喜事的词用于丧事。在结婚场合用歇后藏词是可以的，但办丧事时用歇后藏词就不行。又如写中央领导接见或设宴招待外宾的新闻报道，往往要列出一大堆名字，这也是由题旨情境决定的。总之，评论修辞好坏要同题旨情境结合起来，离开题旨情境是很难讲好坏的。

研究修辞要注意新的修辞现象。如"一分为二"。"一分为二"是古文，它也可以说"分一为二"或"二分法"，但"一分为二"更有力。完全新的现象开始时不容易被大家接受，完全旧的也不行。现在提倡演现代戏，而现代戏也还需要有一个成熟的过程。过去在开始演话剧的时候，看的人很少，演得也不好，经过不断实践，就逐渐成熟起来了。语文事实也是如此，解放后数词用得多了，这和毛主席著作的影响有关，也是由于通俗化、大众化的缘故，它便于记忆。这些新的修辞现象要加强研究。

关于关键性的问题要开展讨论。例如"发愤图强"还是"发奋图强"，在上海就有争论，我主张用"发奋"，也有人主张用"发愤"，虽然意思差不多，但从字面上看起来，"奋"比"愤"好，更确切。现在都用"发奋图强"了。

(李嘉耀根据当时记录整理)

(《修辞学论文集》第一集，中国修辞学会编，福建人民出版社，一九八三年)

有关修辞学研究的原则问题*

一

修辞是对语文的综合利用。无论讲一个什么意思都可通过修辞手法表现出来。古代注意修辞现象超过注意文法现象。修辞和文法关系非常密切,要全面学,全面研究,当然各个人有所侧重,不妨先学修辞再学文法。我国古代对修辞很讲究,我们今天讲修辞要注意继承,但我们不能在原地踏步,在观点上应该高一些,要重视理论。讲理论,要用马列主义、毛泽东思想来指导,可不能贴标签,把马列主义和毛主席的话当作套语;马克思、列宁和毛主席的话都是针对说话当时的具体环境、具体问题的,用起来就不能直抄,更不能绝对化,用起来要具体化,要对我们的实践作分析。学马列主义、毛泽东思想,是学其原理,学其方法;学其字句没有用处。同时,过去的理论,唯心主义的东西也可以看看,研究《水浒》就可以看看金圣叹批的。搞学问,讲理论,也要知己知彼,正反两面的理论都要有所了解。

我的修辞学理论,不是从哪一本书上来的。我本来是搞文学批评的,把修辞当作文学领域里的一种运用,研究以新现实主义的理论(当然也有浪漫主义在里头)来写文章应该有什么样的态度,用什么样的方法。也可以说是拿文艺理论——无产阶级的文艺理论做基础,运用到写作上。另外,用的就是语言学的工具,把语言学的原理用到研究写作上来。当时我接触比较多的就是索绪尔的语言学说。讲修辞,要用文学理论和语言理论。

二

学问是从实际来的,实际情况是复杂的、变动的。修辞现象就很复杂。现在

---

* 本文系作者一九六五年九月二十日的谈话纪要。题目为编者所加。发表时未经本人审阅。——编者注

有些人讲修辞,讲修辞格讲得多,往往又只讲修辞书上已经列出来的辞格,这就不一定好。就是辞格,也要搜集新材料,要有新的概括,最好不要"炒冷饭"。在文法和修辞的研究当中,不要只看、只搜集合乎自己口味、合乎自己需要的东西,不可像马建忠那样用外国的文法筛子来筛中国的语言事实。说明问题也不要只用一些简单的例子排得整整齐齐,倒是要去搜集情况复杂的材料,要去看那些修辞现象和文法现象很复杂的书。这样才能从多样性中找出共同性,从复杂中找出简要的规律。

修辞、文法都会变,学问也会变,不过也总有不变的东西,那就是基本原则不会变。研究文法,要抓住功能的、组织的观点,这个原则是不能变的。修辞上讲形式和内容的关系,要求适应题旨情境,这个原则也是不能变的。语言文字的一切因素都可以利用,也都应该利用;修辞学就要研究对语文材料怎么用,支配怎么用的,就是对应写说时的题旨情境。抓住这一点来研究修辞现象,这就是我们的原则,也是我们自己的一点创造。

三

学术上也要提倡爱国主义。应当注意中国的学术史,要了解和总结我国古代以至近代在语文学术上的研究成就。这决不是向后看,而是为了向前看,为了发展今天的研究。我们反对那种对祖国语文学术遗产的虚无主义态度。胡适就是虚无主义的,他不仅不承认我国古代有任何的文法研究,而且连有关的文法概念都没有。事实并非如此,对文法意识的产生可以上推到春秋三传。在小学家、文论家等人的著作里就有着不少关于文法的见解,如刘勰的《文心雕龙》,就有了关于分别词类的萌芽,就有了关于句子构成的概念;至于实词与虚词的划分,更是我国古代文法研究所作出的有价值的贡献。当然,有体系的文法学开始于《马氏文通》。可是,即使对从《马氏文通》到《新著国语文法》,再到《中国现代语法》,直到最近的《现代汉语语法讲话》这个过程的注意也是不够的,而其中的经验得失实在值得好好总结一下。

修辞的研究在我国也开始得很早,历史很长久,也有自己的特点。解放以后,修辞学在注重实用和普及方面有很大的成绩,但深入的研究还显得不足,应当加强。特别像文体风格方面的研究就很可以努力一番。现在翻译出版了一本苏联语言风格学讨论的文集,使我们了解到苏联对风格学研究的一些情况。而看翻译者的序言,认为中国在风格学研究上如何不行,连有关风格问题的科学知识都没有,这就值得讨论了。我国古代关于风格的研究材料,是我们丰富的修辞学遗产当中一宗宝贵的财富。我国研究风格,包括语文"体裁"和表现"体性",是很早的,现在更是在研究,今后还要继续地深入研究。不过,我们的研究有我们自己的样子,不一定是人家的那个样子。为什么要用人家的样子作标准来否定自己,说自己怎么怎么不行?总之,要知道,我们中国是有风格研究的,是有这方面的学问的。尊重这种事实,是学术工作中应有的科学态度和爱国主义态度。我们要建立起有我们自己特色的科学的风格学。

讲爱国主义的同时,要更好地加强国际的学术交流。外国的东西要化为自己的东西。学术上闭关自守不求新知是行不通的,而盲目崇洋照抄照搬也是不行的。建国以来,较多地引进苏联语言学的东西,尤其是学习斯大林论语言的著作,对汉语研究是有推动作用的;但在某些方面也有不加分析、全盘接受的教条主义倾向。近几年大家又对结构主义表示出兴趣,这也要有批判地吸收其有用的东西,要看他们是怎样分析语言的,学习其某些有效的方法,切不可生搬硬套。问题是在于要能"化"。我们讲语言学研究的中国化,就是要把古的、洋的都"化"在我们的学术研究里面。我们想,这样做有助于我国的语言学健康的发展,能够较快地达到世界先进水平。

(陈光磊记录整理)

(录自《陈望道语言学论文集》,商务印书馆,二〇〇九年)

文法学论文选辑

评胡适论"除非"并说及"又不"

一星期以前,我曾在《晨报》副刊(九月二十九日)上看见胡适先生一篇论"除非"两个字用法的文章,说:

"除非过半数会员出席,大会才开得成。"(一)
这句话是不通的,应该改为
除非过半数会员出席,大会是开不成的。(二)

他说,"上半句用'除非',下半句不能用肯定的语气。"(现在手边没有《晨报》,所引是看了《努力》二十四期追忆出来的)。他又说起他的朋友吴检斋先生曾举出一个例:

"要相见,除非是,梦里团圆。"(三)

说"除非"等于"非非","非非"等于"是",主张"除非"是肯定的语气,他却不表同意,曾举了《琵琶记》中的例:

要相见,不能够,除非是梦里暂时略聚首。(四)

证明"除非只是一个否定的连词,并不曾变成肯定的语气"。

今天又看见《努力周报》二十四期里他又做了篇论"除非"的文章,约有三四千字,结尾声明说:"我很悔第一次讨论时太粗心了,不曾细心研究这个问题的疑难究竟在那一处。我现在很高兴地认错,并且很虚心地把我近来改正的意见提出来请大家评断。"他在这篇文章里,对那反对(一)例的话是已认错了,但仍认为"不可为训",说"我们讲文法的人……应该避免或废止……"。对于"否定的连词"的主张,他却举出十几个旧例来，证明十月一日二日的《益世报》所主张的："'除非'二字，实在是一个肯定的连词，并不是否定的连词。"这句话是谬误。他断定说：

"除非"的分句把"不可能"的事实翻成"可能"，故"除非"是"否定的连词"。有时又把"可能"翻成"不可能"，例如：

我有百日血光之灾，只除非出去东南上一千里之外躲避。（《水浒》六十一回）

这也是一种"否决"，故"除非"是否定的连词。

我们研究各种例句的结果，得下列的结论：

"除非"是一个否定的连词，引出一种解释的条件，来推翻一种现在可能或不可能的事实；使可能的翻成不可能，不可能的翻成可能。

他所以认(一)例"不可为训"便是这个断定的结果。

胡适先生的这结论，他自己说是"几天寻出十来个旧例，仔细比较研究的结果"，我们自然十分重视。但我却觉得从他所举的例和其余的例比较研究起来，"除非"两字的用法实在可以用一句极简单的话说明；就是

"除非"是表示必要条件的连词。

我这说明如果可以成立，就有以下两个结果：

第一，(一)例并非"不可为训"；

第二，肯定否定不必争执。

就是问题的中心完全在胡适先生和许多先生们讨论的范围之外。

我先举一个例来说明"必要条件"。例如

你去，我才去。（五）

这句话里的"你去"便是"我去"的必要条件，就是必须"你去"这个条件成立，"我去"这个事实才会发生。凡是含有必要条件的句子，如若否定了条件，同时必可否定事实。所以(五)例的意思必可改为这个说法：

你不去，我就不去。（六）

将(五)(六)两例合起来，便是：

必要条件和事实的关系如此。假使"除非"是表示必要条件的连词,"除非"在这例中便该紧随"你去"作"除非你去"(甲)。我们可以把条件(甲)和事实(乙)(丙)配合出种种的式子:

第一,(甲)(乙)相配。这有两种情状:

甲,(甲)在前(乙)在后:

(例)(1) 除非你去(甲),我才去(乙)。
　　(2) 除非过半数会员出席(甲),大会才开得成(乙)。
　　(3) 只除非得这三个人(甲),方才完得这件事(乙)。——《水浒》第十五回。
　　(4) 只除非教呼延灼将军赚开城门(甲),唾手可得(乙)。——《水浒》第五十八回。

这便是上述的(一)例。

乙,(乙)在前(甲)在后——即把上式颠倒过来:

(例)(1) 要我去(乙),除非你也去(甲)。
　　(2) 要相见(乙),除非是梦里团圆(甲)。

这便是上述的(三)例。

第二,(甲)(丙)相配。这也有两种情状:

甲,(甲)在前,(丙)在后。

(例)(1) 除非你也去(甲),我是不去的(丙)。
　　(2) 除非过半数会员出席(甲),大会是开不成的(丙)。

这便是上述的(二)例。

乙,(丙)在前(甲)在后——即把上式颠倒过来:

(例)(1) 我是不去的(丙),除非你也去(甲)。

(2) 大会是开不成的(丙),除非有过半数会员出席(甲)。

这也是(二)例。

第三,(丙)(甲)(乙)相配。

(1) 我是不去的(丙),除非你也去(甲),我才去(乙)。

(2) 要相逢,不能够(丙),除非是梦里(甲),暂时略聚首(乙)。——《琵琶记·描容》

(3) 凭她(鸳鸯)嫁了谁家,伊难出我底手心(丙);除非伊死了,或是终身不嫁男人(甲),我就服伊了(乙)。——《石头记》第四十六回。

这便是上述的(四)例。

此外有无可以成立的方式,我这时没空闲检查。但推想起来,似乎我说第三式应该还有几个副式如(乙)(甲)(丙)或(甲)(乙)(丙)等可以成立:

要我去(乙),除非你也去(甲);否则我是不去的(丙)。

除非你也去(甲),我才去(乙);否则我是不去的(丙)。

总之,(甲)可以与(乙)和(丙)随意配合。据我个人看来,胡适先生正可不必强执(甲)(丙)的配合(我说的第二式)为根本式子。如依他那样说,必至认"除非"的作用是"翻案",是把"可能的翻成不可能,不可能的翻成可能"。而且解句式时也很为难,必至把(甲)(乙)的配合(我说的第一式)看作省略了(丙),认是"不可为训",又把(丙)(甲)(乙)的配合(我说的第三式)看作"找上"了(乙)。其实"除非"的作用,只是表示必要条件的存在,与"又不"两字的表示必要条件的不存在互相呼应。我们如果要表示必要条件的不存在,可以用"又不"两字来表示,如在(五)例我们可以说:

我不去,因为你又不去。

又如：

> 你何以不进医院？——我又不生病。

至于要表示必要条件的存在，则可以用"除非"来表示。我觉得只要这么来解说就可以了。

以上是就配合方式评断胡适先生所举的"除非"应作表示必要条件的连词解释的话。以下请更就"除非"这一个词儿应用情况，说明"除非"应该这样解释。

就"除非"这一词儿应用情况看来，第一，在(甲)(乙)的配合里都可解作"必须"，或竟用"须"字代入。如他所举《水浒》第五十七回末尾的(6)例：

> 若要攻打青州，只除非依我一言(甲)，指日可得(乙)。

第五十八回开端重述这句话时，就说：

> 若要打青州，须用大队军马(甲)，方可打得(乙)。

大凡章回小说，前一回末尾和后一回开端必有几句重述同一事实的话，作者为避免文字上的重叠起见，常使互有详略或用当时同意义的字替换着用。我平日常把这处所看作研究同时代中同义语的材料的出处之一，现在也就给我一个很好的证明。

这种例找起来很多，即如上文所举《水浒》第十五回开端的这个例：

> 只除非得这三个人，方才完得这件事。

在第十四回末尾也就作：

> 这段事须得七八个好汉方可。

第二，在(甲)(丙)的配合里都可解作"除了"，或因为要表示唯一的条件的缘故作"只除"。例如：

宋江道,"用何智可获此人?"吴学究道,"只除如此,如此。"(《水浒传》五十八回)

即如上文(甲)(丙)配合里所举的各例,用"除了"代入,也都可通的。

因为如此,所以我对于胡适先生的研究,总觉不满足。我觉得:第一,"除非"只是紧随必要条件的连词,正不必坚执(甲)(丙)一式为根本式子说它是否定的连词,也不必坚执(甲)(乙)一式为根本式子说它是肯定的连词。第二,"除非"只是紧随必要条件的连词,在"大会是开不成的,除非有过半数会员出席"(他的第一式)担任的职务就是在"除非过半数会员出席,大会才开得成"(他的第二式)里担任的职务,正不必说第一例太简略,主张避免或废止。

这是我个人对于胡适先生论"除非"的意见,是否妥当还请大家评判。

(《民国日报》副刊《觉悟》,一九二二年十月二十二日)

关于刘半农先生的所谓"混蛋字"

刘半农先生的所谓混蛋字,就是口头语里的一个"打"字。在《半农杂文》里有一篇文章专论这个字。照那篇文章看来,好像他很讨厌"打",却又很喜欢搜集关于"打"字的词头。在一九二二年十一月,他已经搜集了关于"打"字的词头一百多个,到一九三二年八月,他已经搜集到关于"打"字的词头八千多个。在已经搜集了一百多个还未搜集到八千多个的中间,他就做了一篇文章,题目叫做《打雅》,把一百多个带有"打"字的词头一一加以解说。结果把这个口头语上的"打"字,认做"意义含混""混蛋到了透顶",把它叫做"混蛋字"。那篇文章最近已经有人把它当作名文,列入《国语运动史纲》,作为中国大辞典编纂处的最大成绩之一。

"打"字果真是"混蛋字"吗?在这时候我很想问一句。

我并非想替"打"字洗刷,洗去"混蛋"或者"混蛋到了透顶"的丑名,我是想借此表明就是一个字的研究也可以因为研究的态度不同、研究的方法不同,而结果大不相同。现在做《史纲》的人所用的是尽量罗列的方法,除了尽量罗列的方法之外,我们知道还有一种高度综合的方法。虽然高度的综合,不能不靠尽量搜集罗列做基础,但是尽量搜集罗列必须附属在高度综合下面。单靠罗列,拿罗列得多算是富有,算是成功,那只能算是杂纂的态度,并不是真正研究的态度。那篇《打雅》,可说是杂纂态度极其明显的一个例。

《打雅》说:

> 这年头儿"打"字是很时髦的。你看,十五年来,大有大打,小有小打,南有南打,北有北打,早把这中华民国打得稀破六烂,而呜呼妈呼,打的还在打。
>
> 无论那一种语言里总有意义含混的"混蛋字",有如英语中的"take"与"get",法语中的"Prendre"与"rendre"。我们中国语里,这"打"字也就混蛋

到了透顶。现在把它的种种不同的用法,就我想到的,写出几个来。

"打"字从"手","丁"声,其原义当然就是"打一个嘴巴""打破饭碗""打鼓骂曹"的"打"。与这原义不相干的用法却有:

一、打电话　用电话机说话也。

二、打电报　拍发电报也。

三、打千里镜　用千里镜望远也。

四、打样(一)　图画样也。

……

这样一直写了下去,直到一百个,才加以收束道:

信手写来已经写到一百,可以"打住"了。吓,"打住!"这又是一百零一了。

照他的口气看来,好像"打"字真有一百多个用法似的。再据后来附上去的声明看来,又像是真有八千多个用法似的。但是据我们看来,那一百多个或八千多个,只能说是"打"字的用处,并不是"打"的用法。"打"字的用法,并没有一百多个,当然更不会有八千多个。照我们的"俗"眼打估过来,"打"字的普通用法,不过三种。就把北方土话作"从"字解的一种也算在内,也不过四种。三种用法如下:

(1) 作"打击"解　标示特定动作,就是所谓"打鼓骂曹"的"打"。

(2) 作"作为"解　标示一般动作,没有特殊内容。用来代替种种有特殊内容的动词。有点像文言的"为"字。如:

打水＝取水　　打鱼＝网鱼　　打印＝盖印
打牌＝玩牌　　打稿＝起稿　　打胎＝堕胎

就是用"打"字代"取"字,用"打"字代"网"字,用"打"字代"盖"字,用"打"字代"玩"字,用"打"字代"起"字,用"打"字代"堕"字。这样去代,可以代到无限。"打电话""打电报""打千里镜""打样"之类的"打"字,也是属于这一种。都是用在动词不必细说、也可以明了的时候,譬如你拎了一把酒壶到酒店里去,把酒壶在柜台上一摆,说"打半斤酒",店员就晓得你是说"买半斤酒",不是"卖半斤酒"或"讨半斤酒",这时你就可以用"打"字。用了只会觉得贴切,并不觉得"含混"。

(3) 用作动词添头，大概添在单字的动词前头用来构成复字的动词。"打"字本身也没有特殊内容，加上这个添头不过略为增加了后面那个字的动词性。因为它是动词的独门添头，一听到它便会觉得下面那个字是动词。如：

打消　　打扫　　打破　　打搅
打算　　打量　　打扮　　打发

等等"打"字都是这样，都是只有语法上的功用，没有特殊的内容。

这样用"俗"眼打估，自然还不能算是高度综合，但是不把关于"打"字的各个词头看成各各独立，"种种不同"，全"不相干"，我们相信这就是走上高度综合的路。从这条路上去看，就会觉得"打"字的用处虽然极多，用法仍然极有条理，并不"含混"。只要研究的态度方法，不要太含混，——单看各个，忽视综合，胡乱把它当做"混蛋到了透顶"，就不会有那"混蛋到了透顶"的结论。

（《太白》第一卷第九期，一九三五年一月二十日）

说存续表现的两式三分

一 绍兴话里两式三分存续表现的发现

动作的存续表现,已经得到朱樱、邹啸先生们证明,好多地方都有前置、后置两式。邹啸先生并且发现绍兴话里的前后两式,还有"东""哼"两分,再经徐文蔚先生的补充,知道绍兴话里的前后两式,实际有"带""东""哼"三分,而三分又是用距离的远近做标准。这些都是这回讨论中间很难得的新发现。我猜想,绍兴人虽则用了无数年的绍兴话,但曾经觉察到自己说的话语里面存续表现是在运用两式三分的法式的,以前恐怕并不多,或者竟是没有人。别处地方人正都还在这样情况中。你去问他:"你们的家乡话里表现存续有没有两式?有没有三分?"大概会回答你说:"没有三分。"甚至会回答你说:"没有两式。"而其实或许是有两式,甚至还是有三分的。他们都还是用是会用的,明白却是不明白,就是还多停留在所谓"习而不察"的情况中。语言停留在这样情况中,就不容易批判地书面化。

二 两式三分并不是绍兴话独有的
法式——用义乌话做例

存续的表现有近指、远指、更远指三分,决不是绍兴话独有的现象。虽不一定和前置、后置两式一样普遍存在各地的方言里,但不为人所觉察实际有这三分用法的语言或者不会怎么少,至少不至于会是绝无仅有的。像我家乡的义乌话,就是也有存续表现的两式三分的法式的语言。

义乌话表现存续有前置后置两式,我已经用"望"和"眠"两个动词做例说过,现在仍旧用这两个动词做例,列成一个存续表现的两式三分表如下:

前 置 式	后 置 式	三 分
在糯望书	眠糯	近指分
在面望书	眠面	前指分
在栋望书	眠栋	远指分

这里的"糯""面""栋"三个字，大体和绍兴话里的"带""东""哼"三个字相当。

三　义乌话的指示代名词，有三分

依据义乌话来说，存续的两式三分的表现法的形成，跟指示代名词有分拆不开的关系。义乌话里的指示代名词，也有指人物、指情状、指地方等类区别。指人物的也照通例带"这个""那个""这些""那些"的"个"字"些"字；指情状的，却不带"这样""那般"的"样""般"等字，带"生"字；指地方的，也不带"这里""那儿"的"里""儿"等字，带"糯"字。"糯"在义乌话里读作 nun，等于普通话"这里""那里"的"里"，为指地方的指示代名词一定带有的添加字。其指示因所指的对象、距离说话人的远近，总画作三分。一是近指，指在说话人旁边的；二是前指，指在说话人面前，而离说话人较远，或者离听话人较近，或者离听话人也较远的；三是远指，指不在面前的。今试将义乌话的指示代名词列一表于下：

	指 地 方	指 人 物	指 情 状
近指	N 糯	N 个，些	N 生
前指	面糯	面个，些	面生
远指	同糯	同个，些	同生

这里可以注意的是有近、前、远三分。我们读惯古文"此""彼"，或者看惯白话文"这""那"的，多只注意近远两指，或只知道所谓近远两称。据我所知，其实是有不少地方有这近、前、远三称的，存续表现的两式三分的三分，似乎跟这指示代名词的三分有分拆不开的关系。

四　义乌话存续两式三分表现法的形成

我们试将以上义乌话的存续表现表和指示代名词表两表来一对照，便很容易看出存续的表现方式全系利用指示代名词构成。无论是前、后两式，是近、前、远三称，没有一面在例外的。存续表现的近指分的"糯"分明就是指示代名词的"N 糯"的"糯"，为"N 糯"的省略，但仍有"N 糯"的意味。用北平话比方说，就是将"这里"省成"里"来构成存续近指分的表现式。其次存续表现的前指分的"面"也分明就是指示代名词的"面糯"的"面"，也可以看作"面糯"的省略。用北平话打比方说，就是将"那里"省成"那"来构成存续前指分的表现式。以上近前两指，都是字音丝毫未变,很容易看出。存续表现的远指分的"栋"(nung)和指示代名词"同糯"的"同"(dhung)同韵不同声,颇觉特别。但我们好像不妨假定"栋"是"同"的变音。这样一对照,在义乌话里,就谁都可以看得出存续表现和指示代名词的密切关系。存续表现的远近三分,实际就是指示代名词的远近三称的演化。

五　回到绍兴话

绍兴话的存续表现的两式三分不知道和义乌话有多少相同。存续表现的远指分"睏哼"的"哼"分明就是绍兴话指示代名词"哼里""哼头"的"哼"。其余近、前两指,我就不知道是怎样来的。邹啸先生说他只在绍兴住过一年,其实我还只在绍兴住过两三个星期。绍兴话的存续表现到底怎样形成,还望有比我们知道得更深的人来阐述。别处有没有相同的语言现象也希望有人录出来比照。

〔附记〕　指示代名词在有的语言中是分得非常繁细的,如雷威卜鲁在《低级社会的意态》的《原始人的语言》一章中,就引有远近分成七八种之多的例(该书对于"一般地说,关于时的东西最初常用适合于空间关系的种种语言来表现",也有颇详细的说明)。但最普通的是近远两分,次普通的是近、前、远三分,或说近、中、远三称。上文写成后隔了一日,义乌邻县的东阳县的话,也由慕晖先生和二三同乡人判别定了有近、前、远三定称。近称用"葛",前称用"non",远称用"农"。如指示地方,就近称用"葛脚",前称用"non脚",远称用"农脚"。只是用法上没有分得义乌话那样明白清楚。义乌话里的三称,指示代名词以前称的用处为最广泛。除出特有远近可指的东西,须照文中指出的区别分别用"n"、用"面"、用"同"指示外,遇到可用普通所谓泛称的地方,常是用前称来指示,并不用远称,也不用近称。例如普通话里用做发语词的"那个""那个",在义乌话里就常是说"面个""面个"。再如普通话里说"太那个了"什么的,用"那个"的地方在义乌话里也常是用"面个",如说"忒面个勒,忒客气勒"。这在存续表现的时候也有类似的情形,也是用"面"的机会比较多。用"面"的时候带的指地方的意味比较轻。不晓得别处地方怎样。

(《译报》副刊《语文周刊》第九期,
一九三八年九月七日。署名:雪帆)

谈动词和形容词的分别

一

邹啸先生的《语文十六问》里曾经提出"动词的定义要修改么"一个问题,这作为对于一般传统的动词定义的怀疑是很有讨论的价值的,前天和夏丏尊先生谈起,夏丏尊先生翻开《文章心理学》上所引的下面一段话给我看,也认为很可以考虑。那段话说:

> 将那属性作为流动的来描写的时候,就是动词;将那属性作为固定的来描写的时候,就是形容词。

我因为他的话引起,就将国内文法界的情形略略调查了一下,写成这一篇简短的文字。

二

对于动词普通多是把它跟形容词对照起来看。如马建忠先生把动词叫做动字(词),把形容词叫做静字(词),就是依据对待关系而起的两个名词,我们假使也把动词和形容词作为互相对待的两种词类看,它们之间可以分别之处大体不出这二点:

（一）陈述的功能,
（二）表现的内容。

一般流行的文法,多从(一)点着眼,以有没有陈述的功能作为动词和形容词分别的标准。所以将词类划作实体词、述说词、区别词、关系词、情态词五个大类的时候,会把动词归入述说词,就是说:动词是有陈述的功能的,"他去,我来"一类陈述的用法是它的常态;又会把形容词归入区别词,就是说:形容词是没有陈述的功能的,"长桥,高岸"一类简别的用法是它的常态。这完全是西洋一般的文法的翻版。动词、形容词的定义,如说"动词是用来叙述事物的动作或状态的","形容词是形容名词的",也完全是西洋一般的文法上定义的翻版,行用既久,好像也并没有十分不便,平常也就马虎过去了。据实说来,中国语文的动词形容词的用法和西洋的实际并不完全相同。西洋的语文里形容词不能单独做陈述语,中国语文里并不如此,以中国的语文来说,例如:

　　山高月小,水落石出。

"落""出"等动词可以做陈述语,"高""小"等形容词也一样的可以做陈述语,而且其间并没有自然不自然的差别。反过来说,例如:

　　狡兔死,走狗烹,飞鸟尽,良弓藏。

"狡""良"等形容词可以做简别语,"走""飞"等动词也一样的可以做简别语,也是其间并没有自然不自然的差别。照中国语文的情形说来,要从有没有陈述的功能一点来划分动词和形容词的界限实际很有困难。所以也曾有人另辟途径,从表现的内容上去求两种词类分别的标准。

三

国内文法界走这条路的一共有两个人。一位是刘复先生,所说见他所著的《中国文法通论》(一九一九年出版),一位是金兆梓先生,所说见他所著的《国文法之研究》(一九二二年出版)。两位之中有一位(就是刘复先生),已经在他后来著的书上收回他自己的话,现在只剩下了一位支持着那一说。

这说将动词和形容词合称为"相词"或"品态词"("相词"或"品态词"是与"体词"或"实体词"对待的名称,"体词"或"实体词"就是普通所谓名词代词)。再将相词或品态词分作两种:例如

　　山高月小,水落石出。

一句中,"高"和"小"是"山"和"月"所固有的或永久的品态,他们就叫它为:
　　"定相"或"永久品态词"(Permanent Attributes)。

至于"落"和"出",虽然也是表示着"水"和"石"的品态的,却是一时的现象,不久就要变动的,这种字,他们就叫它为:

"动相"或"变动品态词"(Changing Attributes)。

这里面所谓变动品态词,实际就是动词;所谓永久品态词,实际就是形容词。

四

我个人很同意于刘复先生在《中国文法讲话》(一九三二年出版)里批评以有没有陈述的功能分别动词和形容词的下面一段话:

> 主词必须是"名词"或"准名词"。语词(按就是陈述语,或述语)在欧洲语文中,必须是动词,或中间包含着一个动词。例如英语中
>
> The flower is red.
>
> 一句,"flower"是主词,因为它是个什么;"red"是语词,因为它是个怎样。但文法家不认 red 为语词,而认"is red"为语词,因为"red"不是动词,"is"才是动词("is"虽然不是动作,在文法上却应认为动词,所谓"同动词")。这种办法在我们中国语文中是说不过去的。因为在口语中,我们只能说:
>
> 花红。
>
> 不能说:
>
> 花是红
>
> 或:
>
> 花是红的。
>
> 即使勉强能说,"花是红"或"花是红的"的意义(至少是语气),也决不同"花红"一样。在文言中,更无从在"花"与"红"之间嵌进一个相当于"is"的字(如"为""系"等)。又如戏曲或俗曲中常有的一句:
>
> 出得门来,但见桃红柳绿……
>
> 你若要硬依了外国文法,改为
>
> 出得门来,但见桃是红,柳是绿……
>
> 那就连极不懂文义的"贩夫走卒"①也要笑你的。

---

① 引号是引者加的。

我觉得现在流行的以有没有陈述功能分别动词形容词的办法的确是可以修改的。再从表现的内容方面说,所谓动词是表示动作的、形容词是表示状况的旧说,也的的确确有修改的必要。关于这一点,陆志韦先生曾经写了一篇《汉语和欧洲语用动辞的比较》登在《燕京学报》第二十期。他以为动词是和形容词对待的,动词所表示的与其说是动作,不如说是变化,或是活动。他说:

> 欧洲文法免不了把动辞看作动作的名辞,这在欧洲语已经是很勉强了的。这个定义也许不是语言学所产生的,乃是哲学的回光反照。凡动作必有动作者。现象论和某种心理学不愿从这个立场出发者,在西洋是异端邪术和整个思想系统格不相入,按照汉语的句法,动辞简直不必代表 act(更怕是 Akt)。事物的变化乃是"变动不居周流六虚"的,不必是"作之君作之师"的创造。动字的反面是静字,verb 可是没有反面的。

又说:

> 动的反面是静。按照西洋人的心理,动作和关系不能属于一类,因为一是动的,一是静的。动辞既是代表动作的,当然不能又代表关系。汉语似乎指出中国人心理上的一种特性,以为关系是活动的。

动词和形容词不同的特征在乎一是动,一是静。就是雪村先生所谓流动和静止,也就是这篇文章的头上所引的所谓流动和固定。

我们综看国内文法界的情形,凡是着眼在表现的内容方面的,他们心眼中动词、形容词的定义大概可以用这样两句话来表现:

1. 动词是表示事物的变化活动的情况的词。
2. 形容词是表示事物的稳定静止的情况的词。

定义果真改为这样,牵动一定很多,必须详加考虑。至于雪村先生说的动中静态,静中动态,似乎还不十分难得说明。我们可以说它或则由于两类互相假借,例如"花来哼红";或则由于一类之中又有小异,例如"走"和"坐"同是动词,而且同是自动词,而有些方言中表现起存续情形来,却有前置和后置的差别,或许就是因为大同之中又有小异,"走"是"演进"的变动,可以仿照演进的他动词的用法;"坐"是"延展"的变动,它可以用的,别的带有延展性的字如形容词,也可以仿照它用。但动词中间要分别演进和延展的地方到底有多少,还得调查。我们现在还只知道在说明跟"在"字有关的现象上有必要,而说明跟"在"字有关的现象时,是不是真像刘复先生在《中国文法通论》四版附言上说的,例外又有例外,单是一个"在"字的用法他已经写成了一本小册子,还未必全无缺漏(附言上他已经画了三种图,举了三组用法),也是一个问题。

(《译报》副刊《语文周刊》第十五期,一九三八年十月十九日。署名:雪帆)

文法革新的一般问题

现在文法革新的气运已经形成,许多革新的方案已经先后提出,而且彼此之间已经有了相当的接触,想必可以展开精密的讨论。在展开讨论之前,有几个比较一般的问题我想提出来谈谈。谈时想多涉及东华和兆梓两位先生在本刊上提出的两个方案里面的主张,就作为我对于他们两个方案的初步意见,要请他们两位多多指正。

一 想把文法革新到怎样?

对于这个问题,有两方面的看法:第一,从体系的属性方面看;第二,从普遍性和特殊性的关系方面看。从体系的属性方面看,凡可以算是一个体系,或说可以算是好的体系的,照理,应该具有妥帖、简洁、完备这三个条件。而我们现在所用的文法,据一般革新者看来,却还不曾具备这三个条件。例如一般以有陈述功能的为动词,没有陈述功能的为形容词,而实际在我们中国的语文中,形容词,至少是性态形容词,都是有陈述功能的,把这有陈述功能的说成没有陈述功能,便是一个不妥帖的例证。因为把有陈述功能的说成没有陈述功能,等到要讲它的陈述功能时,便又不得不转弯抹角,说这是形容词变成动词了,就又成为不简洁的例证。过去文法中不简洁的例证极多,除出本来不必转弯抹角而竟转弯抹角的之外,还有许多地方犯着重复的毛病。例如

水流　流水

这两个"流"字,普通都是对于前一"流"字既说它是述语,又说它是"动词";对于后一"流"字,既说它是形容的附加语,又说它是"形容词",这也是不简洁的一个例证,可以说是犯了重床叠架的毛病的。像这类的毛病,以后革新的文法或者也难祛除光净,但必竭力求其减少。例如刚才说过的一个例,倘照兆梓先生的提案,把"流"字只作为一种语部的两种用法,说明的结果依然相同,而说法上便可

以少说一层词性的变动，就简洁得多了。至于不完备有遗漏的地方，当然也很多，东华先生在《提议》文中已经约略说到，过去刘复先生也曾在《中国文法讲话》中说过"现在的中国文法，还是在一个有待于完成的时期之中。所以，要是我们碰到无例可说或无理可解的地方，其中也许是当真的无例无理，也许是有例有理而尚未为我们所发见"的话，也可以扩展我们的眼界。我们要革新文法必得把现在文法里的一切不妥帖、不简洁、不完备的地方一律革除。这并不是轻易的事情，只有大家合力来一点一滴地做。谁能够把现在的文法改得妥帖一点，简洁一点，或者完备一点，谁就对于文法的革新有贡献。在这一方面，东华先生的主张颇为鲜明，旁人想也没有异议。

至于在普遍性和特殊性的关系方面，可就暗暗之中有些不同的意见。有的侧重在特殊性，最果断的是东华先生，他是主张纯粹"国化的"，他想"建设一部国化的文法"。另一方面则有人相信一般文法成立的可能性，企图建立起一个共同的间架来，可以用一个间架来讲一切文法，讲英文就是英文法，讲中国语文就是中国文法。但是东华先生一面仍想建起一种间架来"可通用于文言和语体"，可见他在一国的语文之中，仍不彻底注重特殊性，要是彻底注重特殊性，就连语体文法和文言文法也非分开不可了。我们固然反对一般不顾我们中国语文的特殊性的所谓模仿文法，但是要不要反其道而行之，把它改成全然不顾语文的一般性的特殊文法，或者折中于两者之中，设法建成一般特殊统筹兼顾圆融无碍的文法，实是各人意见并未一致却很可以讨论的一个问题。

二　该从什么地方着眼来抉择各种方案？

现在已经提出的各种革新方案，有将语部分成四部的，有分成五部的，有分成七部的，也有分成八部的。这些分部该从什么地方着眼去抉择？普通文法书上都把文法研究分成"分部"和"析句"两步工作。就旧文法来说，分部就是把词指出是名词，是代名词等九种词类；析句就是把句子析成主语、述语、宾语、补足语、形容附加语、副词附加语六种成分。我们讲究抉择问题，第一个会碰到的就是两步工作到底要不要分的问题。对这问题，现在兆梓先生和东华先生之间就有着不同的意见。兆梓先生以为"一是基本观念，一是基本观念的配合，原是两事，不是一事，不必混为一谈"（《炒冷饭》），认定了两步工作必须分开。而东华先生却以为"西文法有分部和析句两步工作，中国字因无形体变化，分部一步就不能不依附在析句工作内"（《总原则》），认定了两步工作不必分开。而从实际一考查,东华先生在《同动词》文中就曾离句指出"非,入助词;有,入言词;无,入助词"等一些例,仿佛暗中已经承认了离句也有分部的可能。再从句子上看,句中也实在有职务不同而词性一致的地方,例如"张生作文"一句中,"张生"和"文",职务虽然不同,词性却是一致,并不像"君,君;臣,臣;父,父;子,子"那样,有一个表"外延",一个表"内涵"的差别,倘不另有一步分部的工作,"张生"和"文"的异点固然容易指明,同点却就不免有些难以指出的困难。所以据我的观察,分部析句两步工作还是要分的。不过要使两步工作格外互相配合,要使两步工作尽量不相重复罢了。这就碰到了讲究抉择上的第二个问题:我们怎样才能使这两步的工作互相配合,并且不相重复呢?我想,这可以采用东华先生提出的一个总原则,看句中的职务。要看句中的职务,第一就得研究词在句中的职务到底有多少种。据现在一般的说法,句子共有主语、述语、宾语、补足语、形容附加语、副词附加语六种成分,这意思就是说:词在句中共有这样六种职务。这等职务要不要从新分过,我以为是一个比之区分语部(就是词类)更其重要的问题,语部的区分是必须和这些职务上的区分互相配合的。职务一经划定,分部就有了定准,就容易进行,于是现在已经提出的各个新案,这点应该采取哪一个的,那点应该采取哪一个的,也便容易抉择了。例如,王力先生主张形容词和副词不必分,孟起先生也主张形容词和副词不必分,我们要决定采不采取这一提案,就可以先看句子的职务上形容附加语和副词附加语要不要分,假使决定这两种附加语一定要分,则我们对于王孟两先生的提案便只有加以否决;假使决定这两种附加语可以不分,则我们对于王孟两先生的提案也就连带可以附议。再如名词和代名词,现在有些提案是主张不分的,如兆梓先生合称为实体词,而仍将名词代名词作为次级的区分,如孟起先生合称为实体词而竟不再作次级的区分,也有人合称为名词,当再作次级的区分的时候就称原来的名词为本名词,原来的代名词为代名词,另外也有仍列名词代名词为两部的,如王力先生。要决定采用哪一提案,也应该先看哪一种提案更与句中的职务的分配相适合,假如认定名代在句中的职务大体是无差别的(实际正是这样的),就可以采取名代合部的提案;再有小部不能不分,也只要再作次级的区分就算了。一切的语部,倘使都像这样和析句互相配合地安排起来,我想至少可以安排出两种比较简洁的结果来。一种是语部不致无目的地分。如过去名词中有所谓有形名词和无形名词的区分,这从句子的职务上看来完全是无谓的,固然已经消灭了。但在别的地方,例如形容词,也还留有虽非无谓却也近于无谓的地方。像本刊上的两个提案主张把形容词的性态形容词的一部分提出并入动词,就是一个大进步,比旧的好得多了。性态形容词和动词合并之后叫做什么呢?叫做言词呢,还是叫做相词?我以为这不是一个名称问题,乃是一个看法问题。以看法论,我想附议相词一面的提案。也许名称还可以改得通俗一点,比方说用"情状"两个字。不过无论用"相词",用"情状词",指的都是这一部类的语词所有的经常性质,不是这一部类的语词在句中的职务,职务可以让标明职务的类别去担任。这样划开职务,第二种结果便可以把两步工作划成不致重复地做。例如:

水流　流水
花红　红花

四个例里的两个"流"字两个"红"字,我们就都可以说它是相词或情状词,不必再说语部变动,不过用法有点不同,一是用做述语的,一是用做形容附加语。兆梓先生在《国文法之研究》里的计划好像便是这样的。

　　以上所谈,虽然多是关于新案的抉择,实际就是一个新案的体制问题。新案的体制,据我的拟议,仍当分做分部和析句两部,以析句合其纵而以分部连其横,纵横两面都有详尽研究,才可使词的经常性质和临时职务的关系无不彻底明了。革新的步骤,我以为既然新案想以词在句中的职务做中心,就当首先查明词在句中的职务究竟有多少。一向流行的主述等六职说是否可以沿用?假如认为可以沿用,至少过去所用的一些累赘的名称,如什么"形容的附加语""副词的附加语"之类总当加点改革。这是只要有决心就非常容易的事情,比方说采用因明学里的"简别"一个词,制成"简别语"一个词来代替"形容的附加语"一个词,再采用严氏的"疏状"一个词,制成"疏状语"一个词来代替"副词的附加语"一个词,也便可以将就使用。此外,六种职务的交互关系,过去所阐明的,也还觉得有些不够的地方,还当从新研究。这方面的研究,如果能够有进展,分部的事就有了定准,就容易决定了。

(《译报》副刊《语文周刊》第二十六期,一九三九年一月九日)

从分歧到统一

本刊最近几期所讨论的都是关于文法革新上的一般问题。对于文法的一般问题表面上虽然好像意见很分歧，其实早已埋伏着可以统而为一的倾向。尤其是上一期，对于态度方面已有一种趋向统一的新表示：东华先生好像说"若是采取彼此商讨的态度"就不致被人误解为"笔战"（《我的收场白》）；光烝先生也声明"可以竭力克制求胜的心理，时时准备着屈膝在真理面前"，"但愿我们的辩论，不会流为经院式的辩论"（《问题的简单化和复杂化》）。我相信本刊的讨论，以后一定更加会有毫不固执成见的座谈式的风度。现在就将我认为必须统一起来、又可以统一起来的问题，在这座谈中提出来谈谈。希望这些问题，不久就能得到一致的有建设性的结论，再进而讨论别的更具体的问题。

一 一线制和双轴制

普通文法都把研究的范围划成两个部门，一个可以叫做词论，一个可以叫做句论。词论也有一些人称为语论或单语论（从分解方面看，就是"分部"论）；句论也有一些人称为措辞论或连语论（从分解方面看，就是"析句"论）。词论部门所研究的是造句的材料，就是所谓词类或语部的构成和性质；句论部门所研究的是材料组成句子的法式，内容大体就是所谓成分或辞项的种类、序次和照应等。这两个部门是互相依赖（或说"依存"）的，两个部门所讨论的内容常有交互错综的关系。因此我颇想把这种文法的体制称为"双轴制"。所谓双轴就是说词论好像是横轴，句论好像是纵轴。不过这种说法，恐怕大家看不惯，现在暂且用 A、B 两个字来代替。讲习这种体制的文法时，序次总是 A 先 B 后，如下表：

  A 词论： 词类或语部（名词，代名词……）。分解方面：分部。
  B 句论： 成分或辞项（主语，述语，宾语……）。分解方面：析句。

我们中国文法的旧制也是用的这种双轴制。东华先生认为旧制所以不灵，就是这种双轴制在作怪，中国字又没有形态变化，A 轴是多余的，为求简易起见，可以把它并进 B 轴里去。所以他说"西文法有分部和析句两部工作,中国字因无形体变化;分部一步就不能不依附在析句工作内",又说"否认词的本身有分类可能,就是认定词不用在句中便不能分类"(《总原则》)。他既把两轴并成一轴,就把那只有一轴的,叫做一线制。这是他的一线制主张的大概。我认为一线制是一个大胆的尝试,和旧有的双轴制比较起来,繁简相差简直有一半,假使能够成功,实在是一个非常可贵的新制。但自从展开讨论以来,我们已经发现它有三种可以讨论的地方:(一) 不够说明一切文法现象。例如"张生作文"一例,照一线制来分解,只能分解到"张生"名词,"作"言词,"文"名词为止,再要指出"张生"和"文"在句中的职务不同,就得添加"主名"(就是"主语"改称)、"客名"(就是"宾语"改称)两项,就上表看来,已经涉及双轴制。(二) 是光焘先生提出的,词和句在方法论上不好并合在一起。他根据西方语言学家的主张,认定分部和析句是建立在两种不同的原理上的,一属语言,一属辞白,词是语言的单位,隶属于语言世界,句是辞白的单位,隶属于辞白世界,不便并为一谈(《体系与方法》,"语言"和"辞白"原作"言语"和"言",这是新近商定的假定学语)。(三) 从普遍性和特殊性说,词的现象它那组织是比较有特殊性的,句的现象它那组织是比较有普遍性的,也以不并为是。句论的内容在不同的语文当中也没有极大的差异,大概可以挪借;词论的内容则彼此可以有极大的差异,非自己设法解决不可。研究任何一种语文的文法,都不能不拿它当做第一个难关打。我们试想,以模仿出名的《马氏文通》,为什么也会添出不模仿的"助词"一类来?许多革新方案为什么又都会集中精力在词类一方面?就是因为这里模仿不来的缘故。

根据以上三项结论,我们认定双轴制的存在实在另外有它坚强的根据,不致因形态变化的有无而存废,又旧制的不大自然也另外有它的根源,就是在词论这样组织有特殊性的方面也去模仿别人不肯自己用心缔造的缘故。东华先生的一线制的提出,可以算是另一极端对于这一极端的一个进攻。如今可以综合起来了。东华先生已经对我表示愿意撤回他的一线制的新体系,而且要我代他宣布。我以为这不是进攻的失败,乃是我所谓"一般特殊统筹兼顾圆融无碍"的综合的开始。以后我们可以合力来探索适合一般所分的辞项,又适合中国语文的特殊性的语部区分来代替旧有的区分。

二 文法学的对象问题

关于文法学的对象问题,光焘先生认定以广义的形态为对象。他说得最明显的是在《体系与方法》的一篇文章中。他说:"我以为中国单语的形态,并不能说是全无,不过所有不多,不足以区分词类罢了。其实英语也不是单靠形态来区分词类的。……东华先生否认词的本身有分类之可能,这是很对的。可是我以为词性却不一定要在句中才能辨别出来。从词与词的互相关系上,词与词的结合上(结合不一定是句子),也可以认清词的性质。……我认为词与词的互相关系,词与词的结合,也不外是一种广义的形态。中国单语本身的形态既然缺少,那末辨别词性自不能不求助于这广义的形态了。我以为文法学是以形态为对象的,是要从形态中发见含义"。后来他在《问题的简单化和复杂化》一篇文章中又说:"世禄先生只认'变形'为语词形态,未免把形态看得太狭了。我在《体系与方法》一文里,所以要用'广义的形态'一辞,来概括形态学上和措辞学上的现象,就是因为我不承认形态学和措辞学可以划分得开的缘故"。他这两段话里面,关于说明形态学和措辞学的关系密切、不好任意分离独立起来的地方,实在切当得很,我不想插加一个字,但其中说"文法学是以形态为对象"的一点,我以为颇可以讨论。因为我们根据中国文法的现象看来,用形态这一个词来指称文法学的对象是非常不便的。光焘先生用的"广义的形态"一个词,用在西文法中已经要包括措辞学上的许多无形的形态,拿来用在中国文法中,还要包括语词上"不足以区分词类"的"形态"以外的一切无形的形态,这不是无形态的成分占了大部分,而形态简直在若有若无之间,我们为什么还要用"形态"这一个词来指称文法学的对象呢? 光焘先生既然常说词和词的关系,词和词的结合,何不就用"关系"两个字来代替"广义的形态"这五个字? 为和别的关系分别起见,例如和逻辑所研究的"关系"分别起见,我们可以在"关系"两个字上面再加上"表现"两个字做它的简别语,叫做"表现关系"。这样,我们就可以说文法学是以表现关系为对象的。这在讲中国文法时固然说起来顺一点,就在讲有形态变化的语文的文法时怕也还是说得过去的。我们不妨把那有变化的形态看做关系的表征。例如世禄先生提起的,英语里的代名词有主位、宾位、领位三种形态,我们就不妨说它是代表 A 轴上的代名词在 B 轴上有做主语、做宾语、做附加语三种关系的三种表征。(就是主语关系、宾语关系、附加关系的表征)。这种"表现关系"说固然略为带到一点以措辞学做中心的倾向,和那"广义的形态"说带到以形态学做中心的倾向有点不合,但我认为这是中国文法事实的要求,虽然和那传统有点不合,也只能从实接受。不知道光焘先生以为如何。如果也赞同这样掉过来,那就可以和他所认为很好的修正的"一个词不从它和别的词的关系上去看,便无法可以归类"

那句话综合起来,成为一致的主张。

三 研究中国文法应该注重哪一种现象问题

这是世禄先生提出来的。他的答案是应该注重语序。这在原则上,我们很赞同。不过注重语序是文法界一个有历史的旧风习,如今在文法革新的讨论中重新提出来,似乎应该有一些新规定,才不致带来以先那些不大自然的旧习惯。对于新规定,我希望展开热烈的讨论。我个人对于这方面的感想也相当多,现在作为例子举出两点来谈谈。

(一)对于语序硬分正变的习气 据我们研究的结果,中国语文里面凡是用内动词或外动词构成的句子,可以有叙述、描记等多种句式。多种句式之中用哪一种,是随说话人的意思来定,也要看语文的表现的可能性来定。虽然出现的次数有多少,并不一定就有所谓"正"所谓"变"。例如内动词可作叙述式,如说:

> 我从乡村来。
> 他站在云端里。

内中有一部分也可以作描记式,如说:

> 茶棚里"坐"着许多"工人"。
> 今天"来"了不少"客人"。
> 外面"走"进一个"人"来。

这种描记式不一定便是变式。单说变式,也还可以,但有人竟至还要改,改成所谓"正式"的,如黎著《国语文法》四十七页说:

> 这种句子,若改为正式的,便是:
> 许多工人"在"茶棚里坐着。
> 一个人"从"外面走进来。

那实在是说不过去。因为改成这样,就成为叙述"工人"和那个"人"的事情的句子,中心变成在"工人"和那个"人"了;而原来的句子却是中心在"茶棚"和"外面",是描记"茶棚"和"外面"有怎样情状的句子。原来的句子有原来句子的主旨,有原来的句子的句法(那是文言里难得见到的),这样一改便成了另外一个样子,和原来的主旨不对了。而且事实上也有决不可改的。例如《水浒》第二十三回里面有潘金莲自豪硬挺的几句话:

  我是一个不戴头巾男子汉,叮叮当当响的婆娘,拳头上立得人,胳膊上走得马,人面上行得人!

这几句话原是神气活现的,倘使照样改成所谓"正式"的,那不就成了:

  ……人可以(在)拳头上立,马可以(在)胳膊上走,人可以(在)人面上行!

那不是"正式"得神情全失,连意思也叫人看不懂了吗?

  (二) 对于语序发生神秘的幻觉 这可以举出本刊上面已经提过几次的《中国文法通论》四版附言里刘复先生对于"在"字的序次的研究来做例。那是他当作创造文法学应当注意的事项之一提出来的,他说得很有趣:

  第二是要精细。这是说无论什么事,便是很小的,也该彻底去追究它,总希望阐发到全无余蕴的一步。譬如讲一个表示位置的"在"字,若只说这便是英语的"at",法语的"à",那简直是讲等于不讲。我现在就以这一个字为例,看它的变化:

$$1\begin{cases}甲——我(在纸上)写字。\\ 乙——我写字(在纸上)。\end{cases}$$
$$2\begin{cases}甲——我(在门口)立。\\ 乙——我立(在门口)。\end{cases}[A]$$

这几个例,甲乙两式都是通的。但是——

$$1\begin{cases}甲——我(在书房里)写字。\\ 乙——我写字(在书房里)。\end{cases}$$
$$2\begin{cases}甲——我(在门口)看来来往往的人。\\ 乙——我看来来往往的人(在门口)。\end{cases}[B]$$

在这几个例里,就只有甲式可通,乙式是不可通的。这是什么道理呢?

> 我想了一想,觉得(A)组各句的"在",与(B)组各句的"在",虽同是表示位置,性质却全然不同。……

以后他就又画图又举例,举得很多,又设问道:

> 但这样就算讲得完备精细了么？远咧远咧！我若把我小册里的东西一齐抄出来,这篇文章不免"尾大不掉",看的人不免要头痛。而且即使完全抄出,也未必就能全无遗漏,所以只得暂且搁着。

这真有点像他自己说的话"顶着石臼跳钟馗",如果他不对语序发生神秘的幻觉,也许想了一想,就会想出一个很简单的区别来;不过是甲组各句的"在",表示主体活动的位置,乙组各句的"在",表示动作着落的位置。

据我看来,这都由于不在表现的本身的具体的整个的关系上考察,所以一个流于把文法现象看得太简单,一个又流于把文法现象看得太复杂。重提序次说,似乎不能不重提这类旧缺失。

(《译报》副刊《语文周刊》第三十三期,一九三九年二月二十七日)

回东华先生的公开信
——论文法工作的进行、文法理论的建立和意见统一的可能

东华先生：

我还是希望你来参加讨论，暂时也不要缄默。你差不多是这次文法革新讨论的发动者，革新讨论的有没有成就，你不会不关心，你是无论如何少不了要来参加的。现在摆在我们面前的有"立"和"破"两方面工作。你即使不参加"立"，也请来参加"破"。你曾经说：要写些文章来指出《马氏文通》的毛病，我觉得那是"破"的方面一件极重大的工作，你来做最适宜，希望你肯一身担起来。"立"的方面，以后有两件事要做：一是文法工作的进行，一是文法理论的建立。那也是头绪纷繁的，也要有人各自担起担子来，并且要有好多人手来参加。假定这些工作都有了眉目，那才可算文法革新已经告了一个段落，有人要歇手也听便，但我总希望我们始终合力从事，以我们的努力减少几分青年在语文学习上精力的滥费。想来你也一定很赞同的罢？

你说我"不免太乐观一点"是对的，我的确有点乐观，但不是无条件的乐观，我以为我们要努力。就拿文法的历史来说罢，我们本来也没有可以悲观的理由。在我们固然自己觉得很空虚，但别人正当我们中国是文法学的三大发祥地之一呢！所谓三大发祥地，第一个当然是希腊。现在的语部，有些就是希腊的亚里士多德(公元前三八四—三二二)手定的，历史长，影响也广。你说它"带着一点历史的和古典的文法的气味"，当然是文法学史可以作证的事实。第二个发祥地就是你说到的印度。史上说它形变论和构语论早已达到完成的境界，只因传到欧洲晚，对于前面一派的文法不曾有过根本的影响。第三个发祥地就要算到我们中国。主要的贡献，被推为在音韵学和语汇论方面。这是别人的推许之辞，是否可以承受，我们自然还得考虑。不过照你说来，我们只有虚词(就是你说的"词")和实词(就是你说的"名")两类可分，此外总不免削足适履，那么，我们中国早已有了虚实的论辩也就不能说是没有文法学了。我们所要自己觉得惭愧的或许在

你说的"部",过去的许多文法论确凿都是零零星星的漫笔,不成为"部"的。这不成部的原因,据我推想,除出可以在社会史上找求解释以外,还可以在语文学的本身上找出一点解释。例如伊尔姆斯勒夫(Louis Hjelmslev)在其所著《一般文法原理》中认为,"历时语言学最容易处理的是音韵,最难得对付的是配置。配置法的研究所以在历时语言学中发达最晚,便是为此"。总之,我以为我们中国没有"一部"比过去所有的更加完密的文法的缘故。我们可以从旁的地方去探求,不一定要在中国语文用不着文法或不可能有文法上去想。这当然又好像是太乐观了一点,我以为这乐观也不是毫没有根据的。我们果真不可能有文法,怎么还会可能互相达意呢?只要可能互相达意,我以为就不会没有文法,也不会用不着文法,只是我们语文的规律比较难以捉摸,我们用力又还浅,还未尽数发现它罢了。从现在起尽数地发现它,正是我们的责任。你也是逃不了这个责任的。

我最信服你说的"只要不是叫我们的语文去迁就文法"一句话,我以为这简直可以做从事文法工作和文法理论的人们的座右铭。对从事文法理论的人们或许还可以推演一句,"只要不是叫我们的语文去迁就学说"。学说也是不论中外要受我们语文事实的证验的,不能凭空架造。

谢谢你节译《韦白斯脱大字典》里说明"语部"的一段话给我们作参考。可惜我们不大看得清楚。据我推想,这段话的主旨是在说明当今文法的思潮已经从意义和形变的注重转向到 function 的注重。function 这个字,你是从常译作"职务"。它在科学上很有一点历史。它先走进了自然科学,代表随着别个变量而变的一个变量,普通译作"函数",有时也叫"应变数"。随后它又走进了社会科学,表示互为因果的一种交互关系。这已经有许多文化人类学家译作"功能"。我曾经看见吴文藻先生写的一篇文章里面有一段话说这个字走进社会科学的历史颇清楚,现在节录在下面:

> 自十九世纪末叶以来,自然科学方法论之因果概念,亦经一大转变,此转变与功能概念之发生有很重要的关系。前此的学者总以为"原因"与"结果"是两种或两种以上的现象间之片面依赖的关系。事实上,这样的因果关系在任何社会现象的关系中,几乎从没有发现过。照例说,社会现象都是互相依赖的。为了校正这种谬误起见,遂有社会现象间的"功能关系"(functional relationship)之概念,起而替代片面的因果关系。"原因"与"结果"的概念,必要用"变数"(variable)与"函数"(function 此处用作表达分量的名词)的概念,

取而代之。(见《民族学研究集刊》第一期,商务版,第一二六页)

近来它又冠冕堂皇地走进了文法学,仍旧代表着因素和因素间的互相依赖互相对应的交互关系。它在文法学中也可以称为"功能"。我推想那字典说的就是注重这种"功能"的倾向,那实在是一个"较新的倾向",但不见得同一线制有多少关系。假使你也倾心这种较新的倾向,我们不妨就注重这种"功能"来研究来讨论我们的文法,我想大家都会同意的。你说:"因为中国人没有科学的头脑罢?"那当然如你下文答案所含的意思说:不是的。不过我们语文工作的有些部门还未和科学通声气,的确也是事实。就说文法学罢,别人早已在应用函数概念,运用科学方法了,我们呢?我们还在叫《文心》的所谓"位"和文法学上的所谓"格"(参看黎锦熙《比较文法》绪论,第二页)扭做一起!我很希望这次讨论,能够推动语文学术接近科学一点。像你在这封信里举荐的虚实两分法,就是在科学的说述文法时很有用处的。不过我总想向朋友们献议采用较现代的名称,仿佛你也当面说过,可以同意。在这里,我想提议采用你说到的《国语学草创》里用的"关节"一个词,添上"部"字叫做"关节部"来替代"虚词"(就是你说的"词"),另外添起一个"体干部"来代替"实词"(就是你说的"名"),不知道你和光焘先生以及旁的几位先生同意不同意。你在"词"和"名"两个字下注的 morphème, sémantème 两个词在一般文法学上译做"形态部""意义部",那是带点形态论倾向的说法。假使为了中国语文的特殊性,大家同意不采用那说法,似乎不如就用"关节部""体干部"两个词做替代。

我相信意见是不会不可能统一起来的,只要大家看重语文事实,又采取彼此商讨的态度,像座谈似的,肯各自发挥各自所长,又不坚持自己意见不肯让人补充。你和光焘先生的这次辩论,很像以前有些创作家和批评家之间的辩论。他严守批评家的立场,对于"我实在是去过的"一个例句,也没有提出他自己的创作,只是批评说,图解得出,问题还是有的。他在《一点声明》里说的也是黎的主张,不是他自己的主张。他既然明白声明"并不袒黎",看来他也不见得就赞成黎氏所谓有"是"字的,句末的"的"便是代名词;无"是"字的,句末的"的"便是助词那一种说法的。对于这个"的"字,我倒有个拟议,和你的断决相差无几;假使你仍来参加讨论,我可以写出来请教。敬祝健康!望道。二月二十八日

(《译报》副刊《语文周刊》第三十四期,一九三九年三月六日)

漫谈文法学的对象以及标记能记所记意义之类

一　文法学的对象——表现关系

关于文法学的对象,我们总算已经有了大体一致的趋向。光燾先生在《建设与破坏》一文中也表示赞同以表现关系为对象的拟议,我觉得很欣幸。不过他以为表现关系一语的含义必须限定,不可一再引申,失掉本意,并且拟议在索绪尔(Saussure)所说的"能记"和"所记"两个部分间有所指定,他的指定是属于"能记"部分,问我能不能同意。我觉得这也是我们应当详细商谈的。现在就在这里谈一点。我现在所谈的大体还是我在《从分歧到统一》中提出表现关系一语来的时候实际已经包含在上下关系中的话,不过为了光燾先生谈起"标记""能记""所记"以及意义等等,我也就要说到这些项目,范围不免比原来的阔大一点。

二　标记跟能记所记

语言的确是标记的体系。一个语也的确就是一个标记。正如嵇康所谓"夫言非自然一定之物,五方殊俗,同事异号,趣举一名以为标识耳"(见《声无哀乐论》)。因为语言是标记的体系,我们研究语言照例不能不考究标记的界说、成分、功能等等。我们知道,凡是标记都由两个部分组成,一个部分是感觉映像,一个部分是事物概念。我们学习一个标记,必须学到,除出感官所接触的感觉映像之外,还能知道感觉映像所标指的事物概念才算达到完成境界;倘只知道感觉映像一个部分,还不能说是已经知道了标记。例如我们走路看见警察开红灯,倘只知道有红灯这一部分感觉映像,而不知道它是标指危险叫人停住的概念,就还不能算是已经知道了红灯的标记。对于红绿灯等标记如此,对于语言标记或语文标记也是一样。在语言上,所谓感觉映像就是声音,所谓概念就是意义。对于语言,也要不止知道甲一语音,还能知道甲一语音所标指的意义,方才算得完全知道甲一语言记号。但是我们说一"标记"时,惯常只指着感觉映像一部分说。如斯滤平(L. S. Stebbing)女士在《实用逻辑》中说的,"我们现在应该很明白:记号(Signs)的性质。一个记号是指示着它自身以外的事物的"(商务版高译本第十页)。这就是单指标记的感觉映像一部分为标记的一个实例。因为单指标记的感觉映像一部分为标记,结果就把标记的概念一部分挤到标记外面去,当做所谓"它自身以外"的东西。而结果还是不能不像她在后面郑重声明的"红色的灯光,苟非经某人解释为指示着某事物,则不能成为记号",仍旧要把标记的概念一个部分拉回来,当作标记的一部分。我们平常说"标记"时,总是这样徒劳伸缩往返的。为免除这样的徒劳伸缩往返,以及防止误把标记的感觉映像部分当作标记的全体,因而在语文教育上造成了杜威所谓"标记的危险"起见,我个人是非常赞同索绪尔所提倡的那一种说法的,他用"标记"一语标指全体,另外用了"能记"和"所记"两个学语各自标指感觉映像和概念这两个部分,这样改过来可以使得它们彼此之间的关联,以及它们和以它们为部分的全体之间的关联,都格外地明白清楚。至于内容,当然还是和斯滤平女士说的一样。

三 标记关系和表现关系

标记有种种特性表现在所谓标记关系上。标记关系有所谓内部的和所谓外部的。标记的内部关系就是标记的组成部分能记和所记的关系。这里主要的特性,就是所谓随宜性。能记和所记之间并没有必然的关系。我们所以不能指鹿为马,全系社会的惯习拘束作用。这在研究语文变革时很重要,对于文法讨论却不大有关系。讨论文法时最有关系的是标记的外部关系。所谓外部关系就是一个标记对于别个标记的关系。

要从标记上限定表现关系的含义只有在这外部关系上加限定。不过可能的说法有两种;一种是专从标记的能记部分上加限定,这就是光焘先生提出来问我能不能同意的;还有一种是从标记(包括能记所记)的外部关系上加限定,这就是我在《从分歧到统一》中提出"表现关系"这语来的时候的本意。因为我当时提出表现关系这语来,是用来指示"词和词的关系""词和词的结合""一个词和别的词的关系"等等的,"词和词的关系"等等,当然就是标记和标记的关系,也就是一个标记对于别个标记的关系。索绪尔说能记的主要特性,就是所谓线条性,它的因素要一个一个挨顺蹦出来,造成一串联。而语词和语词的关系,或说标记和标记的关系却不是可以杂乱无章地排成一串联。必须按照某种特定的顺序排列起来,才能成为一句话。各个个别的排列,虽然听凭各个人自由决定,但那排列的基本方向，却不能不受所用语言所有的习惯指挥统御。这也算是标记的外部关系上的一种重要的特性。语言的标记所以成为体系就是为了它有这种特性的缘故，文法学所探索的也就是标记的这一种特性。

四 表现关系和意义

这样说来，表现关系也可以说就是标记组织，它是跟标记的能记所记，也就是跟声音意义都有关系的。我们固然不能排开声音来研究标记组织，却也不能隔离意义来研究表现关系——就是研究文法。不过所谓意义在这里应该分成两种。一种是具体的特殊的意义，如说椅子是"人坐的用具"，椅披是"披在椅子上的装饰品"，推究这种意义是辞书的工作，不是文法学名分应当参与的。另外一种是抽象的一般的意义，如说"椅子""椅披"都是主语，或说"椅子""椅披"都是名语，探讨这等意义正是文法学的任务。光焘先生深怕表现关系和意义混淆，想必是深怕表现关系和这里说的第一种意义混淆。要是这样，我们的意思就没有什么出入。我看，这个混淆问题，实际是两种意义的混淆问题，不知道光焘先生以为如何。

（《译报》副刊《语文周刊》第三十六期，一九三九年三月二十日）

文法的研究

关于文法,过去曾有种种的说法,现在我们可以说文法就是组织字语为辞白的规律。文法的研究就是辞白的组织的研究,也就是字语如何参加组织的研究。我们总都记得许多单立的字语。单立的字语如"山"如"河",只可指事称物而不足以传情达意。传情达意必须配合字语,组织为辞白,如说"还我河山"。

每一字语可以分析为四种因素。第一是声音,第二是形体,第三是意义,第四是功能。说得简单点,可说字语都有音、形、义、能四种因素。四种因素之中,形体一种因素是文字上独有的,其余三种因素都是语言文字上共有的。这音、形、义、能四种因素,可以分为两类。声音和形体是可以耳闻目见的;可以称为形态;意义和功能是要凭借可以耳闻目见的形态才得心领神会的,我们可以称为品格。形态是外显的,品格是内蕴的。

内蕴的因素之中有一个是功能。所谓功能就是字语在组织中活动的能力。例如我们可以说"开水""水开",一个"开"字用在附加组织,一个"开"字用在统合组织,便是"开"字在组织中有这两种活动的能力,也就是"开"字有这两种功能。另一方面,我们不能说"吗开""吗水",便是"吗"字在组织中没有这种活动的能力,便是"吗"字没有配置在"开""水"两字前面的功能。这种功能的区别,我们的古人似乎早已见到。《穀梁传·僖公十六年》有云:"陨石于宋五……后数,散辞也……六鹢退飞过宋都……先数,聚辞也。"所谓聚散,可说就是功能的区别。

将形态和品格的分别放在心头去看,字语两字之间也就可以看得出用法略有区别。这区别在钟嵘的《诗品》中已可见到。《诗品》说:"句无虚语,语无虚字",就已经把字和语分作两方面的称谓了。字是形态方面的称谓,语是品格方面的称谓。如说"孟子见梁惠王",论形态,有"孟""子""见""梁""惠""王"六个形态的单位,我们就说有六个"字"。论品格,却止有"孟子""见""梁惠王"三个品格的单位,我们又说止有三个"语"。一个"语"和一个"字"不同。一个"语"有止一个"字"构成的,如"见";也有两个"字"构成的,如"孟子";也有三个"字"构成的,如"梁惠王"。讲"字"的个数,是就形态说,就是就声音和形体的整一数目说;讲"语"的个数,是就品格说,就是就意义和功能的整一数目说。"字""语"的区别,普通的文法书也说到,不过他们都把"语"沿袭日本的旧译称为"词","词"在中国文法史中专指虚字,不便混用。

  文法学是研究辞句组织的。我们研究辞句的组织,虽然不宜偏废字语的形态,却当十分注意字语的品格。在品格的意义和功能两个因素之中尤当注意功能。例如或说"孟子见梁惠王",或说"猫捉老鼠",两辞的声音和形体全然各别,两辞的意义也不相同。而论组织,却自有相同之处。"见"和"捉"都是标示活动情状的语。"孟子"和"猫"又都是标示物的语,在辞中都为标示发动者。"梁惠王"和"老鼠"也都是标示物的语,与"孟子"和"猫"相同,所不同的在乎它们在辞中都为标示受动者。倘把标示发动者的称为主辞,标示受动者的称为被辞,把标示活动情状的称为谓辞;则两辞便成同是由"主辞——谓辞——被辞"一个格式组成的辞句。这相同,就辞句说,固然可说由于各个分子相互间的组织关系相同,倘就字语说,却就是由于彼此相当的字语彼此的功能相同。即"孟子"和"猫"同有能力做主辞,"梁惠王"和"老鼠"同有能力做被辞,而"见"和"捉"又是同有能力做谓辞。可知功能对于组织有极其密切的关系。

  功能的观念是极其重要的,有些字语的意义也要从功能上去说明。我们对于字语从宋朝以来就有所谓实字虚字之分。实字虚字之分,马建忠氏在《文通》中定为有解无解之分。马氏说:"凡字有事理可解者曰实字,无解而惟以助实字之情态者曰虚字。"有解无解之说,如今不无异议。以为凡字总有意义,既然总有意义,便不能说什么无解。话也不错,不过马说也不为无见。我们如有功能观念,把马说略为改动,说所谓无解的意义就是字在组织中的意义,就是字的功能,马说自然还可以存在。所谓虚字实际都是功能极大而意义不很明显的字语,凭空讲究意义极其困难,很容易认为无解,甚或认为无用可删,必得注意组织,认识它们在组织中的功能,才知它们实在有大用,研究文法的人必须在这上面大用工夫。

  文法学是研究辞句的组织的。辞句的组织和字语的功能有连带的关系。功能是语参加一定配置的能力,组织是由功能决定的语和语的配置。组织要受功能限制,功能要到参加组织才能显现。当语未参加组织,加入一定的配置的时候,它的功能是潜藏的,只有见过用例,知道底细的人知道的,这就是所谓记忆的事实;及既参加组织,就同别的语结成一定的关系,那关系是显现的。这显现的关系,我曾称它为表现关系。倘用表现关系一语,文法学也可以说就是研究表现关系的学问。

表现关系极多,我们可以大别为两群。一群是语和语配排,连贯的关系。例如"孟子见梁惠王"一辞中"孟子"和"见"和"梁惠王"的关系便是一种配排,连贯的关系。这是一种纵的关系。这种纵的关系我们称为"配置关系"。还有一群是语和语并列,协同的关系,如不说"孟子见梁惠王"而或说"孟子见齐宣王",这"齐宣王"和那"梁惠王"的关系,便是一种并列、协同的关系。这是一种横的关系。这种横的关系我们称为会同关系。这纵横两群关系可以包罗尽一切语,一切语也必被编织在这纵横两群关系之中。我们研究纵的一群关系就有所谓辞项的分别,如所谓主辞、被辞等,研究横的一群关系就有所谓语部的区分,如所谓名语、代语等。文法学必得究明这纵横两群的所有关系才算尽其职责。近来有人因中国语文区分语都颇不容易,倡为语部区分不甚重要之说,那不过企图减轻研究一切会同关系的责任罢了。

文法的研究,就语部问题而论,国内学者还多徘徊于形态中心说与意义中心说之间。两说都有不能自圆其说之处,鄙见颇思以功能中心说救其偏缺。此意前在参加文法革新讨论时已露了一点影子,兹拟粗描其轮廓,以教务繁忙不及展开,仍不能详也。(一九四二年十二月八日寄《读书通讯》发表)

(《读书通讯》第五十九期,一九四三年二月一日)

"语"和"语团"论略*

一　文法的基本单位——语

讲究语文,要注意单位,如果不注意单位,很容易把单位以上的现象和单位以下的现象牵合,或把单位以上的现象和单位以上的现象牵合,甚或把单位以下的现象和单位以上的现象牵合,形成交错杂乱,不能显出语文上可能得到的简明条理。单位可以不止一种,其中基本的可以称为基本单位。

所谓基本单位,就是标准个体,就是我们根据需要,逐步分析对象,分到极限所得的个体。需要不同,分析的方法和分析的极限都就会有彼此不一致的地方。譬如同是一篇演说辞,逻辑学可以有逻辑学的分析法,语音学可以有语音学的分析法,两面分析的极限也可以彼此不同。逻辑学大概先分析为论式,再从论式分析为命题,更从命题分析为辞端。语音学或者也从相当命题的句子分析起,而然后却要分析为呼吸群,由呼吸群再分析出重读群,再分析为若干音节,再由音节分析为若干音素。逻辑学普通分析到辞端为止,就以辞端为基本单位;语音学普通分析到音素为止,就以音素为基本单位。

文法学上却以语(word,以前译作"词儿")为基本单位,以语为标准个体。语是什么,文法学上必须有所说明。但这是颇难说明的东西。在文法学上至今还没有一致的说法。现在国内流行的说法,人致有下列几种:

一、语是意义的最后的独立单位。(刘复《中国文法通论》第四十四页)

二、语是具有单纯观念,而文法上有语部关系的独立作用的语素。(周辨明《词的界说》,《科学》第八卷第四期)

三、语是言语中间一个一个观念的表示。(黎锦熙《国语文法》第三页)

四、语是表示整个观念的。(《中国话写法拉丁化》第二十九页)

这些说法中间显然有彼此不一致的地方,如有人提出"独立",有人不提出,

---

*　这里所说的"语",现在称为"词";"语团",现在称为"词组"或"短语"。——编者注

又有人提出"单纯",也有人不提出。语究竟是独立的还是不独立的？究竟是单纯的还是不单纯的呢？倘没有补充说明，就可以发生疑问。何况疑问还可以更进一步涉及语究竟可不可以从意义上去辨别，要从辨别的标准上重加考量。

二　语的三方面的说明法

语是什么？回答这个问题的话是无数，却大体可以分作三个倾向：(1)从声音上说明的倾向；(2)从意义上说明的倾向；(3)从组织功能上说明的倾向。这三个倾向的说法，据现在所已得到的知识看来，前面两个倾向似乎都有难以维持的困难。

试从声音上说罢。声音上可以立说的论据不过两点：一是声音多少，一是声音断续。但成语不成语并不与声音的多少有关。如"纸"一音节是一个语，"玻璃"两音节也是一个语，并不能依据声音的多少判定是一个语是两个语。再如"戒严"和"戒烟"，"织补"和"织布"，不但声音多少相同，而且非常近似。但也是一边是一个语，一边是两个语，并不能依据声音多少，判定是一个语是两个语。从声音多少上判定既有难点，这就有人转而从声音的断续上判别，想从声音断续上来维持从声音上说明的倾向。但这倾向在这方面也仍然要遇到难以支持的难点。例如古文"率性之谓道，修道之谓教"，普通的读法都把"之"字连下作一顿，共计四顿，我们也不能因为是四顿，就认为四个语，所以从声音说明的倾向始终有难点。声音方面，无论是声音的多少，还是声音的断续，都不能作为判别语的个数的标准。从声音方面探索的结果当然也不是完全没有贡献，但那贡献是消极的，不过证明语是文法的基本单位。但并非就是声音单位。语可以是单音节的，也可以是复音节的；音节多少，或音节断续，跟语之为一为多，并没有必然的关系。

再试从意义上来说罢。结果也只有消极的贡献，不过证明语是文法的基本单位，但并非就是意义单位。语可以是意义简单的，如"马"如"牛"，语也可以是意义复杂的，如"驹"，意为"小马"，如"犊"，意为"小牛"，"粥"意为"稀饭"，"饭"意为"干饭"，"三角形"意为"三条直线围成的图形"，"宪法"(在英文是两语，在中文好像只能当作一语)意指"一个国家的根本法律"。语也不好以意义是否单纯作决定的标准。

语既不是声音的单位，也不是意义的单位，当然不能从声音上或意义上去下语的界说。剩下来的一条路就是从语的组织功能上，就是从语在组织中活动的能力上去寻觅语的界限。

从组织功能上判别，并非撇开声音或意义，乃是从包含着声音又包含着意义的个体上去判别。从这方面看来,语就是自成个体的,可以在单位以上的组织中活动的分子。不论它的声音是单音节的,还是复音节的。也不论它的意义是简单的,还是复杂的,甚至不论它的意义是有自主性的,还是没有自主性的,凡是可以在语组合中活动的,都可以算做一个语。语中最有自主性的是名词,最没有自主性的要算到语助词。倘把语助词也认作语的一个部类,就是一个词类或语部,独立性或自主性的多少就不能算是语的必要条件。

所谓自成一体和不自成一体,大概决定在功能的认识。对于功能的认识不同,判别也就不能一致。所以往往有这处不认为自成一体的,在别处认为自成一体;或在古时不认为自成一体的,在今时认为自成一体;又或这个文法学者不认为自成一体的,在别个文法学者却认为自成一体。一排起来看,就觉得五花八门,毫无条理,像托尔斯泰的眼中所见的美的界说一样。所以周辨明先生要说"语就是印刷上、书写上的风尚和习惯,全是时髦,毫无理性"(见《词的界说》)。但在毫无条理中间却也还有一点条理。那条理就是当时当地人意识中的统一感。凡被认为一个语的必定是当作一个统一体记在心头。

三 语和语团

现在国内有许多学者从意义或观念上下语的界说,这很容易把语的个体放得太大,把许多自成个体的语连成的语团,也认作语。如周辨明先生以为姓和名应看作一个语。"虽然咱们总觉得姓和名是要辨认的"。我以为既然要辨认,就不如看作两个语,不必看作一个语。因为既然要辨认,在别处必将拆开用,例如说"他姓赵",这"赵"就只能认作一个语。再如"走进去",周先生也主张应看作一个语,我以为也不如看作三个语连成的语团。我们可以认定语团也可以在文法上有整　作用,不必为了有整一作用就认作一个语。

三连的动语团如"走进去"之类的组织,用法极繁,三连之间任何一处都可以拆开用:(1)在第一个字和第二个字之间拆开来用,如说"走了进去""走不进去";(2)在第二个字和第三个字之间拆开来用,如说"走进门去""走进教室去";(3)如果"走"字换了个推移性动词如"摇",组成"摇进去"语团,则第一个字和第二个字之间,及第二个字和第三个字之间就同时可以拆开来用,如说"摇船进港去";(4)这样可以同时双拆的语团,如果只用单拆,而拆开的地方又在第二个字和第三个字之间,则拆开的地方可以随便取用双拆开时候所可插加的任何一个字,或是"船"或是"港"。我们可以用"港",说"摇进港去";也可以用"船",说"摇进船去"。说"摇进船去",是说"摇……船","摇进"两字中间重在"摇";说"摇进港去",是说"……进港","摇进"两字中间重在"进"。这"摇船进港去"一类配置和"赠书给他"极相类似,"赠书给他"一类配置是否需要特设一格,如一般文法所说,也是大可调查研究。

据我观察,语和语团是现在需要留意的一种辨别。有些小问题可以在这辨别上解决。例如我们可以说"打倒""不打倒",也可以说"打不倒",但我们可以说"拥护""不拥护",却不能说"拥不护"。这可以说由于"打倒"是个语团,"拥护"是个语。又如我们中国的好多地方只能说"晓得""不晓得",不能说"晓不得",而广西、云南,却还可以说"晓不得"(记得宋儒语录上也有这种说法),这也可说由于一地认作语,一地认作语团的差异。在这种地方,就见得书式分连写法的重要,分连写法可以把语的是一是二显在语面上,不分连写就含胡了。于语文阅读的难易和组织的疏密上都有相当影响。

最近《中国语文》有"的""底""地""得"四个字应该分合的讨论。"的"字用法也很多,倘不厘定单位,"的当""的确"的"的",以及"目的""标的"的"的"也会牵入。这些"的"字是单位以下的语素,当然应当提开。但把这些提开之后,"的"字用法也还很多。如《老残游记》第一回:"他的父亲……做了二十年实缺,回家仍是卖了袍褂做的盘川。"这里"做的"的"的"字,功能只在提重"做"字,论实义可以除开解,论辞旨却仍应该并入解。再如赵元任先生编的《留声片课本》中有一例:"这本书是六寸(宽)的九寸(长)"。"的"又等于"跟""和"。杨树达先生所以认一部分的"之"字为连词就由于文言的"之"字也有赵例的用法的缘故。像赵例的用法,的确可以判定它是个连词。像《老残游记》的一例,却又的确是个助词。语的部位要从它在组织的功能上去认定,无法可以凭空硬派("的底地得"的分化是由《民国日报》的《觉悟》同人提出,何晚成先生说是《学灯》,实系误记)。

四　说到书体分连写法

关于书体的分连写法,我们过去注重连写,爱把虚词(注意:所谓虚词是指功能上不能单独成"辞"的语),跟实词连写。这个方法,决不能通体贯彻,要看情形而定。以文法论,马建忠认定介、连、助、叹为虚词的说法大体是正确的,因为这几部语词确凿都不能单独成辞。试取连词来说,"我和他研究文法"一例,"和"这连词就不能单独成辞,必得和实部的"我""你"会同,才成一个主辞,而"和"在书体上却不能跟"我""你"连写。

对于书体的分连写法,我提议采取"可以分就分"的原则。这似乎有四种便利,请大家酌量一下:(一)当地受教育者普通是长于分、不长于连的,采取可分就分的原则,分得多,可使受教育者容易学上;(二)别地学习方言者,将来有辞典可查时容易查;拼合太多,却不容易查;(三)还是当地受教育者,采取尽分的原则时可以省记些忽合忽离的花色,也少烦杂些分音写法的辨认;(四)可以使语形比较固定,不但有音可读,也有形可看,每个辞语的面貌容易认熟,每个辞语的功能也更容易把握。

(《中国语文》第六期,一九四〇年五月一日。署名:张华)

试论助辞*
——纪念《马氏文通》出版五十周年

上

一 助辞种种成说的渊源——《马氏文通》

关于助辞,我们流传着种种好像已有定型的成说。如(一)说助辞是助语气或口气的;(二)说助辞是华文所独有,或国语所特有的;(三)说助辞是结煞句读,或只用在句子的末尾的;(四)说助辞是全与动辞有关,或说是助动辞与形容辞所不及的;(五)说助辞可以分为传信、传疑,或分为决定、疑问等等。彼此即使偶有差异,也所差很微。五说之中,又以(一)(二)(三)三说为较流行;(一)(二)(三)说之中,又以(一)(二)两说为更流行;(一)(二)两说之中,又以(一)说为最流行。现在几乎有一说助辞即等于说语气之势,这盖种因于一八九八年出版的《马氏文通》,到今年已经有五十年了。五十年来,我们文法的研究在体制方面因袭很多,革新甚少。直到近年,才有转机。既多因袭,很容易流于太少考虑。我们现在是否可以略加考虑,或者略加检点:五十年来,我们有没有把马氏的立说好好地发挥,把应承的全都承下,把应改的全都改掉了呢?我们且请温读一遍马氏诠说助辞的原文。马氏的原文,见《文通》卷九助字卷,如下:

> 凡虚字用以结煞实字与句读者,曰助字。
>
> 《文心雕龙》云:"乎哉矣也,亦送末之常科。""送末"云者,即结煞实字与句读之谓也。故古人谓助字为语已之辞,所以别于连字为句端之辞也。
>
> 泰西文字,原于切音,故因声以见意。凡一动字之尾音,则随语气而为

---

* 按《马氏文通》初版于一八九八年,到一九四八年才是五十周年。作者于一九四七年十二月写成本文,《国文月刊》即于当月刊出。这大概是含有先期纪念的意思。——编者注

之变。古希腊与拉丁文,其动字有变至六七十次,而尾音各不同者。今其方言,变法各自不同,而以英文为最简。惟其动字之有变,故无助字一门。助字者,华文所独,所以济夫动字不变之穷。

字以达意。意之实处,自有动、静诸字写之;其虚处,若语气之轻重,口吻之疑似,动、静之字无是也,则惟有助字传之。

助字所传之语气有二:曰信,曰疑。故助字有传信者,有传疑者。二者固不足以概助字之用,而大较则然矣。

一读这五段话,我们就看见一切种种关于助辞的定型的说法全在这里了,而所谓语气云者,也竟出现了三次。仿佛马氏自己也是非常重视语气,把语气看得和助辞不可分离似的。

二 《文通》原意的探测

语气是甚么呢?何容氏在最近出版的《中国文法论》第八章里曾做过一番详尽的探索,最后他根据上文所引的《文通》助字卷的第三段话推定马氏所谓语气就是西文所谓 mood(页一三七)。这是因为上文所引的第三段话说的与动字有关。但上文所引的第四段话,又说:"意之实处,自有动、静诸字写之;其虚处,若语气之轻重,口吻之疑似,动、静之字无是也,则惟有助字传之。"以"其虚处"作冒,仿佛说的是全部虚字,所谓语气便也似乎是指全部虚字之所表示,而所谓"则惟有助字传之"的助字,又就和刘淇的《助字辨略》所谓助字的范围相仿佛。假使所谓语气是指全部虚字之所表示,则语气便又不一定与动字有关的了。我们把那第三段话和第一段话连起来看,亦可以发见有些出入。第一段话述助字定义,除了说助句读外,也曾说到助实字;助句读与动字有关,助实字便也不见得与动字有关。即此可见,马氏立言原极自由,略有出入,亦不计较,忽开忽合,并无一定。我们如果坚持执著,也许反会失了马氏原意。再证以《文通》自序所说:

次论虚字。凡字无义理可解,而惟用以助辞气之不足者,曰虚字。刘彦和曰:"至于夫、维、盖、故者,发端之首唱;之、而、于、以、者,摘句之旧体;乎、哉、矣、也,亦送末之常科"。虚字所助,盖不外此三端。

马氏自己又的的确确曾经用所谓辞气一辞指称全部虚字之所表示。所谓辞气固然与所谓语气略有分别,但马氏在助字卷中却常把语气、辞气、口气三辞,不加别择,错综交互使用,如五册页一用了三次"语气",页二便又就有所谓"也字所以助论断之辞气,矣字惟以助叙述之辞气"云云,页四又就有所谓"凡决断口气"云云,则上文第四段话中的所谓语气或系即如序上所谓辞气,忽又指称全部虚字之所表示,也未可知。大约马氏在当时,对于语气一辞作广义解还是作狭义解并无成见,正如他对于助辞作广义解作狭义解并无成见一样。也许序上所谓助辞和辞气都是作广义解,而卷九所谓助辞或语气又全是作狭义解的。如果如此,我们可以断定马氏并未认定语气和助辞有不可分离的关系,他不过借辞气或语气这几个单辞来表明他所谓无义理可解的字的功用罢了,说虚字时就用以指虚字之所表示,说助字时又就用以指助字所表示。至像近年出版的文法书,一概以语气为助辞之所表示,把语气看成和助辞有不可分离的关系,也许竟是马氏著书的当时所不及料的。

至于所谓"华文所独"一点,我想马氏一定非常看重。因为马氏对于语气既未坚持(对于语气的二分法更未坚持,他自己就说"二者固不足以概助字之用"),对于与动字有关云云亦未执著(同时也就是对于结煞句读云云亦未执著),而独于所谓"华文所独"另无其他迹象。我们似乎有理由可做这样的推测。

所谓"华文所独"云云,是由于他采取和西文比较定部定类法而来。他把中国的单辞和西文的单辞一一地对比,一一编入西文所有或他所定的辞部或字类中,一一都很顺当地编完了,但还剩下了这些原无名辞、后来称为助字的辞,无可归编。马氏认定这是无可归类的杂类,无可归编的编余。马氏说这是"华文所独"的。无以名之,名之曰助字(助字犹之说搭头,亦称语助,犹之说话搭头),又无以说明,就将就说它是传语气、助辞气的罢。也许马氏所谓"华文所独",所谓语气辞气,竟是这样来的。他是姑定其名,姑立其说,以等待我们进而推敲的。后来严复氏在《英文汉诂》里曾经提过一个并部之议。他说:

> 泰西文字,八部而止,惟中国若多一部,若语助之焉哉乎也是已。虽然,谛而审之,即以为未尝多亦可。盖语助常函云谓、疏状之义。(卷一二,页一二)

这是主张把马氏所谓助字并入马氏所谓动字、状字了。把助辞看作杂类、看作编余的意思,更属显然。

三　对于助辞可以考虑检点的种种问题

助辞可以看作杂类、看作编余吗？我们现在可以，亦是应该仔细考虑考虑、检点检点。如是杂类，就应分编，或从严氏，或另设计；如非杂类，就当探寻它的功能，确定它的部格；不要再以无义咧、可有可无咧、语气咧、辞气咧，种种近乎作践或类乎敷衍的字样为说。我们希望我们能够广泛地考虑检点一切种种的问题：

（一）助辞是否应当并入别部，抑或仍当独立为部？

（二）假使助辞仍当独立为部，是否仍当用语气、辞气一类辞说明它？有无其他的辞可用？如不用其他的辞，是否应把语气一辞的广泛性（如昨日各报所载华盛顿电中有所谓"神秘性的语气"云云）加以界定，使它适于用为学术的用语？

（三）假使助辞独立为部，是否能够指出它的部格，使它不再被目为编余的杂类？

（四）对助辞是否能够指出它的功能，以后可以不再以"这种词的本身并没有意思"（黎说，见《新著国语文法》，一二页），或以这种辞是可有可无的为说？

（五）它是真的华文所独有，或国语所特有的吗？可否访问访问凭吊过原子城的记者，那里的居民是否在用类似我们助辞的助辞比我们还要多？

（六）可说助辞是结煞实字与句读，或只用在句子的末尾的吗？马氏所谓结煞实字与句读，就是黎氏所谓用在句子的末尾吗？黎氏既说助辞只用在句子的末尾，何以又要举出"你可知道？""阿是真さ？"等句中的"可""阿"等不在句子的末尾的诸字为例？是错列的吗？陈承泽氏曾在《国文法草创》里，倡议分助辞为语末助字、语首助字、语间助字三类，除了语末助字外另外增加了语首助字、语间助字两类。杨树达氏也曾在《高等国文法》及《词诠》里照样分助辞为语首、语中、语末三类，也除了语末一类之外，另外增加了语首、语中两类，而且在《高等国文法》里列举语首、语中助字至五十二个之多（原为语首三十四个，语中二十九个，共计六十三个，但有"爱"等语首语中相同者十一个，所以共为五十二个），是否也是错的呢？

（七）助辞是否可说全与动辞有关的？即使是，增列语首助辞与语间或语中助辞两类之后，也还可说全与动辞有关的吗？

（八）助辞分类应当竖分，还是应当横分？竖分是否应该分为语首助辞、语间或语中助辞、语末助辞等三类，抑或有其他可能的分类？横分是否应该沿袭唐、宋旧说,分为疑决,或照马氏分为传信、传疑?或照黎氏分为决定句、商榷句、疑问句、惊叹句、祈使句?或者还有其他的分类?横竖两种分类是否可以并存,是否应该并存?

(九)除了助辞以外还有甚么虚辞?假如说还有接辞(包括马氏所谓介字与连字)和衬辞(包括一般所谓语头、语尾),助辞和接辞、助辞和衬辞的区别又如何?可以用马氏语已句端的鉴别法鉴别助辞和接辞的分别吗?

(十)虚辞和实辞的区别应该怎么说?可照马氏说"有事理可解者"叫实辞,"无解而惟以助实字之情态者"叫虚辞吗?

如果有时间或者有必要,我们可以一一讨论这些问题,一一写成详细的答案。

下

我们把《马氏文通》以来乃至《文心雕龙》以来的著作及助辞的现象大观过来,觉得助辞的研究在口口相传、陈陈相因的表面之下,也已经大有进展,我们只须将分歧的说法略加廓清、贯通,各别的发见试加综合、补充,就可整合为一个可以发挥马氏旧说的新说。请以所见,略陈于下。

一 助辞是不是有意义

我们先从助辞是不是有意义这个问题说起。过去对于这个问题有两种说法颇为流行,其实都须从新斟酌:一就是助辞无意义说;二就是用实辞来对换助辞及一般虚辞的说法。这两种说法都可能在一般的原则上说不通。

试问:文法是以甚么为对象的?是语言(文字),还是心理、物理等等?

答:文法是以语言(文字)为对象的。

再问:语言(文字)有些甚么要素?单是声音么?还是还有意义?

答:语言都有声音和意义两种要素(如说文字,还有形体一种要素,为求简便,暂且不谈),当然声音之外,还有意义。

再问:所谓文法以语言为对象,是说以语言的两种要素——声音和意义——当中的一种为对象的呢?还是同时以两种要素为对象的?

答:语言文字的研究之中也有以声音和意义两种当中的一种为对象的,如以声音一种要素为对象的有语音学,以意义一种要素为对象的有字义学,文法学是以声音和意义两种要素缔结所成的辞为对象的。每一单辞,都有声音和意义两种要素,两两缔结,相与为一。单辞的定义都须表现出这一点。黎氏的定义说:单辞是"说话的时候表示思想中的一个观念的语词",内中也有"观念"一辞表示单辞中含有意思、意义。即使有些助辞或其他虚辞的意思、意义,是很微妙、很难捉摸的,也只能努力寻求它的意思、意义,不能说助辞没有意思、意义。若说助辞没有意思、意义,除非助辞不是单辞,否则便与单辞的定义不相容,也就是在一般的原则上不可通。故所谓助辞无意思或无意义之说必当放弃。

我们一面放弃了助辞无意义的说法,同时还当放弃以实辞来对换助辞及一般虚辞的说法。说助辞及一般虚辞无意义是犯了一个极端的错误,错在把实辞和虚辞的区别看得太扩大,大到以为一方有意义,一方没有意义,而实际并非如此,我们已经在前面说明了。而以实辞来对换助辞及一般虚辞的说法,却又犯了另一极端的错误,错在把实辞和虚辞的区别看得太若有若无了,其实也不是如此的。

关于实辞与虚辞的区别,我们有过种种的说法。大致可以分为两路:一路着眼在意义(概念)上的差别。《马氏文通》说:"凡字有事理可解者,曰实字;无解而惟以助实字之情态者,曰虚字。"便是这一路的说法。照这说法,实辞可称为"事理辞",虚辞可称为"情态辞"。王力氏在《中国现代语法》里分辞为"理解成分"和"文法成分"(节二,页二〇至二四),也是属于这一路。另外一路着眼在组织上的差别。我在《文法革新问题答客问》里,何容氏在《中国文法论》里(页六至八)的说法都是属于这一路的。依这一路的说法,实辞是在组织上能够独立自主的,可以称为"自立辞";虚辞是在组织上必须依附实辞才能成一节次的,可以称为"他依辞"。例如"风""云"都是自立辞,"大风起兮云飞扬"的"兮"是个他依辞。自立辞可就其自身寻求意义,他依辞必须就该辞和自立辞的连贯上寻求意义,看它如何节限自立辞的意义。故也可说意义有两种: 是自立辞——实辞的意义,一是他依辞——虚辞的意义。两种意义虽则同是意义,却是不同的意义,原则上不能以实辞的意义对换虚辞的意义,如有些说虚辞者所为。

二 对于"语气""辞气""口气"等用语

再说"语气""辞气""口气"等用语。"语气""辞气""口气"等用语,含义实在太不一定,又似乎很难界定。对于这等用语,我们至多只能采取中立的态度,既不维持;也不排斥。

"语气""辞气""口气"等用语,包含的范围可以很广。赵元任氏曾历举六种表示的方法：(1)用"实词"，(2)用"副词(状词)或连词"，(3)用"词式的变化"(inflection)，(4)用"单呼词"(interjection)，(5)用"语调的变化"，(6)用"语助词"。这六种方法除了第三种"词式的变化"一种外，都是中国语里所有的。他对于(1)、(2)两种举的例是：

(1)用"实词"：(一)"我想"今天许会下雨。(二)"谁料到"她会嫁勒这个人勒！

(2)用"副词(状词)或连词"：(一)这事情"一定"要失败。(二)他现在娶勒亲过后，"倒"比从前快活勒。(三)他现在娶勒亲勒，"所以"没有从前那么快活勒。(《北京、苏州、常州语助辞的研究》，《清华学报》三卷二期)

看了这些例，便知"语气"等语所包的范围如何大。如果定要用"语气"等语来诠说助辞，依赵氏的例，便当把作广义用，可以扣合六种方法的用语，缩小成为扣合助辞这一种方法的用语。依马氏的例，也当把作广义用，可以扣合介、连、助、叹四种虚辞的用语，缩小成为扣合助辞这一种虚辞的用语。一为六对一，一为四对一，都是伸缩出入颇大的。我们似乎可以一任"语气""辞气""口气"等语和"民气""士气""官气"等语一同作为普通用语，不必设法用在助辞上。

记得以前读《名学浅说》，曾见严复氏攻击过"气"字的滥用，现在说到"气"字，可以翻出来看看：

有时所用之名之字，有虽欲求其定义，万万无从者。即如中国老儒先生之言气字。问人之何以病，曰：邪气内侵。问国家之何以衰，曰：元气不复。于贤人之生，则曰闲气。见吾足忽肿，则曰湿气。他若厉气、淫气、正气、余气、鬼神者二气之良能，几于随物可加。今试问先生所云气者，究竟是何名物，可举似乎？吾知彼必茫然不知所对也。然则凡先生所一无所知者，皆谓之气而已。……出言用字如此，欲使治精深严确之科学哲学，庸有当乎？今请与吾党约：嗣后谈理说事，再不得乱用气字，以祛障蔽。(节三〇，页二三至二四)

我们或者可以替"语气""辞气""口气"等"气"字辩护说可以解作"精神之表现于外者"，并不是"欲求其定义，万万无从者"，但若是这样，便又将发生何容氏已经注意到的问题:"是不是凡语句都有语气呢?"是不是凡语句都有"精神之表现于外者",凡语句都要用助辞呢?

我想,我们可以斩断葛藤,试建新议,另用新语来试提新说。

三　试　提　新　说

助辞同语文组织的结构最有关系(《新著国语文法》说"它与国语的内容和组织都不相干",那和我们的见解正相反)。语文组织的一般结构可以分为前后两橛。例如说:

和平一定战胜战争。

我们就可以将它分为前后两橛:前橛为"和平",后橛为"一定战胜战争。"两橛互相衔接,却又互相别异。我们可以把前橛称为主部,后橛称为谓部。助辞的一般用法都同这一般的结构有关系。它的功能在乎加强阐明。每遇一般的结构中有某一特定部分需要加强阐明时就可把它添上,将基本结构中的某一特定部分加以强调、渲染——就是添显。它只能将基本结构中的某一特定部分作特定的添显,而非本身充当基本结构中的某一特定部分。

因为助辞只能将基本结构中的某一特定部分作特定的添显,而非本身充当基本结构中的某一特定部分,故考察助辞决不宜用减法,把助辞一一减去,看减了助辞基本结构依然完整,便说助辞可有可无;而当运用加法,以基本结构做底子,将助辞一一加上,看加上了一个助辞,添显了些甚么,来判别助辞之不是可有可无。例如韩愈的《师说》中"师者,所以传道授业解惑也"句,我们固然可以运用递减的方法,减去"者"字,减去"所"字,减去"也"字,剩下"师以传道授业解惑"一个基本结构(注意剩下的基本结构未必全与既加助辞显扬的结构毫厘不差),但这递减的方法,只可用以发现基本结构,不能用来考察助辞。考察助辞必当采用递加的方法,看"师"字后面加上个"者"字,影响如何?"以传道授业解惑"的后面加上个"也"字,影响又如何?它的前面加上个"所"字,影响又是如何?是不是都有些添显作用?助辞之不是可有可无,就为它有添显功能,能够添显组织中需要加强阐明的部分,强调它,渲染它,使助辞既加之后,其强弱明暗与未加的时候不同,而这不同又正是说者所要显示的。

我们似乎可以假定:凡是助辞都有纵横两种添显功能,纵里显局势,横里显格式。不过隐显的程度各有不同，大抵添助谓部的助辞，两种功能同时存在的形迹比较显，添助主部的比较隐，加在主部或谓部中间的更其隐。隐现的差别主要表现在横的格式上。例如以《师说》一例中的"者""也"两字来说，"者""也"两字显然同有纵里显局势、横里显格式的纵横交织作用，而"者"字显示格式的显明度，却便有些不及"也"字了。

　　助辞的分类，过去有竖分、横分两种分法同时存在，就是因为助辞本身有这纵、横两种功能。现在也当依据这纵横交织的两种功能，作纵横交互的区分。纵里分局势，横里分格式。局势的区分，过去有人只注意句末的一种（如黎锦熙氏），有人只注意后置的两种（如马建忠氏），也有几家分语首、语中、语末三种（如陈承泽氏、杨树达氏）。格式的区分，过去多注意句末一种局势下所有的格式，曾作传信、传疑等多种区分。那些分类之中有一部分已在实际上采取了纵横交互的区分法，如《马氏文通》的横分，实际已是以横为纲、以纵为目的纵横区分；如陈承泽氏的纵分，实际已是以纵为纲、以横为目的纵横区分。

　　现在我们也计拟采取以纵为纲的纵横区分法，试将助辞依据局势分为起发、提引、顿挈、收束、带搭等五种，又依据位置归作前置、后置、中置等三类，如下：

格式	局势	
	起发	前置
	提引	
	顿挈	后置
	收束	
	带搭	中置

　　三类、五种之中，以后置类中的收束一种为式最多，所谓"各随其语句之反正轻重，而一一副之，而其情各异"，向来最受人注意；以中置类的带搭一种为式最少，向来最不受人注意。其余则介乎两者之间。

　　（一）后置类——这类助辞都是置在所助实辞的后面。《马氏文通》所谓"助字"，就是这类助辞。马氏所谓"结煞"，也就等于这里所谓后置。中含顿挈、收束两种。

　　（甲）收束助辞——收束助辞是后置助辞的一种，用在句末煞句，变式最多，向极受人注意。马建忠氏分为(1)传信助字，(2)传疑助字两目。黎锦熙氏分为

(1)决定,(2)商榷,(3)疑问,(4)惊叹,(5)祈使等五目(《新著国语文法》页三〇六),还有其他种种,都是这种助辞所助格式的横分。对于这种助辞,马氏以前也已经有过柳宗元、朱熹等人的疑决两分法,受注意的时间最长,研究也最细密。今只简举二例以见一斑:

(1)"了"——画定进程:

　　到了龙门下,行主人指道:周客人,这是相公们进来的门"了"。进去两边号房门,行主人指道:这是天字号"了"。(《儒林外史》第二回)

(2)"的"——判别境界:

　　王冕道:秦老爹,头翁不知,你是听见我说过"的"。不见那段干木、泄柳的故事么? 我是不愿去"的"。(《儒林外史》第一回)

画定进程是就事情的演进说,指说事情已经到达如何一个程限了;判别境界是就事理的分布说,指说事理实际处在什么境界的。凡是表画定、表判别等格式上的区别,都可像这两例,放在横分的细目上说明。文言中:

　　吾闻其语"矣",未见其人"也"。(《论语·季氏》)

"矣"也为画定进程,类似"了";"也"也是判别境界,类似"的"。

(乙)顿挚助辞——顿挚助辞也是后置助辞的一种,用在句末之外的某一特定部分的后面,作顿上挈下之用。这种助辞马氏也曾说到,不过他未曾立过顿挚这个总名,只说助字,助读。他说"也"字的助读说:"也字助读,其为用也反乎其助句也。助句以结上文,而助读则以起下文。其起下文也,所谓顿宕取势也。"这说明可以移来说明一般的顿挚助辞。

口语中的顿挚助辞算"呢""呀"等字较常用。"呢"字常用做顿挈需要论断或叙述的事物:

　　喜欢"呢",和他玩玩笑笑;不喜欢,可以不理他就是了。(《红楼梦》第六十回)

"呀"字可用以顿挚历数的事物：

> 米"呀"，茶叶"呀"，蜡"呀"，以至再带上点儿香药啊，临近了，都到上屋来取。(《儿女英雄传》第三十四回)

文言中常用的顿挚助辞有"者""也"两字。"者""也"两字同是顿挚需要诠说的事物，不过"者"字多用以顿挚人物，"也"字多用以顿挚事理：

> 庠"者"，养也；校"者"，教也；序"者"，射也。(《孟子·滕文公》)
> 桥梁之设"也"，足不能越沟也。车马之用"也"，走不能追远也。足能越沟，走能追远，则桥梁不设，车马不用矣。(《论衡·程材篇》)

顿挚和收束同为后置，用的字往往形体相同，但不一定用法相同，如上举的"呢""呀""也"等字的用法便是例。

顿挚助辞也相当多，如历举的"一来""二来"的"来"，"一则""二则"的"则"等都是。

(二) 前置类——这类助辞都是置在所助实辞的前面，也有两种：起发和提引。提引一种为用较大，也比较受人注意。但也往往被杂列在别的辞部之中。又有若干辞语，如口语中用的"是"字，口语文言同用的"所"字，向来极感问题复杂，归类烦难。今都试为安排说明。

(甲) 提引助辞——提引助辞是前置助辞的一种，通常加在谓部(广义的谓辞)的前面，为式颇多。口语中常用的，有下列诸目：

(1) 询问提引——用"阿""可""敢"等字：

> "阿"是真个？
> 近日都中"可"有新闻没有？(《红楼梦》第二回)
> 你"敢"是昨夜不依我？今日连我也奔不得住。(《水浒》第五十二回)

(2) 反诘提引——用"岂""难道"等字语：

> 这样诗礼之家，"岂"有不善教育之理？(《红楼梦》第二回)

"难道"不知道家里房子窄鳖鳖的?(《儒林外史》第六回)

(3) 否定提引——用"并"字:

王冕隐居在会稽山中,"并"不自言姓名。(《儒林外史》第一回)
行主人走进头门。用了钱的"并"无拦阻。(《儒林外史》第二回)

有时也用"也""又"等字,但用"也"字是显示例外的推概(即违背通例),用"又"字是显示例外的牵涉(即否认缘由,亦即无缘无故),都不是单纯的否定:

王举人"也"不让周进,自己坐着吃了。(《儒林外史》第二回)
你夺我的鸡怎的?你"又"不买。(《儒林外史》第三回)

(4) 坚执提引——一向认为用得很空灵的一部分的"是"字,可列入此目:

你众位"是"不知道我们学校规矩。(《儒林外史》第二回)

(5) 说断提引——用情状来解说或论断所涉及的人物时用"所"字提引说断:

师者,"所"以传道授业解惑也。(《师说》)
"所"不与舅氏同心者,有如白水。(《左传·僖公二十四年》)
我这些女孩儿,"所"疼的独有你母亲。(《红楼梦》第三回)
"所"喜他天性高明,又肯留心学业,因此上见识广有,学问超群。(《儿女英雄传》第一回)

文言中常用的有:
(6) 拟议提引——用"其"字:

谚所谓辅车相依,唇亡齿寒者,"其"虞虢之谓乎?(《左传·僖公五年》)

(乙) 起发助辞——起发助辞也是前置助辞的一种,多用在句首,揭举事物。文言中有"夫""维""盖"等字。如:

"夫"天地者,万物之逆旅;光阴者,百代之过客。(《春夜宴桃李园序》)

用"夫"字起发论述事项。这种助辞在现代语作中几乎已经绝迹,也许口头上还有存在,但在古语体文中却有"兀那""话说""却说"等辞,颇为常用。"兀那"常用于招呼:

"兀那"弹琵琶的是那位娘娘?(《汉宫秋》)
"兀那"汉子,你那桶里甚么东西?(《水浒》第三回)
"兀那"客人,会事的留下买路钱!(《水浒》第四回)

"话说""却说"常用于话首,例略。

(三) 中置类——只有带搭助辞一种,常用在主部或谓部的中间,带搭两个节次,使之更为显眼。口语中有一部分的"的""得""个"等字可以归属这一种。文言中有一部分的"之"字也可断定归属这一种。

(1) "的"——这带搭助辞用在动辞和宾辞之间:

我也记得是中"的"第七名。(《儒林外史》第三回)
女儿是水做"的"骨肉,男人是泥做"的"骨肉。(《红楼梦》第二回)
其先他的父亲原也是个三四品的官,因性情迂拙,不曾要钱,所以做了二十年实缺,回家仍是卖了袍褂做"的"盘川。(《老残游记》第一回)

(2) "得"——这带搭助辞用在动辞和表境相的辞之间:

一日,正当嗟悼之际,俄见一僧一道,远远而来,生"得"骨格不凡,丰神迥异。(《红楼梦》第一回)
封肃喜"得"眉开眼笑。(《红楼梦》第二回)

(3) "个"——这带搭助辞用在动辞和表境界的辞之间:

封氏闻知此信,哭"个"死去活来。(《红楼梦》第一回)

叔叔两下里住着,过"个"一年半载。(《红楼梦》第六十四回)

三人你一句,我一句,说"个"不了。(《儒林外史》第一回)

若到庄上来,你家那佃户又走过来嘴嘴舌舌,缠"个"不清。(《儒林外史》第四回)

(4)"之"——这文言带搭助辞常用在辞结(读)的主谓辞之间:

民"之"归仁也,犹水"之"就下,兽"之"走圹也。(《孟子·离娄》)

且王者"之"不作,未有疏于此时者也;民"之"憔悴于虐政,未有甚于此时者也。(《孟子·公孙丑》)

以上所说大抵都是一般格局的助辞。除了一般的格局之外,种种特殊格局中的助辞,我们相信也可以分配到上列三类五种中去说明。例如文言中动辞不居常位的句子:"吾以子为异之问,曾由与求之问。"(《论语·先进》)句中两个"之"字就可归入带搭。而我们既然有了这三类五种的助辞,也便对于语句组织中任何一个部分,需要加强阐明的时候,都可加以添显,不止动辞,不止谓辞,也不止谓部。

四 马氏的旧说和我们的新说

我们的新说和马氏的旧说出入颇多。我们的新说对于马氏的旧说,可以说是新说,也可以说是旧说。我们的新处比马氏的旧说新,我们的旧处也比马氏的旧说旧。

我们的新说和马氏的旧说,有下列各点不同:

(一)马氏常用"语气""辞气""口气"等辞语论说助辞,我们以为可以采用更明确的"局势""格式"等辞语论说助辞。

(二)马氏以为助辞和其他虚辞的区别在位置,以"结煞"(即后置)为助辞的特征,我们以为区别不在位置,在功能。助辞和衬辞的区别可看加上之后是否仍成一种单辞。仍成一种单辞,加的便是衬辞,不再成一种单辞,加的便是助辞。如"我"加上了"们","我们"为代辞,"荠"加上了"头","荠头"为名辞,都仍成一种单辞。"我"与"们",或"荠"与"头"的连接关系可说是乘法的,即为 a×b,"们"

"头"等字,便是衬辞。而"米"加上了"呀","米呀"却不再是任何一种单辞,"米"与"呀"的连接关系可说是加法的,即为 a+b,"呀"便是助辞。至于助辞和接辞,它们同实词的连接关系同为 a+b 式,则可看那关系是添显,还是接续。

(三) 马氏说助辞限于"结煞"(后置),"结煞"多与动辞有关,故特别看重助辞与动辞的关系,我们以为即使后置也不见得全与动辞有关。注意中国语文组织主谓部的成分就可以同意这论断。

(四) 马氏说助辞是中国语文所独有的,我们以为不是。如日本语文中,就有后置助辞很多。我们至多只能说中国的助辞是有特殊性的,不能说助辞是中国语文所独有的。

(五) 马氏注重格式的区分,故有传信、传疑两目的横分;我们以为局势的分别比格式的分别更显著,故有三类五种的纵分。这大抵都可说我们的新说比马氏的旧说新,但其中三类之说也可说比马氏的旧说旧。至于下列三点则几乎完全相同:

(一) 主张助辞独立为部。

(二) 对助辞作纵横区分。

(三) 后置助辞一类二种的内容。

同异两相比较,或者可以说同点更其重要,或者可以说我们的三类五种说就是马氏的一类二种的扩充。而这扩展,不是由于演绎,而是由于以我们的考察综合马氏以前以后的研究,也小小加上了点浅见而成,或者多少可以发挥马氏的原说。马氏原说是否另有发挥余地,或我们的发挥是否适当,则请大家研究。

最后我愿声明:本文所述是我年来从组织功能观点研究辞部分类的一个小小结果,本文的主要意义在乎以和马氏不同的观点证实马氏助辞独立为部的主张,以及助辞部域的可能开拓和诠说的可能发展。敬即以之纪念《马氏文通》出版五十年。

(《国文月刊》第六十二期,一九四七年十二月)

漫谈《马氏文通》*

《马氏文通》是一八九八年(清光绪二十四年,戊戌年)出版的,今年是它的出版六十周年。著者马氏,名叫建忠,字叫眉叔,江苏丹徒人。他的生卒是一八四五年——一九〇〇年。关于他的生年无问题,他自己也曾经在他著的《适可斋记言记行》的《自记》也就是自序中谈起过。关于他的卒年,说法不一:有《马氏文通校注》等书说他死在一八九九年,也有《中国近代思想史参考资料简编》等书说他死在一九〇〇年。我们曾经将这问题请问熟悉马氏生平的胡文耀先生,胡文耀先生回答:"马氏生在道光二十五年(一八四五年)正月初三日,死在一九〇〇年八月十四日。"说他死在一九〇〇年的一说是正确的。上海是马氏著书的地方,梁启超著的《中国近三百年学术史》(十三)说:"著书的时候他住在上海的昌寿里。"上海又是《马氏文通》出版的地方,出版的书店是上海商务印书馆。《马氏文通》的版本很多。最近我们陆续发现了三种初期的版本,一种是商务印书馆排印本,一种是绍兴府学堂木刻本,还有一种是上海文林石印本,都是小型的线装本,把十卷分钉成十册。商务印书馆排印本最早,一至六卷出版于一八九八年,六卷末附有马氏自记,说论实字部分已全,论虚字和句读部分,且待续印,七至十卷出版于一八九九年。第一卷和第七卷前面,都印有出版的年月和"上海商务印书馆排印"字样。上海同马氏和《马氏文通》的关系特别深。上海又曾经在一九二八年进行过《马氏文通》学术倾向的评论,现在上海又正在进行语言文学思想的讨论。所以上海语文学会决定在今年举行一次关于《马氏文通》出版六十周年学术座谈会,将《马氏文通》的成就和缺点作一次概括性的讨论,在讨论之前,让我先来漫谈一下《马氏文通》,作为开场锣鼓。因为没有充分时间准备,说述不一定周到妥当,还请同志们讨论,批评,指正。

---

* 为纪念《马氏文通》出版六十周年,上海语文学会和复旦大学语言研究室于一九五八年十二月二十八日联合举行学术座谈会。本文即是作者在这次学术座谈会上所作的讲话。——编者注

一

《马氏文通》的文法研究是有很大的成就的，但也有很多缺点，有的应当讨论，有的需要批判。我们对于《马氏文通》的成就和缺点，可以分为三部分来谈。

第一是可以肯定的部分。

《马氏文通》的成就可以肯定的，我们认为有三点：

第一是他对于文法研究的努力和成就。他的"积十余年之勤求探讨以成此编"的持久研究精神，以及他的研究的成果比之过去深入完密，向来极其受人敬重，我们现在也应当加以肯定。它的影响极其大，一般人对于文法的认识可以说是从1898年马建忠氏的《马氏文通》的出版之后开始的。从语文的教育方面看，也应当加以肯定。

第二是他的研究方法比之过去的旧式方法也有所改进。旧式的研究者虽然也知道词有虚实两类，如刘淇在《助字辨略》自序里说：

> 构文之道，不过实字虚字两端，实字其体骨，而虚字其性情也。

但是由于他们认为"经传中实字易训，虚字难释"（王引之著《经传释词》阮序）的缘故，往往单只解释虚词，不讲究实词，而解释虚词又多止一个一个地各别解释，并不分门别类说明它们在句子的组织结构中的作用。马氏书中常有批评小学家的话，可见他是有意改进的。凡是他改得好的地方，我们也应当加以肯定。

第三是他的讲究文法的目的也是为了"实用"，虽然他的谋求"实用"的方法同当时一般的方法不同。当时一般的方法是主张语文合一，如黄遵宪（公度）说"语言与文字离，则通文者少，语言与文字合，则通文者多"（见一八八七年《日本国志·学术志》二），是主张切音为字，如卢戆章（雪樵）所谓：

> 窃谓国之富强，基于格致；格致之兴，基于男妇老幼皆好学识理，其所以能好学识理者，基于切音为字，则字母与切法习完，凡字无师能自读；基于字话一律，则读于口，遂即达于心；又基于字画简易，则易于习认，亦即易于捉笔，省费十余载之光阴，将此光阴专攻于算学、格致、化学，以及种种之实学，何患国不富强也哉？（见一八九二年《中国第一快切音新字》自序）

而马建忠氏却主张讲究中文的组织结构的规律,来缩短学习中文的年限,就是他的《后序》所谓:

> ……以确知华文义例之所在,而后童蒙入塾能循是而学文焉,其成就之速必无逊于西人。

他的《后序》看来是针对当时风起云涌的提倡白话文、提倡拼音文字的潮流——他写《后序》的前两个月就曾经有裘廷梁氏的一篇《论白话为维新之本》的长文登在《苏报》上——为自己钻研古文、寻求古文规律的工作辩解,但讲究语文的组织规律,的确也是一种能使语文学习进步比较快的方法。他的讲究文法的主张也是应该肯定的。

二

第二部分是《马氏文通》应该批判的部分。

关于《马氏文通》应该加以批判的方面,我们在一九三八年讨论中国文法革新的时候,曾经提出古典的和模仿的两点(参看《中国文法革新论丛》第十四—十八页)。

第一,是我们当时所谓古典的,就是现在大家所谓厚古薄今的。他曾经再三宣传他的我国文章今不如昔的看法。《前序》里说:

> 愚故罔揣固陋,取四书、三传、《史》《汉》、韩文为历代文词升降之宗,兼及诸子、《语》《策》,为之字栉句比,繁称博引,比例而同之,触类而长之,……辑为一书,名曰《文通》。

《例言》也说:

> 此书为古今来特创之书。凡事属创见者,未可徒托空言,必确有凭证,而后能见信于人。为文之道,古人远胜今人,则时运升降为之也。……今所取为凭证者,至韩愈氏而止。

又说:

> 诸所引书,实文章不祧之祖,故可取证为法。其不如法者,则非其祖之所出,非文也。

他那今不如昔或说厚古薄今的看法是极其错误的,是不符合事实的。对于这一点,过去已经有许多人批评过他,我们现在也应该加以批判。

第二,是我们当时所谓机械模仿的,削足适屦的,也就是现在大家所谓生搬硬套的。这一点他也曾经再三宣传。《例言》里说:

> 此书在泰西名为葛郎玛。葛郎玛者,音原希腊,训曰字式,犹云学文之程式也。各国皆有本国之葛郎玛,大旨相似;所异者音韵与字形耳。……此书系仿葛郎玛而作。

《后序》里说:

> 斯书也,因西文已有之规矩,于经籍中求其所同所不同者,曲证繁引,以确知华文义例之所在。

又说:

> 常探讨画革旁行诸国语言之源流,……见其……所以声其心而形其意者,皆有一定不易之律;而因以律夫吾经籍子史诸书,其大纲盖无不同。于是因所同以同夫所不同者,是则此编之所以成也。

他那机械模仿或说生搬硬套的方法,也是极其错误的,是不切合实际的。对于这一点,过去也已经有许多人批评过他,我们现在也应该加以批判。

三

第三部分是《马氏文通》可以讨论的部分。

《马氏文通》可以讨论的地方很多,在它出版五十周年的时候,我们曾经提出它的论助字来讨论,这次我们想提出它的论词的分类的问题来讨论。

凡分类必有一定的目的。——实践的目的。词的分类的目的是为便于自觉地运用词。

凡分类必须有一定的依据。选择分类的依据应随分类的目的为转移。

例如全国人民代表大会及地方各级人民代表大会的代表选举法讨论选举,以年龄为依据,"凡年满十八周岁之中华人民共和国公民,不分民族和种族、性别、职业、社会出身、宗教信仰……都有选举权和被选举权。"(第四条)

毛主席在延安文艺座谈会上谈如何正确地解决歌颂和暴露的问题,谈革命文艺的歌颂和暴露应该针对什么人的时候,依据革命的立场,把人分为敌人、同盟者和自己人,指出"一切危害人民群众的黑暗势力必须暴露之,一切人民群众的革命斗争必须歌颂之,这就是革命文艺家的基本任务"(《在延安文艺座谈会上的讲话》)。

这些都是根据分类的目的选择分类的依据。

《马氏文通》是我国著名的依据意义区分词类的主张者。《马氏文通》卷一所谓:

字各有义……义不同而其类亦别焉。故字类者,亦类其义焉耳。

所谓:

字无定义,故无定类;而欲知其类,当先知上下之文义何如耳。

等等说法,过去差不多人人都会背诵的。他的影响非常大,过去多是无批判地接受他的主张。直到一九三八年十月才有许多人作为问题提出来讨论(讨论内容详见中华书局出版的《中国文法革新论丛》)。直到一九五四年十月才有一位吕叔湘先生声明放弃单纯依据意义区分词类的办法(声明内容详见《中国语文》一九五四年十月号四十七页)。所以讨论起来,牵涉的范围可以很广泛。我们现在单就《马氏文通》来说。

单就《马氏文通》来说,我们以为可以分为三点来讨论(另外还有一点,就是分类和归类混同不分,也很可以讨论,因为今天时间不够,暂且不谈)。

第一是三种意义混同不分。

《马氏文通》曾在上面所引的两段文字之间写了一大段讲究依据意义区分词类的文章。为了便于讨论起见,我们先将这段文章抄录在下面(原文引文有缺

误,拟不照抄):

> 字各有义,而一字有不止一义者,古人所谓望文生义者此也。义不同而其类亦别焉。故字类者,亦类其义焉耳。
>
> 字有一字一义者,亦有一字数义者,后儒以字义不一,而别以四声,古无是也。凡字之有数义者,未能拘于一类,必须相其句中所处之位,乃可类焉。经籍中往往有一句中叠用一字而其义不同者。《论》:"求之与?抑与之与?"第二"与"字为动字,上下两"与"皆虚字也。《论》:"夫子之求之也。"上"之",虚字也,下"之",代字也。《孟》:"讼狱者不之尧之子而之舜。"第二"之"字,虚字,上下两"之",解往也,动字也。《史记·淮阴侯列传》:"陛下不能将兵,而善将将。"前两"将"字,解用也,动字也,末"将"字,名也。《公宣六》:"勇士入其大门,则无人门焉者,入其闺,则无人闺焉者。"前"门"字,名也,后"门"字,解守也,动字也。"闺"字同。《德充符》:"人莫鉴于流水,而鉴于止水。惟止能止众止"。"止"字四用:"止水"之"止",静字,言水不流之形也。"惟止"与"众止"两"止"字,泛论一切不动之物,名也。"能止"之"止",有使然之意,动字也。是一"止"字而兼三类矣。《史记·萧相国世家》:"夫置卫卫君,非以宠君也。"两"卫"字,上"卫",兵也,名也,下"卫",护守也,动字也。凡此之类,不可枚举,读者当自得之。
>
> 字无定义,故无定类;而欲知其类,当先知上下之文义何如耳。

如将这段文字细加分析,我们认为马氏所谓字义,似乎含有三种不同的意义,《马氏文通》却将三种不同的意义混而为一,未加区别:

第一种意义是个别意义。如《文通》说:《孟子·万章上》:

> 讼狱者不之尧之子而之舜。

上下两个"之"字"解往也","往也"就是"之"字的个别意义,也就是马氏所谓"字各有义"的意义。辞书所载的多是这种个别意义,所以这种意义也可以称为辞书意义。

第二种意义是配置意义。如《文通》说:《庄子·德充符》:

> "人莫鉴于流水,而鉴于止水。惟止能止众止","止"字四用,"止水"之"止"……言水不流之形也。"惟止"与"众止"两"止"字,泛论一切不动之物……"能止"之"止","有使然之意"……

说的就是配置意义。配置意义是随同配置发生,又是附丽在配置上的,配置如果相同,不同的成分也可以有相同的配置意义,如说"红花""绿叶",成分不同,仍然有相同的配置意义,红对于花,绿对于叶,同有区别的意义,即所谓言某某之形也;配置假使不同,就是同样的成分,也会有不同的配置意义,如说:

红花　　花红

成分相同,但仍然有不同的配置意义。配置意义同个别意义不同,不能同个别意义混为一谈。应该说:同个别意义又有区别又有联系。而马氏似乎只注意它们之间的联系,并未注意它们之间的区别。

第三种意义是会同意义。会同意义又与配置意义又有联系又有区别。如文中所谓动字名字的意义就都是这种会同意义。这种会同意义不同于个别意义,也不同于配置意义。例如我们说:

人莫鉴于流水。

句中的"人"和"水"都是名词,我们就不是说"人"和"水"的个别意义相同,也不是说"人"和"水"的配置意义相同,而是说"人"和"水"两者在组织上有会同的或类同的功能。这三种意义的不同,我们认为不能混同,而马氏却把这三种意义混而为一,未曾注意它们的区别。

这三种意义又可分为两大类:

一是个体含有的意义,个别意义属之。

二是集体组成的意义,配置意义和会同意义属之。这两类意义的区别,也颇重要。文法学或语法学研究的对象,如果单就意义这一方面来说,正是集体组成的意义。而马氏对于这两类意义的区别,似乎也未加以注意。他所谓"字各有义",似乎是指个别意义而言,而所谓"而欲知其类,当先知上下之文义何如耳",又似乎指配置意义等等而言。

第二是经临不分。

如《文通》说：

> 《公宣六》："勇士入其大门，则无人门焉者，入其闺，则无人闺焉者。"前"门"字，名也，后"门"字，解守也，动字也。"闺"字同。

前后两个"门"字，一个作名词用，一个作动词用，是有经常用法和临时用法的区别；两个"闺"字，一个作名词用，一个作动词用，也是有经常用法和临时用法的区别。马氏并未注意经常和临时两种用法的区别。所谓临时用法就是修辞学上所谓转品，就是有意把别一类的词转成这一类的词来用的修辞手法，它的词类已经转换，不是它的原来的词类。经、临两种用法不宜混同不分。经、临两种用法混同不分，必致在一个词的经常的类之外又加上它的临时的类，使人觉得词无常类，头绪纷繁。

经、临不分，还会引人误入迷途。黎锦熙先生的有些文法主张，可能就是受了他的影响。因为经、临不分，就有可能因为词的临时用法不能离开某一具体配置辨别它的临时词类，例如"门"字不能离开"门焉者"这一具体配置辨别它是临时用为动词——而就用来推概一切，认为一切词的经常用法也都不能离开某一具体配置而来辨别它的经常词类。于是就有可能迷失方向，会有人提出所谓"凡词，依句辨品，离句无品"等等临时主义的说法，来否认词类的经常性质（参看《新著国语文法》第二十九页），把《马氏文通》所谓"字无定类"说发展成为《新著国语文法》的所谓"词无分业"说。如说：

> 国语的九种词类，随他们在句中的位置或职务而变更，没有严格的分业。（《新著国语文法》第六页）

又说：

> 譬如一个"人"字，一望而知其为名词，但若不举出句子来作例，也就不能单独的断定，因为他有时也作动词用，如古文中之"人其人"（韩愈《原道》）是。……（《新著国语文法》第七页）

这些说法,都是以偏概全,不得要领的;这些说法,都只说到从配置,辨配置,以定词类,而没有说到从配置,求会同,以定词类,都只注意从单一配置,辨别词的配置功能,以定词类,而没有注意从多数配置,寻求词的会同功能,以定词类。这些说法后来虽然有过字面上的修改,主要意义还是没有变动,还须有进一步的改进。

第三是词能不能单依意义分类?

这是讨论词类区分的关键问题。讨论这个问题,必须分清两种情况:

就是要区别我们究竟要讨论词的什么分类:要讨论词的一般分类,还是要讨论词的文法分类。就是我们需要连同分类的目的来讨论。

如果讨论词的一般分类,就是讨论词的分类的一般的可能性或者一般的有过怎样的分类法,那就可以有各种各样的分类法。我们对于各种各样的分类法,不能离开它们的分类目的去评论它们的是非高下。我们可以单单依据意义分类,如分为天文、地理等等,也可以单单依据声音或字形分类,如依声母分类,依韵母分类,或依部首或笔画分类等等。如果讨论一般的分类,所有的依据或都可以随宜采用。

假使讨论词的文法分类,能不能单单依据意义分类,而所谓意义又是一般地指所谓个别意义而言,那我们就可以坚决作否定的回答说:不能单纯依据意义区分词类。

词类并不是由许多个别意义相同的同义词汇集而成的类,同类的词不一定同意义,如"山"和"水"不同意义,"你"和"他"也不同意义,而它们还是各自为同类,马氏所谓"义不同而类亦别焉"等等依义分类的说法是不能成立的。这种说法,就用他自己举的例也可以驳倒他自己的说法。例如他说的"人"和"水"意义不同,也仍然同样是名词,"与"和"之",意义不同,也仍然同样是动词。就是同一个字的意义不同的也有类似的情形,如道路的"道"和道理的"道",意义不同,还都是名词,点灯的"点"和点名的"点",也是意义不同,还都是动词,并不是如他所谓"义不同而类亦别焉"。

如果他还想维持他的意义说,只有扩大意义的含义,以广义的意义说来补救原说的不足,把配置意义,甚至把会同意义也包括进去。《马氏文通》说:

> 而欲知其类,当先知上下之文义何如耳。

或者原来就有包括配置意义在内的意思,他的原来的主张也许就是广义的意义说。如果如此,原说的缺点可以小一些。但是即使是广义的意义说也无法把意义的范围扩大到把形态也包括在内,广义的意义说的广义还是无法弥补意义说的片面性的缺点的。广义的意义说把意义扩大了之后,对于功能说来说,虽然已经有很多互相共通之处,而对于形态说来说,还是互相对立,互相留有空白点,彼此不能相容,不能并立的,要求圆满,恐怕最后只有同吕叔湘先生一样以声明放弃单依意义分类的办法结束自己的主张。

如果如此,那就是在文法研究的真理长途上指出单依意义区分词类的"此路不通",也是学术上破的方面的一个大贡献,值得我们对他表示感谢,表示钦佩的。

一九五八年十二月二十八日
(《复旦》月刊,一九五九年第三期)

我对研究文法、修辞的意见[*]

毛主席在《中国农村的社会主义高潮》中《合作社的政治工作》一文前所加的按语说："我们的许多同志，在写文章的时候，十分爱好党八股，不生动，不形象，使人看了头痛。也不讲究文法和修辞，爱好一种半文言半白话的体裁，有时废话连篇，有时又尽量简古，好象他们是立志要让读者受苦似的。"主席的意思是要大家研究文法和修辞。不仅语文专家要研究，而且每个人都应该研究，因为我们要想讲话讲得好，作文作得好，文法和修辞有很大的帮助。文法和修辞将来会成为一种常识，这种常识不但是受高等教育的人要掌握，一般的人也要掌握，当然专门研究语文的人要更好地进行研究。

一 文法修辞研究虽然不同，但是可以同时进行

文法和修辞是两门科学。修辞比较具体，文法则比较抽象。比如农业的"八字方针"，可以说成"八字宪法"，就是一种修辞现象。修辞研究的条件很复杂。什么是修辞？修辞是利用每一国语文的各种材料、各种手段来表现我们所说的意思，它要讲究美妙，讲究技巧，但不是凌空的浮泛的，是利用语文的各种材料（语言、文字等等）来进行的。修辞的研究要从具体的运用上去观察，过去我研究修辞常到茶馆、戏院里去听。现在研究修辞的机会就更多了。我们常常开会听报告，有些报告不但政治意义很大，就是对研究修辞也有很大的意义。例如，周总理在辛亥革命五十周年纪念大会上的开幕词，从修辞上讲也是很好的。辛亥革命是失败的，本身没有多少话好谈，因此，有人把它讲到辛亥革命之前去，如革命派与改良派的斗争等等，这样好谈的东西就比较多，但和今天不容易联系起来。周总理以孙中山为线索，把它贯串起来，这样就可以把中山先生在五四以后所采取的联俄、联共和扶助农工的三大政策，把旧三民主义改为新三民主义等等

---

[*] 本文系作者一九六一年十月二十四日在南京大学所作的学术讲演节录。——编者注

也接连上去,而且可以遥遥接到我们党所领导的社会主义革命和社会主义建设。这样讲就很好。这次上海纪念辛亥革命五十周年,要我发言,我也大体以孙中山为一条线来谈。这说明修辞不能死守框框,不能讲辛亥革命就死抱住辛亥革命,不敢离开辛亥革命来做文章;我们可以讲讲以前的,也可以讲讲以后的,但这和八股文不同。八股文是离开内容来讲前一层、后一层的,我们是为了内容恰如其分来讲前后左右。所以修辞研究总是具体的。修辞不仅语文工作者要研究,学文学的也要研究,甚至更要研究。修辞是介乎语言和文学之间的一门学科。

文法研究比较抽象,要抽象到规律上去,要有概括。因此研究文法如果取材过分简单的话,就不足以分析语言的复杂现象。过去日本人曾挖苦《马氏文通》,说《马氏文通》是以西洋的筛子把汉语的材料筛了一通,单把通过筛子的材料拿来用。这就是说他用西方的框框硬套汉语,看起来很清楚,但不能解决问题。学问在乎能够概括繁复的事实,过于简单化,不能概括,就没有多大用处。当然研究修辞也要概括,但修辞研究总是比较具体,而文法研究则比较抽象。

文法和修辞虽然是两门不同的科学,但是可以同时并进。我们复旦大学语言研究室,研究文法的人要研究修辞,研究修辞的人也要研究文法。这两者的关系是很密切的,并进而可以使我们的研究更为周到全面。

二 确立文法研究,加强修辞研究

修辞的研究应加强一些,开展一些。研究修辞对于个人的修养来说,可以使每个人对于语言的了解更加正确,运用起来更有把握。过去有人把古书解释错了,其中有些是由于不懂修辞,如"三思而后行"中的"三"是什么意思呢?如果不懂修辞,就容易解错。现在有些人的文章常常说:"第一是和平,第二是和平,第三也是和平","第一是斗争,第二是斗争,第三也是斗争",这又是什么意思呢?只有懂得这种修辞的用意,才能正确解释这类现象,也才能正确运用这类修辞手法,因此,研究修辞可以使我们精通语文事实。

修辞中的条件很多,而且很复杂,我们要看清楚关系。在修辞学里,有些语言事实可以从字面上得到解释,有些则不能从字面上来解释。我们对于各种语文事实不能单看表面,如"一日不见如三秋兮",这里的"三秋"是指三年,现在我们也常讲"三秋"是指秋收、秋耕、秋种,意思完全不同,必须就具体问题作具体分析。修辞可分为消极的和积极的两类,消极修辞可以按照字面解释,积极修辞则不能按照字面解释。解放以后,数字用得很多,例如"三反""五反""三结合""百花齐放,百家争鸣""十边"等等,我们应该对它进行分析和调查研究。有些是属于消极修辞的,有些则属于积极修辞。如"万岁"是包括万万年的意思,"百家争鸣"的"百"是指不限于"百",是多的意思,"百姓"的"百"和"万有文库"的"万",都是指多的意思。有一次我到农村中去,问农民种"十边"是否恰恰是"十"呢?他们说可多可少,那么那"十"就是积极修辞。修辞现象不管有多少变化,都应该可以解释,可以言传,如"万岁"是指"多"和"无限"的意思,也有欢呼和喝彩的意思。我们懂得修辞就可以更精确地掌握语文的意思,就可以扩大言传的境域。运用起来也可以更敢于进行创造和了解他人的创造。例如我们常讲"吃绍兴""吃龙井",我们也就可以因为南京的干丝很有名,把吃干丝说成是"吃南京"。又如"八字宪法"也可以说作"八字文法"等等。如果我们懂得修辞,就能一目了然了。所以研究修辞可以使我们更正确地理解掌握语文现象。对个人来讲,要加强修辞研究,对国家来讲,也要加强修辞研究。工农业的突飞猛进,语文也就跟着突飞猛进,比如过去收稻叫打稻的,现在用机器来脱粒了,不再打了,于是语文中也就都说"脱粒",不说"打稻"了。总之,新的事实出现了,新的语文也随之出现。我们应该随时进行研究。

现在进行修辞研究比过去方便得多,过去找材料要到古书中去找,例如"回文",就只能在古书中才能找到,而现在我们在一般的文件中就可以找到"回文",如"我为人人,人人为我"。"语言""言语"也是回文。又如"顶真"过去也少见,现在报纸上也有用"猪多肥多,肥多粮多,粮多猪多"作为大标题了。"双关"以前用得也不多,现在也用得多了,例如《刘三姐》中就有不少双关的例子:

妹相思:妹有真心哥也知,蜘蛛结网三江口,水冲不断是真丝(思)。
哥相思,哥有真心妹也知,十字街头买莲藕,节节空心都是丝(思)。

我最近访问过江西,听到革命根据地一个歌谣:

不费红军三分力,消灭江西两只羊(杨)。

歌谣中的"羊"是"杨"的谐音,意指杨池生、杨如轩两个师,用的也是比较特别的析字法。现在找材料容易,有了材料就可以进行分析,概括出规律来。从材料中也可以概括出成功的失败的经验来。解放前上海的"大世界"是个藏垢纳污的场所,人们对它印象很不好。解放以后,就把它改为"人民游乐场",但改了以后,外宾来上海参观要找"大世界"却找不到了,所以后来又把它改了回来。这恐怕就是失败的经验。总的说来,我们是失败的经验少,成功的经验多。我们对成功的经验和失败的经验加以研究,就可以贡献一得之见。

我们说确立文法研究,并不是想抹杀过去研究的成绩,而是从过去的研究中确立进取的方向。文法研究在我国有着悠久的历史,自从外国文法学传入中国以后,对中国文法的研究曾经起了激荡的作用。开始的时候,有人企图搬用外国的文法来硬套中国的语文,但套不进去。几年前,大家争谈尾巴问题,有人说汉语有尾巴;有人说外国有,中国没有。认为有的就大谈其尾巴,认为没有的就干脆取消了词法。看起来这两种态度完全不同,但它们有一个共同点,就是认为研究文法必须研究尾巴。研究文法究竟是不是必须研究尾巴,必须认真探讨。我以为文法是研究组织的,文法把各个成分组织起来表示意思。"组织"和"结构"这两个术语要分开来用,"组织"是概括任何两个成分之间的关系和联系的,"结构"则是具体的组织,比如一个具体的句子的组织就叫做"结构"。近年来讨论"充分地研究"之类组织,有人特别注意其中的"地",但我们也可以讲"充分研究",没有"地"而组织还是基本上没有变。因此我们用不着特别重视这个"地"字。确立文法研究方向问题是一个学术问题,也是一个思想问题。过去曾有一个日本人说中国话里没有尾巴变化,不能讲文法,正如一只鸡没有鸡冠就无法分辨雌雄一样。我曾经写过一篇文章说他是"鸡冠派",其见识和孙传芳相差无几。孙传芳禁止妇女剪头发,说剪了头发就男女分不清了。我们认为不但剪了头发还是分得清,就是女扮男装也还是分得清的,戏台上乔装的杨八姐不是终于看出来了吗?过去外国学者认为汉语没有"形态",是低级的语言,后来有人起来辩护,说汉语也有"形态",这是善意的,但我以为可以不必这样讲。打个比方说,外国人认为只有黄头发才是头发,长黄头发的人才是人,我们则说黄头发是头发,黑头发也是头发,长黄头发的是人,长黑头发的也是人。头发颜色在人并不是主要的东西。所谓"形态"在语言中的地位也是一样。总之,文法研究必须打破以形态为中心的研究法,采用一种新的观点方法来研究文法,这种新的观点方法要不仅能够研究汉语的文法,而且能够研究外国语的文法。这样说是不是有点过于敢想敢说呢?也许有一些,但这是根据事实、根据我国语文需要提出的敢想敢说。我们认为,我们的文法研究者必须发挥一点敢想敢说的精神来找寻一条研究的出路。出路何在?大家起来找寻,我们是主张用功能(词在组织中的作用)来进行文法研究的,来建立新的文法体系的。我们认为这是一条大道。赞同用功能来研究文法的人慢慢地多起来了,但这个工作还需要大家来努力。

我们主张用功能来研究文法,所谓"形态",也不是与功能无关。"形态"只有它是功能的标志、表示组织上的作用的时候才在文法的研究上有作用。外国语有"形态"的也可以对"形态"多研究一些。我们讲功能,是把意义和形式统括起来的,它们的关系如下图所示:

可以看出,功能是讲各成分之间的联系和关系的。用功能来研究我国语文是必要的,也是可能的。也许有人会觉得从功能的观点研究文法前途茫茫,无从着手。我们认为如果能够看看各种学问兴废存亡的事迹,就会坚定起来,任何学问都是材料和观点的结合。材料充足,观点正确,就可以成为学问。材料贫乏,观点错误,这门学问就要消灭。要有材料必须进行调查研究。我们主张文法革新,反对文法生搬硬套,反对把某些特殊的现象当作普遍的现象。中国过去讲"形态"的要改,就是有些术语也要改,如所谓"范畴"到底是不是最高的类,不是最高的类为什么叫它"范畴"呢?

从功能的观点来研究文法,要有更多的人来做,我也曾经做了一点。例如区分词类,《马氏文通》以后,都是按意义(概念)来区分词类的。功能说是在同意义(概念)说的斗争中成长起来的。一种学说往往是在斗争中成长起来的。文法研究中还有形态派,主要是研究尾巴的,也要同他们辩论。方光焘先生是讲广义"形态"的,广义形态也是从关系和联系上讲的,所以也可以归为功能派。功能最近出现了各种不同的理解,我们讲功能是同组织连起来讲的。文法讲语文的组织规律,从小的方面讲,词素组合成词,从大的方面讲,词组织成句子。根据什么东西可以组织,什么东西不可以组织,什么同什么可以组织,什么同什么不可以组织,来进行分类。这样分出来的类就可以对我们的语言运用起指导作用。

我们讲功能是看分子与分子之间的作用的。功能是组织的功能,也就是各分子在组织上有什么不同的作用。过去有人把代词和副词归为虚词;这是从意义(概念)上来区分虚词和实词的结果。如果从功能着眼,以是否能单独运用,是否能充当句子成分作标准来区分词类,那么副词和代词都是实词。因为从功能的观点看来,虚词不能单独运用和充当句子的成分,这同语音学上区分元音和辅音有点相似。例如"方先生对语言学很有研究"这句话,也可以说:"他对语言学很有研究",在这两个句子里,如果把"方先生"说成是实词,而把"他"说成是虚词,那就没有什么意义了。《马氏文通》以意义来分类,我们要批判它,因为意义分类是讲不通的。"桌子""椅子"意义不同,但我们都把它归为名词一类。名词是意义的类呢,还是功能的类?"你、我、他"意义也不相同,但我们一般也把它归为一类,可见这样归出来的类,不是意义的类,而是功能的类。我写过一篇《试论助词》的文章,不同意助词是表示语气的说法,有人从意义上看,认为助词没有意义,但从组织作用上看,却很有意义,如"人者仁也"中"者""也"等助词在组织上就有很大的作用。在文法上我主张用加法,他们却主张用减法。从功能的观点看,名词和代词可以合为一大类。总之,我们应该从词与词的关系上来看它的作用。还有人对功能说有别的解释,这说明我们的功能学说还有待于严密限定,使人不能随意下解释,希望大家一道来做这种工作。

文法研究从词的用法上来分类是对的。"形态"是功能的标志,如果"子""儿"是形态的话,那么它也是标志功能的,因此分类必须看功能,因为有些带"子""儿"的不一定都是名词,还必须看它的功能才能确定它的类。正好像炊事员要戴白帽子,但不等于戴白帽子的人都是炊事员。这说明功能是主要的,形态不是主要的,如带"然"字的都是副词,但"征服自然"的"自然"就不是副词。可见只有标志功能的形态在分类上才有意义,凭"形态"分别出来的词类,归根到底还是功能的类。这样讲文法也许比较严密。

三 对研究的初步意见

1. 调查研究要以马克思主义作指导。

党的方针是非常正确的,不但表现在政治上,而且表现在学术上,我非常拥护和佩服。如党提倡调查研究,它的意义就很大。但是调查研究的结果是否有用,还要看调查方法是否正确。调查研究要以马克思主义作指导,调查研究是为了解决问题,真正做学术研究,首先要对调查研究有正确的理解。

2. 研究语文应发扬爱国主义和国际主义精神。

过去的留学生往往看不起自己中国人,有一次鲁迅和林语堂一起吃饭,谈到语言问题,林语堂说:"广东人总以为自己的广东话是国语,普通话反而不是国语,有一次我对他们讲英语,他们都肃然起敬了。"听到这里,鲁迅耐不住了,愤然问他:"你是什么东西,拿外国人来吓唬我们的同胞。"鲁迅是有爱国主义精神的。

我们语文学界也曾经介绍了许多看不起中国人的东西进来,如汉语是低等的语言等等说法。有爱国主义也要有国际主义,我们研究语文,应该屁股坐在中国的今天,伸出一只手向古代要东西,伸出另一只手向外国要东西。这也就是说立场要站稳,方法上要能网罗古今中外,我们学马列主义,学毛泽东思想不是为了贴标签,不是为了装门面,不能只在文章前面引几句毛主席的话,而后面就不接气了。总之,我们要形成一种新的风气,加强语文方面的研究,在党的领导下,发奋图强,努力做一点应做的工作。

(胡裕树整理)

(录自《陈望道语文论集》,上海教育出版社一九八〇年)

附　　录

融通古今中外　致力学术创新

宗廷虎　陈光磊

陈望道先生从事文化学术的研究达六十年，在语言学、文章学、美学、因明（逻辑）学、文学、社会学、伦理学、法学、新闻学、政治学、哲学等多个领域均有涉猎，而他的学术事业的基点和重心则在于中国语文的研究。他融通古今中外，致力学术创新，为中国现代语言学的建设作出了奠基性的贡献，尤其是修辞学、语法学的业绩更为卓著，广有影响。本书也就集中在这两方面编选了他两本经典性专著和相关的代表性文章。

壹

陈望道先生在修辞学方面的贡献，除了被学界誉为现代修辞学史上的里程碑——《修辞学发凡》（以下简称《发凡》）外，还留下了六十几篇文章，均被汇集在《陈望道修辞论集》中。本书为篇幅所限，只收录了《发凡》与阐发修辞学理论的十六篇文章。以下重点对《发凡》和建国后的修辞学理论进行解读。

一、《发凡》的杰出贡献及其在修辞学史上的地位

陈望道先生在日本早稻田大学留学时，受到该校著名修辞学家岛村抱月等人著作的影响，回国后在吸取古今中外修辞学遗产的基础上，经过十几年勤求探讨，捧出了力作《发凡》，由大江书铺于一九三二年推出。此书标志着完成了我国传统修辞学向现代修辞学的转变，被公认为现代修辞学的里程碑。刘大白先生在此书《序》中指出，这是"中国第一部有系统的兼顾古话文今话文的修辞学书"，认为其价值超过了马建忠的《马氏文通》。我国从一九〇五年起涌现出的现代修辞学专著，到《发凡》问世前已达十余部。与它们相比，胡裕树先生认为："《发凡》

最大的功绩是建立了我国修辞学史上第一个比较科学的体系。"①确实,《发凡》建立了一个前无古人的、崭新的、科学性强的修辞学体系,它主要由修辞学理论体系和修辞手法的两大分野体系组成。兹分别论述。

(一) 富有新意的修辞学理论体系

这个理论体系主要由以下部分组成。

1. 阐明了修辞的定义、修辞学的任务和功用

关于"修辞"的定义,《发凡》明确地指出:"修辞原是达意传情的手段。主要为着意和情,修辞不过是调整语辞使达意传情能够适切的一种努力。"②作者强调的是为着达意传情而调整语辞的修辞观,它与那种片面强调修辞仅仅为了修饰文辞而存在的观念判然有别。关于修辞学的任务,《发凡》明确指出:"修辞学的任务是告诉我们修辞现象的条理,修辞观念的系统。"即从"(一) 各体语言文字中修辞的诸现象;(二) 关涉修辞的诸论著"中,"归纳出一些条理一个系统来"③,以指导运用。至于修辞学的功用,《发凡》认为,首先是有助于阅读、欣赏和评论,其次才是有助于书面和口头运用。与一般只强调后者相反,这种看法更趋全面。以上理论简洁明确,常被征引。

2. 提出"以语言为本位"的重要理念

《发凡》率先引进索绪尔的语言学理论,专设第二篇论述语言的性质、构成要素、声音语和文字语的关系诸问题。旨在帮助读者从语言学角度,认识修辞同语言,同语言文字的形、音、义中固有因素及临时因素的关系。特别强调修辞必须利用语言文字的一切可能性,这一看法,指明了修辞学的语言学属性,发人所未发。

3. 提出了"修辞以适应题旨情境为第一义"的重要学说

《发凡》提出了"修辞以适应题旨情境为第一义"④的重要学说。所谓"题旨",即文章和说话的"主意"和"本旨"。所谓"情境",指的是写说时必须顾及写说的对象、目的、时间、地点、写说者当时的心境及交际双方关系等条件及上下文

---

① 胡裕树《学习〈修辞学发凡〉,为促进修辞学繁荣贡献力量》,《〈修辞学发凡〉与中国修辞学》,第五十七页,复旦大学出版社,一九八三年。
② 《陈望道学术著作五种》第二一四页,复旦大学出版社,二〇〇五年。
③ 《陈望道学术著作五种》第二二四页,复旦大学出版社,二〇〇五年。
④ 《陈望道学术著作五种》第二二〇页,复旦大学出版社,二〇〇五年。

等因素,并千方百计与之相适应。强调只有充分适应,修辞才能成功。反之就可能失败。《发凡》把适应题旨情境提到"第一义"的高度,从而使这一论点成为一切修辞原则中的总原则。这是作者自觉运用马克思主义关于内容决定形式、内容与形式对立统一观点所得出的结论。这可以说是现代语境论的先声,比西方学者菲斯(J. R. Firth)提出的语境理论要早好几年①。

《发凡》还辩证地揭示了利用"语言文字的一切可能性"与适应题旨情境之间的关系,"从修辞的观点看来,觉得上述复杂的关系,实际不妨综合作两句话:(1)修辞所可利用的是语言文字的习惯及体裁形式的遗产,就是语言文字的一切可能性;(2)修辞所须适合的是题旨和情境。语言文字的可能性可说是修辞的资料、凭借;题旨和情境可说是修辞的标准、依据。"②确实,任何修辞活动都须追求如何处置好这两种关系。正如陈光磊所指出的:上述论断"深刻地反映了修辞现象中最基本的联系。从而也就揭示了修辞最根本的规律,确立了修辞的极值原则。可以说,望道先生关于修辞极值原则的阐述,是中国修辞学在二十世纪一项最重大的理论成果,也是中国修辞学对现代世界修辞学最有价值的一份贡献。"③

4. 提出修辞现象的发展变化观

《发凡》率先提出修辞现象的发展变化观,除在《汉语文变迁发展的大势》中梳理了发展变迁脉络外,还设立《修辞现象的变化统一》专篇。首先揭示:修辞现象千百年来并非一成不变,而是随着时代变化而有所上落、生灭。其次指出,对修辞手法的运用,既会因各人的天分、性格、职业、经验、见解、性别等不同而有所不同;也会受民族、外来文化等因素的影响。《结语》中的精辟论断——修辞学的发展变化观更是一直为后人所称引:任何修辞学说即使"切实到了极点,美备到了极点",也不过是作为"后来居上者的参考","要超越它所述说,并没有什么不可能,只要能够提出新例证,指出新条理,能够开拓新境界"。这是作者把辩证唯物主义原理运用到修辞学上来所得出的结论。

总之,《发凡》之前修辞学论著中的理论,有的比较零碎,有的引自日本,结合

---

① 参见董达武《从现代语言学的走向看陈望道的修辞思想——纪念〈修辞学发凡〉出版六十周年》,《复旦学报》一九九二年第二期。
② 《陈望道学术著作五种》第二一八页,复旦大学出版社,二〇〇五年。
③ 陈光磊《陈望道先生对现代中国语言学的历史贡献》,《陈望道语言学论文集》第五九九页,商务印书馆,二〇〇九年。

汉语实际很少。《发凡》提出的上述一系列理论,既从实际中概括,又吸取古今中外精华,令人耳目一新。

(二) 修辞手法两大分野的辩证体系

《发凡》中的消极修辞和积极修辞两大分野组成了修辞手法的辩证体系(其中对立的、辩证的含意,参见望道先生一九六二年在复旦大学语言研究室的讲话:《解答有关修辞的几个问题》)。前者的特点是"抽象的,概念的",力求意义明白、易懂。后者的特点是"具体的、体验的",力求生动感人。两大分野的划分,建立在辩证的、对立统一的基础上。

1. 消极修辞

《发凡》指出:消极修辞是一种基本的修辞手法,用得较为普遍。各种文体,例如法律、论辩等都要用到,因为不论哪种文体,一般都首先要求表述明白。而积极修辞乃是在消极修辞基础上追求有力、生动。消极修辞要求:第一,意义明确。如选用意义分明的词,要使词与词的关系分明,同时用词应分清宾主,不能喧宾夺主。第二,伦次通顺。语句表述要依顺序、相衔接、有照应。要避免伦次混乱。第三,词句平匀。选词造句以平匀为标准,要求平易而无怪词僻句。第四,安排稳密。要求重视词句安排,为了内容的需要,要有切境切机的稳和不盈不缩的密。以上前两项偏重内容,后两项偏重形式。

2. 积极修辞

《发凡》将积极修辞分为辞格和辞趣两大部分。与内容比较贴切、魅力比较浓厚的,称为辞格;与内容比较疏远、魅力比较浅淡的,称为辞趣。

第一,辞格。首先,《发凡》从汉语实际出发,依据汉语的构造和功能,将辞格分为四大类三十八格。从组织结构入手来研究辞格,独树一帜,科学性极强。其次,《发凡》率先提出系统研究辞格的观点,即从辞格的构成、变化、分布、功能或同题旨情境的关联以及各辞格交互关系等方面,对辞格进行了系统而全面的研究。再次,关于辞格的效用,《发凡》认为,辞格具有指导实践,有助于写说和听读的作用。同时由于辞格能造成超脱寻常文字、寻常文法和寻常逻辑的新形式,因而能使语辞呈现出一种动人的魅力。

第二,辞趣。《发凡》认为:辞趣就是关于语感的利用,关于语言文字本身情趣的利用。具体说就是"如何利用各种语言文字的意义上声音上形体上附着的风致,来增高话语文章的情韵"。① 并从辞的意味、音调、形貌等三个方面作了进一步探讨。

与此同时,《发凡》还专篇探讨了"文体或辞体"论,对后世探讨语体风格,产生了较大的影响。由于《发凡》全用白话文写作,语料则文言、白话例句兼收,作者目的是想"对于当时正在社会的保守落后方面流行的一些偏见,如复古存文,机械模仿,以及以为文言文可以修辞,白话文不能修辞,等等,进行论争。"②因此对推动白话文修辞的发展也起了很大作用。

《发凡》问世后影响深远。新加坡修辞学家郑子瑜称《发凡》为"千古不朽的巨著",盛赞陈望道为"中国有史以来最伟大的修辞学家"③。中国修辞学会首任会长张志公称《发凡》为"具有里程碑性质的重要著作"④。这一论断立即成为学界共识,数十年来陆续问世的多本修辞学史著作,均采纳了此论断。

二、新中国建立后陈望道修辞理论的重大发展

《发凡》问世后,陈望道先生一直未曾停止过修辞理论探讨的步伐,一九三五年就发表两篇这方面的论文。到了五六十年代,他的十几篇论文和校内外学术讲演、讲话,标志着他的修辞学研究又有了重大发展。其深度和广度不仅在当时代表了我国修辞学领域的最高水平;其理念还影响了中国修辞学发展几十年。直到现在,还给学界带来众多启示。限于篇幅,以下只介绍几个主要方面。

(一) 提出修辞学必须不断创新的重要理念

1. 不断揭示《发凡》及我国修辞学研究中的问题

作者敢于反思《发凡》的不足。如坦陈:"《修辞学发凡》中没有深入地谈到风格……我认为可以大大努力一下。"⑤《一九七五年重印前言》中说:"本书这次修改……未能论说修辞现象的新发展、新变化。"望道先生还不断揭示当时我国修辞研究中的问题,如:"讲修辞不能只讲辞格,也要讲理论。现在有人不问理论,光谈辞格,而且不和内容联系起来,这是古代的老路,不是新路。"⑥

---

① 《陈望道学术著作五种》第三八〇页,复旦大学出版社,二〇〇五年。
② 《修辞学发凡》,一九六二年重印前言,见本书。
③ 郑子瑜《中国修辞学的变迁》,日本早稻田大学语学教育研究所,一九六五年。
④ 张志公《〈修辞学发凡〉给我的教益》,《〈修辞学发凡〉与中国修辞学》,复旦大学出版社,一九八三年。
⑤ 陈望道《修辞学中的几个问题》,一九六二年一月四日在华东师大的学术讲演,见本书。
⑥ 陈望道《解答有关修辞的几个问题》,见本书。

2. 反复提出修辞学研究必须立大志攻坚,追求创新

一九六一年到一九六六年,他在复旦大学语言研究室的学术讲话中,多次谈到"立大志攻坚"问题。如说:"我们要立大志攻坚,不能人云亦云。""我们要有雄心壮志,人家说不明白的我们要说明白。"①在《〈修辞学发凡〉的写作与修辞的研究》一文中谆谆叮嘱我们:"你们和学生不同,研究工作要有创造性。我们是创造财富的,不是专门继承的,还要创造,要对祖国文化遗产有所贡献。""既要有雄心壮志,也要实事求是。也就是:胆要大,心要小。要在战略上藐视敌人,在战术上又要重视敌人。"②这种创新思维,其实早在五十年代,他就殷切期望学生建立。如在对复旦大学中文系学生所作的讲演中,他把科学研究分为继承性研究和创造性研究两个阶段。主张先从继承性研究做起,对前人代表性著作深入探讨后,应进入创造性研究阶段,即从实际出发,认清研究对象,搜求事实,探索规律。他把学术研究比喻为接力赛跑,主张"不是从别人的出发点起步,而是从别人的到达点起步,这样才会越跑越远,越往前走水平越高"③。

由上可见,早在半个世纪之前,望道先生就从修辞研究存在的问题及形势发展需要出发,反复提出必须"立大志攻坚"等创新理念,不仅在当时有着振聋发聩的作用,即使在当今,与我们建立创新型国家的要求,也高度吻合。

(二) 指出修辞学如何创新的道路

望道先生在杭州大学所作的学术讲演,比较完整地提出了语言学科(包括修辞学)如何创新的道路:"我们的建议包括四点:甲,以马克思列宁主义、毛泽东思想为理论基础,指导思想;乙,以中国语文事实为研究对象;丙,批判地继承我国的语言学遗产;丁,批判地吸收外国语言学研究成果。"④以上讲话的第一点,与习近平总书记二〇一四年十二月在第二十三次全国高等学校党建工作会议上的指示完全切合:"高校肩负着学习研究宣传马克思主义、培养中国特色社会主

---

① 陈望道分别于一九六三年九月二十五日、一九六五年九月二十五日在复旦大学语言研究室的讲话,未刊。宗廷虎记录。
② 均请参阅宗廷虎《试论新中国成立后陈望道修辞学研究的重大发展——纪念望道先生诞辰一百二十周年》,复旦学报二〇一一年第二期。
③ 陈望道《怎样研究文法、修辞》,一九五七年十二月四日对复旦大学中文系学生的学术讲演,见本书。
④ 陈望道《关于语言研究的建议》,《陈望道修辞论集》,安徽教育出版社,一九八五年。

义事业建设者和接班人的重大任务。"①陈望道几十年如一日地学习马克思主义,并以此作为他研究中重要的创新动力和源泉,他的经验值得重视。关于"以中国语文事实为研究对象",不论是当时还是现今,往往被有些人忽视,照搬西方、削足适履的问题长期存在。望道先生特别强调要从汉语实际出发,深入地进行调查研究,通过分析概况,上升到规律,指导语言运用。他还强调:"我们研究语文,要屁股坐在中国的今天,伸出一只手向古代要东西,伸出另一只手向外国要东西,这也就是说立场要站稳,方法上要能网罗古今中外。"②这些论述,既指出了语言研究(包括修辞研究)创新的道路,同时也指出了创新的方法:"古今中外法"。这种方向性的指引,对研究工作的重要带有根本性,也是切中时弊的。

(三)率先给修辞学研究对象下科学的定义

《发凡》虽给"修辞"下了定义,也多次论及修辞现象,但并未对修辞现象下过定义。一九六一年,他在《谈谈修辞学的研究》中,列专节探讨"修辞学的对象",并下定义说,"修辞学研究的对象——修辞现象,就是运用语文的各种材料,各种表现方法,表达说者所要表达的内容的现象。"这是我国修辞学史中最早有关修辞学研究对象的较为科学的定义,几十年来影响深远,被众多修辞学论著一再称引。如王培基《修辞学专题研究》一书列专节将不同学者对陈望道所论修辞现象所发表的看法,作了分类探讨。宗廷虎等《修辞新论》列"修辞现象"专节,对修辞现象的特性、与修辞、修辞过程的关系等,作了较为详细的剖析。不少修辞学教材和词典也吸收了望道先生的观点。

(四)对修辞学性质研究的重要开拓

《发凡》揭示了修辞学"以语言为本位"的性质,刘大白在《序》中曾予以赞扬,因为它扭转了古往今来认为言语表达"只可意会,不可言传"的老观念。但望道先生经过几十年探讨,不断对这一看法作了补充。一九三五年他发表的《语言学和修辞学对于文学批评的关系》,就说明了理念的变化:"语言学、修辞学和文学批评的关系虽然很密切,却也只是密切到一半。而这一半之中,又是修辞学和文

---

① 《习近平作重要指示强调:坚持立德树人思想引领加强改进高校党建工作》,《文汇报》二〇一四年十二月三十日。
② 陈望道《我对研究文法、修辞的意见》,一九六一年十月二十四日在南京大学所作的学术报告,见本书。

学批评的关系密切一点。因为修辞学所用来研究思想和表现关系的,多半就是文学的缘故。"不仅因为修辞论著中的许多语料系从文学作品中选来;其分析评判,往往也与文学批评息息相关。而从一九六一年到一九六三年,他进一步多次发表看法:"修辞学是介于语言学与文学之间的一门学科。"①"修辞学介于语言、文学之间,它与许多学科关系密切,它是一门边缘学科。""研究修辞也要具备多门学科的知识。"②这是望道先生经过多年思考,对修辞学性质认识的重要发展,是对"以语言为本位"论的重要补充。

以上理念,不仅影响到一批学者在各自的论著中对修辞学的独特性质作进一步阐发,不少学者还付诸实践,分别从修辞学与文学、美学、心理学、逻辑学等交界处深入开拓,已捧出了一批批新成果③。显示了在陈望道修辞学思想指引下所取得的新创获,修辞学百花园也增添了众多新品种。

(五) 修辞现象变化发展观的新发展

《发凡》提出的修辞现象的变化发展观在当时已是空谷足音,建国后这一理念又有重要发展。望道先生一九六一年在复旦大学语言研究室的讲话中,进一步揭示了修辞易变性的特点:"文法的稳定性较大,而修辞的变动性大。文法不能随便变动,变了就容易造成语句不通。而修辞则必须经常变化和发展。易变,是修辞的重要特点之一。为什么这样说呢?因为修辞是介于语言和文学之间的一门学科。修辞现象具有艺术现象的某些特点。艺术现象的特点是:第一,太生疏的东西,大家不感兴趣,要有一定程度的熟悉,才能使人感到美。第二,要有一定的新意,才能使人有新鲜感。因此,文学作品句子的形式往往要变更,不能老一套。修辞如果老是没有变化,会令人觉得没意思。修辞不像文法那样,修辞变化大,不仅必要,而且可能。就以解放后为例,修辞上的变化是很大的。"④这段话从修辞学的性质和修辞现象特点的角度,联系人的心理认知特征进行论析,既符合事实,又具有理论深度,鞭辟入里,令人信服。

与此同时,望道先生还在《修辞学研究要有发展变化的观点》《有关修辞研究

---

① 陈望道《修辞的变动性与文法的稳定性》,见本书。
② 陈望道《谈修辞学是边缘学科及其他》,见本书。
③ 因篇幅所限,请详参宗廷虎《陈望道修辞学思想引领中国修辞学新开拓》,《复旦学报》二〇〇七年第三期。
④ 陈望道《修辞的变动性与文法的稳定性》,见本书。

的原则问题》等文中,分别阐述了"修辞要随题旨情境,语言文字的变化而变化"以及指出"研究修辞还要找出不变的东西:修辞对应题旨情境的原则不能变"等重要观点。上述见解,不仅对修辞学各个分支学科的深入探讨有着重要的指导意义,尤其是为修辞学史、修辞史研究提供了理论指南。限于篇幅,详参宗廷虎《试论新中国成立后陈望道修辞学研究的重大发展》[①]所作的论析。

此外,望道先生对修辞学研究的范围(既要研究表达又要关顾理解)、内容和形式的关系,修辞学史与修辞史必须深入探讨等方面也多有论及[②]。这些理念也不同程度上对修辞学的发展起到了引领和促进的作用。

新中国成立后,修辞学的主要任务是普及修辞知识,因此二十世纪五六十年代很少有理论性强的修辞学论著问世,像望道先生这样提出系统修辞学理论的,实乃凤毛麟角。我们认为,望道先生建国后的一批修辞学理论,乃是他几十年研究的重要发展,形成了他本人修辞学研究的第二次高潮。它们与《发凡》一起,已成为我国修辞学宝库中的重要部分。

贰

陈望道先生以其倡导中国文法革新,确立功能语法学说的学术业绩,对中国现代语法学的发展作出了重要贡献,而其语法学说的要点集中呈现于所撰《文法简论》一书。

一、"中国文法革新"讨论与《文法简论》

望道先生是五四时期最早研究白话文语法的学者之一。他一九二〇年起在《觉悟》副刊上连续发表《文字漫谈》和《评胡适论"除非"并说"又不"》(一九二二)等文章,对现代汉语常见虚词"的""和""可""了"之类逐个进行研讨,多有切实精当的阐释。如最先阐明"除非"是表示必要条件的连词。诚然,"这种研究看上去好像琐碎,好像'无关宏旨',实际上极其重要。"[③]他就是这样为白话文语法切实

---

① 均请参阅宗廷虎《试论新中国成立后陈望道修辞学研究的重大发展——纪念望道先生诞辰一百二十周年》,《复旦学报》二〇一一年第二期。
② 后者请参阅宗廷虎、陈光磊《历史赋予的责任——谈〈中国修辞学通史〉的撰写》,《复旦学报》一九九九年第四期;宗廷虎、陈光磊《〈中国修辞史〉导论》,刊《中国修辞史》上册,吉林教育出版社,二〇〇八年。
③ 吕叔湘《汉语语法分析问题》第六页,商务印书馆,一九七九年。

地做了许多"极其重要"的研究。

同时,先生也是现代中国语言学界一位最早倡导和进行方言语法研究的学者。在所主编的《语文周刊》(《译报》副刊)上引发了对吴语方言(主要是绍兴话、义乌话、上海话、苏州话的材料)中处所代词表示动作存续(存在和/或延续)的方式和代词远近指表示法问题的讨论,而所撰《表示动作延续的两种方式》(一九三八年七月)、《说存续表现的两式三分》(一九三八年九月)等文章,对这些问题提出了有价值的见解[①]。

正是这种对汉语语法现象广泛观察和对汉语语法事实的具体认知,构成了望道先生"中国文法革新"思想的重要来源。

一九三八年十月,先生以《语文周刊》为论坛发起了中国文法革新的讨论。这场讨论历时四个多年头,开创了集体讨论语法学术的新风气。

望道先生在文法革新讨论中撰写了十多篇文章,对汉语语法研究发表了不少有价值的意见。胡明扬先生评述说:"讨论中,陈望道先生就以倡导者和主要参加者的身份发表了众多有分量的语法理论文章,赢得了当时语法学界多数人的认同,把汉语语法研究推进到了一个新的高度。"又"充分显示了他当时和国外语言学理论发展同步的理论素养,特别是在讨论词类问题时娴熟地运用了索绪尔关于聚合关系和组合关系的经典理论来解决由于汉语缺乏形态而引起的划分词类的种种困难,这充分说明他作为那次大讨论的主帅是当之无愧的"[②]。这指的就是他提出的"功能"说。他在《回东华先生的公开信(论文法工作的进行、文法理论的建立和意见统一的可能)》(一九三九)中指出:当今文法思潮已经从意义和形态的注重转向到 function 的注重。function 代表因素和因素间相互依赖相互对应的交互关系。它在文法学中可称为"功能"。我们不妨注重用这种"功能"来讨论我们的文法[③]。而在《文法的研究》(一九四三)一文中就鲜明提出要以"功能中心说"研究汉语词类问题,并作出了论证:文法学是研究表现关系的学问,而表现关系是由"配置关系"(组合)和"会同关系"(聚合)这纵横两群关系构成的,文法学必得究明这纵横两群所有的关系才算尽职;而功能作为字语(词)

[①] 参见吕叔湘《指示代词的二分法和三分法——纪念陈望道先生百年诞辰》,刊《中国语文》一九九〇年第六期。

[②] 胡明扬《陈望道先生〈文法简论〉读后》,刊《胡明扬语言学论文集》(增订本)第四八六页,商务印书馆,二〇一一年。

[③] 《陈望道语言学论文集》第一二七—一二八页,商务印书馆,二〇〇九年。

在语文组织中的活动能力,就是字语参加一定配置的能力,组织是由功能决定的字语和字语的配置,组织要受功能限制,功能要到组织才能显现①。可以说这是他对文法革新讨论的一篇带有总结性的文章,也是中国语法学史上关于功能概念最早较完整的理论阐述。后来所撰《试论助辞》(一九四七)、《漫谈〈马氏文通〉》(一九五八)、《我对研究文法修辞的意见》(一九六一)等文章又对功能观点不断加以阐发,至《文法简论》(一九七八)一书,功能说更臻完备。

《文法简论》于一九七七年作者以八十七岁高龄在病榻上完稿,一九七八年由上海教育出版社刊行。他以不足八万言的篇幅相当系统地概括总结了自己一生对汉语语法研究的思考和见解。既从功能和形态、和意义、和组织、和实体、和分布、和层次、和词序等关系上论证了"功能"是研究语文组织必须扣住的中心,是进行语法分析的基点;又从配置和会同、连接(序列上的安排)和通贯(条理的安排)、词法和句法、分子和关系、模糊和区别等诸种相关方面阐明怎样用功能来研究语法的方法。胡明扬先生说:陈望道先生在此著中"对中国语法研究领域众多热点和疑难问题都有重要的高屋建瓴、发人深省的理论见解。"②

二、文法的定义与文法的特性

语法是什么,这是语法学研究首先要回答的问题。对此,望道先生指明:文法是语文的组织规律。这个定义跟以往对语法的定义是有所不同的。譬如,"语法是词的形态变化和用词造句规则的总和",就是一个颇有影响的定义。望道先生则说:"就印欧语言来说,这个定义是妥当的;但是,对于那些缺乏形态变化的语言来说,比如我们的汉语,也许就不一定很适切。我们认为:文法是语文的组织规律。这一定义可能更为概括,它适用于任何一种语文。"③的确,这样给语法下定义,更具有普通语言学的意义。

望道先生又进一步说明:"语文的组织,不能杂乱无章地拼凑或无拘无束地安排,必须按照某一社会习用的法式配置起来,也就是按照一定的组织规律的安排。比如汉语中表询问的'吗'不能摆在句子的头上,只能放在句子的末尾,说'你去吗?'就符合汉语的组织规律,说汉语的人都能理解,而不能有'吗你去?'或

---

① 《陈望道语言学论文集》第一八一——一八四页,商务印书馆,二○○九年。
② 胡明扬《陈望道语言学论文集》序言,刊《陈望道语言学论文集》,商务印书馆,二○○九年。
③ 见《文法简论》,刊《陈望道学术著作五种》第四三一页,复旦大学出版社,二○○五年;又本书第二三一页。

'你吗去?'之类的说法,因为这不符合汉语的组织规律,说汉语的人就不能理解。语文的这种组织规律,就叫文法。世界上没有无组织的语言,因此任何语文都客观地存在着文法。而不同民族语言的文法,又都具有各自鲜明的民族特质。"①这是对文法作为"语文的组织规律"进行了极为深入浅出的理论阐释。

文法讲究的是语文的组织问题。所以,"组织是文法的特性。"而"组织的形成要有以下三个条件:(1)两个以上的成素(容许缺省一部分);(2)按照一定的规律;(3)配置起来。"②可以说,这是对"组织"作出的最简明而又最完足的界说。

研究语文组织,就要探求其构成的单位。望道先生把语文组织的单位分为四种:词素、词、词组(包括词串——按,即小句)、句子。指出"一切语文的组织都由这四种单位层层套叠而成。"同时,他又明确地把语法的基本单位分为两个层次:语言组织材料的基本单位——词,由词素组成;语言组织陈述的基本单位——句,由句子成分构成,而成分由词、词组、词串(小句)充当。③ 这实际上又是从句子出发给句子单位分了两层。所以,胡明扬先生作了如下评述:"这是一种和现行的分法有所不同的见解,是有层次的分法,是从句子分解为句子成分,从句子成分分解为词,由词分解为词素的从大到小的分解法。美国结构主义描写语言学的分法是从语素到词,到短语到句子,也就是从小到大的组合法。在后一种语法单位体系中没有句子成分的地位。但是当代的形式学派和功能学派都要考虑从句法结构到语义表达的问题,而语义表达要涉及和句子成分对应的论元,所以实际上都不能不考虑句子成分,尽管形式学派如生成语法,不用主语、宾语这样的术语而改用 S－NP 和 V－NP 那样的说法,但是实质上就是主语、宾语等句子成分。从这个角度来看,陈望道先生的体系也许更直接一些。"④

三、词类功能说与汉语词类体系

汉语是非形态语言,所以对于词的界定和词类的区分因没有显著的形式标志而遇到不少困难。望道先生主张用功能的观点和方法来解决问题,为此提供了新的途径。

---

① 见《文法简论》,刊《陈望道学术著作五种》第四三二页,复旦大学出版社,二〇〇五年;又本书第二三二页。
② 见《文法简论》,刊《陈望道学术著作五种》第四四一页;又本书第二四〇页。
③ 见《文法简论》,刊《陈望道学术著作五种》第四四二页;又本书第二四一页。
④ 胡明扬《陈望道先生〈文法简论〉读后》,刊《胡明扬语言学论文集》(增订本)第四八八页,商务印书馆,二〇一一年。

关于词的界定,望道先生认为"词的定义,必须从组织、功能的观点来下,即从词在组织中的活动能力上去寻觅词的界限"。这样,"词就是自成个体的,可以在组织(句子)中活动的分子。"而所谓"自成个体","就是当地人意识中的统一感。凡被认为一个词的必定是当作一个统一体记在心头。"①胡明扬先生评述说:这"就是大多数当地人的语感,而任何语言理论最终必须符合当地人的语感,这是一条无法抗拒的法则"。所以,望道先生强调"自成个体",这个新见解"给我们指明了一条出路:分词还要考虑当地人的语感"②。

关于词类区分,望道先生对其目的、标准和方法作出了阐明。他说:"研究词的文法分类是为了研究语文的组织,为了把文法体系化,为了找出语文组织跟词类的经常而确切的联系来。"③这样,词类区分准据就只能是词的功能,即"词在语文组织中的活动能力",其"具体表现为词和词相互结合的能力和词在句子里担任一定职务的能力",即"结合功能"和"句法功能"④。所以,"词类区分和句子分析(析句)是互相有关的,应该力求两相配合。那种认为词类区分只是与词组(短语)有关系而和句子分析没有什么联系的看法是不妥的",事实上,"词法和句法是有机地联系着的"⑤。他还论证了功能与意义、与形态的关系:意义是功能存在的基础,形态是功能的外在表征,功能则是统括了意义和形态的词的语法特性。

望道先生提出区分词类的基本方法是:"用词的配置功能作枢纽,从配置求会同,从会同定词类。"⑥如图所示:

	配置(组合)关系
会同（聚合）关系	我——读——书
	他——看——报
	王同志——写——文章

这样,词类即是聚合关系的类,它是从组合关系(句法配置)中求得的:组合功能

---

① 见《文法简论》,刊《陈望道学术著作五种》第四四三页;又本书第二四二页。
② 胡明扬《陈望道先生〈文法简论〉读后》,刊《胡明扬语言学论文集》(增订本)第四八九页,商务印书馆,二〇一一年。
③ 见《文法简论》,刊《陈望道学术著作五种》第四五七页;又本书第二五五页。
④ 见《文法简论》,刊《陈望道学术著作五种》第四五八页、四六〇页;又本书第二五六、二五八页。
⑤ 见《文法简论》,刊《陈望道学术著作五种》第四六三页;又本书第二六〇页。
⑥ 见《文法简论》,刊《陈望道学术著作五种》第四六一页;又本书第二五九页。

相同的词,就聚合为一类,如"我、他、王同志"可为一类,"读、看、写"可为一类,等等。当然,功能并不是这样单一的,情况是很复杂的,所以他指出:(1)要分清单项功能和综合功能,"从配置求会同以定词类,是会同词的综合功能,而不是会同词的单项功能。"① (2)要分清主要功能和次要功能;(3)要分清经常功能和临时功能。词类的确定要依据综合功能、主要功能和经常功能。

据此,他构建了颇具特色的汉语词类体系:先分实词和虚词两大部门。实词部又分为体词(有名词、代词)和用词(有动词、形容词、断词、衡词)及配合体词的点词(有数词、指词、并附单位词)和配合用词的副词;虚词部则分为介词、连词和助词。还有一个感词(列于虚实两部之外)。另外,附有衬素(相当于词缀)。其对各词类之间的关系及各自功能特点的描述和说解也多有独到的看法,很能给人启发。如关于助词的论述就颇为精彩:"因为助词只能将基本结构中的某一特定部分作特定的添显,而非本身可充当基本结构中的某一特定部分,故考察助词决不宜用减法,把助词一一减去,看减了助词基本结构依然完整,便说助词可有可无;而当运用加法,以基本结构做底子,将助词一一加上,看加上了一个助词,添显了什么,来判别助词之不是可有可无。助词之不是可有可无,就是因为它有添显功能,能够添显组织中需要加强阐明的部分,强调它,渲染它,使助词既加之后,其强弱暗明与未加的时候不同,而这不同又正是说者所要显示的。"②

现在,运用功能观点和方法划分汉语词类,成了语法学界的一种共识,功能观点也已成为汉语语法研究的一种理论原则和方法论原则。所以,徐思益先生有言:"我们毫不夸张地说,陈先生的功能语法学说,开创了语法研究的新道路。"③

四、一个有特色的句法分析体系

望道先生强调:"研究文法,必须将组织—功能观点贯彻始终:从词法到句法都要如此。"④据此,他在句法研究上阐述了自己的见解,提出了"一个很有特色的句法分析体系"⑤。

---

① 见《文法简论》,刊《陈望道学术著作五种》第四六三页;又本书第二六一页。
② 见《文法简论》,刊《陈望道学术著作五种》第四八七页;又本书第二八三页。
③ 徐思益《描写语法学初探》第二三〇页,新疆人民出版社,一九八一年。
④ 见《文法简论》,刊《陈望道学术著作五种》第五一四页;又本书第三一二页。
⑤ 胡明扬《陈望道先生〈文法简论〉读后》,刊《胡明扬语言学论文集》(增订本)第四九二页,商务印书馆,二〇一一年。

他把句子成分划分为：主语、谓语、补语（宾语和表语）、定语、状语、穿插语（插入语）；定语、状语都为附加语，是加于原先语（中心语）的。这样，就有主谓关系、谓补关系、形容关系（定语与原先语）、疏状关系（状语与原先语）、穿插关系（穿插语与基本结构）等几组句子成分相对待的关系，而在组织构成上，主谓与谓补两种关系为串合法式，形容和疏状两种关系为附加法式，种种穿插关系为穿插法式。句法组织就是由串合法式和附加法式及穿插法式三者配合而成的。这就对句子的组织构成作了最简明的解析。

他对句子从体式、用意、格局、表述四个角度加以分类，形成规模性的汉语句类系统，有助于全面地了解汉语句子的组织功能和表意功能。其中按表述即谓语的表意性能所分叙述句、描记句、诠释句和评议句，跟动词谓语、形容词谓语、断词谓语和衡词谓语有所相应，这对于汉语谓词的造句功能和表意功能的研究也是一种推进。

他还着眼于谓语组织的构成，把句子分为单纯谓语句和复合谓语句。而对复合谓语又按其组合方式的不同，约分为四种：（1）并列复合谓语（如"吟诗作画"）；（2）顺递复合谓语（如"起身披衣"）；（3）接合复合谓语（如"拜你为师""化愚为智"）；（4）提带复合谓语（如"搞好""站起来"）。而对提带复合谓语的论析尤其细致，指出它"是一种表现事物发展变化的复合谓语"，由提举成分和随带成分组成：如"搞好"和"升起"中的"搞"和"升"是提举成分，即所要说述的动作或情状；而"搞好"和"升起"中的"好"和"起"则是随带成分，用以说述动作和情状的发展变化的情况。而随带成分可大别为四种用途：（1）表趋向，即"动＋趋"，如"跑来""走去"；（2）表移转，即"动＋趋"，如"跑进""赶上"；（3）表经历，即"动＋过／了／着"，如"走过""吃了"；（4）表归结，即"动＋结果、目的等"，如"搞好""打破""拉住"。并对它们种种错综复杂的语义表现作出了相当有规则的说明。这种复合谓语就是通常所说的"动补"结构。胡明扬先生说："'动补'结构中的补语实际上是另一种'谓语'，整个'动补'结构可以说是两个谓语的'紧缩'，在语义解释时要分解为两个命题，因此说是'复合谓语'是有一定道理的，尽管在细节上还可以斟酌。"[①]可以说，这就为研究"动补"结构这一老大难问题提供了一种启示：要注意探究这种组织的语义结构的特性及其规律。

---

① 胡明扬《陈望道先生〈文法简论〉读后》，刊《胡明扬语言学论文集》（增订本）第四九三页，商务印书馆，二〇一一年。

五、文法研究的方法论取向

望道先生关于文法研究的方法论取向,体现在他文法学术工作的主张和实践中,其要旨也许可以概括地表述为:古今中外法,学术中国化。

在文法革新讨论中,他就发表了这样的意见:"根据中国文法事实,借镜外来新知,参照前人成说,以科学的方法谨严的态度缔造中国文法体系"[①],而这样的体系"应该具有妥帖、简洁、完备这三个条件"[②]。这不但表明了他取法于古今中外的学术思想,而且可以说也指引了中国文法学发展的取向。而后,他又多次论述自己的这一思想。

一九五七年在《怎样研究文法修辞》的学术讲演中就提出:对长于古学的古今派和信奉外国的中外派,"用一种新方法加以结合",则"可以合流成新的古今中外派"。[③]

一九六一年在《我对研究文法、修辞的意见》的学术讲演中明确主张:"我们研究语文,应该屁股坐在中国的今天,伸出一只手向古代要东西,伸出另一只手向外国要东西。这也就是说立场要站稳,方法上要能网罗古今中外。"[④]

一九六五年在《有关修辞学研究的原则问题》的谈话中又论说了"学术中国化":"近几年大家对结构主义表示兴趣,这也要有批判地吸收其有用的东西,要看他们是怎样分析语言的,学习其某些有效的方法,切不可生搬硬套。问题是要能'化'。我们讲语言学研究中国化,就是要把古的、洋的都'化'在我们的学术研究里面。"[⑤]

的确,他就是这样做的。文法革新讨论中也就有两种不同的倾向:一种偏于中国古说,一种偏于外国今学,而望道先生对于不同倾向的意见从不简单否定,或绝对肯定,而是以"古今中外法"分析其中各别有用的东西,融合不同意见而提出比较全面的看法,讲得比较平允周致。他的学术研究立足于对实际规律的探求,同时对外国的、古代的有关学术思想、学术资料也用心地调查研究,批判地加以吸取,而后熔于一炉,铸造具有自己特色的学术成果。他的功能学说正是

---

① 《中国文法革新论丛》序(一九四三),刊《陈望道语言学论文集》第一九二页,商务印书馆,二〇〇九年。
② 《文法革新的一般问题》(一九三九),同上第一一一页。
③ 《陈望道语言学论文集》第三一三页,商务印书馆,二〇〇九年。
④ 《陈望道语言学论文集》第三二四页,商务印书馆,二〇〇九年。
⑤ 《陈望道语言学论文集》第四五四页,商务印书馆,二〇〇九年。

这样产生的。他既借鉴索绪尔语言符号理论,又研究我国古代的语文标记论(他称"符号"为"标记")①,并对索绪尔关于语言是表示观念的纯粹关系的符号体系的学说加以批判的吸收,舍弃了其所谓"纯粹关系的体系"的玄虚之说,而吸取了其中注重符号之间关系的合理因素,论证了用功能观点研究文法的意见,即《文法简论》所论:"研究语文组织,要注意分子是什么,但更要注意分子之间的关系和联系。单注意分子本身的意义或形态,是无法正确说明语文组织的;单注意分子之间的关系和联系而完全排斥分子本身,那也是无法说明语文组织的。分子是关系和联系赖以存在的实体;语文组织没有那种所谓纯粹的关系,只有分子与分子的关系。因此,所谓功能,乃是分子的功能,……判别功能,必须从包含着形态和意义的个体关系上去判别。"②从而"我们研究文法,必须将组织—功能的观点贯彻始终:从词法到句法都要如此"③。

正是他从语文事实出发,在方法上网罗古今中外,所以能提出明确而系统的功能观念。而运用功能观点和方法研究汉语语法,也逐渐成为语法学界比较广泛的共识。诚如胡明扬先生所说:"陈望道先生的语法理论研究不是空洞地玩弄术语,而是有语言事实根据,并且有针对性的研究,他的很多精辟的见解肯定会对现代汉语语法研究发挥深远的影响,起到卓有成效的指导作用和促进作用。"④

---

① 《中国古代的语文标记论》(一九四〇),刊《陈望道语言学论文集》第五六八—五七三页,商务印书馆,二〇〇九年。
② 《陈望道学术著作五种》第四五九页;又本书第二六七页。
③ 见《文法简论》,刊《陈望道学术著作五种》第五一四页;又本书第三一二页。
④ 胡明扬《陈望道先生〈文法简论〉读后》,刊《胡明扬语言学论文集》(增订本)第四九四页,商务印书馆,二〇一一年。

陈望道先生学术小传

陈光磊

陈望道(一八九一——一九七七),原名明融(单名融),字参一、任重,笔名有佛突、晓风、雪帆、张华等等。浙江义乌人。早年求学于金华中学和之江大学。一九一五年赴日本留学,就读于早稻田大学、东洋大学、中央大学和东京物理专科学校,一九一九年七月毕业于日本中央大学法科,获法学士学位。毕业后即回国,任教于浙江第一师范学校,同时投身新文化运动。一九二〇年八月,翻译出版《共产党宣言》第一个完整的中译本,同时参加创建中国共产党的发起和筹备活动。一九二〇年起,历任复旦大学、上海大学、国立武昌中山大学(武汉大学前身)、中华艺术大学、安徽大学、广西大学等校教授;在复旦任教最久,曾任该校中文系主任、新闻系主任、文学院院长,一九五二年起任复旦大学校长,至一九七七年十月病逝。一级教授。一九五五年当选为中国科学院哲学社会科学学部常务委员。

先生从事文化教育和学术研究达六十年,涉猎社会科学的广泛领域,在哲学、法学、社会学、伦理学、美学、文学、因明(逻辑)等学科均有著译。他还是我国现代新闻教育的开拓者。而他的学术事业的基点和重心是对中国语文的研究,为现代中国语言学尤其是语文改革、语法学和修辞学作出了奠基性的贡献。

先生对民族语言的共同化、言文一致、汉语拼音、汉字简化和语文教育革新等问题都进行了探讨和实践。一九一八年提倡"标点革新"。一九二二年出版了第一部讲解汉语白话文写作法的专著《作文法讲义》。一九二三年明确提出"把白话文完美化"的主张。一九三四年发动"大众语"讨论,为推进言文一致和民族语言共同化作了有益的探讨;同时创刊《太白》杂志,在刊物上首创"科学小品"新文体和试用"手头字"(简体字)。一九五五年参加全国文字改革会议和现代汉语规范问题学术会议,为确定汉民族共同语的科学内涵和规范标准作出了重要贡献。

先生是五四后最早研究白话文语法的一位学者。一九二〇年起发表了如

《"和"字问题》(一九二〇)、《评胡适论"除非"并说"又不"》(一九二二)、《"吗"和"呢"的讨论》(一九三三)等一系列研究现代汉语虚词的文章。一九三五年撰写讲稿《中国文法研究》(未刊)。一九三八年在上海发动中国文法革新讨论,倡导语法研究要立足于汉语自身特点,借鉴索绪尔关于组合关系和聚合关系的理论,提出了功能说;并编著《中国文法革新论丛》(一九四三)记载这次讨论的成果。晚年撰写《文法简论》(一九七八),精要地论述对汉语语法研究的理论、方法和体系的构建,使功能说更臻完备。功能说成为中国语法学术上最具影响力的理论之一。

先生始终关注人们的语言使用问题,体现出语言学发展的时代走向。早在一九二〇年,就在复旦大学讲授修辞学。积十余年勤求探讨之功于一九三二年出版《修辞学发凡》,融合中外,贯通古今,创新理论,以语言为本位,提出"修辞以适应题旨情境为第一义"的原则,构建了消极修辞和积极修辞两大分野的修辞学体系,全面探讨汉语文的修辞手法,对汉语辞格作了系统的描述。本书的出版,完成了中国传统修辞学向现代修辞学的转变,标志着中国现代修辞学的正式建立。新中国成立后他的修辞学理论研究又有重要发展。

至于先生所撰《美学概论》(一九二七)和《因明学》(一九三一,后改名《因明学概略》)也都以独特的价值永载于学术史册。

陈望道一生著作译述已编为《陈望道语文论集》(一九八〇)、《陈望道修辞论集》(一九八五)、《陈望道学术著作五种》(二〇〇五)、《陈望道语言学论文集》(二〇〇九)、《陈望道译文集》(二〇〇九)、《陈望道文集》四卷本(一九七九—一九九〇)和《陈望道全集》十卷本(二〇一一)行世。

陈望道先生学术年表(简编)

陈光磊

一九一四年

在浙江之江大学学习英文和数学,为留学欧美等国作准备。

一九一五年

赴日本留学,先在东京"日华同人共立东亚高等预备学校"进修日语。

一九一六年

九月,入日本早稻田大学读法科。其间又在东京物理专科学校学习数理课程。

一九一七年

九月,入日本东洋大学印度哲学伦理学科就读。

一九一八年

五月,在《学艺》杂志第一卷第三号发表《标点之革新》,倡议运用西文标点于中文。

一九一九年

三月十二日至五月廿七日,在《时事新报》副刊《学灯》陆续发表《点法答问》,谈新式标点用法。

七月,毕业于日本中央大学法科,获法学士学位。

同月,在五四运动感召下,留学毕业后即回国。

九月,应聘任浙江省立第一师范学校国文教员,提倡新思想、新文化和教白话文。

十月十日至十二月二十日,在《浙江省立第一师范学校校友会十日刊》第一号至五号连载《新式标点的用法》。

在《新青年》一九一九年第六卷第一期发表与钱玄同通信《横行与标点》,倡议实行中文横排和使用新式标点。

一九二〇年

一月十日,在《浙江省立第一师范学校校友会十日刊》第十号发表译文《唯物史观底解释》(与张维祺合译)。

三月一日,在《学艺》杂志第一卷第四号发表《点标论第二·点标之类别》。

四月,因浙一师风潮辞职离校。在分水塘老家,依据英文本与日文本完成了《共产党宣言》全书的中文翻译。

六月十七日至二十日,在《民国日报》副刊《觉悟》连载译文《马克斯底唯物史观》(系日本河上肇著《近代经济思想史论》的部分内容)。

八月,所译《共产党宣言》由上海社会主义研究社作为"社会主义研究小丛书"第一种刊行。这是《共产党宣言》在我国第一个中文全译本,也是国内出版的第一部马克思主义经典论著。

九月,应聘至复旦大学中文系任教,讲授文法、修辞和作文法。

本年,在《民国日报》副刊《觉悟》发表《"和"字问题》《品词底分类》《文字漫谈——"里"和"裏""点"和"些""那"和"哪"》《"可"字底综合》等九篇研讨文法的文章。

一九二一年

二月廿三、廿四日,在《民国日报》副刊《觉悟》发表《新式标点》(一)(二)。

三月廿八日,同上副刊发表《文章底美质》(在上海女子体育师范学校讲演)。

五月十日至十月十七日,同上副刊陆续发表为《文学小辞典》所撰对"问题小说""风格""官能底交错""布局""柏拉图的爱"等二十一条词目的诠释。

九月廿六日,同上副刊开始连载《作文法讲义》,至一九二二年二月十三日载完十篇。

本年,在《民国日报》副刊《觉悟》发表《文字漫谈》,研讨了"了""着""会""就""再""得""的""再"和"又"等虚词的用法。又,发表《谈韵律》《语体文欧化底我观》等文。

一九二二年

三月,《作文法讲义》成书,由上海民智书局出版。这是我国第一本白话文的作文法著作,对文章的构造、体制和美质作了系统而精要的阐述。

十月廿二日,在《民国日报》副刊《觉悟》发表《评胡适论"除非"并说及"又不"》,明确论析"除非"是表示必要条件的连词。

一九二三年

二月一日,在《学艺》第四卷第八号发表《"了"字底用法》。

三月九日、十一日、廿七日,在《民国日报》副刊《觉悟》发表《对于白话文的讨论》,提倡新文学要用白话文,主张"把白话文完美化"。

三月廿二日、廿三日,同上副刊发表《文言白话和美丑问题》《文字本身究竟有无美丑可说》,论证了文言白话作为文艺的工具本身并不能评判美丑。

八月,受陈独秀委派到上海大学任中文系主任,教授美学、修辞、文法等课程,并任上大最高议事和行政机构评议会评议员。

十月,同柳亚子等八人成立"新南社",并出任编辑主任。

一九二四年

七月十五、十六日,在《民国日报》副刊《觉悟》发表《美学纲要》(上海夏令讲学会讲稿之一)。

七月廿三、四日,八月六日,在《民国日报》副刊《妇女周报》第四八、四九、五十期,发表《妇女问题》(上海夏令讲学会讲稿之一),堪为中国妇女学之先声。

七月廿八日,在《时事新报》副刊《文学》(第一三二期)发表《修辞学在中国之使命》。

八月十八日,在《民国日报》副刊《觉悟》发表《论辞格底效用兼答江淹》。

本年四月十日、五月十日、六月十日、九月十日、十二月十日,在《小说月报》第十五卷之第四、五、六、九、十二号发表《修辞随录》(一)(二)(三)(四)(五),即《修辞学发凡》初稿中辞格论的部分内容,依次对"藏词格""析字格""铺张格""譬喻格""借代格"诸格作出解析。

一九二五年

五月四日,五卅运动爆发后,接任上海大学教务长和代理校务主任。

六月,在《立达季刊》第一卷第一期发表《修辞学的中国文字观》。

本年参加由匡互生、叶圣陶、夏丏尊、朱自清等组织的"立达学会"。

一九二六年

三月廿七日,上海艺术协会成立,被推举为执行委员(其他执引委员还有田汉、欧阳予倩等八人)。

一九二七年

二月,应约任武昌中山大学(武汉大学前身)教授。

八月,《美学概论》由上海民智书局出版。

九月,出任复旦大学中文系主任和复旦实验中学校长(此时上海大学已在"四·一二"事变后被国民党当局查封)。

一九二八年

二月一日,《北新》半月刊第二卷第七号发表《美学概论的批评底批评》,申述自己研究美学的理念和思路。

五月八日,《新闻报》副刊《学海》发表《文学与体制》。

九月,同汪馥泉等人合办的"大江书铺"开业。

十二月,译著《艺术简论》(日本青野季吉著)、《文学与艺术之技术的革命》(日本平林初之辅著)由大江书铺出版。

一九二九年

五月,与施存统合译《社会意识学大纲》(俄国波格丹诺夫著)由开明书店出版。

秋,出任中华艺术大学校长。

本年在《小说月报》第二十卷第三、五、六、八、九号(以至一九三零年第廿一卷第八号)发表译文《苏俄十年间的文学论研究》(日本冈泽秀虎著)。

一九三〇年

二月十五日,参与编辑由鲁迅主编的《文艺研究》季刊第一卷出版,并发表译文《自然主义文学底理论的体系》(日本平林初之辅著)。

六月五日,所撰《修辞学发凡》油印本《修辞学》讲义完稿。

十二月,译著《苏俄文学理论》(日本冈泽秀虎著),由大江书铺出版。

一九三一年

二月,在《新学生》第一卷第二期发表译文《机械美底诞生》(日本板垣鹰穗著)。

四月十五日,在《微音》月刊第一卷第二期发表《论双关》。

八月十五日,同上第一卷第六期发表《修辞与修辞学》,即为《修辞学发凡》第一篇"引言"的初稿。

十月,《因明学》由世界书局出版。这是我国第一本用白话文讲解因明的著作。

一九三二年

四月,《修辞学发凡》上册由大江书铺刊行。

六月,《微音》月刊第二卷第二期发表《说飞白》。

同月,《女青年》第十一卷第六期发表《说回文》。

七月,《微音》月刊第二卷第三期发表《说跳脱与节缩》。

八月,《修辞学发凡》下册由大江书铺刊行。

九月,《修辞学发凡》上下册合订本由大江书铺出版。

一九三三年

一月、四月,在《中学生》第三十一、三十四期发表《"吗"和"呢"的讨论》,说解"吗"和"呢"的用法规则。

三月十四日,出席上海学术界举行的马克思逝世五十周年纪念会,并发表演讲,介绍马克思的学说和成就。

七月一日,大型刊物《文学》创刊,为九名编委之一。在《文学》创刊号发表《关于文学的诸问题》,着力论述文学艺术的语言问题。

九月,应邀赴安徽大学任教,讲授"普罗文学"。

一九三四年

三月,在《女青年》月刊第十三卷第三期发表《镜花缘和妇女问题》。

六月,为反对"文言复兴",与胡愈之、陈子展、叶绍钧、夏丏尊、乐嗣炳、傅东华、曹聚仁、黎锦晖、黎烈文、马宗融、王人路等十二人发起"大众语"运动,提出白话文必须进一步接近群众口语,建立真正以群众语言为基础的"大众语"和"大众语"文学。

六月十九日,在《申报》副刊《自由谈》发表《大众语文学的建设》,提出大众语是"大众说得出,听得懂,写得顺手,看得明白"的语言,成为当时对"大众语"的共识。

九月,创刊《太白》杂志,任总编。在刊物上首倡"科学小品"新文体,首倡刊物用"手头字"(简体字)。

十一月,与叶圣陶、夏丏尊、宋云彬合编《开明国文讲义》,由开明书店出版。

本年,发表了一系列讨论大众语的文章:《这一次文言和白话的论战》(刊《中学生》)、《大众语论》(《文学》月刊)、《怎样做到大众语的"普遍"》(《申报·自由谈》)、《文学和大众语》(《太白》半月刊)等。

一九三五年

一月,在《太白》第一卷第九期发表《关于刘半农先生的所谓"混蛋字"》,从方法论角度对"打"字的功用做了科学的综合。

六月,在《中学生》第五十六期发表《关于修辞》。

七月,在《文学百题》上发表《语言学和修辞学对于文学批评的关系》。

八月,赴广西桂林师范专科学校任中文科主任;开设文法课程,并撰写《中国文法研究》讲义。

本年在《太白》半月刊发表了《虚字的研究》《接近口头语的方法》《语文之间通同之共轨》等文。

一九三六年

六月,《望道文辑》(祝秀侠、夏征农编)由读者书房出版。

十二月,译著《伦理学底根本问题》(德国利普斯原著,从日本阿部次郎的日译本翻译)由上海中华书局出版。

本年,桂林师专并入广西大学文法学院,继续留任。

一九三七年

七月,抗战爆发,从广西回上海,与韦悫、郑振铎、陈鹤琴等组织上海文化界联谊会,从事抗日救亡运动,在"孤岛"坚持文化工作。

一九三八年

六月,制订《拉丁化汉字拼音表》,由开明书店出版。

七月,与陈鹤琴、方光焘等发起成立"上海语文学会",任副理事长。

七月十三日,创刊并主编《译报》副刊《语文周刊》,发表发刊辞。并以此为论坛,在语文学术界发起关于中国文法革新的讨论。

七月廿七日,在同上周刊发表《说语言》,可能是国内最早介绍阐述"语言"与"言语"区分的文章。

九月七日,同上周刊发表《说存续表现的两式三分》讨论绍兴话、义乌话方言语法问题。此前与此后于该刊所发表的方言语法文章,可视为中国文法革新讨论的先导。

十月十九日,同上周刊发表《谈动词和形容词的分别》,一般认为是文法革新讨论的缘起之文。

十一月廿三日、十二月四日、十一日,在同上周刊发表《〈一提议〉和〈炒冷饭〉读后感》,论述了《马氏文通》出版以来中国文法界的发展趋向,倡议展开文法革新的讨论。

一九三九年

一月九日、二月廿七日、三月六日、三月廿日,在《译报》副刊《语文周刊》发表《文法革新的一般问题》《从分歧到统一》《回东华先生的公开信——论文法工作的进行、文法理论的建立和意见统一的可能》《漫谈文法学的对象以及标记能记所记意义之类》等文章,把文法革新讨论引向深入。

七月,与虞人合译《实证美学的基础》(俄国卢那卡尔斯基著)由世界书局出版。

十一月,《中国拼音文字的演进——明末以来中国语文的新潮》作为"中国语文展览会"会刊之一发表,又刊发于《文艺新潮》第二卷第二期(一九三九年十一月一日)。

一九四〇年

二月,《学术》第一辑发表《中国古代的语文标记论》,研讨中国古代关于语言符号的论述。

三月,《学术》第二辑发表《文法革新问题答客问》。

五月,《中国语文》第六期发表《"语"和"语团"论略》,对汉语中"词"和"词组"(短语)的确定和分界作出论述。

本年秋,经香港赴抗战后方,回重庆北碚复旦大学任教。

一九四一年

十二月,在《复旦学报》复刊第一号发表《答复对于中国文法革新讨论的批评》。

一九四二年

出任复旦大学新闻系主任,提出"宣扬真理,改革社会"作为科学和民主办系的一个纲领。

一九四三年

二月一日,在《读书通讯》第五十九期发表《文法的研究》,主张以功能中心说来研究汉语的词类划分,提出从配置(组合)和会同(聚合)来考察词语的功能。

二月五日,在《东方杂志》第三十九卷第一号发表《论文法现象和社会的关系》。

十一月六日,写作《分析流行的动语学说》,发表于《中外春秋》第一卷第一期,对当时语法界关于动词的种种观点作出综述评析。

本年编著《中国文法革新论丛》并作序,书由重庆文聿出版社刊行。

一九四四年

九月一日,写作《〈修辞学发凡〉第九版付印题记》。

一九四五年

《修辞学发凡》第九版由中国文化服务社于重庆刊行。

一九四六年

六月五日,抗战胜利后,随同复旦大学迁校而返回上海。

一九四七年

二月十四日,同上海文化学术界人士叶圣陶、郭沫若、马叙伦、郭绍虞、吴文祺等发起组织"中国语文学会",并起草《缘起》一文。

三月二日,"中国语文学会"在上海成立,为七名理事之一(其余六人:叶圣陶、章锡琛、郭绍虞、周予同、方光焘、魏建功)。

十二月十日,在《国文月刊》第六十二期发表《试论助辞——纪念〈马氏文通〉出版五十周年》。

一九四八年

三月,《国文月刊》第六十五期发表《两个原则——上海公私立大学教授对于中国文学系改革的意见》,认为中文系的教学要贯彻"现代化"和"科学化"两个原则。

一九四九年

四月,《修辞学发凡》由开明书店重印。

七月二日,出席第一届中华全国文艺工作者代表大会。

九月十一日,当选为上海市新文字工作者协会主席。

十月十日,当选为中国文字改革协会理事。

一九五〇年

十月,在《新教育》发表《"一"字的用法——答沙人问》。

一九五一年

十二月七日,为周有光《中国拼音文字研究》作序。周著由上海东方书店一九五二年出版。

一九五二年

七月,在《语文知识》月刊发表《计标》,即对汉语单位词(量词)的用法作出说明。

一九五四年

八月,修订《修辞学发凡》并写《重印后记》,由新文艺出版社出版新一版。

一九五五年

六月一日至十日,中国科学院学部成立大会在北京召开,当选为中国科学院哲学社会科学学部常务委员。

十月十五日至廿三日,出席第一次全国文字改革会议,为主席团成员。会议期间为普通话作为汉民族共同语的界说之科学表述作出了贡献。

十月廿五日至三十一日,出席现代汉语规范问题学术讨论会,为主席团成员,在会上作总结发言。

十二月,在复旦大学筹建语法、修辞、逻辑研究室(一九五八年后改名为语言研究室)。

一九五六年

二月,在《语文学习》第九期发表《对于主语宾语问题讨论的两点意见》。

四月,在《语文知识》第四期发表《关于〈汉语拼音方案(草案)〉的讨论》。

九月,上海语文会成立,任会长。

一九五七年

三月,写《重印〈中国文法革新论丛〉后记》。书由中国语文杂志社编,中华书局出版。

十二月四日,为复旦中文系师生作"怎样研究文法修辞"的学术报告,后刊发于《学术月刊》一九五八年第六期。

一九五八年

一月廿日,倡议设立的上海科学会堂正式成立,并主持于此举办"汉语拼音展览会"。

三月九日,上海市哲学社会科学学会联合会成立,任社联主席。

七月,任国务院科学规划委员会语言组副组长。

十二月廿八日,上海语文学会和复旦大学语言研究室联合召开纪念《马氏文通》出版六十周年座谈会,在会上作《漫谈〈马氏文通〉》报告(文刊登于《复旦》月刊一九五九年第三期)。

一九五九年

九月,在《中国语文》发表《对普通话教学成绩观摩会的两点愿望》。

一九六〇年

十一月廿五日,在《文汇报》发表《"文法""语法"名义的演变和我们对文法学科定名的建议》(与吴文祺、邓明以联合发表)。

一九六一年

七月三十日,在上海语文学会作《谈谈修辞学的研究》学术报告。
十月廿四日,在南京大学作《我对研究文法修辞的意见》学术讲演。

一九六二年

一月四日,在华东师范大学作《修辞学中的几个问题》学术报告。
三月十六日,接任《辞海》总主编。
五月,为《修辞学发凡》重印进行校读和修改,并于二十六日写《重印前言》。
十二月十七日,复旦大学召开纪念《修辞学发凡》三十周年座谈会。在会上作讲话。

一九六三年

三月廿六日,主持召开复旦大学校务扩大会议,有全体校务委员、全体教师、全体研究生、行政负责人参加,专门讨论学风和校风建设问题。

一九六四年

四月十九日,在杭州大学作《关于语言研究的建议》学术讲演。论述了语言研究的古今中外法:把屁股坐在中国的今天,一只手向古代要东西,一只手向国外要东西。

一九六五年

负责总主编的《辞海》(未定稿)出版,并题写书名。

组织复旦大学语言研究室语法组同志研究汉语搭配复合谓语(后改称"提带复合谓语")问题,撰成《试论搭配复合谓语》一文。

一九七三年

一月,《论现代汉语中的单位和单位词》一书由上海人民出版社出版。

三月,《汉语提带复合谓语的探讨》一书由上海人民出版社出版。

一九七四年

组织指导复旦大学语言研究室同志整理修改"试论汉语文法"书稿(后改名《文法简论》)。

一九七五年

十二月,完成为重印《修辞学发凡》所作的校读和修改工作,并写"重印前言"。

一九七六年

七月,《修辞学发凡》由上海人民出版社重印出版。

本年在病榻上完成《文法简论》一书定稿工作。

一九七七年

七月,校读《文法简论》样稿,并写"后记"。《文法简论》于一九七八年四月由上海教育出版社出版。

编后记

我们有幸于望道先生晚年,在他身边学习、工作了好几年。宗廷虎庆幸作为先生创建的复旦大学语言研究室成员,能亲耳聆听到先生从一九六一年到一九六六年有关文法、修辞的数十次讲演和内部讲话,听课笔记至今还珍藏着。陈光磊更是作为先生的首届(一九六二年)研究生,能经常登堂入室聆听先生的教诲,耳提面命之情景,至今还历历在目。编辑本书的过程也是我们重温先生谆谆教诲的过程。我们亲眼目睹了先生如何热爱文法、修辞事业,将学术研究视作生命一部分的令人动容的众多情景。短短的"导读",实在写不尽我们对先生的敬仰与怀念。但愿它能对读者进一步走近大师、了解大师起一点帮助作用。本书修辞部分的编辑及"导读"的撰写由宗廷虎负责;文法部分的编辑、"导读"以及先生学术小传并学术年表的撰写,由陈光磊负责。编述上难免有不当与不足,敬请读者指正。本书的编辑得到陈望道先生的公子陈振新兄和复旦大学出版社的热情帮助,谨以致谢!

宗廷虎　陈光磊
二○一五年一月

复旦百年经典文库书目

第一辑

修辞学发凡　文法简论	陈望道著/宗廷虎、陈光磊编(已出)
宋诗话考	郭绍虞著/蒋　凡编(已出)
中国传叙文学之变迁　八代传叙文学述论	朱东润著/陈尚君编(已出)
诗经直解	陈子展著/徐志啸编(已出)
文献学讲义	王欣夫著/吴　格编(已出)
明清曲谈　戏曲笔谈	赵景深著/江巨荣编(已出)
中国土地关系史稿　中国土地制度史	陈守实著/姜义华编(已出)
中国经学史论著选编	周予同著/邓秉元编(已出)
西方史学史散论	耿淡如著/张广智编(已出)
中外历史论集	周谷城著/姜义华编(已出)
中国问题的分析　荒谬集	王造时著/章　清编(已出)
中国思想研究法　中国礼教思想史	蔡尚思著/吴瑞武、傅德华编(已出)
长水粹编	谭其骧著/葛剑雄编(已出)
古代研究的史料问题　五十年甲骨文发现的总结　五十年甲骨学论著目　殷墟发掘	胡厚宣著/胡振宇编(已出)
古史新探	杨　宽著/高智群编(即出)
《法显传》校注　我国古代的海上交通	章　巽著/芮传明编(已出)
滇缅边地摆夷的宗教仪式　中国帆船贸易与对外关系史论集　男权阴影与贞妇烈女：明清时期伦理观的比较研究	田汝康著/傅德华编(已出)
诸子学派要诠　秦史	王蘧常著/吴晓明编(即出)
西方哲学论译集	全增嘏著/黄颂杰编(即出)
哲学与中国古代社会论集	胡曲园著/孙承叔编(已出)
儒道佛思想散论	严北溟著/王雷泉编(即出)
《浮士德》研究　席勒	董问樵著/魏育青编(已出)

图书在版编目(CIP)数据

修辞学发凡　文法简论/陈望道著；宗廷虎,陈光磊编. —上海：复旦大学出版社,2015.8
(复旦百年经典文库)
ISBN 978-7-309-11356-3

Ⅰ.修… Ⅱ.①陈…②宗…③陈… Ⅲ.①汉语-修辞学②汉语-语法-基本知识
Ⅳ.①H15②H14

中国版本图书馆 CIP 数据核字(2015)第 069388 号

修辞学发凡　文法简论
陈望道　著　宗廷虎　陈光磊　编
责任编辑/邵　丹

复旦大学出版社有限公司出版发行
上海市国权路 579 号　邮编：200433
网址：fupnet@ fudanpress.com　　http://www.fudanpress.com
门市零售：86-21-65642857　　团体订购：86-21-65118853
外埠邮购：86-21-65109143
山东鸿君杰文化发展有限公司

开本 787×1092　1/16　印张 30.75　字数 492 千
2015 年 8 月第 1 版第 1 次印刷

ISBN 978-7-309-11356-3/H·2456
定价：88.00 元

如有印装质量问题，请向复旦大学出版社有限公司发行部调换。
版权所有　　侵权必究